佐和山城を大手より望む

近江 佐和山城・彦根城

城郭談話会

佐和山城航空写真、縄張重ね図（国土地理院　1982年撮影）

彦根城全景（彦根市提供）

彦根城天守・附櫓

彦根城登り石垣

近江佐和山城・彦根城

城郭談話会

目次

はじめに

彦根城（滋賀県彦根市）は残存十二天守のうちの、特に国宝四天守のひとつとして著名です。関西在住の城郭愛好家にとっては初歩的な城郭として、おそらく中、高校生のころに訪れた方も多いのではないでしょうか。

さて、私たち城郭談話会は、これまでに近畿地方のある城を選び、その城に対して会員が多角的な研究を加えて一冊の冊子を作成してまいりました。今回はこうしたスタンスで対象とする城郭として近江佐和山城、彦根城を選びました。ご存知のように佐和山城は石田三成の居城として著名ですが、その構造や残存する遺構についてはほとんど知られることはありませんでした。一方、関ヶ原合戦後に近江に入部した井伊家は佐和山城を廃して新たに彦根城を築城し、その本拠を移動します。このように両城の存在は、地域のなかで織豊期から江戸時代への城郭の変遷が捉えられる好事例でもあり、今回両城の分析を試みた次第です。

佐和山城跡ではまずその残存遺構を図化することと、残存する石垣の正確な位置や規模を把握することが重要であるという共通認識による調査を実施いたしました。

一方、彦根城については国宝天守があまりにも有名すぎて、縄張りについてはこれまで語られることすらありませんでした。そこで縄張り図を作成するとともに、残存する土木遺構を中心に調査を実施することとしました。その成果として本書を刊行することになりました。従来の彦根城の本とは一線を画するものと自負しております。

本書の刊行を呼びかけたところ十人と一研究会から十三本もの論考が寄せられました。いずれもこれまでの佐和山城、彦根城研究では語られることのなかったものばかりです。まだまだ不十分な内容ではありますが、今後の佐和山城・彦根城研究の一助にしていただければ幸甚です。

二〇〇七年七月

城郭談話会

佐和山城の歴史と構造

中井　均

佐和山城の歴史

標高二三三ｍの佐和山は美しい台形状を呈しており、ひと目で城跡とわかる。ここでは現在残されている佐和山城跡の遺構について述べてみたい。ただ現存する遺構を理解するためにその歴史を簡単に述べておきたい。

佐和山城の歴史は古く湖南の守護佐々木六角氏と湖北の佐々木京極氏の抗争のなかで、境目の城として築かれたものと考えられる。その創建については不詳であるが、『淡海温故録』には「○佐保山或曰佐保山佐和山ト云、佐保山ハ昔佐々貴十代ノ屋形太郎判官定綱ノ六男佐保六郎時綱居住ノ処ナリ、」とあり、佐々木定綱の六男時綱が佐保氏を称して居城を構えたことが記されている。それを立証する史料は不詳であるが、『尊卑分脈』にも時綱が佐保氏と称したと記されており、あながち根拠のない伝承ではないようである。

その歴史が明確になるのは戦国時代になってからである。眼下に東山道（近世の中山道）を望む佐和山城は湖南と湖北の境目の城として重要視され、坂田郡の南辺に築かれた境目の諸城のなかでも中心的な城として機能していたようである。天文二十一年（一五五二）には六角義賢は浅井久政を攻めるに際して佐和山城を後詰に湖北へ進軍を開始する。しかし久政は佐和山城と鎌刃城、菖蒲嶽城を占領し、義賢の出城としてはわずかに太尾山城のみという有様であった。

その後は浅井氏の最前線として、永禄四年（一五六一）三月以降は浅井氏の家臣磯野丹波守員昌が城主として入城している。元亀元年（一五七〇）浅井長政が織田信長に反旗を翻し、姉川合戦が起こると磯野員昌は敵中を突破して佐和山城に籠城した。この籠城戦は翌元亀二年二月まで戦われたが、員昌は信長の開城勧告に応じ、無血開城して佐和山城を退去した。この戦国時代の佐和山城を佐和山城第Ⅰ期として位置付けておきたい。

信長は磯野員昌退城後に重臣丹羽長秀を城主として佐和山城に入れ置いた。長秀は五万石を領したと伝えられているが、この段階の佐和山城は安土築城以前の岐阜~京都間の中継点として信長の近江における居城として位置付けできる。事実『信長公記』には信長が佐和山城で度々休泊していることが記されている。ここで『信長公記』の記事を拾い出してみると、元亀二年八月二十八日「信長公佐和山へ御出で、丹羽五郎左衛門所に御泊。」、同年九月二十一日「高宮右京亮一類歴々佐和山へ召寄せ生害なり。」、元亀四年五月二十二日「佐和山へ御座を移され」、同年九月四日「信長直に佐和山へ御出でなされ、鯰江の城攻破るべきの旨、柴田に仰付けられ候。」、天正二年三月十二日「信長御上洛。佐和山二・三日御逗留。」、天正三年二月二十九日「佐和山丹羽五郎左衛門所御座なさる。」、同年四月二十七日「坂本より明智が舟にて佐和山迄御渡海なさるべきの処、以外風出で候て、常楽寺へ御上り候て陸を佐和山へ御成り」、同年六月二十六日「其日佐和山にて少し御休息なされ」、同年十月十日「佐和山に御泊。」、天正四年十二月十日「吉良御鷹野として佐和山御泊。」、天正五年十二月十日「其日は佐和山惟住所に御泊。」、天正九年七月十七日「佐和山にて、越中の寺崎民部左衛門・子息喜六郎父子生害の儀仰付けられ候。」、天正十年四月二十一日「佐和山に御茶屋立て、惟住五郎左衛門一献進上。」などとあり、安土築城以前に特に利用頻度の多かったことがわかる。特に元亀四年五月二十二日には犬上郡多賀、山田山中の材木を佐和山の山麓に運ばせ、国中の鍛冶・番匠・杣に命じ、長さ三十間、幅七間、櫓百挺の大形軍船を建設するため、自ら工事を監督し、およそ二ヶ月間佐和山に在城している。こうした状況からも佐和山城が信長にとって非常に重要視されていた城であったことがわかる。この丹羽長秀の時代を佐和山城第Ⅱ期としておきたい。

天正十年(一五八二)本能寺の変では若狭の武田元明が佐和山城を占拠するが、清洲会議の結果、佐和山城には堀秀政が封ぜられた。また、同十三年には豊臣秀吉による近江の大名配置替えにともない、八幡山城に豊臣秀次、水口岡山城に中村一氏、長浜城に山内一豊がそれぞれ配置された。佐和山城でも秀政が越前へ転封となり、替わって堀尾吉晴が入城するのもこれら全国的なうねりのなかでの出来事であった。この秀吉による大名の配置替えは同十八年にもおこなわれた。秀次が八幡山城から清洲城へ、中村一氏は駿府城へ、山内一豊は掛川城へ、そして吉晴は浜松城へと移封となった。これは後北条氏を滅ぼした後に関東に移された徳川家康を牽制する大名配置であった。吉晴に替わって佐和山城に封ぜられたのが石田三成であったが、その入城時期については天正十八年ではなく、天正十九年が有力視されている。さらにこの天正十九年の石田三成佐和山入城もあくまで豊臣家の蔵入地の代官としての立場であり、大名としての佐和山入城は文禄四年(一五九五)のことと考えられる。この段階を佐和山城第Ⅲ期としておきたい。

慶長五年(一六〇〇)九月十五日の関ヶ原合戦に三成が敗れると、佐和山城は井伊直政、小早川秀秋、田中吉政らに攻められ、十八日に落城した。徳川家康はこの合戦の論功行賞により井伊直政に三成の旧領を与え、十月に直政は佐和山城へ入城した。直政はこの佐和山城内で慶長八年に没しており、井伊直継、直孝による彦根築城は慶長八年のことである。この井伊氏時代の佐和山城を佐和山城第Ⅳ期としておく。

このように佐和山城の歴史は近江の戦国史そのものであり、まさに要【かなめ】としての城郭であったことがわかる。佐和山城第Ⅰ期は六角、浅井氏の境目の城として機能していた。第Ⅱ期は安土築城以前の近江における織田信長の居城として機能していた。第Ⅲ期は豊臣政権下における近江の大名居城として機能していた。そして第Ⅳ期は井伊家の彦根築城までの暫定的居城として機能していたのである。それぞれの時期によりこれだけ機能の変化を持つ城郭も極めて珍しいといえよう。

佐和山城跡の遺構　――本丸・法華丸・太鼓丸――

こうした歴史を踏まえたうえで佐和山城の構造と現存遺構について附図にしたがって述べてみたい。まず佐和山城は山麓との比高一三〇mを測る山城であり、山麓に居館部を有する二元的空間から構成される城郭であった。山頂部は東西約一〇〇m、南北約四十五mを測る平坦地①で、ここが本丸跡であるが、現在城郭遺構を地表面に認めることはできない。これは土塁や石垣が用いられない構造なのではなく、『古城御山往昔咄聞集書』に「本丸之天守茂只今之より高ク御拝領之後御切落シ被遊候由、九間御切落とも云又七間とも申候実説相知レかたく」と記されているように、井伊氏による城割り（破城）の結果、九間または七間切り崩されて現状のようになったと考えられる。近年の詳細な分布調査の結果では本丸の縁辺部で新たに石垣が確認されている。特に北辺ではほぼ一直線上に検出されており、こうした石垣が本丸を巡って構築されていたことを示している。Ⓐは佐和山城跡で最も知られた石垣で、巨石を算木積みにした石垣隅部である。わずか二段しか残されていないが、その石材の大きさより石垣の基底部であったと見られる。『井伊年譜』には「一、石垣ノ石櫓門等マテ佐和山・大津・長浜・安土ノ古城ヨリ来ル」とあり、彦根築城に際して佐和山城や安土城、長浜城などの石垣石材が持ち運ばれたとある。おそらく佐和山城の本丸に構築されていた石垣もその大半が彦根築城に転用されたようである。山上の石垣を破壊し、さらにその石材を転用するには莫大な労力が必要と思われるが、城割りは旧権力に対する絶対的優位を示す行為としておこなわれるものであり、決して手抜きをするものではなかったようである。特に石垣の城に対する城割りについては我々の想像を絶しており、九州では石垣の城をまるごと埋めてしまい、地上に石垣の存在すら認められなくした鷹ノ原城跡（熊本県南関町）などが近年の発掘調査によってその事実が確認されている。また、石垣石材についても、新城築城に最も適した石材であり、切り出す必要がないとなれば山上からでも転用した方が便利であった。佐和山の南斜面が異様に崩れているのはこうした石材や旧材を搬出するために切り崩されたためかも知れない。

なお、佐和山城跡について井伊家に伝来する古絵図三点が現在彦根城博物館に所蔵されている。ここでは参考文献の谷口論文の絵図Aを古図㋐、Bを㋑、Cを㋒としておく。その古図㋐、㋑、㋒ともに本丸には「天守跡」と記されている。古くより佐和山城には天守が存在したといわれているが、その根拠として

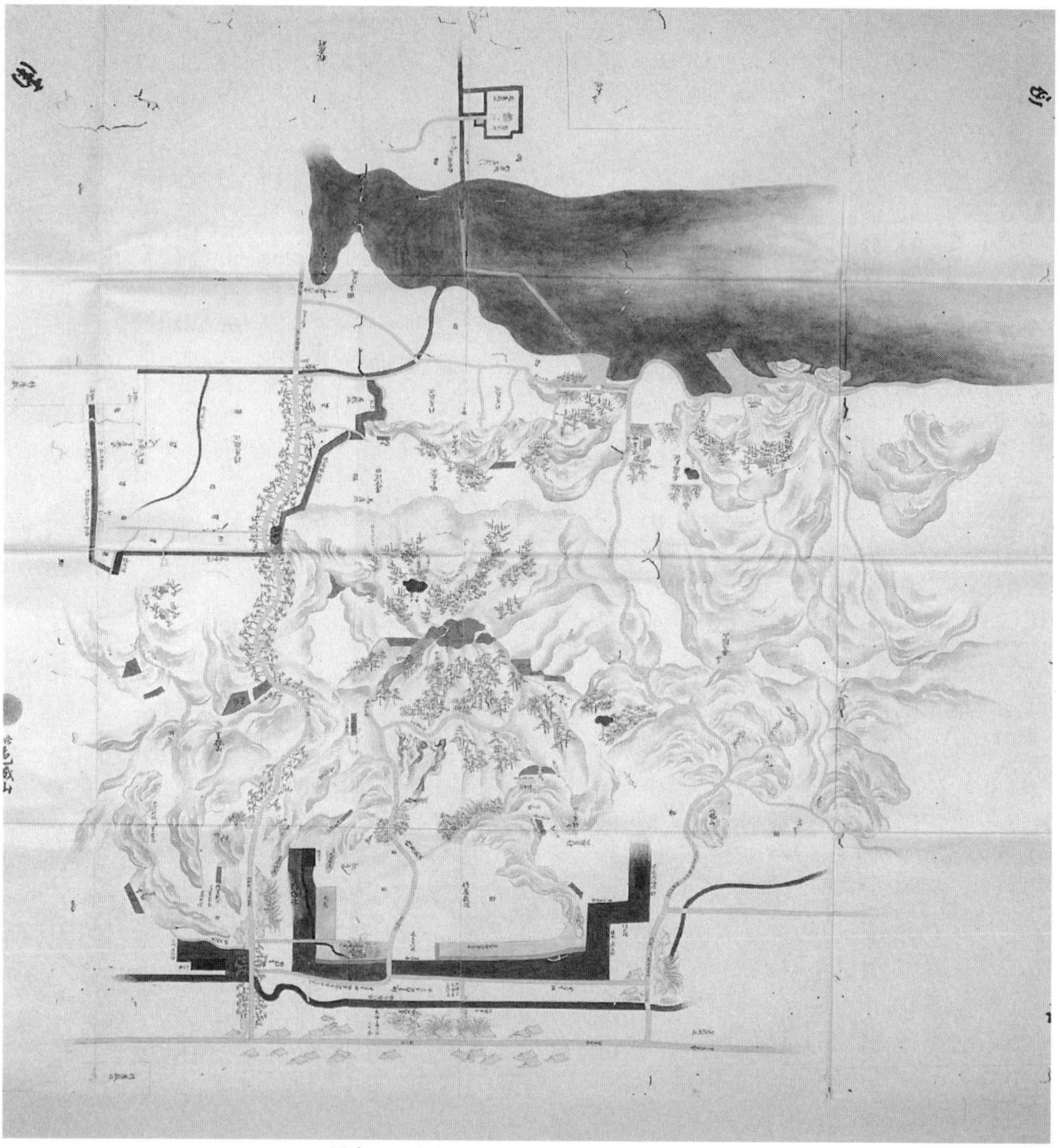

写真１　佐和山城絵図㋐（彦根城博物館蔵）

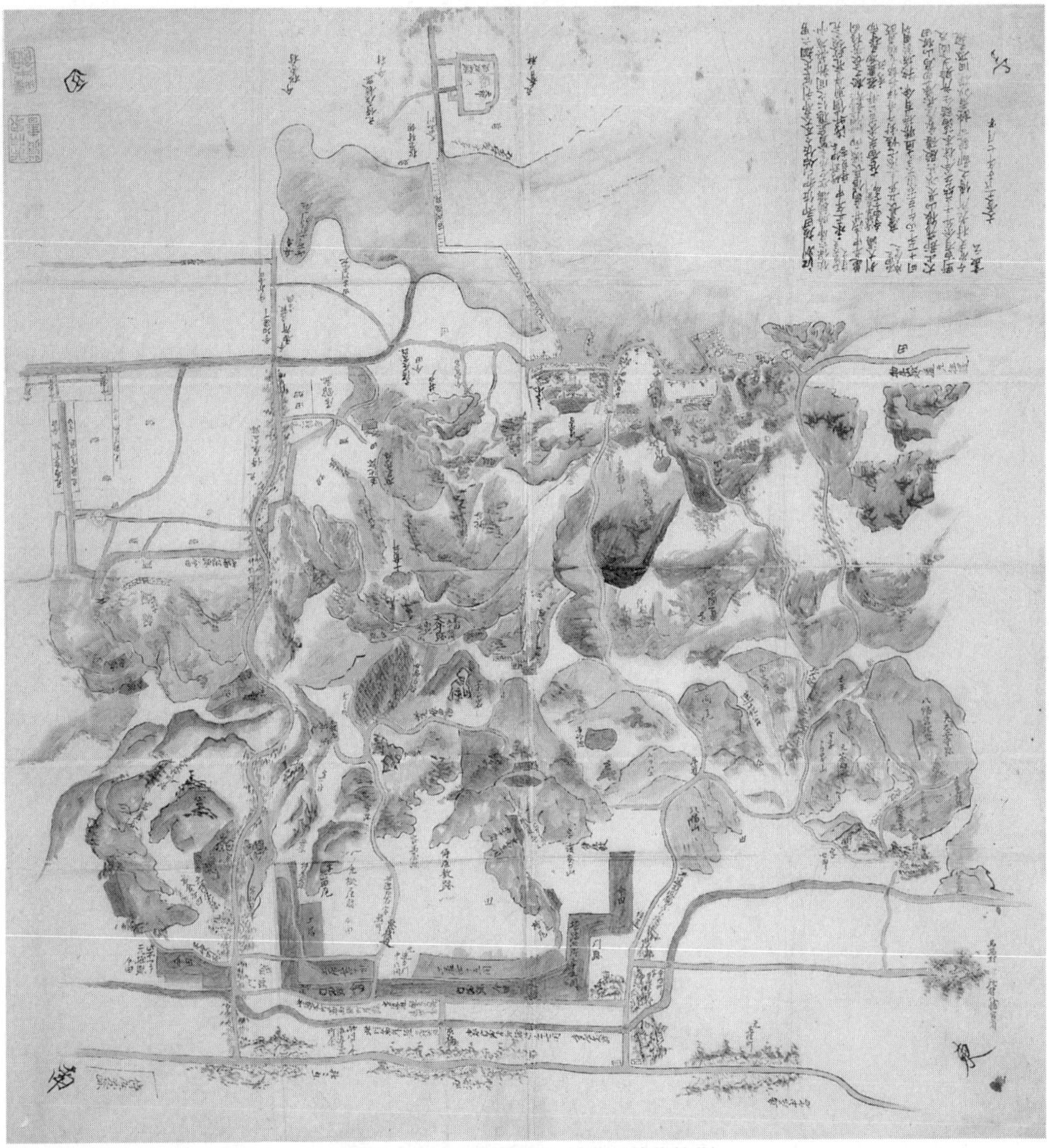

写真２　佐和山城絵図㋑（彦根城博物館蔵）

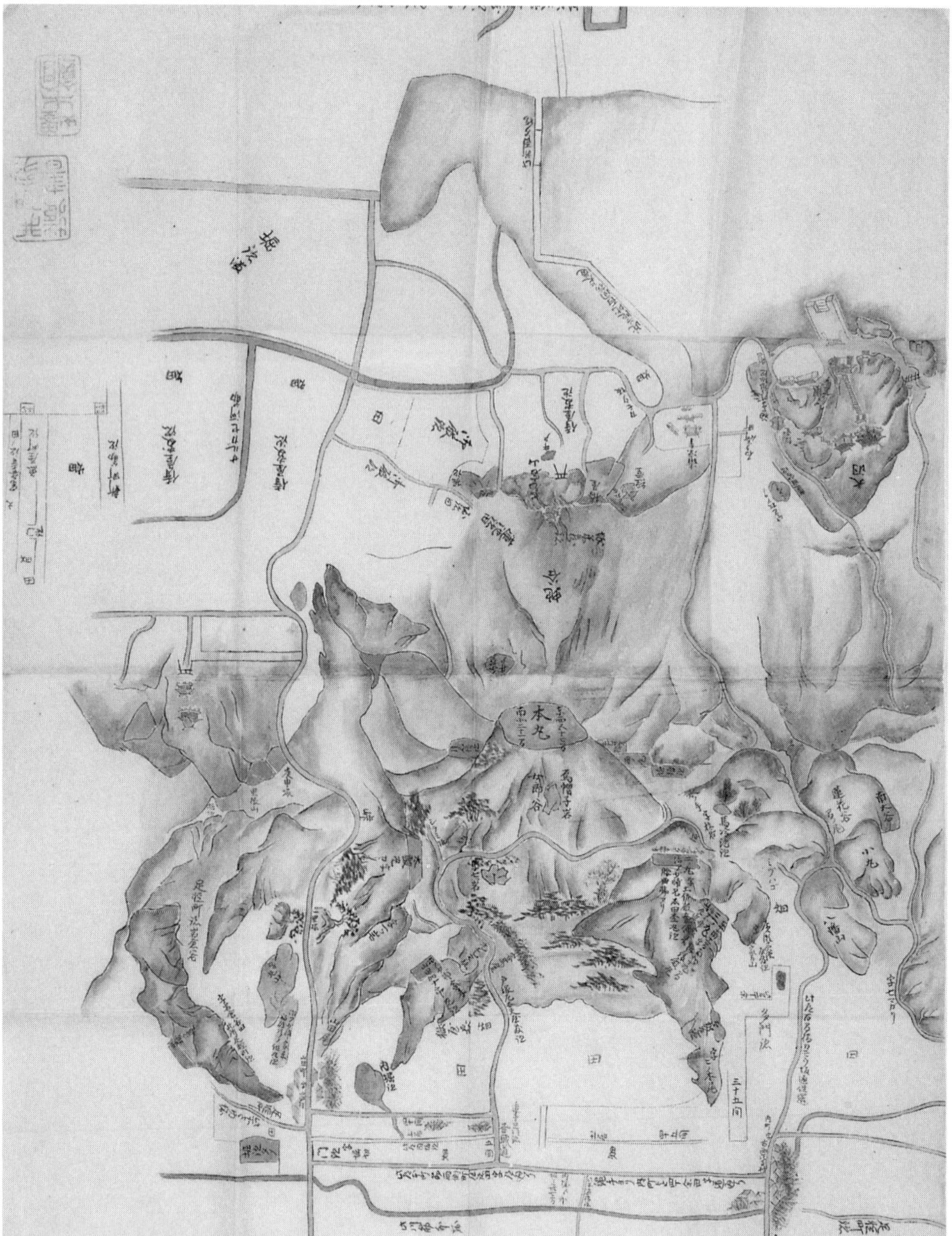

写真 3　佐和山城絵図⑤（彦根城博物館蔵）

西明寺の絵馬に五重の天守が描かれており、これが佐和山城の天守とされてきた。ただし絵馬には佐和山城とは記されておらず、さらにその製作年代は元禄十五年（一七〇二）のものであり佐和山廃城後一〇〇年も経過して作成されたものであり、まったく信用できるものではない。しかし、天正四年（一五七六）織田信長によって築かれた安土城に天主が造営されると、以後の織田氏系列の居城や、豊臣秀吉系列の居城に導入されることとなる。こうした織田・豊臣系列によって築かれた城郭を織豊系城郭と呼ぶが、天守は石垣や瓦とともに織豊系城郭の重要な要素となる。つまり佐和山城でもⅡ期、Ⅲ期には当然天守が存在したと考える方が当然であろう。「結城秀康書状」には「さを山へ山中より取かけ（略）てんしゅ二日をかけ申候、」とあり佐和山城に天守の存在したことが記されている。その重層は不詳であるが、山上に構えられたことから、おそらく三重天守であったと推される。

本丸跡の南側に古図㋐には「つき見櫓」（㋒では「月見櫓跡」）、古図㋑には「丸跡」と記された平坦地②、③、④、⑤がある。四段にわたって削平されており、佐和山城に伴う曲輪であることはまちがいない。特に③は大手側からの登城道に対して土塁を設けており、本丸への枡形的施設と見てよい。さらに②はその直上に位置していることより、枡形的施設に侵入した敵を迎撃するために設けられた曲輪であったと考えられる。現在の登城道は③から②を経て①に向かうが、非常に細く当時の城道とはとても考えられない。附図を詳細に検討すると③から北側を巡る道路状の斜面地が続いていることに気が付く。これが登城道と考えられる。つまり、③の枡形から直角に北に折れて②に入るか、②の北側を通過してⒶ石垣の裾を通って本丸の北面より本丸に至ったようである。Ⓐは出隅部であることより、ここが本丸の北東隅部であることはまちがいないだろう。

ところで②曲輪の南崖下に千貫井と呼ばれる井戸跡㊀がある。古図㋐、㋑、㋒ともにこのあたりに「千貫井」と記している。山城での水は千貫の金よりも尊いことから名付けられた井戸である。ただし、現在の形状となったのは、海津栄太郎氏によると戦前に彦根高商の学生によって掘られたためという。

曲輪②、③、④、⑤の南側では尾根が二股に分かれている。古図㋐、㋑、いずれも南西側の尾根を「法花丸」（古図㋑では「法華丸」）と記している。これが⑥で、北東側の尾根を「字笹尾」「太鼓丸」と記している。法華丸⑥は佐和山の南西に突出する尾根上に設けられた曲輪で、五段の小削平地から構成されている。特に⑥の最上段では東辺に高い土塁㋐を設けている。この地は佐和山の山塊で南西部に突出する尾根先端部にあたり南方防御の要となる場所である。一方北東側の尾根では巨大な削平地⑦、⑧が大きく二段にわたって設けられている。⑦を太鼓丸、⑧を千畳敷と称している。⑦では東側から南側にかけて土塁㋑を設けている。⑦の南側尾根筋には巨大な切り通しⓐが認められる。これは井伊直孝の時代に開削されたもので、彦根城下から中山道鳥居本宿に合流する朝鮮人街道の切り通しである。その立地より戦国時代にも佐和山城の南面防御としてここには堀切りが存在していたと考えられ、その堀切りを利用して街道の切り通しとなったものと考えられる。⑧は北側に帯曲輪

⑨を附す。この⑧、⑨には東面に虎口(Ⅰ)と、北面に虎口(Ⅱ)が構えられている。古図に「笹尾」とあるが、『近江坂田郡志』（以下郡志という）には「かかりを（篝丸）という」とあり、古くより篝尾と呼ばれていたようである。なお、太鼓丸と法華丸の位置する尾根の結節点の尾根を断ち切る堀切りⓑが設けられている。西側では見事な竪堀となり、山麓まで続いている。

佐和山城跡の遺構　—西の丸・二の丸・三の丸—

続いて本丸の北方遺構について見てみよう。古図(あ)には「塩硝櫓」「西之丸」「塩櫓」、古図(い)では「金蔵」「エンセウ」「東丸」「シホヤグラ」、古図(う)では「エンセウ櫓」「西ノ丸」「塩櫓跡」とあるが、現在も三段にわたって巨大な削平地⑩、⑪、⑫が階段状に配されている。⑩の周囲には土塁㋒が巡らされており、削平地には大きな窪地㊁がある。後世の盗掘孔とも考えられるが、この曲輪の施設としての可能性も考えられる。ここが郡志にいう塩櫓跡であろう。なお、これら三段の曲輪は古図(い)では「東丸」と記されているが他資料にいう「西の丸」であることはまちがいない。おそらく古図(い)の誤記であろう。⑫の背面には巨大な土塁㋓が設けられているが、曲輪の前面ではなく、なぜこのような土塁を曲輪背面に設けたのかは不明である。これら曲輪群の西辺には曲輪の段差部分に竪堀ⓒ、ⓓ、ⓔが三本設けられている。また⑩の北側一段下に小削平地があり、放射状に三本の竪堀が認められる。この西の丸をやや下った鞍部には堀切りⓕと、竪堀ⓖが設けられており、その直上には小規模な削平地⑬が構えられている。堀切りを頭上より見下ろす位置より監視所的な施設として構えられた曲輪であったと考えられる。なお、堀切りⓕは近世以降龍潭寺越と呼ばれ、鳥居本と彦根を結ぶ山道として利用されている。

本丸①から北側へ派生する尾根は二本あり、そのうち西の丸は西側の尾根筋に構えられている。東側の尾根筋で標高一七七・二mのピークは古図(あ)、(い)に「二ノ丸」「腰曲輪」と記されている。また古図(う)では「治部少輔兄石田木工丸跡」とあり、三成の兄が住していた曲輪としている。⑭を中心に北側に⑮を、東側に⑯を配している。いずれも方形プランとなり近世的な区画を示している。⑮の北辺には土塁㋔が構えられ、その直下には堀切りⓗが尾根筋を断ち切っている。堀切りⓗよりさらに北側尾根筋は未削平であるが高低差がないため、堀切りⓘを設けている。その尾根先端には削平は甘いものの北辺に土塁㋕を巡らせる曲輪状遺構⑰が認められる。一方、二の丸と本丸の間には中継する曲輪⑱と⑲が位置している。この⑲は本丸の南東側に展開する曲輪⑤の一段下と結ばれている。⑲には礎石も確認できる。ここより二の丸に至ったと考えられ、二の丸⑯には枡形虎口(Ⅲ)の痕跡が認められる。二の丸⑯より尾根筋は東側に派生しており、そのピーク標高一四六・五mの位置が古図の「三ノ丸」に相当する。二の丸との間には不明瞭ではあるが四本の堀切りⓙ、ⓚ、ⓛ、ⓜが設けられている。ただし三の丸に想定される場所には明確な削平地は認められず、現在のところ積極的に城郭遺構としては評価できない。ところで古図(い)には「今越後殿丸ト云」とあり、江戸時代には越後殿丸と呼ばれていたようである。これは井伊氏の家臣中野越後守が居住したところであったことから名付けられた名称である。また古図㋒には「治部少輔家中嶋左近」とある。同様に二の丸は土佐殿丸と呼ばれていたが、これは井伊氏の重臣木俣土佐守が居住していたことによる。また、古図では二の丸尾根の先端を「字後家ガ山」と記している。概要図の⑰に相当する場所である。郡志では美濃殿丸と記され、その名称は廣瀬美濃守が居住していたことによる。後家ガ山とは廣瀬美濃守病死後その妻がここに居住したことに由来しているという。三の丸に続く尾根先端は古図に「丸跡」とあり、概要図⑳が相当する。現在墓地となっており、旧状を止めないが先端部には竪土塁状の高まり㋖や竪堀状の凹地が認められ、城郭に伴う遺構と考えられる。

古図㋐では太鼓丸⑦の南尾根筋にも五ヵ所にわたって丸跡が記されているほか、本丸の西側尾根先端部にも丸跡や櫓台と記されたところがあるが、現地ではそうした遺構は確認できない。

西の丸と二の丸の尾根に挟まれた谷部を堰き止めるように両側の尾根から竪土塁㋗が築かれている。その土塁の接合部には水が溜まっている。古図㋐でもちょうどこの谷筋に「水之手字杉谷」と記されている。また古図ではさらに北側に「馬冷池」と記された池が描かれている。現地では水の手の谷のさらに北側あたりに想定されるが、そうした痕跡は認められない。ただ、古図とは位置的に齟齬をきたすが、三の丸の北側谷部に谷を堰き止める状態で土塁を築いた溜池㊂が存在する。この溜池は近世以降の用水ではあるが、あるいは馬冷池を再利用したものの可能性も充分考えられる。

佐和山山麓の遺構

一方、山麓部の遺構については、東側山麓に谷筋を堰き止めるような形状で巨大な土塁㋘が残されている。古図に「元追手門」とあり、古くより佐和山城の大手門の跡と伝えられる遺構である。ちょうど門の部分にあたるように開口部があり、その南北に総延長一六五m、高さ二m、基底部幅一三m、上場幅八mを測る巨大な土塁が残されている。古図㋐には門跡より北側の土塁について「土居四十五間」、南側の土塁について「土居長四十間」と記されている。さらにこの土塁の外側には内堀の跡が、その外側には本町が、そしてその外側には外堀の跡が記されている。古図㋐に描かれた景観はほぼその状態で現在も残されている。この土塁によって堰き止められた内側の小字は殿町谷で、古図㋐には「侍屋敷跡」「客馬屋跡」「元獄屋跡」と記されている。谷筋の中央には「登城道」があり、太鼓丸、本丸、二の丸へ至っている。本丸への登城道は「シラミ坂」と記されている。ところで古図㋐では小字殿町谷を堰き止める土塁のみが描かれているが、さらに北側に位置する小字奥ノ谷でも現状で土塁の痕跡㋙が確認でき、同様に屋敷地が存在していたとみられる。

佐和山の西側山麓では、現在JR琵琶湖線のすぐ東側が段丘となるが、この崖面と佐和山との間に平坦面が存在する。古図㋐では「城米蔵跡」「櫓台」「丸跡」と記された部分に相当する場所である。残念ながらこの平坦地は現在宅地となっており、城跡の痕跡は残さないものの、その地形から佐和山の西側山麓で重要な位置を占めていたことはまちがいない。城米蔵跡には現在仙琳寺が建っている。

なお、この西側山麓で現在近江鉄道が敷設されている谷部㉑は古図に「モチノ木谷」と記されており、谷筋から法華丸の上部に至る城道も描かれている。この城道は太鼓丸と法華丸の結節部に設けられた竪堀ⓑの可能性がある。さらに古図ではこの谷部を堰き止めるように堀跡が描かれており、その形状は大手の谷部とまったく同じである。郡志では、「本丸の南方を「モチノ木谷」と云ふ。三成の邸宅殿舎のあつた所で、其書院の植込のモチノ木が、享保の頃迄あつたからこの名がある。水帳の、御殿畑、御殿道など呼ぶは此所で、」とあり、この谷が石田三成の屋敷であったとしている。

西ノ丸⑫より北西へ派生する尾根上には堀切りⓝを隔てて㉒、㉓がある。古くよりこの二段の削平地は近現代の造成と言われてきたが、㉓では北辺に土塁㋚が認められることより、城郭に伴う曲輪である可能性が高い。

遺構の構築年代

ところで、こうした遺構はいつの時期のものなのであろうか。織豊系城郭の年代については石垣の構築技法や出土した瓦の編年などから類推することが可能である。佐和山城跡の場合、石垣についてはほとんど残されておらず検討材料とはならない。また出土遺物についても佐和山城跡ではこれまで発掘調査の事例がない。幸い表面採集資料ではあるが瓦が採集されているので、それらについて検討しておきたい。まず、その分布は現在のところ表面採集という限界はあるものの、本丸周辺、西の丸、太鼓丸、二の丸において確認されている。なかでも本丸北斜面、西の丸では大量に散乱している状態である。城郭に瓦が導入されるのは天正四年（一五七六）の織田信長による安土築城以降である。その瓦の製造にはタタラと呼ばれる粘土板を切り離す手法によって時期差の存在することが明らかとなっている。即ちタタラを糸切りによって切断するものをコビキA手法と呼び、丸瓦の凹部に斜位の切断線「コビキ」が確認できる。一方タタラを鉄線曳きによって切断するものをコビキB手法と呼び、丸瓦の凹部には横位の切断線「コビキ」が確認できる。コビキA手法は天正四年から天正十一年（一五八三）頃の造瓦技術であり、B手法は天正十一年以降の造瓦技術である。そのメルクマールとなる天正十一年とは豊臣秀吉による大坂築城の年である。おそらく安土築城によって城郭に瓦葺建物が導入されたのであるが、その段階では従来の造瓦技術であったものが、豊臣秀吉の大坂築城によって一気に需要が高まり、大量生産が求められた結果、鉄線曳が導入されたと考えられる。ただし、天正十一年に一気にA手法からB手法に変わるものではなく、地域によっては慶長年間に至ってもコビキA手法の瓦が存在することも確認されている。

さて、佐和山城跡で採集された瓦を観察すると大半がコビキB手法によって生産されたものである。ただ、少量ではあるがコビキA手法で生産された瓦も認められる。まず、磯野氏以前の佐和山城には瓦は用いられないので、採集された瓦は佐和山城Ⅱ期もしくはⅢ期、Ⅳ期に用いられていたものである。コビキA手法の瓦については佐和山城Ⅱ期と考えられなくはない。しかし佐和山城Ⅱ期の画期は何と言っても元亀二年（一五七一）二月の磯野員昌退城による丹羽長秀の入城である。おそらくこの段階で改修されたものと考えられる。それは安土築城五年前のことであり、丹羽氏入城に伴い瓦葺建物の導入は考えられない。Ⅲ期については天正十一年（一五八三）の清洲会議によって入城した堀秀政による改修が考えられる。コビキA手法の瓦はこの堀氏段階のものである可能性が高い。ちなみに近年発掘調査が実施された彦根市稲富町に所在する山崎山城跡では見事な石垣が検出されており、その形状より織田信長時期の石垣であることはまちがいない。『信長公記』では天正十年（一五八二）に登場するが、全面発掘されたものの瓦片は一点も出土していない。その立地や構造から佐和山城・安土城間の繋ぎの城、もしくは織田信長の休息施設としての城郭と考えられるにも関わらずである。こうした事例と同様に丹羽長秀城主時代の佐和山城も瓦は葺かれていなかったと考えられるのである。

　コビキA手法を堀秀政時代とするならば、コビキB手法はいつ導入されたのであろうか。Ⅲ期の画期が堀氏による改修であるとするならば、天正十三年（一五八五）に入城した堀尾吉晴の改修はまず考えられない。吉晴が天正十八年（一五九〇）に駿府へ移封された後、少々間を置いて石田三成が佐和山へ入城するわけであるが、ここに改修の画期が存在したと考えられる。コビキB手法の瓦が導入されたのは石田三成の入城段階だったと想定でき、Ⅲ期には本丸、二の丸、太鼓丸、西の丸の存在していたことはまちがいない。

　ところで、瓦の分布について、山麓に目を向けると、最も遺構の残りが良い大手の土塁周辺ではまったく採集されていない。これは大手土塁が少なくとも天正十一年（一五八三）以前のものであることを示している。Ⅱ期、Ⅲ期にも改修されていないのである。さらに土塁を詳細に観察すると石垣であったならば、石材を抜き取ったとしても栗石が残るはずであるが、その痕跡も認められず、当初から土塁であったようである。

　さらに散布している瓦を詳細に観察してみると、二次焼成の痕跡がほとんど認められない。つまり焼失した痕跡が認められないのである。西の丸でわずかに焼失痕が認められる瓦が少量分布しているに過ぎない。これは落城時に佐和山城が焼失していないことを示している。なお「結城秀康書状」には「てんしゆ二日をかけ申候、」とあり、佐和山城の守備軍が自ら天守に火を放ったことが記されている。ただし、これは天守などの一部に火が放たれたに過ぎない。それは散乱する瓦が証明しているのである。さらに関ヶ原合戦直後に井伊直政が近江に入封するとその居城を佐和山城に定めている。それも山麓部ではなく、山頂部であったようで、現に二の丸や三の丸に土佐殿丸や越後殿丸の名が残されており、井伊家の重臣も山上に居していたことがわかる。佐和山城全域が焼失したのであれば井伊家は居住できない。こうした点からも焼失した城郭施設はごく一部に過ぎなかったことがうかがえる。

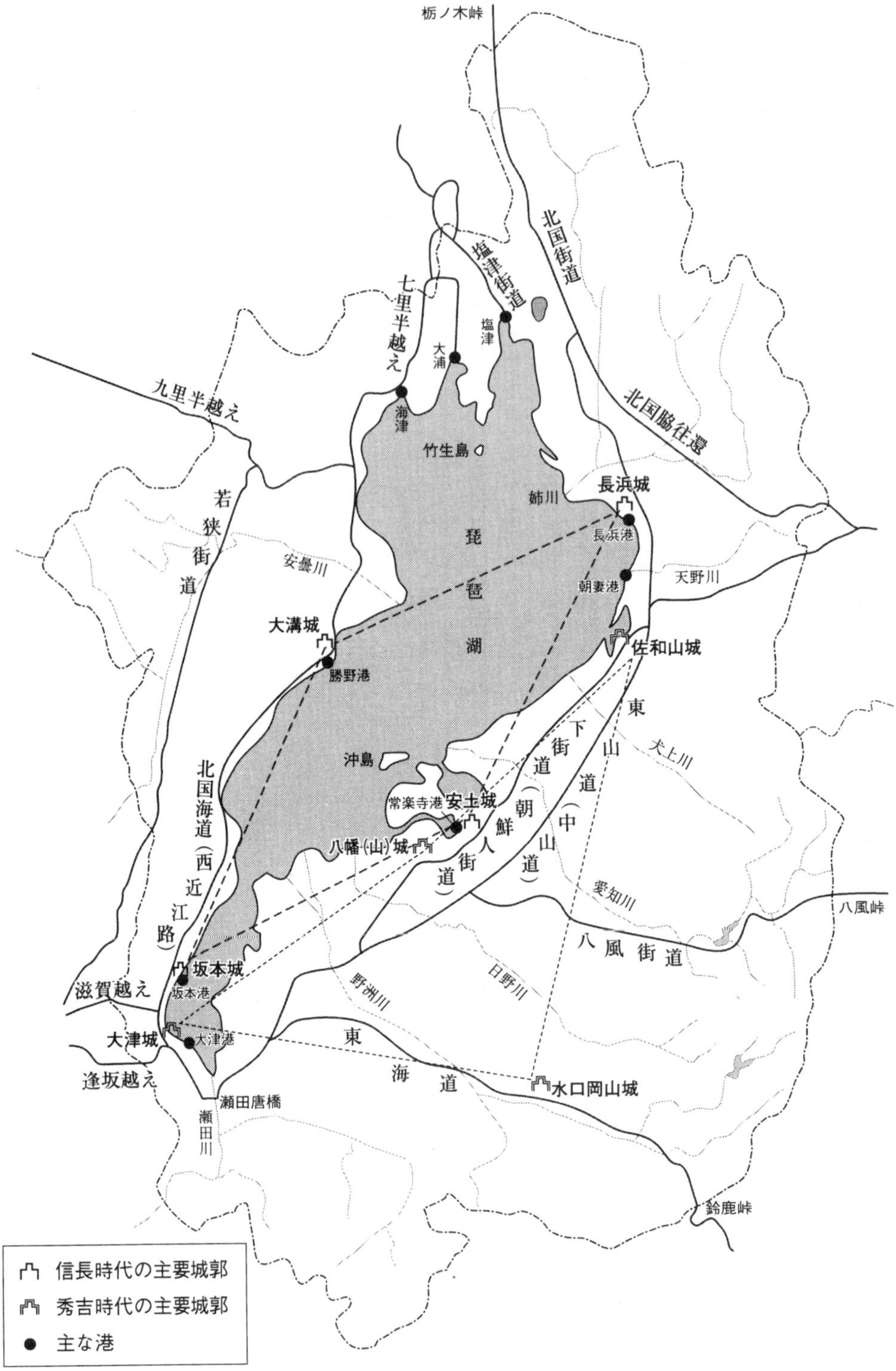

図1　信長・秀吉時代の近江の城郭網

大手の変化

ところで、大手に瓦がないという事実は何を意味しているのであろうか。ここでは城下町も含めて山麓部の空間について検討しておきたい。周知のように佐和山東山麓に大手が構えられたのは、佐和山東山麓に幹線道路である東山道が縦貫していたからに他ならない。ここで古図を今一度検討してみると、佐和山の山麓は東側だけに城郭施設が設けられていたわけではないことがわかる。西側山麓には石田屋敷をはじめ、石ケ崎町、新町、魚屋町、馬喰町などの町屋をはじめ、門、馬屋、侍屋敷が記され、さらに石田屋敷の前面には堀跡が描かれている。こうした町屋や堀の痕跡については現在宅地化が進み検証ができないが、明治二十六年（一八九三）に作成された地券取調惣絵図には見事に痕跡が描かれており、こうした施設が単に古絵図に記されているのではなく実在していたことを示している。さらに龍潭寺越えの前面には松原内湖に百間橋が架けられており、琵琶湖に直接面した湊として機能する松原湊と城下を結んでいた。加えてこのルートは龍潭寺越えを越えると東山道側へ抜けることが可能であり、陸路からの物資を湊へ運ぶことを可能としている。こうした西側山麓の施設を古図が示しているならばその規模は東側山麓のいわゆる大手側とは比較にならないほど巨大で、しかも整然とした方形区画によって構築されていることが看破できる。

おそらく佐和山城では時代によって大手の位置が東側山麓から西側山麓へ変化したのであろう。「須藤通光書状」によると「今度佐和山惣構御普請ニ付て、四郡之百姓何も普請を被申付候、」とあり、惣構の普請がおこなわれたことを記している。年未詳ではあるが、文禄四年（一五九五）に三成は十九万石に加増されており、そうした居城にふさわしい改修を実施したものと考えられる。それこそが大手の付け替えであり、それまで松原内湖岸であった西側山麓に城下町を建設したことが惣構御普請だったのではないだろうか。それは陸路のみを重視した戦国期城郭と、湖上交通をも視野に入れた織豊系城郭の差ということもできよう。天正四年（一五七六）の信長による安土築城前後の近江における織豊系城郭の立地を見れば佐和山城の大手移動もさらに鮮明となろう。元亀二年（一五七一）志賀郡を賜った明智光秀はその拠点として坂本城を築く。天正二年（一五七四）に浅井跡一職支配を賜った羽柴秀吉は一旦小谷城に入城するが、その拠点として新たに長浜城の築城を開始する。さらに高島郡支配を任された織田信澄は新庄城を居城としていたが、新たな拠点として大溝城を築城する。そして信長自身は天正四年（一五七六）に安土城を築いて居城とした。図1はこうした信長による近江の城郭網と、天正十三年以後の秀吉による近江の城郭網を図示したものである。信長時代の城郭がすべて琵琶湖辺に築かれているという特徴を見出すことができる。安土城は標高一〇六ｍの山城であるが、坂本城、長浜城、大溝城は水城とでも呼べるように湖辺に築かれている。それらは現在城跡の痕跡を残さないが、古図や地籍図から内堀、中堀、外堀に区画され、いずれの堀も琵琶湖に直結していたことがわかる。

こうした構造から、信長の配下が積極的に築城に琵琶湖を利用していたことがうかがえる。同様に安土城でもその外港として常楽寺港を擁し、琵琶湖を軍事や交通に積極的に取り込もうとした信長の意図を知ることができる。ただし、信長は最後まで山を下りなかった点は注目してよい。その居城は小牧山城、岐阜城、安土城と移動はするものの、決して山を下ることなく山城に依存していたことがわかる。琵琶湖を視野に入れつつも信長は居城を山城に求めたのである。

こうした現象から佐和山城も山城であるものの織田信長段階で機能したのである。琵琶湖への依存については外港として松原湊が機能していた。さらに岐阜、京都間の中継地として安土築城までは近江における信長の居城となったのは山城であるがゆえに佐和山城が利用されたのである。

参考文献

・伊藤　真昭　二〇〇三「石田三成佐和山入城の時期について」（『洛北史学』第4号　京都府立大学）
・海津栄太郎　一九七三『佐和山城』（『城』80号　関西城郭研究会
一九七六『佐和山城Ⅱ』（『城』96号　関西城郭研究会）
一九七七『佐和山城旧記　古城御山往昔咄聞集書　古城山往昔之物語聞書』（『城』98号　関西城郭研究会）
一九八六「佐和山城本丸の切り落としについて」（『近江の城』第二十一号　近江の城友の会）
・坂田郡役所編　一九一三『近江坂田郡志』
・谷口　徹　一九九五「佐和山城の絵図」（『彦根城博物館研究紀要』第六号）
・中井　均　一九九二「佐和山城の歴史と構造」（図録『佐和山城とその時代』彦根城博物館）
一九九七『近江の城　―城が語る湖国の戦国史―』サンライズ出版
・用田　政晴　二〇〇二「湖上交通史における佐和山城の史的意義」（『城と湖と近江』「琵琶湖がつくる近江の歴史」研究会）

佐和山城と封建領主堀尾毛介（吉晴）

―天正十三年閏八月廿一日付け堀尾毛《も》介《すけ》宛て羽柴秀吉「江州所々知行方目録」の検討―

村井毅史

一　緒言

城郭は如何に普請や作事に高度な技術を用いようともこれを運用する兵力が存在しなければ城郭として機能し得ない。この城郭を運用するのに必要な兵力、人足、諸技術者を含めて城郭運用集団と呼称した（註1）。この城郭運用集団の中核を占める兵力は近世に於いては基本的に生産を行わない常備軍化した集団であり、集団を維持し城郭を維持する為に安定性のある集中された経済基盤が必要であった。これを近世城郭体制と呼んでおく。

近世城郭体制の構成要素は①城郭、②城郭運用集団、城郭運用集団を日常的に維持してゆくのに必要な③城下町場。そして城郭運用集団の④経済基盤である。これらは有機的に結合し一つの地域社会を形成していた。

日本の近世では城主が城郭の存在する地域の領主を兼ねる事によって経済基盤を城郭の存在する地域に求める封建領主制を採用している。そして城郭を中心とした独立した地域が集合して国家を形成していたといえる。

近世城郭体制は畿内近国に於いて既に地域内で突出して大規模な城郭遺跡の存在から越前朝倉氏の一乗谷、近江江北の京極氏の上平寺、近江江南の六角氏の観音寺、河内畠山氏の高屋、摂津細川氏の伊丹等にみることができ、一六世紀初頭には近世の初期段階に入っていたと考える事が出来る。

やがて織田信長が近畿地方に入り、織田信長の下、城郭とこれを取り巻く地域を特定の人物の支配の下に委ねる「一職支配」が確立した（註2）。城郭を中心とした地域が並列する近世的な大名領の起源が成立したのである。

この支配関係を文書にする事が何時ごろから行われるかは不明であるが、豊臣期以降に於いては領主や上位権力者が替わる毎に領地の目録が出されている。豊臣期において領地は「知行」と呼ばれ、知行が替わる度に「充行状」と、別紙として「知行（方）目録」が出された。即ち城郭と地域を結び付ける文献資料である。しかし豊臣期の大名は江戸時代に廃絶したものが多く、多数出されたとみられる「知行(方)目録」は僅かしか伝わっていない。

ところが幸いな事に佐和山城にはこの城郭と地域を結び付ける文献資料が伝わっているのである。これが天正十三年閏八月二十二日付け堀尾毛介宛て羽柴秀吉「江州所々知行方目録」(註3)である。

堀尾毛介は丹羽長秀や石田三成に挟まれて影の薄い佐和山城主であるが、天正十三年から天正十八年迄の間佐和山城主であったとされる人物である。諱は「吉晴」が著名であるが本稿では「江州所々知行方目録」にみえる「毛介」を用いる。

二　佐和山城と堀尾毛介

堀尾毛介が佐和山城主であった事は「堀尾家記録」(註4)の「知行所覚」の項に「江州佐和山ニテ四万石、出入六年、」とある事。『藩翰譜』(註5)の「●堀尾」の項に「同き(天正)十三年七月近江国佐和山の城を賜う、四萬石」とある事。『譜牒余録巻六十』(註6)に「(天正)十三年乙酉秀吉江州佐和山城ヲ可晴ニ賜ヒ四萬石ヲ領ス」とあることなどから佐和山城で四万石を知行していた事は確かなようである。

『譜牒余録』は続けて「十五年丁亥秀吉九州に發向ノ時可晴従行処々ニ於テ戦功アリ従五位下ニ叙セラレ帯刀ニ任シ秀吉豊臣姓ヲ授ク」とあり、佐和山城主期の軍事活動と栄進を伝えている。

では堀尾毛介はどの様な立場で佐和山城に入ったのであろうか。

「四國御發向并北國御動座事」(註7)に「羽柴孫七郎秀次為江州物主。中村式部少輔堀尾茂助一柳市助山内猪右衛門雖殿下股肱臣。為秀次家年寄與之。」とあり秀吉の甥である秀次の「年寄」として付けられたとしている。

これに関して天正十三年とみられる閏八月二十二日付羽柴秀吉羽柴孫七郎宛て知行充行状が伝わっている(註8)。これには「於江州所々、自分貳十萬石、并其方相付候宿老共當知行、貳十三萬石相加、目録別紙在之、都合四拾三萬石宛《ママ》行畢、相守此旨國々政道以下堅可申付者也、」とあって「知行(方)目録」が伝わっていないのは残念であるが、秀次分の知行二〇万石、堀尾毛介以下の「宿老」の知行が二三万石存在するとしている。「年寄」も「宿老」もここでは同じ立場を指すと思われる。

この時点で判明する秀次の宿老(年寄)は犬上郡佐和山城の堀尾毛介四万石、栗太郡瀬田城の一柳市介一万五〇〇〇石(註9)、甲賀郡岡山城の中村式部少輔六万石(註10)、甲賀郡八幡山の田中兵部少輔三万石(註11)、坂田郡長浜城の山内猪右衛門二万石(註12)で合計十六万五〇〇〇石である。二三万石には六万五〇〇〇石足りないが、これはこれまで上っている以外にも宿老がいたのか、或いは山内伊右衛門が知行地二万石の他に蔵入地一万石を預かり、三万石の軍役を勤めていたように(註13)、他の宿老も蔵入地を預かっておりその分が加算されている為なのか不明である。

最も古い近江一国の村々の石高を書き上げた「寛永年中近江国御高帳」(註14)(以下「御高帳」)では近江一国の石高は約八

十三万石であるから秀次は宿老分も含め近江の半分を知行した事になり、堀尾毛介はその重臣の一人であった。

三　堀尾毛介の知行地

堀尾毛介に充行われた知行地は「江州所々知行方目録」（以下「目録」）には「都合四萬石」とあるが実際計算してみると三万九九五石三斗で四万石には四石七斗足りない。

「目録」は二七項目から成り、それぞれ充行われる石高、その所属郡と地名（一部異なるが後述）が書き上げられている。

ここでは「目録」にみえる堀尾毛介の知行地を地名から現地比定を行い、更に「御高帳」に記載される各村高と引き合わせてその分布傾向を検討してみたい。

堀尾毛介の知行地は分布傾向と内容を検討した結果次の三つのグループに分ける事ができた。

第一グループとしては佐和山城から湖岸、中山道沿いに一五kmに渡って分布するものである。これには犬上郡「松原村」（彦根市松原町）の六五〇石、「馬場」（米原市番場周辺、或いは彦根市宮田町周辺。）八七八石六斗、坂田郡「北はしり」（米原市朝妻筑摩（註15））一五九石八斗「いむら まい原」（米原市飯・米原市米原）四五〇石九斗、同「四木」（米原市世継）九九五石七斗、同「のとせ ひくち」（米原市能登瀬・米原市樋口）四九三石、同「みのうら ひくち たるみ うしうち あさくら にうひの木畑 夫那 名荷」（米原市）五九九石四斗、同「多和田」（米原市多和田）一七五石四斗、同「さめかい」（米原市醒井）三七七石九斗、同「かしわ原」（米原市柏原）八三〇石五斗、同「長澤」（米原市長沢）九八三石六斗、同「忍海」（長浜市布勢町・小一条町（註16））四五四石五斗の合計七一五〇石三斗となり、全体の一七・九％を占める。

第二グループは高時川・姉川流域に分布する知行地群である。これは坂田郡「今川」（長浜市今川町）二〇〇石、同「平方」（長浜市平方町）四七二石、同「山科郷」（長浜市山階町周辺）三一〇三石、「上坂」（長浜市東上坂町・西上坂町周辺）五二三五石、「國友」（長浜市国友町周辺）一七四〇石、浅井郡「野村主計」（長浜市東主計・西主計・野村）一九一五石、同「田根庄」（長浜市中央部（註17））四五〇〇石、同「西草野」（長浜市南西部（註18））三九四〇石、同「尊勝寺郷」（長浜市尊勝寺）一〇〇〇石、同「宮部郷　ゆすきの郷」（虎姫町宮部・長浜市湯次周辺）四七四〇石、同「中野」（虎姫町中野）九八一石、同「山田庄」（湖北町上山田・下山田周辺）一五〇四石、伊香郡「ほら戸」（高月町洞戸）一七六石で、合計二万八六八六石となりこの範囲に全知行高の七一・七％が集中している。

第三グループは某分として「目録」にみえるものでこれには二つある。一つは犬上郡に久徳分としてあるもの。もうひとつは坂田郡に平野分としてあるものである。

犬上郡に久徳分として三〇五五石とあるのは、秀吉が久徳左近兵衛尉宛てに天正十一年八月朔日付で発給した三〇〇〇石の知行目録（註19）に対応するものであると考えられる。五五石は増分であろう。

久徳左近兵衛尉は天正十一年の目録で秀吉から「多賀庄内」

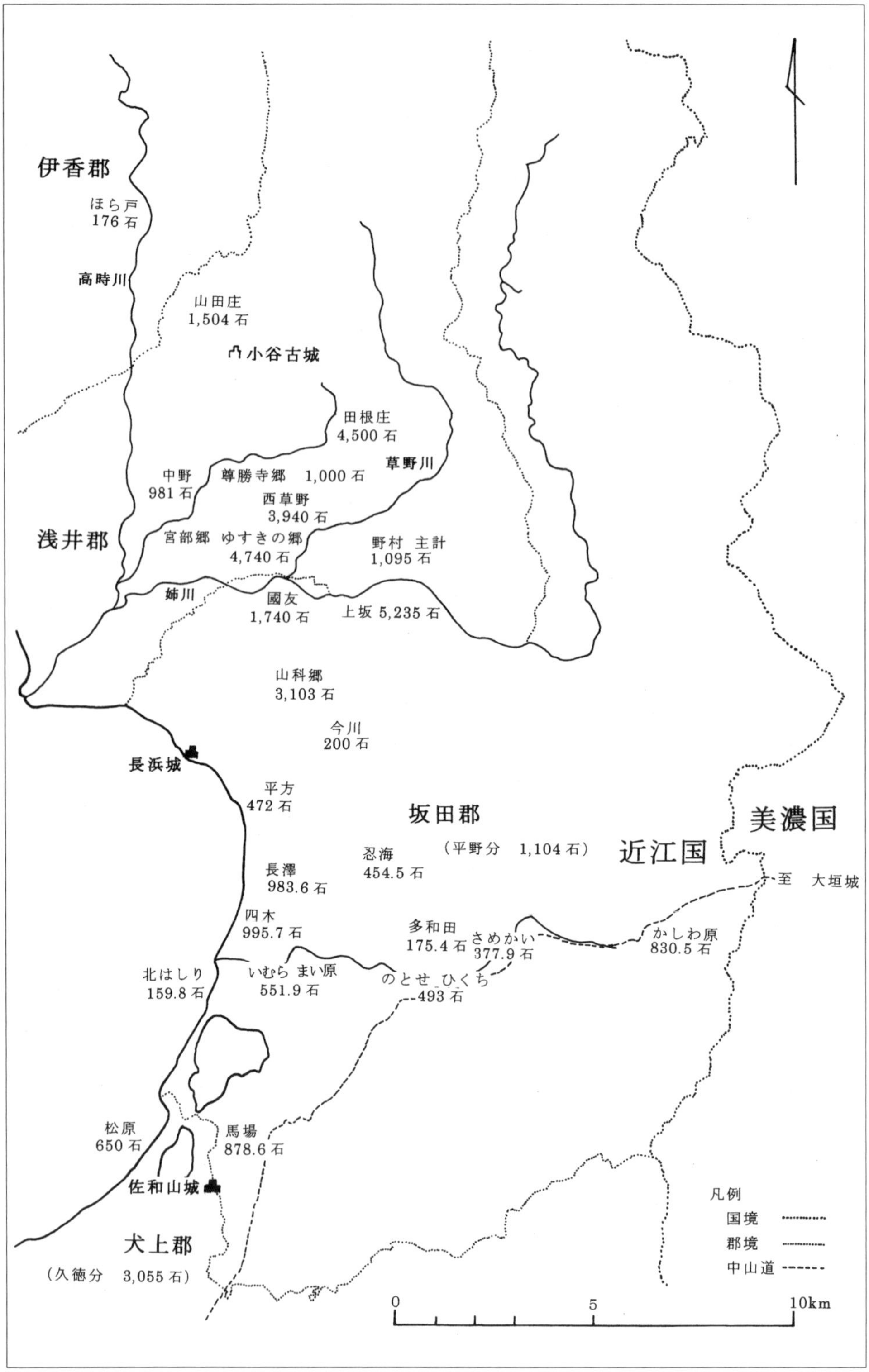

図1　羽柴秀吉知行充行状目録による佐和山城主堀尾毛介知行地分布図

（多賀町多賀周辺）一四九九石三斗、「一圓庄内」（多賀町一円）で三五三石五斗、「野田村」で二三三石、「大岡」（多賀町大岡）で二〇〇石七斗、「四ものむら」で二五〇石を充行われている。久徳左近兵衛尉は『信長公記』元亀四年七月十六日条にみえる「弓徳左近兵衛」、同八月十二日条にみえる「弓徳左近」、同天正九年正月八日条にみえる「久徳左近」、同天正十年正月十五日条にみえる「久徳左近」と同一人物であろう。

よってこれはそれ迄秀吉の直臣であった久徳左近兵衛尉が堀尾毛介の家臣に繰り込まれた事を示しているとみられる。後に堀尾氏の重臣として「堀尾家記録」（註20）に名前がみえる久徳勘解由、久徳内膳はその親族であろう。

坂田郡に「平野分」一一〇四石とみえるのは『信長公記』天正九年正月八日条にみられる「平野土佐」、同天正十年正月十五日条にみられる「平野土佐守」と同一人物かその後継者の知行分を指すものとみられる。この二家は織田政権下に於いて多賀新左衛門・後藤喜三郎・蒲生忠三郎・京極小法師・山崎源太左衛門・山岡孫太郎・小河孫一郎・山岡対馬・池田孫次郎・永田刑部少輔・青地千代寿・阿閉淡路守・進藤山城守と共に江州衆を構成し、信長の馬廻りを務めていた（註21）。

これらは全知行高の一〇・四％を占める。

堀尾毛介知行地の特徴は

①居城の周囲に殆ど知行地が存在しない事。

佐和山城の周囲には「松原村」六五〇石が在るのみでこれは全体の一・六％に過ぎない。仮に「馬場」八七八石六斗を彦根市宮田町に存在した馬場村とその周辺とした場合でも全体の３・８％である。

恐らくこれ以外の佐和山城周囲の村々は城付の蔵入地（秀吉、もしくは秀次の台所入）になっておりその代官を堀尾毛介が務めていたと思われるのであるがこれを証明する史料は認められない。

秀吉にとって城付蔵入地とは「兵糧」の生産を第一目的とし、「右之臺所入ニも給人可付旨申上候、言語道断次第、」とする文書があり（註22）。代官が勝手に城付蔵入地を家臣の知行に充ててはならないとし、これを行なった大垣城主加藤作内は城主を解任されている。

②佐和山城から美濃国関ヶ原にかけての交通路上に連続して設定されている知行地群の存在。

これは佐和山城主としての堀尾毛介の役割として佐和山城周辺の湊を掌握し、水上交通を通して佐和山城周辺の各湊に陸揚げされた軍需物資を、中山道を通して美濃国境に迄運搬する事があったとみられ、このグループの知行地からは領主である堀尾毛介の命で運送の為の人足が動員される構想であったと考えられる。美濃国境から二〇km東には秀吉が「かなめの所」「肝心所」（註23）と評した先述の大垣城が存在する。大垣城は近畿から濃尾平野に軍勢を展開する場合橋頭堡となるべき城郭である。未だ尾張・北伊勢に織田信雄、その背後に徳川家康が存在する天正十三年段階、濃尾平野で戦闘が勃発した場合の大垣城への補給路を確実に確保し、物量で敵軍を圧倒する戦略構想が立てられていたとみられる。よって大垣城への補給路の確保が佐和山城主であった堀尾毛介の重大な役割であったと考えられ、その為の知行地配置であったと考えられる。

③居城から二〇㎞も北に離れた地域に全石高の七一・七％が集中している事。

佐和山城の周辺にほとんど知行地が設定されていないのに対して、山内伊右衛門の城地である長浜の更に北に山内伊右衛門の知行高を上回る二万八六八六石の知行地が充行われている事に関しては全くどのような意図でこのような知行地充行が行なわれたのか想像を越えるところであり、日常の佐和山城運用や知行地の支配に相当の不便があったはずである。この事に関して二点ほど思案が付いたので記しておく。

このエリアの西北角には江北の戦国大名浅井氏の本拠であった小谷城が存在する。即ち浅井氏の本城廻りの直轄領が羽柴秀吉期、堀秀政期を通して解体されず、そのまま堀尾毛介に充行われた可能性である。ここには羽柴秀吉期、堀秀政期を通して浅井氏段階の在地構造を清算する事ができなかったという前提が存在するのであるが。

これを補強するものとしてこの地域の「目録」での知行高にはかなり大雑把なものが多い。例えば「西草野」（三九四〇石）、「山田庄」（一五〇四石）、「田根庄」（四五〇〇石）「宮部郷　ゆすきの郷」（四七四〇石）は中世以来の地域名がそのまま「目録」に記載され、村切さえ行なわれていない状況である。また「尊勝寺郷」（一〇〇〇石）をはじめとしてこのグループの石高はいずれも石止まりで、石以下の表示がなされていない。これに対して坂田郡の南半分になると斗レベルまでの表示がみられ、やや細かい把握が行なわれている（註24）。

もう一つは江北で戦闘が勃発した場合、堀尾毛介が小谷古城に入り江北の戦線を掌握し、佐和山城には秀次或いは秀吉が入り後詰をするという戦略構想が存在した可能性である。その為小谷城周辺に堀尾毛介の知行地が集中されていたと考えるのである。小谷城は江北の中央に位置し、美濃と北国を繋ぐ北国脇往還がその膝下を通っており美濃方面からの援軍も期待できる。仮想敵は越前・若狭から侵入すると想定される場合である。よって小谷古城は前線指揮所としては申し分ないポジションを有しているとみられる。天正十二年の小牧戦役（註25）で徳川家康が小牧古城を用いた事の小谷古城版である。

④秀吉直臣から堀尾毛介家臣に繰り込まれた者の知行地が犬上郡と坂田郡に纏まって存在している事。

同様の事例は山内伊右衛門宛て羽柴秀吉「於江州北郡遣知行方目録」（註26）に「一、貳千八百卌八石九斗　北脇所々うね・阿閉分西野・西もの・高月へ」とあり「阿閉分」が「北脇所々」に存在した事がわかる。阿閉氏は『信長公記』に江州衆としてみえる（註27）。また同じ江州衆であった多賀氏は多賀源介が天正十三年閏八月二十二日付で堀秀政から越前坂井郡他で四五〇〇石の知行充行を受けている（註28）。移封のうえ堀秀政の家臣に繰り込まれたものであろう。

「目録」の知行地は堀尾毛介の直轄領を除いて堀尾毛介の家臣に充えられたとみられる。いわゆる地方知行制である。堀尾毛介の充行状は今のところみられないが、堀尾毛介と同日に知行充行状を受けた山内伊右衛門は「於江州北郡遣知行方目録」にある「一、三拾貳石　きおん」（長浜市祇園町）をそのまま家臣、五藤助右衛門に充行っている（註29）。堀尾毛介も同じように知行を家臣に充行っていたのであろう。

四　その他の同時期に於ける知行（方）目録の事例１（天正十三年閏八月分）

山内伊右衛門宛て

山内伊右衛門は秀次の年寄りの一人として付けられ、長浜城に入り二万石を知行し、一万石の代官を務め、三万石の軍役を勤めたとされる（註30）。

山内伊右衛門宛ての羽柴秀吉「於江州北郡遣知行方目録」（註31）には「都合貳万石」とあるが実際計算してみると一万九九一〇石四斗で二万石には八九石六斗足りない。

城郭と知行地の関係は長浜城近辺とみられる「八幡庄」に四六六〇石、長浜城北西一・五㎞の相撲（長浜市相撲町）に一二〇〇石が集中し、全体の二九％が城郭の周辺に集中している。また全部で三十七ヶ所書き上げられている地行地のうち一〇〇石に満たない零細な知行地が一二ヶ所もあるのが特徴である。

溝口金右衛門宛て

天正十三年閏八月十二日付けで秀吉から加賀江沼郡と能美郡の内に四万四〇〇〇石を充行われ、江沼郡内の蔵入分三四八一石七斗七升が預けられている（註32）。更に翌日付けで出された羽柴左衛門督（堀秀政）宛て羽柴秀吉「越州加州内知行方目録」（註33）に「一、四萬四千石　江沼郡　溝口金右衛門」とあり、羽柴左衛門督の領地の一部とされている。このあたり堀尾毛介や山内伊右衛門と羽柴秀次の関係に同じであるが知行地は城郭周辺に一円的に纏まっている。

五　その他の同時期の知行（方）目録の事例２（天正十一年八月一日分）

浅野彌兵衛尉宛て

浅野彌兵衛尉は『太閤記』によればこの当時、近江勢田城主であった。天正十一年八月一日付け浅野彌兵衛尉宛て羽柴秀吉「知行目録」（註34）では、浅野彌兵衛尉は二万三〇〇石を充行われている。城郭周辺の「勢田郷」には一五九一石四斗の知行地を有している。「御高帳」によれば瀬田村は六六八石六升なので「勢田郷」は江戸時代の瀬田村の周辺の地域を含んでいたとみられる。また南接する「田上郷」の内で四三三一石五斗が充行われており城郭周辺に全知行高の29％が集中している。

杉原七郎左衛門尉宛て

杉原七郎左衛門尉は『太閤記』によればこの頃近江「坂本之城」の城主であったとされている。天正十一年八月一日付羽柴秀吉杉原七郎左衛門宛て「知行目録」（註35）によれば、杉原七郎左衛門尉は二万六六〇石を充行われている。このうち坂本城の存在する滋賀郡内での知行地は「比叡辻戸津」の坂本城近辺の二二七八石のみである。これは全知行高の一一％でしかない。ところが杉原七郎左衛門尉の知行地は高島郡に集中しており、大溝城周辺に於いて顕著である。当時の大溝（高嶋）城主は『太閤記』によれば加藤作内であるがその周辺は立錐の余地無く杉原七郎左衛門尉の知行地である。また杉原七郎左衛門尉は滋賀郡において一万九九五九石二斗の台所入を預かっている。以上の事を勘案すれば杉原七郎左衛門尉は大溝城主、坂本城代或いは両城の城主を兼ねていたと捉えたほうが良くは無いだろうか。

またこの頃坂本城は秀吉の準居城といって良いほどここで重要な決定をし、度々足を運んだ城郭であり、政治的にも特殊な位置付けが為されていた城郭であるとみられている（註36）。

六　考察

以上佐和山城主堀尾毛介宛てを含めて五通の羽柴秀吉が発給した知行(方)目録を検討した。時期は天正十一年と天正十三年の二時期に分かれる。天正十一年のものは賤ヶ嶽戦役（註37）後のもので、豊臣政権の誕生期である。天正十三年のものは美濃・越前・加賀・越中を勢力下に置き、近江、大和に親族の大規模大名領を設定した段階のものであるが、知行(方)目録が伝えられているのは数万石の小大名クラスのものである。

以上五通の知行(方)目録は居城周辺への知行地の集中度で以下の三タイプに分ける事が出来る。

A型　居城の周囲一円が知行地であるもの。

天正十三年閏八月十二日付溝口金右衛門尉宛て「知行目録」

B型　居城周辺に全知行の三割程度が集められているもの。

天正十三年閏八月二十二日付け山内伊右衛門宛て「知行方目録」

天正十一年八月一日付け浅野彌兵衛尉宛て「知行目録」

C型　居城周辺に知行地がほとんど認められないもの。

天正十三年閏八月二十二日付け堀尾毛介宛て「知行方目録」

天正十一年八月一日付け杉原七郎左衛門尉宛て「知行目録」

A型は城郭を中心とした一円知行制で、近世の知行形態においてスタンダードとなるものであり、織田信長が創出した「一職」知行制に起源を持ち、江戸時代の幕藩制国家の大名領である「領分」に連なるものであると考えられ、城郭を運用する封建領主が切望する知行形態であったとみられる。

B型は複雑な土地領有形態が清算されない状況下でA型を指向した結果形成されたものと現段階では考えておく。

C型は佐和山城における軍事的緊張や、坂本城における政治的意味付け等、特殊な状況下で形成された知行形態でありその状況が解消されれば消滅するものであると考えられる。

七　結語

天正十八年、堀尾毛介は小田原戦役（註38）後徳川家康の重要拠点の一つであった遠江国浜松城に入り、一二万石を知行した。その知行形態は知行(方)目録が伝わらない為不明であるが、同時期に同じく徳川家康の重要拠点であった遠江国掛川城に入った山内伊右衛門の知行(方)目録は伝わっており（註39）その知行形態を知る事が出来る。それはA型であった。また堀秀政の家臣から再び秀吉直臣に戻った江州衆の多賀源介は、文禄四年多賀出雲守として大和国宇陀郡に封じられ秋山城主となる。この時の知行(方)目録も伝わっている（註40）。これも宇陀郡の大部分を一円的に知行するA型である。

このように知行形態は城郭を中心とした一職支配の系譜を引く一円的知行制であるA型が占めるようになり、江戸初期において畿内における幕府領や旗本領、公家領、寺社領、が錯綜する中に遅れて設けられた淀城領等、特殊な状況下でB型は残存するが、C型は完全にその姿を消したものとみられる。

本稿でみた堀尾毛介期の佐和山城主の知行形態は織田信雄、徳川家康といった東方の仮想敵や世常不安定な豊臣政権初期の軍事的緊張が産み出した近世城郭体制形成過程の産物といえよう。

註

1 「日本近世城郭の基礎構造」『花園史学』十七号　一九九六年
2 安良城盛昭『幕藩体制社会の成立と構造』一九五九　脇田修「近世封建制の成立 - 信長政権を中心に - 」『封建国家の権力構造』一九六七年
3 『大日本史料』第十一編之十九
4 『新修島根県史』　史料編　近世上　一九六五年
5 『新井白石全集』第一　一九〇五年
6 『譜牒余録』一九七四年　国立公文書館内閣文庫
7 『續群書類従』第二十輯下
8 『大日本史料』第十一編十九　天正十三年閏八月二十二日分
9 「一柳家記」『續群書類従』第二十輯下
一柳市介は美濃大垣城主加藤作内解任に伴い、天正十三年九月八日までに大垣城へ移っている。勢田城は秀吉の甥羽柴秀勝に渡され、市介が近江で務めていた台所入りの代官は山田又右衛門・加藤小介に渡される事となった。美濃大垣城に移されても秀次の「年寄」の立場は変わらなかったらしく、九月八日付けの秀吉書状に「孫七郎（秀次）居所普請之儀、無由斷可申付候、」（『大日本史料』第十一編之二十　天正十三年九月四日分）とある。これにより秀次領は美濃にまで進出する事に成る。
10 谷口克広『織田信長家臣人名辞典』
11 「藩翰譜」『新井白石全集』第一　一九〇五年
12 『新訂寛政重修諸家譜』第十三　他
13 『新訂寛政重修諸家譜』第十三
14 滋賀県庁所蔵、滋賀県立図書館所蔵写真撮影本を使用。
15 『滋賀県の地名』「朝妻城跡」の項による。
16 『滋賀県の地名』「忍海庄」「布施村」の項による。
17 旧浅井町中央部の黒部・力丸・小室・野田・木尾を田根川が流れており、これが田根庄の地名を継承するものと判断した。
18 旧浅井町内を流れる草野川の流域西部（下流域）に存在すると推定した。これに相当する草野川流域西部左岸の同町大路・三田は同日付で発給された長浜城主山内伊右衛門宛て「知行目録」にみえるのでこの対岸の長浜市内保周辺に比定した。
19 『大日本史料』第十一編五　天正十一年八月一日分

20 『新修島根県史』史料編2近世上　一九六五年
21 『信長公記』天正九年正月八日条
22 『大日本史料』第十一編之二十　天正十三年九月四日分
23 『大日本史料』第十一編之二十　天正十三年九月四日分
24 これは斗レベルまで土地の生産高を把握していた領域と石レベル、そして更に大雑把な土地の生産高把握をしていた地域の境界が米原市長沢と長浜市平方の間にあったことを示すのでは無いだろうか。更に憶測を深めればこの領域の起源は佐和山城主丹羽長秀領と長浜城主羽柴秀吉領との差として考える事はできないだろうか。しかしこれとて同時期の越前や加賀国江沼郡に於いて斗・合・夕・才に及ぶレベルまで把握されていた事を考えるとこれでも未々荒いのであるが。
25 白峰旬氏は『豊臣の城・徳川の城』（二〇〇三）において「小牧・長久手の戦い」をその戦域の広大さから「天正十二年の東海戦役」と呼称する事を提唱されている。氏の考えには賛同するが、主戦場であり、なおかつ長く用いられ続けた用語を完全に消し去ってしまうのは如何なものかとも感じる。よってここでは「小牧戦役」と呼称する事とした。
26 『大日本史料』第十一編之十九　天正十三年閏八月十三日分
27 『信長公記』天正九年正月八日条
28 『大日本史料』第十一編之十九　天正十三年閏八月十三日分
29 『大日本史料』第十一編之十九　天正十三年閏八月二十二日分
30 『大日本史料』第十一編之十九　天正十三年閏八月二十二日分所収「山内一豊武功記」／『寛政重修諸家譜』第十三
31 『大日本史料』第十一編之十九　天正十三年閏八月二十二日分
32 『大日本史料』第十一編之十九　天正十三年閏八月十二日分
33 『大日本史料』第十一編之十九　天正十三年閏八月十三日分
34 『大日本史料』第十一編之五　天正十一年八月一日分
35 『大日本史料』第十一編之五
36 藤井譲治「秀吉と坂本」『新修大津市史』第三巻）。
37 註25と同じく、美濃、近江、越前の三ヶ国に渡って行われた合戦群をあたかも主戦場の一角に過ぎない賤ヶ嶽の地名をもって代表させるのは当該合戦群に関して誤解を生ずる可能性が高いが、これまで用いられてきた「賤ヶ嶽」の地名を消し去るのも今後の理解のうえで適当でないと思われる。よって賤ヶ嶽戦役と呼称する事を提案する。
38 註25、37と同意図。
39 『掛川市史』中巻　一九九七年
40 『新訂大宇陀町史』史料編第一巻　一九九二年

佐和山城に遺るもの
―石垣・瓦を中心に―

佐和山城研究会

はじめに

『本丸之上石垣壱丈五尺其上ニ五重之天守ニ而志ゃちほこなど曇候時ハ見ヘ不申由』（古城御山往昔咄聞集書）

本丸の石垣は一丈五尺、およそ五ｍ。その上に五重の天守があったと伝えられる。曇った日などは天守の鯱鉾が見えないほどの高さを保っていたのだという。その真偽は定かではないが、佐和山城の旧記（註１）で唯一石垣と瓦について記された文章である。この一文においてのみ、佐和山城本丸には石垣造りの瓦を葺いた天守があったことをうかがい知るのである。

平成十三年以降、現地踏査をくり返し、既知の遺構の現状確認と新たな遺構の発見、実測調査、表面採取等を行った。調査の手段としては、長谷川銀蔵氏、中井均氏作図の縄張図をもとに井伊家に伝わる三枚の佐和山城古絵図（註２）、佐和山城の旧記を参考に現地での踏査を実施した。

一　佐和山城の沿革

佐和山城は十二世紀末建久の頃、佐々木定綱の六男である佐々木六郎時綱が佐保氏を名乗り、佐保山（後の佐和山）に拠った時に始まったといわれる。その後、江南の六角氏と江北の京極氏・浅井氏は坂田郡と犬上郡近辺を境界として争い、佐和山城は境目の城として争奪戦が繰り広げられる舞台となる。そして、織田信長が近江へ侵攻すると、元亀元年（一五七〇）の姉川の合戦後、織田信長の包囲により佐和山城に浅井家家臣磯野員昌が篭城する。同年七月一日から元亀二年（一五七一）二月二十四日までの八ヶ月間、織田軍に抗戦するが、降伏開城すると佐和山城は織田軍の城となり、丹羽長秀が城番として入れ置かれる。これより佐和山城は織田信長が安土城の天主へ移る天正七年（一五七九）五月十一日までの約八年もの間、信長の岐阜から京へ移動中継点としての役割を持つようになる。また、度々宿泊する仮の居城にもなり、佐和山麓の松原内湖で大船を建造するなど、近江における重要拠点となったのである。

天正十年（一五八二）の本能寺の変、山崎合戦の後、清洲会議により堀秀政が入城すると佐和山城は羽柴氏の勢力下となる。これにより佐和山城は越前の柴田勝家への備えとして機能する。柴田勝家が羽柴秀吉に滅ぼされた後、勢力を拡大させる羽柴軍の中で四国長曽我部討伐中の堀秀政は弟である多賀秀種に命じて、佐和山城周辺の整備、及び北国佐々成政征伐のための軍道（北郡道）を普請させている。三年間の在城後、天正十三年（一五八五）に秀政は北庄城へ移封、代わって佐和山城に入城したのが堀尾吉晴であった。堀尾吉晴は八幡山城主として入城した秀次の付家老として佐和山城に入ったのである。吉晴は五年間の在城後、小田原北条征伐後の論功行賞により清洲へ転封となった秀次に従い、天正十八年（一五九〇）七月に浜松に移封となる。その後五年間は秀吉・秀次の直轄領となったが、城番を置くのみで城はひどく荒れたといわれる。そして、石田三成が城主として入城する文禄四年（一五九五）に佐和山城は惣構えの城として大修復されるのである。

慶長三年（一五九八）豊臣秀吉の死後、情勢が急転し、翌年三月に佐和山城に引退した石田三成は徳川家康の動きに警戒して佐和山城を修築している。そして、慶長五年（一六〇〇）関ヶ原の合戦後、東軍により佐和山城は攻められ落城すると、翌六年徳川四天王のひとり井伊直政が就封される。直政の死後、彦根山に新城が築かれ、慶長十一年（一六〇六）彦根城天守が完成すると佐和山城は建材、石材を彦根城に転用されるとともに城割りされ、廃城となっていった。


佐和山城の旧記によると、井伊家就封時にはこの佐和山城のことを語ることすらご法度だったという。しかしながら、享保年間に記された「佐和山御城故実」のように彦根城築城について書かれたものに「佐和山御城」と表記されたり、彦根城の石垣普請、石曳きの様子を描いた「井伊畝采女石曳之図」（大阪城天守閣博物館蔵）にも「江州佐和山普請」と墨書されていたりと、江戸期の半ば過ぎまで井伊家彦根藩は「佐和山奉行」で通用していたと思われる（註3）。

城は完全な城割が行われ姿を消したのだが、その名は長らく使われていたことになる。


（文責・古田孝弘）

二　遺構の分布

踏査により、新たに本丸南斜面に石垣が発見された。また、桐紋の鬼瓦、コビキAの瓦片も発見された。それらの採取箇所を既知の遺構の分布と併せて、佐和山城址概要図（中井均氏作図）に記す（図1）。

三　石垣について

関ヶ原合戦後の井伊家入封、彦根築城により城割りされた佐和山城は、石垣の石ひとつまでも彦根山に運ばれたと伝えられる。その謂われから「佐和山城には何も残っていない」という

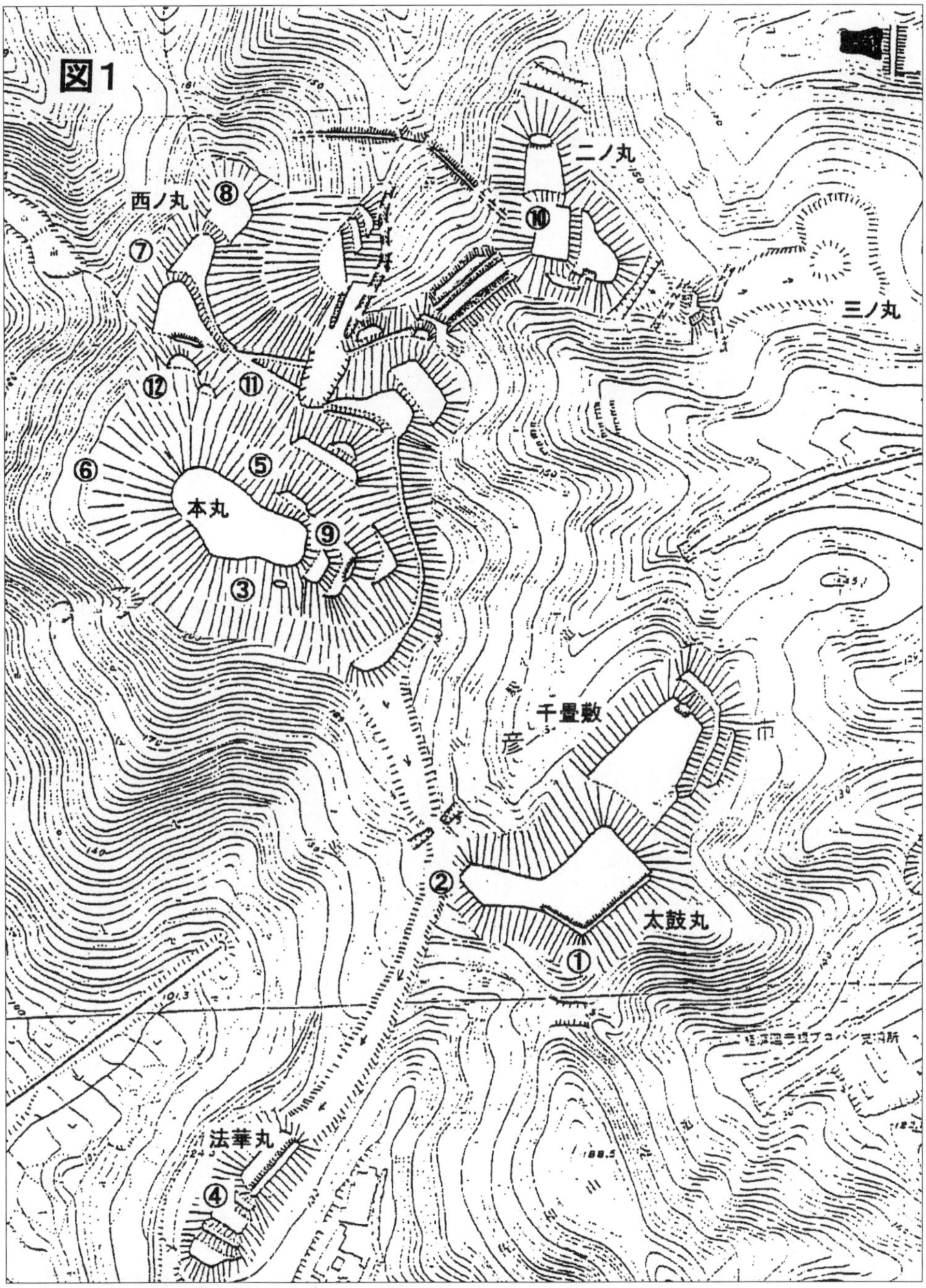

図1　佐和山城址概要図

①太鼓丸　南面（コビキA・B）
②太鼓丸　入り口付近（石垣・コビキB）
③本丸　南斜面(石垣、コビキB、桐紋鬼瓦、五輪塔の一部)
④法華丸（コビキA・B）
⑤本丸　北斜面（石垣、石列・コビキA・B、栗石）
⑥本丸　西斜面（コビキB）
⑦西の丸　西斜面（コビキB）
⑧西の丸　塩硝櫓（コビキB）
⑨本丸東（隅石・コビキB）
⑩二の丸（石垣・コビキB）
⑪本丸　北斜面（栗石）
⑫本丸より西の丸へ続くハイキングコース脇（栗石）

のが定説となっていた。

そんな定説の中、昭和五十一年に発見されたのが本丸東の二段の隅石である。それから二十五年。私たちが佐和山城を調査するようになり着目したのがこの隅石である。

「この隅石と同様に埋れている遺構があるかもしれない」実際、この隅石の位置から数mのところで整形された幅一m程の石を確認している。そして、それは遺構が残っている希望を持つのに十分な発見であり、結果佐和山城で新たな石垣を見つけることに繋がるのである。

以下、この項では新しく発見された南斜面の石垣を中心に既知の石垣についての報告と、佐和山城を支配下に置いた六角氏・浅井氏・織田氏・豊臣氏の城郭と見比べて石垣が構築された時代を推察したいと思う。ただし織田氏については安土築城以前の城郭を対象とする。

本丸東の石垣

佐和山城に残る石垣として一番知られている石垣である。(写真1)

現状

角が出た二つの大石が二段積みになっている。石の寸法は、それぞれ角を中心として上段は左幅一二九cm・右幅八四cm・高さ五九cm、下段は左幅九二cm・右幅八九cm・高さ八五cmを測る。ただし、数値は計測可能(露出)部分であり完全な大きさではない。

考察

二段とも面・控えが露出していることから、隅石と考えられる。現状だけを見ると明確な算木積みではない。面と控えの長さがほとんど同じであるし、上段は板、下段は岩の様だからである。なお、下段の石の形は算木石を立てたものではない。

では、それを特徴とした同じような積み方をしている石垣はないだろうか。六角氏の佐生城(写真2)や観音寺城(写真3)で見ることが出来る。それぞれ一番下の石は岩を削りこんだ様な大石で、その上に乗る石は板状で厚さがある。これは同じ技術と見ることができるのではないだろうか。ちなみにそれらの石垣は、両城とも虎口辺りにのみ確認でき、佐和山城もある時期は、ここが虎口であったと考えられるのではないだろうか。

大石を用いるということでは、織田氏も小牧山城や岐阜城において巨石を用いている。しかし、それは整形されたものではないため、これの対象とはならない。他には近江の宇佐山城(写真4)・大溝城(写真5)に整形された石垣が残っているので、両城の隅石と見比べてみる。まず同じ山城である宇佐山城であるが、隅石に限らず全体的に小ぶりな石を積み重ねて築いており、大石を見つけることはかなわない。次に大溝城であるが、こちらはまさに巨石で築かれている。隅石を確認すると、板状で厚みのある大石を算木積み状に積んでおりよく似ている。しかし、下へ向かうほど石は小さくなっており、技術的に違う。したがって、織田氏の城と本丸東の石垣とは共通性がみうけられず、六角氏時代と考えてもいいのではないだろうか。

六角氏の本城観音寺城に石垣が導入されたのが天文年間(一

写真3　観音寺城の石垣

写真1　本丸東の石垣

写真4　宇佐山城の隅石

写真2　佐生城の石垣

写真5　大溝城の隅石

五三二～三八）と想定されている。その六角氏が佐和山城を押さえるのが天文七年（一五三八）であり、浅井・京極氏との境目の城の中でも特に重要な城であることを考えれば、そこを強固とするのは必然であろう。浅井方を威圧し自らの技術力を見せつけるうえにおいても、石垣を構築することは当時最も有効な手段だったのではないだろうか。

佐生城は街道から見える場所にだけ石垣を構築している。それが六角氏の攻撃拠点となる支城の特徴なのだとすると、佐和山城もそれに当てはめることができる。本丸北東側に石垣を築けば、浅井方の城や街道からでも視認可能である。浅井方にとってはかなりの脅威であったであろう。

太鼓丸の石垣

本丸東の石垣と共に、以前から知られる石垣である。（写真6）

現状

太鼓丸の北西、現在のハイキングコース沿いに三つの石が「品」という字のように斜面上部に積まれている。石質は流紋岩の様である。石の寸法は、上部は高さ六一cm・幅七三cm、下部左は高さ二五cm・幅九一cm、同右は高さ二二cm・幅四九cmを測る。斜面に栗石は見受けられない。

考察

石の形状を見ると面が横に長く、接は整形されていない。これは浅井氏の小谷城山王丸の石垣（写真7）、鎌刃城の大石垣そして織田氏の宇佐山城の石垣（写真8）とよく似ている。これ

写真６　太鼓丸の石垣

写真８　宇佐山城の石垣と犬走り

写真７　小谷城山王丸の石垣

写真９　宇佐山城の栗石

ら三つの城は全体的には間詰石を用いるものの、部分に限れば用いない所もあり写真のように残ることも十分あり得る。栗石の形跡が認められないことから浅井氏の築城のように思えるが、宇佐山城は栗石は詰められているものの（写真9）斜面には散乱しておらず痕跡も見受けられない。さらには浅井氏の両城では石灰石が使用されており、佐和山城のみ他の石を用いるとは考え難い。そのようなことから太鼓丸の石垣は織田氏時代に築かれたものと推察することができる。

　織田時代になって佐和山城の性格が変わる。六角・浅井両時代は主として攻撃拠点の役割が強かったが、織田時代になると信長の上洛途中の休憩所及び近江における拠点となる。信長は下街道を整備し上洛道とするが、その起点は佐和山城と思われる。岐阜から東山道を上ってきて佐和山城に入り下街道を通って京へ向かう。つまり佐和山城には主となる入口が二つあり、その接続・合流地点となるのが太鼓丸なのではないだろうか。格式と見栄えと防御を高めるために石垣作りとしたのではないかと考えられる。

本丸南の石垣

　近年新たに確認された石垣である。（写真10、11、12、13、14）

現状

　本丸南斜面に部分的に二ヶ所残っている。書き表すなら「石垣・間・石垣」となる。石垣寸法は、向かって左側は高さ一四八cm・幅二一七cm・傾斜角度約六七度、右側は高さ一三九cm・幅二一三cm・傾斜角度六七度を測る。左右石垣の間は五五五cm

写真10　本丸南の左側石垣

写真12　本丸南石垣下の2段の石

写真11　本丸南の右側石垣

写真13　本丸南天端の揃った石列

で、その部分には栗石と思われる小石が散乱しており、その斜面下には石垣の石と思われる石がいくつも転がっている。崩落は地滑りの結果で、今もわずかずつながら地滑りが進んでいる。また、この付近で一辺二二㎝四方を測る五輪塔の笠部分の転用石が確認されている。

左側の石垣は二〇石程確認することができる。石の大きさ・形・材質はさまざまであり、石垣の技術がまだ発展途上であったことを窺い知ることができる。石垣の上・右・下は明らかに崩落したことを物語っているが、左に関しては崩落したとは見受けられない。ならばと期待して土の下を確認してみるが、石垣は確認できなかった。

この石垣の左下で面が石垣側を向いた二段の石を確認している。しかし現在は崩落してしまっている。

右側の石垣は八石確認することができる。木の根が石にからまっていたおかげで全体の崩落を免れ、幸いにも一列石間がしっかり合わさった石垣が残っており、左側の石垣と同じ積み方であることがわかる。石垣の左・下は崩落しているものの上・右は土の下に残っている可能性がある。転用石はこの石垣の右側で確認している。

この石垣の右下において、天端の揃った石列を確認している。

考察

二ヶ所に残る石垣ではあるが、現状に加えこれら石垣の上方約三mの場所に天端ラインと思われる角度があることなどから、少なくてもこの全長九一〇㎝は石垣であったと見ることができる。「少なくても」という表現は両石垣の外側に石垣を確

写真14　本丸南斜面と転用石

写真16　水口城の石垣

写真15　八幡山城の石垣

写真17　宇佐山城の犬走り

認できなかったというだけで、反対斜面に残る石垣と合わせて考えると全周石垣であったと推察することができる。

石垣は野石積みと見られ、豊臣政権下の城主堀尾吉晴の時期の遺構だと推察できる。豊臣秀吉は天正十一年と天正十三年に配下の武将を配置換えしているが、天正十三年の配置換えにおいては、まるで秀吉から指示があったかと思えるほど各地で築城・修築が行われているのである。近江国においても八幡山城（写真15）・水口城（写真16）が築城されている。この三城の石垣はよく似ており、時を同じくして中世城郭であった佐和山城も近世城郭化されたのではないだろうか。

左側の石垣は左へ行くほど石が小さくなっている。一見すると土留めの様である。しかし先に述べたようにこの斜面は全周石垣と推察され、切岸が残されていたとは考え難い。そこで注目されるのがその左下の二段の石である。左側の石垣はよく見ると左端はきれいに揃えられているように見受けられ、二段の石はそのラインと合うように残っている。遺構の周囲を見ると崩落途中にたまたま石の向きが変わっただけなのかもしれないが、このような石垣の状態を見るならこの左側には階段など何らかの設備があった可能性も考えることができる。

写真18　八幡山城の犬走り

右側の石垣の右下にある天端の揃った石列は、崩落石垣より外側に位置している。したがって、その間には犬走りが設けられ上段下段で高石垣を築いていたと考えられる。現存例として宇佐山城（写真8・17）と八幡山城（写真18）がある。宇佐山城は、高さ二・五m程の石垣（一段のみ残存）が三段になっている。八幡山城は上段石垣が六～七mの高さがあり、犬走り（帯郭）を挟んだ下の石垣は一m弱の高さで補強するように積まれている。佐和山城は帯郭ではないが八幡山城の様だったのかもしれない。

転用石は右側の石垣の右斜面で確認しているが、実はこの転用石、石垣の上層で確認しているのである。このことから転用石はこの場所の石垣に使用されていた可能性は低いといえる。井伊氏が彦根城へ移った後佐和山城は破城されるが、その際本丸を「九間または七間」切り落としたという、その時切り落とされた土と一緒に落ちてきたものではないだろうか。つまり天守台に使われていたものか、本丸の何らかの建物の礎石として使われていたものだと推察できる。

本丸北の石垣

石垣と石列が発見されている。（写真19、20、21）

現状

まず石垣であるが、本丸北斜面上部付近に垂直に九石で築かれている。全体の寸法は高さ六五cm・幅一mを測る。一番大き

写真19　本丸北の石垣

写真21　本丸北の石列

写真20　本丸北の右側の石積み

写真22　佐生城の根石

な石で幅四〇cm・高さ二〇cmである。上・左・右に石は確認できない。（下は未確認）

つぎに石列であるが、幅六〇cm～九〇cmの石が五つ並んでいる。天端ではなく底辺が揃っている。底辺の隙間から石の下を確認したが石は確認できなかった。

石垣と石列の間は四mほどあり、石垣は石列よりやや上部に位置している。

考察

石垣を築くには二石を除いて小さすぎる感がある。しかし石垣の右二mほどの所にやや大きい二段の石積みがあり、位置と「本丸東の石垣」の考察より元は同じ構築物と思われる。したがってこの斜面すべてがこのような小さい石で築かれたものではなく、小さい石は間詰石であり偶然この部分だけが残ったと解釈できる。

ではいつの構築なのか。先に述べたが「本丸東の石垣」の考察と同じで六角氏と思われる。それ以外にも石垣が垂直である、斜面の上部のみ構築されている、ということが理由にあげられる。観

写真23　二の丸の石垣

音寺城では高石垣ながらも垂直に積み上げられ段状にはなっていない。佐生城は斜面の上部のみに石垣が構築されているという共通性が見られる。

そしてこれらの石垣をもとから支えるのが石列であり、つまり根石だと考えられないだろうか。上の石よりも大きく、横にきれいに並んでいることから石垣の基準になっていると考えられるからである。(写真22)

二ノ丸の石垣

近年新たに発見された石垣である。(写真23)

現状

西斜面上部に三つ石が組まれている。栗石が見受けられることから石垣と言える。石自体は大きくなく、一番大きいもので三〇～四〇㎝ぐらいである。

考察

石を見るとある程度加工されているように見受けられ、打込接かと推察される。打込接だとすると現在確認できている佐和山城の石垣の中で最も進化した石垣であり、最終構築のものと考えられる。だとすると、この石垣は文禄四年(一五九五)石田三成が佐和山城主となり「佐和山惣構」を行った時、もしくは慶長四年(一五九九)佐和山城に引退した後に修築された時のものと考えることができる。

(文責・有吉　圭)

四　瓦について

遺構分布図(図1)からもわかるように瓦の散布状況は全ての郭跡で確認されているわけではない。三の丸のように全く確認されていない郭もあり、瓦の散布状況によって、山頂の本丸(主郭)を中心とする城の中枢部がどのあたりまでだったかを推察することができる。

平成十四年の本丸南斜面の石垣に伴う周辺調査により、桐紋の鬼瓦を採取した。この周辺では、他に「右三つ巴紋軒丸瓦」「中心飾三葉一転唐草軒平瓦」(註4)を採取している。いずれもコビキBである。

以下、この項では新たに発見された桐紋の鬼瓦を中心にコビキAの瓦について報告する。

参考までに、この石垣が遺る本丸南斜面は、山中の他の斜面、あるいは郭跡に較べ、瓦片、栗石の散布が多い。また、この斜面にのみ背の高い樹木の植生が無く、茨などの低木で地面が覆われており、それらブッシュの中に崩されたであろう石垣の人工的な加工を施された石が多く散在する。

本丸を破却し、石垣を崩し、それらの部材をどのルートで山から下ろし、彦根山まで運んだのか。木の生えない南斜面、多数の瓦礫、石垣の残欠、これらがそのルート確定の一助となり得るのか。今後の課題のひとつでもある。

桐紋鬼瓦

採取場所

本丸南斜面石垣の下方。斜面の土砂と共に多くの栗石や瓦片に混在していた。

瓦の状態

①三枚からなる桐葉の中央の部分である。上部は欠損しているため、花の数は不明。

②寸法　最大残存部縦一六cm・横二・五cm・厚さ三・五cm
この葉部の上に花の文様が乗るため、少なくとも縦は三〇cm以上、横は四〇cm以上の鬼板瓦であると推察できる。

③浮き彫りにされている葉脈はヘラ等で細部にわたり成形され、凹部もきれいに均されている。比較的丁寧な仕上がりになっている。

④瓦片上部に貫通した穴が二ヶ所認められる。留めるための穴だと思われる。

⑤中心葉脈の左脇にある直径六㎜の穴は貫通しておらず、何のための穴なのかは不明。④の穴とほぼ同径である。

⑥瓦片の右上部に桐の右の葉の中心葉脈をわずかに確認することができる。その葉脈の流れ方から、三枚の桐葉は全体に横に広がりを持つ大ぶりなものであると推察できる。

⑦瓦裏には、棟瓦に緊結線で固定するための縦型の把っ手（龍《りゅう》頭《ず》）部分を残している。

考察

今回、佐和山城址から採取された桐紋の鬼板瓦はいつの時代に葺かれたものなのだろうか。採取された場所から、本丸（主郭）建物に葺かれていたものであることに間違いはないものと思われる。また、周辺ではコビキBの瓦しか確認されていないので、天正十年（一五八二）、清洲会議を受けて入城した秀吉の家臣堀秀政以降のものであろうと思われる。

　木戸雅寿氏の「織豊期城郭に見られる桐紋瓦・菊紋瓦について」（織豊城郭一九九五　第二号）によると、安土城で始まりを見る桐紋・菊紋瓦の城郭における使用は、秀吉の天下統一後、家臣らに与えられた羽柴・豊臣姓、官位の叙任とともに権威の象徴としてシンボリック化していく。金箔瓦の使用についても同じことが言える。

写真24　桐紋瓦の正面

写真25　桐紋瓦の横から

写真26　桐紋瓦の裏面

秀吉の家臣らが瓦に桐紋・金箔を用いるようになるのは、小田原征伐後の論功行賞で与えられた城郭において一気に増える。天正十七年から天正十九年（一五八九～九一）にかけてのことである。

その時代の佐和山城では、天正十三年（一五八五）堀秀政に代わって入城した堀尾吉晴が八幡山城から清洲城へと転封となった秀次に従い浜松城へと移っている。その後、秀吉、次いで秀次の直轄領となった佐和山城の城代を務めるのが石田三成である。

三成の佐和山入城については、天正十八年（一五九〇）七月とも秀次事件直後の文禄四年（一五九五）七月とも言われているが、伊藤真昭氏の研究により、天正十九年（一五九一）四月に「さわ山しろつき」で城代となった三成が、江北四郡（伊香・浅井・坂田・犬上）の領地を得て城主（領主）となるのは文禄四年七月と確定された（註5）。多門院日記・文禄四年条（増補続史料大成）によると、秀次事件の後、三成に近江で三十万石の知行が与えられている。又、文禄四年八月十六日付安宅秀安書状（相良家文書「大日本文書」）によると、「知行一かど拝領」と書かれてあり、この時すでに三成が江北四郡の領主であったことがわかる。

さらに須藤通光書状（下村家文書「下郷共済会所蔵文書」）によると、三成が領内に「佐和山惣構」の夫役動員要請を出していたことがうかがえる。この書状は年代不詳二月二十六日付で出されたものであるが、文禄四年七月に入城した三成が、同年九月家臣の藤林善二郎に知行を宛がい、翌五年三月一日付で領内各地に掟書を発給すること等から、文禄五年の二月二十六日に出された書状だと考えられる。三成は城主になってすぐにも「四郡之百姓」「長浜町之内二も」布令を出して、佐和山城の大修築に着手しているのである。

長い佐和山城の歴史の中で、江南と江北の境目、あるいは要衝の地として常に軍事的緊張の下にあったこの城は、三成の入城とともに大名の居城として城下町をも備えた惣構と姿を変える。秀吉の直轄領だった佐和山城で初めての城持ちとなった三成が、当時の権勢を秀吉から許された桐紋の瓦でシンボリック化したことは想像に難くない。

文禄五年、佐和山惣構により本丸に天守を戴いた佐和山城には桐紋の鬼瓦が葺かれていたと推察する。時の城主は石田三成であった。

（追補）

熊本県葦北郡芦北町佐敷にある佐敷城の平成七年度調査にて桐紋の鬼瓦が完全な状態で発掘されている。この城は秀吉の命により島津に対する前線基地として天正十六年から十七年にかけて加藤清正が築いた城である。

この佐敷城の桐紋瓦は花が七七で、縦四〇㎝、横六九㎝、重量二〇㎏と報告されている。佐和山城で採取した桐紋鬼板の瓦片も完成品はこの佐敷城の鬼瓦に相当する瓦であるかもしれない。

佐和山城のコビキA

くり返し実施した踏査により、それまでコビキBの瓦片しか確認されていなかった佐和山城からコビキAの瓦片が採取された。

本丸・太鼓丸・法華丸の各斜面でごく少数であるがコビキAの瓦片（平瓦）が採取されている。この限定された郭跡からのみ、コビキAが確認されたということは、これらの郭が機能していた時代をほぼ絞り込むことができる。前掲の遺構分布図（図1）からもわかるように本丸から太鼓丸、法華丸というのは、佐和山の南側尾根に並ぶ郭である。

安土城以降、城郭に瓦を葺くことが主流になると、その需要にコビキA手法では追いつかず、コビキB手法により、瓦の大量生産が可能となった。

「このコビキA・B手法の相違は時代による転換期であり、畿内周辺地ではおおよそ天正十一年（一五八三）頃にA手法からB手法に転換したと考えられる。」（註6）これは天下が信長から秀吉に移行する時期とも重なる。

では、佐和山城でコビキAの瓦が葺かれたのはいつの時代だといえるだろうか。

天正四年（一五七六）、安土山に築城を開始した信長は、この同じ年に信忠に岐阜城を譲っている。安土城が完成を見るのは三年後の天正七年（一五七九）のことで、その三年間も含め、信長は佐和山城を自らの居城のように使用している。元亀二年（一五七一）に丹羽長秀を城代として入れた後の佐和山城での逗留延べ日数を『信長公記』から拾い上げてみてもそのことがわかる。

丹羽長秀以前の佐和山城については史料に乏しく、城の縄張や作事については不明であるが、時代の指針となるコビキAの瓦発見と信長の居城的な性格を併せ考えると、少なくともこの佐和山城には天正の早い時期に瓦葺き建物があったと考えられる。しかし、その規模までは確定できない。採取されたコビキAがどれも平瓦の破片で、ごく少数だからである。

佐和山の南側、東山道と下街道を睨む位置に瓦建物を置き、佐和山城に出入りする信長のための大手としたのかもしれない。

いずれにしても、安土城を溯る時代に信長が近江での居留地として最初に選んだこの佐和山城でコビキAの瓦が確認されたことは、城郭史の一端を塗り替えることになるかもしれない。

（文責・田附清子）

おわりに

『昭和五十一年七月四日、大手側から諸郭跡を経て本丸跡斜面を探索していた時、山頂部直下で同行の谷口義澄氏が整形されたと思われる一〇〇×七〇×五〇㎝程の石材一個に気付いたことに始まる。』

これは佐和山城本丸東の二段の隅石発見時のことを海津栄太郎氏が「近江の城第二一号（一九八六年九月・近江の城友の会発行）」に寄稿された一文です。私たちの佐和山城跡踏査もまさにこの「石材一個」が始まりでした。

本丸南斜面の石垣の面を初めて見た時の驚きと感動は、私たちの眼前に総石垣造りの天守を容易に想像させてくれました。桐紋の瓦は、この城の性格を考証する上で重要な資料にもなり得ます。

今回報告した石垣と瓦については、今までのこの城の通説に一石を投じるものになるだろうと思います。そして、今後進められていくであろう史跡調査の一助になればこの上ない幸いでもあります。

私たちが佐和山城研究会を発足させて七年目に入ります。その間、中井均氏の指導をいただき、このようにひとつの成果を得ることができたのも、またこのような機会を与えていただけたのも氏の尽力と、城郭談話会諸氏の厚情に依るものだと感謝しています。ここに記して深謝の意を表したいと思います。

註

1 「古城御山往昔咄聞集書」が代表的なものである。享保十二年（一七二七）井伊家七代藩主直惟の命により普請奉行が佐和山周辺の古老たちから聞き取り、編纂した佐和山城についての旧記である。類書に「古城山往昔之物語聞書」「震澤山旧時記」があるが、「古城御山往昔咄聞集書」をもとに後年編集されたもので、内容はほぼ同じである。

2 「沢山古城之絵図」と題字があるものと他に二枚、題字が表記されていないものがある。内一枚には「文政十一年七月写」とあり、年号が明らかな絵図として貴重なものである（谷口徹「佐和山城の絵図」『彦根城博物館研究紀要第六号』一九九五年より）。

3 「出雲井につき古き目安（姉川川上の大原郷と川下の上坂村との水争いについて善処を彦根藩奉行に願い出た書状）」によると、彦根藩のことを佐和山筋御奉行と記し、上坂村、大原村の半分は佐和山御領分（＝彦根藩の領地）だと記している。この書状は正保三年（一六四六）五月に書かれたものである（山東町史資料編五九九〜六〇〇頁）。

4 織豊期城郭資料集成Ⅰ「織豊期城郭の瓦」（織豊期城郭研究会編集・発行 一九九四年）

九九頁に掲載されている佐和山城で採取された瓦。今回採取した軒丸・軒平瓦もこれらと同じものであった。

5 伊藤真昭「石田三成佐和山入城の時期について」（「洛北史学第四号」洛北史学会編 二〇〇二年）

6 中井均『近江の城』（サンライズ印刷出版部 一九九七年）一八三頁

参考図書

・『近江の城』中井均 サンライズ印刷出版部 一九九七年
・『城と湖と近江』琵琶湖がつくる近江の歴史の会編 サンライズ印刷出版部 二〇〇二年
・『佐和山城とその時代』彦根城博物館編 彦根市教育委員会 一九九二年
・『城の鑑賞基礎知識』三浦正幸 至文社 一九九九年
・『山城における高石垣と算木積みについて』天木日出夫 岐阜市歴史博物館研究紀要四 一九九〇年
・『新修彦根市史 第五巻 史料編 古代・中世』彦根市 二〇〇一年

彦根城の縄張り

髙田　徹

はじめに

筆者は、簡易距離計・巻き尺、コンパスを用い、原図縮尺千分の一の彦根城縄張り図を作成した。その上で彦根市役所発行による二五〇〇分の一都市計画図「図No.３」を利用し、適宜縮小を加え、編集図を作成した（図1参照）。

このように作成した縄張り図を元にして、各遺構の概況を述べたい。次いで筆者の関心に沿う形となるが、その縄張りの検討を行いたいと考える。なお、曲輪の名称やかつての建物の形態等については、主に文化十一年（一八一四）作成の「御城内御絵図」（以下、「絵図」と略す）および古写真（註１）を参照する。

一　各地区の概要

本稿では彦根城のうち、彦根山（金亀山）部分を山上地区（註２）、その麓の内堀で囲まれた部分を山麓地区、その外側にあって中堀に囲まれた部分を中堀地区、さらにその外側にあって外堀に囲まれた部分を外郭地区、と仮に区分した上で説明することにする。

山上地区

本丸　まず、標高約一三八ｍの彦根山頂部にあるのが本丸である（図２のI）。本丸は、東西約一二〇ｍ、南北約一一〇ｍの規模で、全体は不正六角形状を呈している。その西側端部には高さ約四ｍ、東西約一〇ｍ、南北約二一ｍの天守台Ａがあり、三層三階穴蔵一階の国宝天守が聳えている。天守への登り口は東側の「小屋」から天守台穴蔵を経由するもの、北側に続く附櫓および多門（櫓）（註３）経由で西側から上るものの、二つである。

本丸の東端には東西約一〇ｍ、南北約一〇ｍの櫓台Ｂがある。「絵図」・古写真によれば櫓台Ｂの東端に、二層二階の着見櫓が存在した。櫓台上には着見櫓の広がりを表す石列が現存してい

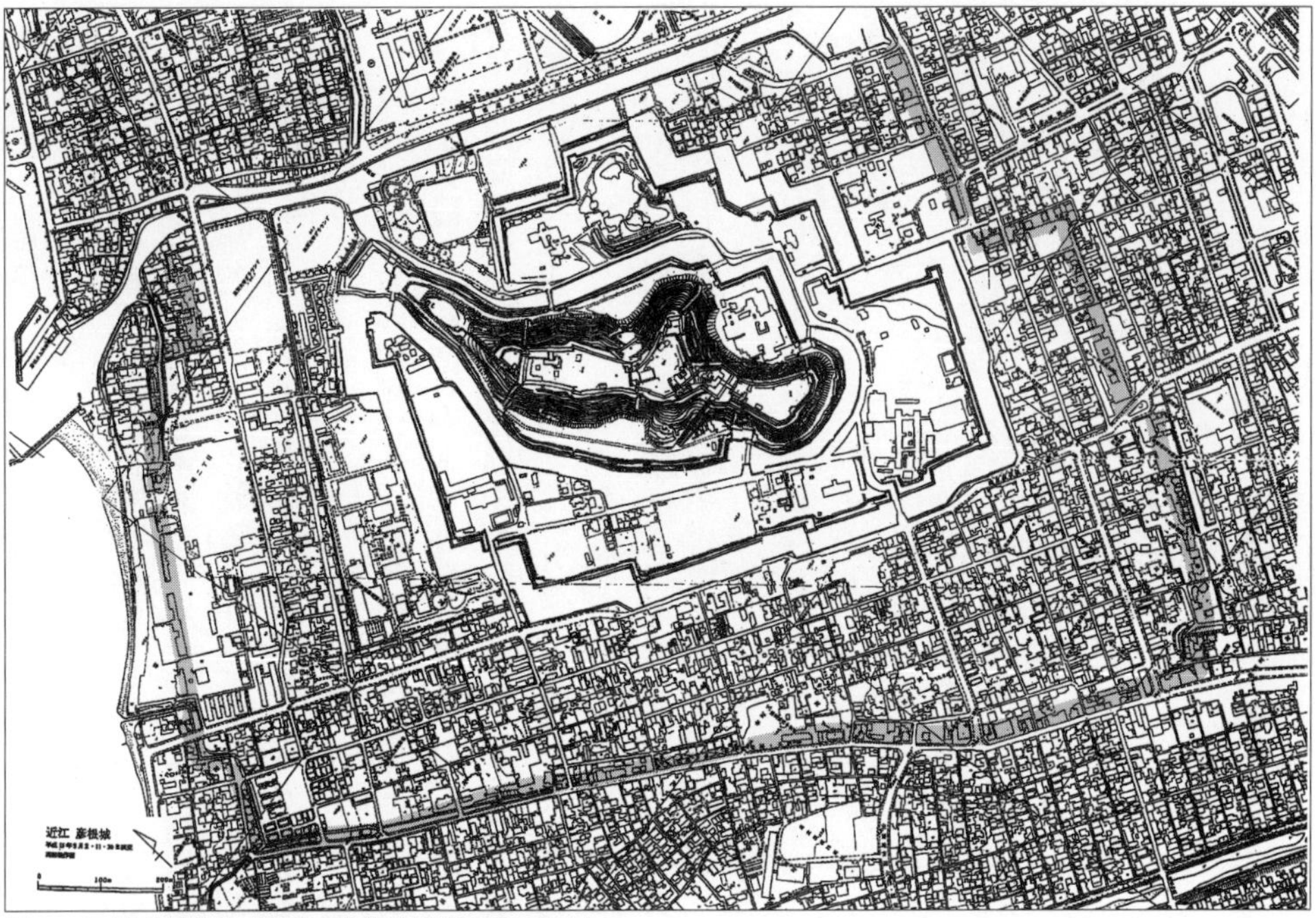

図1　彦根城全体図（網掛け部分は外郭の堀ライン）

る。着見櫓は、本丸内部では天守・多門を除いては、唯一の櫓建築であった。櫓台自体は天守台よりも平面規模が大きいが、その全体に櫓が建たないため、西側には空間が生じている。この空間と本丸曲輪面との間にはL字型に雁木がめぐらされている。山上地区で雁木が設けられているのは、この部分のみである。

着見櫓台南側には、本丸からの高さが約三mとなる石塁Cが続いている。かつてはその上に多門が存在した。本丸には他に天守北側（現存）、太鼓門東側（現存）、太鼓門西側、に合わせて四棟の多門が存在した。ただ、石塁上に設けられていたのはこの部分のみであり、他の部分では本丸曲輪面の直上に設けられていた。そして、本丸周囲に分散する多門の間を、土塀がつないでいた。

本丸虎口は、西側のDと南側Eの二ヶ所である。虎口Dは天守台直下にある外枡形状の虎口である。張り出した部分の南に門が設けられていたが、門の前面を覆うように、西之丸の塁線が伸びてきている。このため西之丸側からの導線は、曲輪縁辺を通った後、直角に北側に折れて門に至るものとなる。

虎口Eには、重要文化財指定の太鼓門が現存している。太鼓門は本丸塁線を窪ませた部分に設けられている。このため太鼓之丸方向から上がってくる導線は石段を上がって直進して右に折れた後、太鼓門を潜ることになる。太鼓門を潜ると、直進する緩やかな坂道が続く。坂道を上がりきった北側に、かつて南面して「冠門」が建っていた。「冠門」部分の幅は約三mであり、太鼓門付近の道幅と比べると極端に狭くなる。「冠門」を潜って西側に延びる石段を上がると、ようやく本丸曲輪面に至る。なお、「絵図」によれば本丸も含め各門内側の大半には、番所が設けられていた。

さて、本丸曲輪面は虎口周辺を除くと、概ね平坦となっている。ただし、子細に見ると南北で高低差があり、高低差の境界部分には石段や石列が認められる。かつてはこれらの部分には門や多門状を呈する「御局文庫」がめぐり、本丸内部を二分していた（註4）。

二分されたうちの内側にあたる北側には、広間・台所からなる〝山上御殿〟（註5）の他、宝蔵が設けられていた。山上御殿は一部礎石や周囲の排水路を止めている。宝蔵は、現在の売店の位置とほぼ重なっている。二分された外側にあたる南側は、

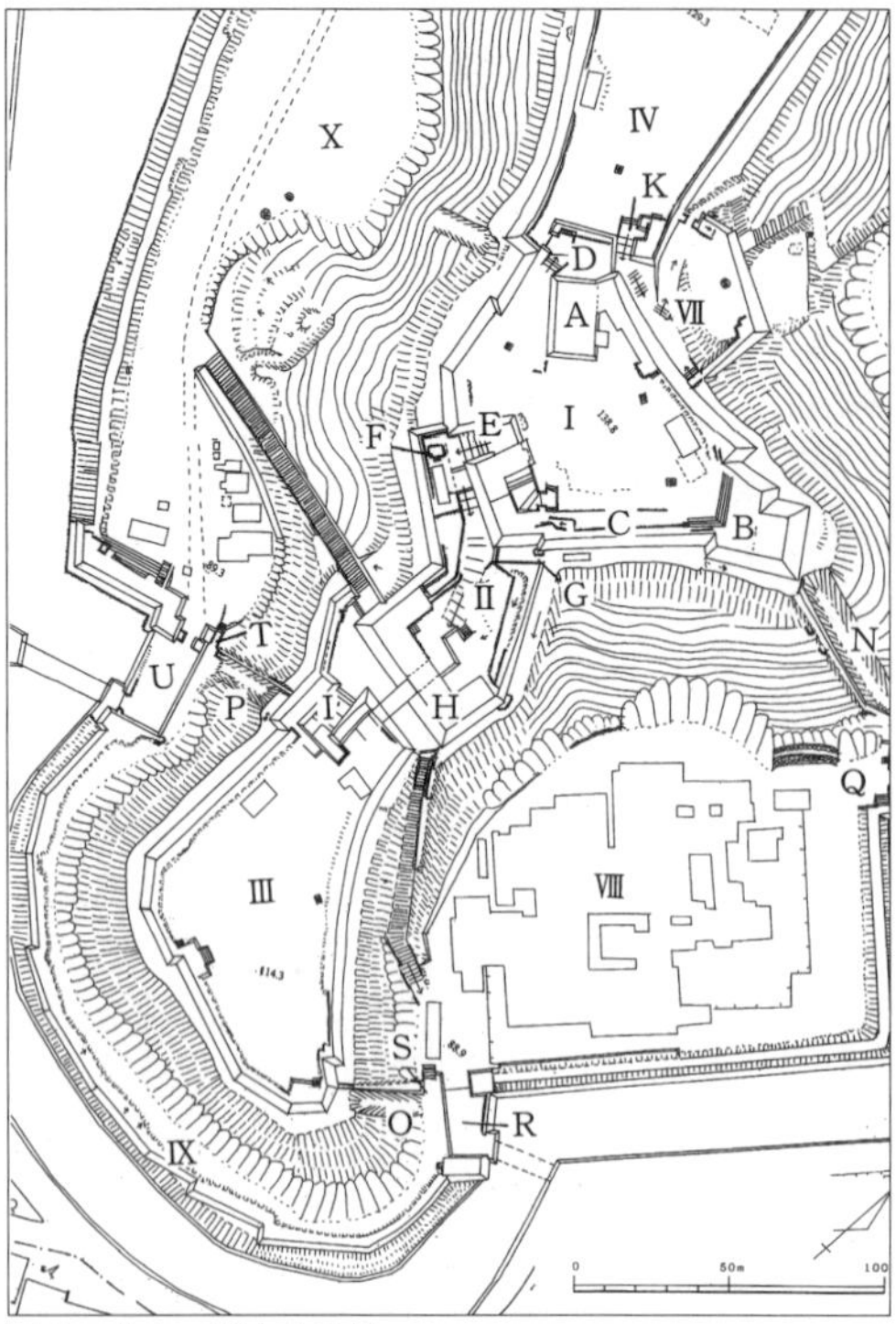

図2　本丸〜鐘之丸周辺

虎口D・Eを結ぶバイパス機能（註6）の役割を持っていた。

この他、本丸内部には周囲を漆喰で固めた水溜遺構が三つ見られる。また、太鼓門脇の石垣部分には、岩盤が表れた状態が確認できる。

太鼓之丸　太鼓門の南側は、東西約一〇〇m、南北約六〇mの太鼓之丸となる（図2のⅡ）。太鼓之丸の西端には現存する鐘突所Fがあり、付近から天秤櫓へ向かって石塁が伸びている。特に鐘突所およびその南側の現在休憩所が建つ部分の石塁は、東側に続く石塁よりも約一・五m高くなっている。形態的には太鼓門外側に石塁が〝腕〟状に突き出した形態であり、合わせて外枡形状の虎口と評価できる。太鼓之丸東側も石塁となっているが、内側をめぐる石垣は低く、石塁自体の傾斜は強く、竪石垣となっている。これら石塁上にはかつて土塀がめぐっていた。

太鼓之丸の虎口は、G・H二ヶ所ある。このうち、虎口Gは石塁塁線と本丸側石垣裾に付加された石垣によって形成されている。付加された石垣によって通路部分が狭められるとともに、門脇に生じる隙間を防いでいたと考えられる。

Hの虎口は、重要文化財指定の天秤櫓部分である。これは現在では一括して天秤櫓と呼んでいるが、「絵図」では門部分の「御門櫓」、東西二つの「二階御櫓」、各「二階御櫓」北側に付属する「御多門櫓」、そして南側部分にある「天秤御櫓」と区分して記している。この櫓門を潜った内側正面は石垣が設けられ、西（左）側に折れる導線を設定している。

天秤櫓は全体がコ字型となっているが、鐘之丸方向に対して

はほぼ一直線となった塁線が面しており、その中央部に開く虎口は平入となる。ただ、虎口の前面は「廊下橋」と呼ばれる木橋が架かる堀切となり、堀切底部はいわゆる堀底道となっている。堀切は幅一五m前後、深さ約七mである。

鐘之丸　太鼓之丸から廊下橋を渡った対岸が鐘之丸であり、東西約百m、南北約一二〇mの規模となっている（図2のⅢ）。鐘之丸南側には二階櫓が二つ存在した。これら櫓跡は、現在も曲輪内側に方形の張り出した石垣を止めており、容易にその位置を把握することができる。二つの二階櫓の間および東側塁線、そして西側塁線には多門が設けられていた。このうち西側の多門が最も長く、中央部は二階建てとなり、その北端部は虎口Ⅰ側面部に張り出すように築かれていた。

各多門の間の塁線上には土塀がめぐらされていた。これら多門・土塀が設けられた塁線際は、現在高さ二m前後の土塁状となっている。ただ、土塁状となった内側には均された形跡があり、石垣の根石、栗石がところどころに見受けられる。かつては多門・櫓裾は石塁になっていたと考えられる。なお山上の曲輪群中、ほぼ土塁（石塁）を全周させるのは、鐘之丸のみである。

鐘之丸内部には井戸一つと水溜が一つ、それぞれ存在する。「絵図」によれば南側に「御守殿」が存在していたことが知られ、さらに古い段階を示す「彦根城図」（註7）によれば近接して「御広間」が存在していた。いずれにしろ、これらの建物は鐘之丸南側に凝集しており、鐘之丸北側は広場状になっていた。

鐘之丸の北端部には虎口Ⅰがある。廊下橋下の堀底道から折れ曲がって石段を上がり、さらに東側に折れた部分に門が設けられていた。この門を潜ってすぐ左側に折れると、正面が廊下橋となるが、門を潜った内側は外側部分よりも道幅が狭められている。

元はこの門跡の西側、すなわち道を隔てた位置には多門が張り出していたが、現在はその石塁のみを残している。

ところで虎口Ⅰの門は、その広がりから冠木門程度しか想定できない。これは山上曲輪群の主要虎口がいずれも櫓門となっていることからすれば、一見軽微である。ただし現存しないが、この門から下った堀切底部の東西端部には、それぞれ櫓門が設けられていた。すなわち、東側の櫓門は表御殿側から石段を登り切り、やや南側に折れた位置に、鐘之丸石垣と天秤櫓石垣に挟まれて構えられていた。西側の櫓門は、虎口Ⅰ脇から堀切西側を囲むように延びる石塁と天秤櫓石垣を食い違わせた部分に設けられていた。これは、ちょうどUの大手門側から石段を上がり、天秤櫓西側の櫓直下で南側に折れた部分に相当する。

これらの点を踏まえると、鐘之丸虎口はⅠのみではなく、堀切底部にある二つの櫓門迄を一体のものとして評価する必要があると考えられる。

西之丸　本丸の北西に位置するのが西之丸であり（図3のⅣ）、東西約七〇m、南北約一七〇mの規模である。山上の曲輪群中、最も広い面積を誇る。

現在、北西隅に重要文化財指定の三階櫓、およびその東、南につながる多門を残している。この他、かつては西側塁線上に二つ、東側塁線上、南東塁線上に一つずつ櫓が存在した。このうち西側塁線上の櫓の一つと東側塁線上の櫓は、塁線が折れ曲がった位置に築かれていた。

　多門は虎口J脇にも設けられていたが、塁線上の大半には土塀がめぐらされていた。現在も曲輪塁線際に土塀の基壇と思われる石列が残されている。

　西之丸の虎口は、J・Kの二ヶ所にある。虎口Jは、「廊下橋」と呼ばれる橋際に一つ門を設け、そこからの導線を細長く伸ばして西側に折れ曲がったところに一つ櫓門を設けていた。この櫓門の東側には多門が附属していた。

　虎口Kは、本丸虎口Dの張り出しと西之丸塁線を端部で食い違わせて築いたものである。東側の井戸曲輪から天守直下を経由する急な道を登りきった正面に門が構えられていた。門の東側脇に櫓が構えられていたが、現在は櫓台のみを残している。

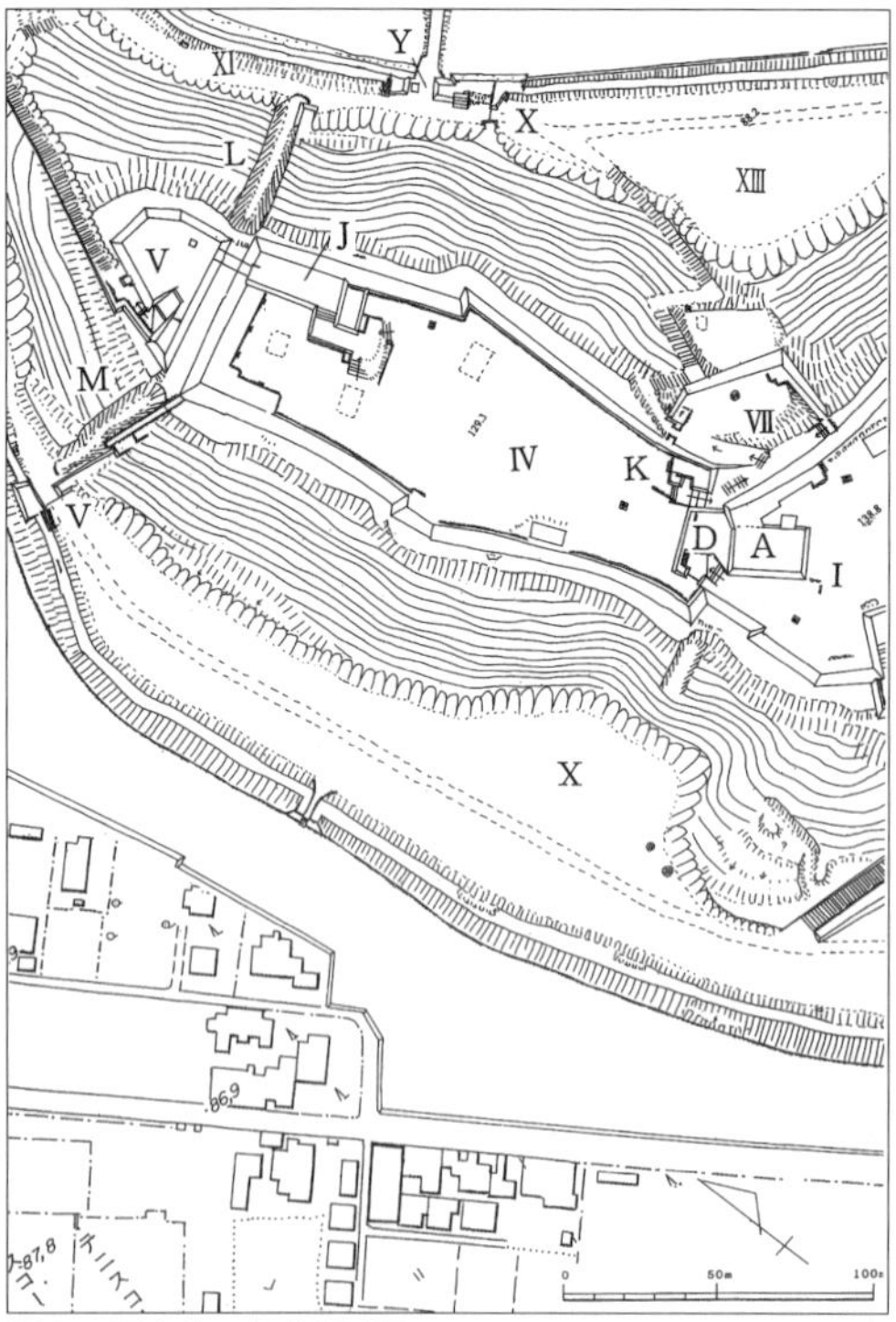

図3　西之丸～出曲輪周辺

　曲輪内側には、石列で囲まれた方形区画が認められる。これらは「御文庫」跡を示しており、かつては九棟の「御文庫」が点在していた。この他、曲輪内部には二つ水溜が認められる。
　なお、「廊下橋」は出曲輪との間を区画する堀切上に架かる。この堀切は幅約一五m、深さ約七mの規模である。
出曲輪　西之丸から廊下橋を隔てた対岸にあるのが、出曲輪である（図3のV）。出曲輪は東西約四〇m、南北約三〇mの規模である。全体は不正五角形を呈し、内部に一つ水溜がみられる。北端部にはかつて扇子櫓（『井伊年譜』・「城中建物覚書」には将棊櫓）が設けられ、それ以外の部分には土塀がめぐらされていた。
　虎口は南西部に一つある。観音台から続く石段を上がると、出曲輪脇に通路を狭める石塁が張り出している。この部分を通過して、三回折れて進んだ正面、西側に面して櫓門が設けられていたようである。ただし、「絵図」と現状では石段の形態、通路を狭める石塁の有無に違いが見られる。
観音台　出曲輪から北側へ石段を下った位置にあるのが、「絵図」に言う観音台である（図4のⅥ）。東西約三〇m、南北約九〇mの規模で、周囲に石垣は見られない。南側の石段に面した部分は、堀切状にやや窪んでいる。北側端部には約四m四方、深さ約一mの凹地がみられるが、性格は不明である。
観音台北側平坦地　観音台から約四m低い位置、彦根山北端部には東西約二五m、南北約三〇mの平坦地がみられる。「絵図」によれば、観音台先端から下りる道があったようであるが、現状でははっきりしない。

井戸曲輪　西之丸虎口Kから石段を下った中腹にあるのが、井戸曲輪である（図2・3のⅦ）。東西約四〇m、南北約五〇mの規模である。その北端部に虎口を設け、山麓部と連絡する。曲輪内部を通過する道は、本丸および西之丸塁線際を通っている。「絵図」は西之丸石垣から道を隔てた付近に「芝土手」の存在を記すが、現状では確認できない。曲輪の中央やや北寄り、木々が茂った中には曲輪名の由来と考えられる、直径約一・五mの井戸が存在する。この井戸は城内の各所で見られる水溜とは異なり、地面を掘り抜いている。付近は地形的に見て谷地形であり、元々湧水が見られた周囲を造成していると考えられる。

曲輪の南東隅には約一m高くなった櫓台がある。「絵図」によればかつて塩櫓が存在し、櫓部分の広がりが外側へ突出するように描いている。ただし、現状では石垣の突出した状態を確認することができない。東側の石垣は竪石垣となり、全体が南から北へ下降するように伸びている。これは本丸部分と井戸曲輪の石垣を直結させることで、斜面部から井戸曲輪への侵入を阻んだ処置と考えられる。井戸曲輪と本丸の間にある平坦地部分では幅約四m、高さ約二mの石塁を設け、本丸と井戸曲輪の石垣を結んでいる。なお、この石塁の西側には石段があり、西側からの昇降が可能なようになっている。

井戸曲輪の北側、約八m低い位置には東西約二〇m、南北約三〇mの平坦地が見られる。南側は井戸曲輪石垣、西側は通路に伴う切岸、東側は斜面を削り込んだ切岸、そして北側は盛土によると考えられる切岸によって区画されている。この平坦地には北西部にある通路から伸びた石段によってのみ、連絡が可能である。内部には水溜状の凹地がみられる他は、目立った遺構が見られない。「絵図」でもこの平坦地は描いておらず、その性格は不明である。

曲輪群外縁部の遺構　Ⅰ～Ⅴ曲輪群の石垣外縁部には、幅一〇m前後の帯曲輪状を呈する平坦地がほぼ全周している。この平坦地が分断されるのは、竪石垣・石段・通路が設けられた部分くらいである。また平坦地は太鼓之丸西側では段差を伴い、太鼓之丸東側では大きな傾斜を伴っている。

山上の曲輪群の虎口からは、四本の石段が山麓部に伸びてい

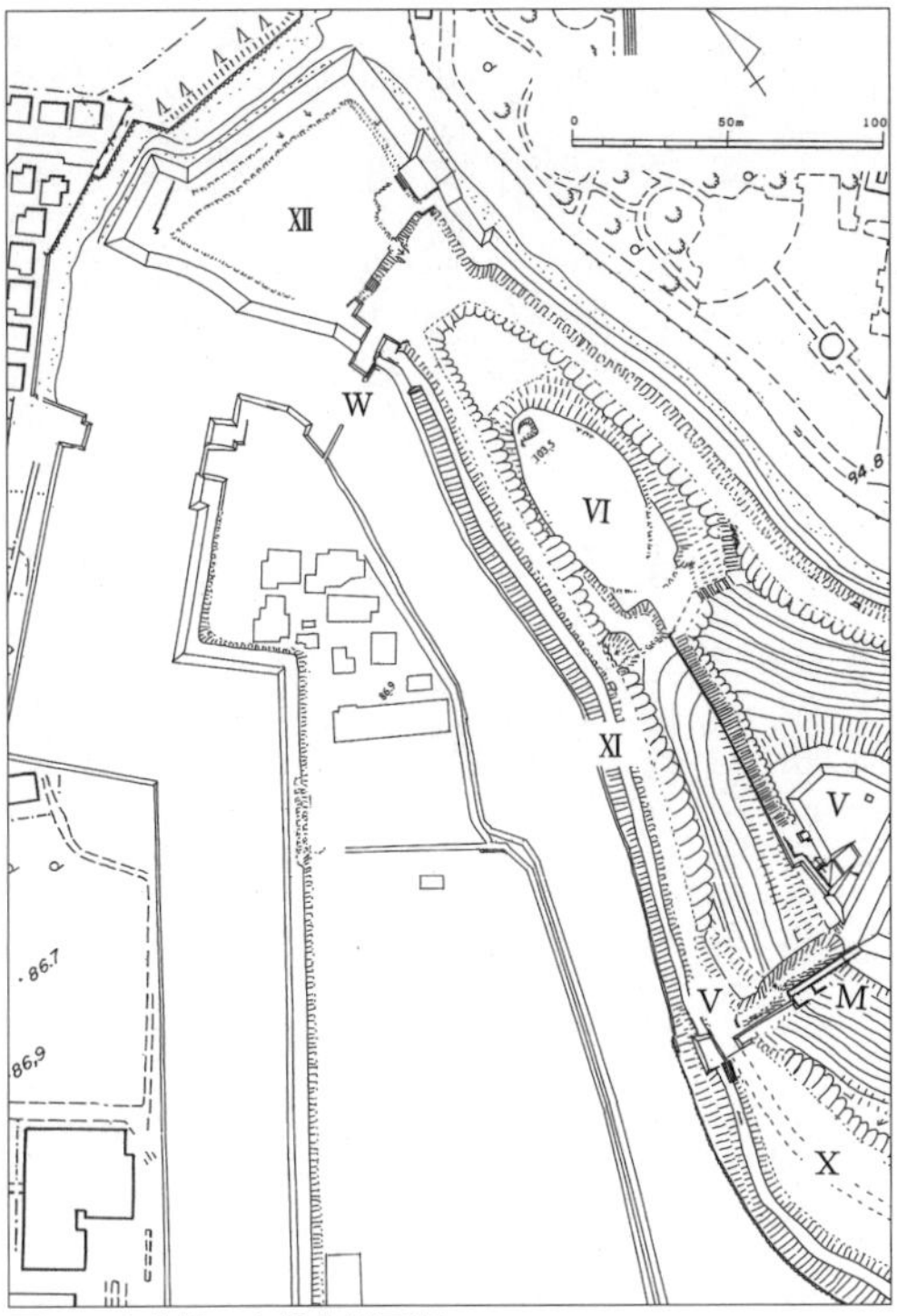

図4　出曲輪～山崎曲輪周辺

る。井戸曲輪から伸びる石段を除いては、いずれもほぼ直線状に伸びている。これらの石段の左右は切岸・石垣状となった部分が多い。このため石段部分から、片側の斜面部分に進むことはできても、もう片側の斜面部分に進むことが困難になっている。

西之丸と出曲輪の間の東西（L・M）、着見櫓東側（N）、鐘之丸南東側（O）、鐘之丸虎口西側（P）の五ヶ所には竪石垣（登り石垣）（註8）・竪堀が見られる。

竪石垣は竪堀底部からではなく、竪堀肩の途中から立ち上がっている。そして、竪堀底部・側面部には岩盤が表れており、堀の掘削にあたって岩盤を穿ったことが知られる。

竪堀L・Mは西之丸北側堀切の端部から伸びているが、他の部分は石垣の張出部付近から伸びている。そしてL・Nを除いた竪石垣は、曲輪外側の平坦地部分に仕切状の石塁を設けて、上方に位置する曲輪の石垣と結んでいる。仕切状の石塁は、高さ・幅とも一・五m前後である。竪堀の幅は九m前後、深さ二m前後、竪石垣の幅二m前後、高さ一・五m前後である。それぞれ直線距離で二〇〜六〇m前後の長さである。

竪石垣はほぼ直線状に伸びているが、M・Nは途中で折れがつけられている。Mは途中で内側に折れた後、再び山麓に向かって伸びている。折れる前の上方の石塁内側には、横方向に二重になる形で石垣が積まれている。Nは、山麓近くで鈍角に折れ曲がっている。

竪石垣下方の端部は、Lを除いていずれも山麓の虎口石垣に連続している。Lも端部は石塁状になっており、虎口に準じた構成といえるかもしれない。

なお、竪石垣・竪堀は、斜面部分に設けられている。Nについては近接して尾根が存在するのにもかかわらず、尾根を外した位置に竪堀・竪土塁を設けているのは注意されよう。

これら竪石垣周辺には塀瓦が散乱している。「絵図」でも該当部分に「瓦塀」と記されるように、瓦を伴う土塀が竪石垣上に設けられていたと考えられる。

この地の斜面部には目立った遺構はみられず、自然地形に近いと考えられる。ただ、本丸西側に張り出す尾根先端近くには、やや平坦な地形がみられる。ただし、その性格は不明である。また斜面は現在木の繁った部分が多いが、「絵図」段階では大半が松林となっている（註9）。

次に山際、すなわち山麓部との境界には、高さ三m前後の切岸のラインがほぼ全周している。切岸は一部通路際にもおよんでおり、表御殿付近では石垣のラインと重なっている。この切岸ラインの存在により、山麓からは斜面に直接上がることができず、通路部分のみで連絡するようになっている。従来、この切岸ラインはほとんど注意されていないが、「絵図」にも描かれており、極めて有効な遮断施設であったといえる。この切岸の形成にあたっては、山際を掘削して安定した平坦地を造り出す役割もあったと考えられる。

山麓地区

ここでは山麓地区を虎口による区画により、都合Ⅷ〜XIIIの区画に分けて説明する。

Ⅷ地区　Ⅷ地区は表御殿が設けられた位置であり、東西約一一〇m、南北約一五〇mの規模である（図5のⅧ）。Ⅷ地区は山麓部の曲輪では、最もまとまった広がりを持ち、かつ方形に整っている。表御殿はほぼ曲輪いっぱいに建ち、御殿周囲は土塀によって区画されていた。昭和六二年には表御殿が外観復元されて、彦根城博物館となっている。その彦根山側には切岸のラインが続くが、一部に土留めとみられる石垣が積まれている。

Ⅷ区の東・北側は幅約八mの土塁（ただし、堀側の裾部は石垣）で区画され、土塁の外側には幅約二五mの水堀がめぐる。土塁上には、古写真によると土塀がめぐらされていたことがわかる。

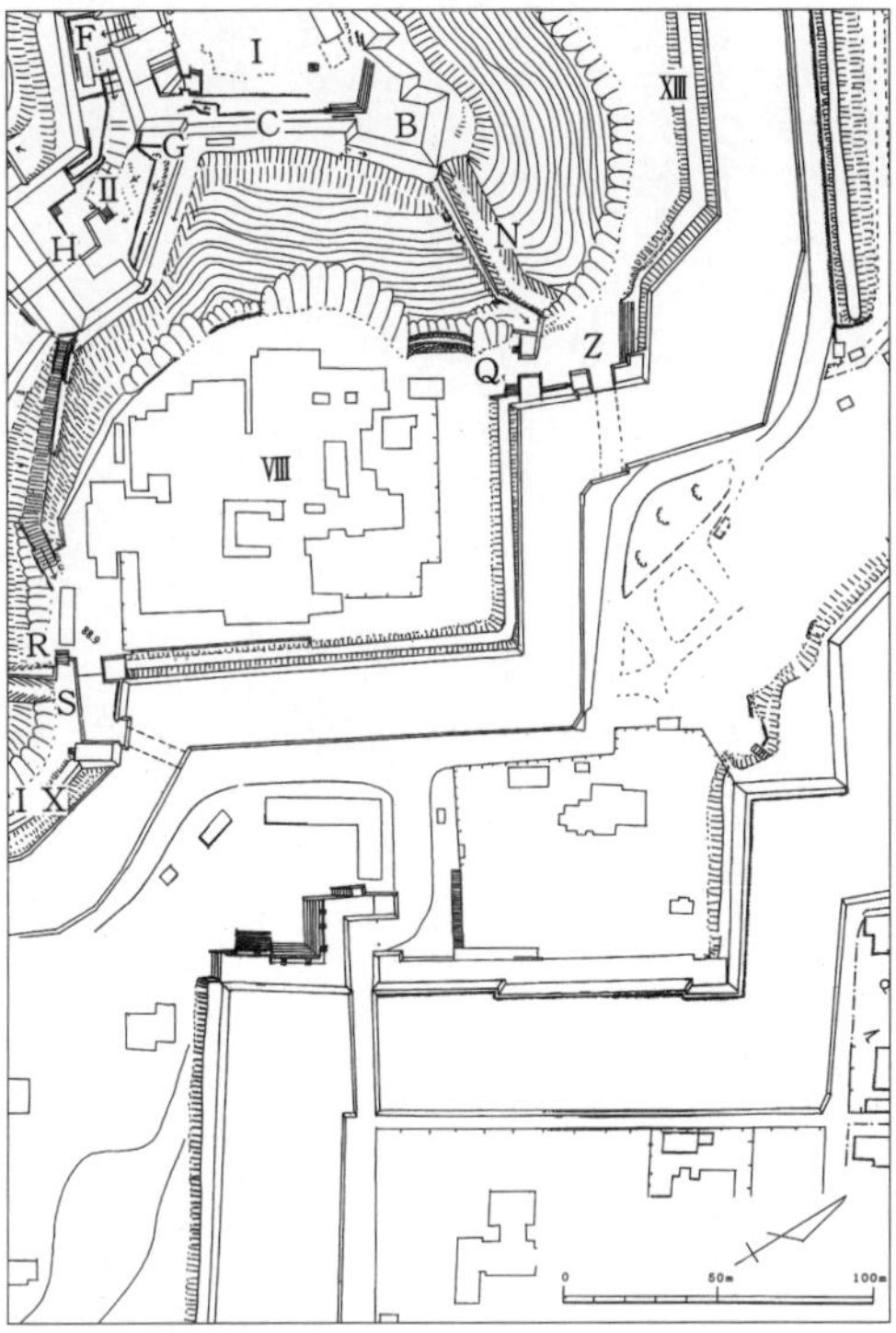

図5　表御殿周辺

Ⅷ区の虎口は北側のQと東側のRに設けられている。このうち虎口Qは、山上の着見櫓下から伸びる竪石垣の延長上にある石塁にかかって設けられている。石塁上には、かつて櫓門と多門が設けられていた。虎口Qはその北側にあった裏門Zとセットになって、枡形状となっていた。

虎口Rは、山上の鐘之丸から伸びる竪石垣の延長線上に設けられ、表御門と呼ばれた。かつては竪石垣に続く内側部分に二階櫓門、その外側に高麗門を設けた内枡形状の虎口であった。高麗門跡外側には平成十六年二月に新装された木橋が架かっている。

Ⅸ地区　Ⅸ地区は、鐘之丸裾部に位置し、それぞれ端部を山上から伸びる竪石垣、およびそれに続く虎口によって区画されている（図2のⅨ）。幅一〇m前後、長さ二六〇m前後におよぶ細長い平坦地によって主に形成される。山側は切岸によるラインが続き、外側は腰巻石垣と鉢巻石垣を組み合わせたような石垣によって区画されている。腰巻石垣は緩やかに円弧を描いて伸びているのに対し、鉢巻石垣は鈍角もしくは直角に折れるラインによって形成されている。

鉢巻石垣内側は幅五m前後、高さ五〇cm前後の土塁状となっている。このため、平坦地の山側は横堀状に一段低くなっている。「彦根城図」によれば、この部分には「竹蔵」が設けられていた。

Ⅸ地区の北端では虎口R側に向かって石塁が張り出す。古写真によれば、この石塁上に平櫓が設けられていた。虎口R内側の櫓門跡南側には、Ⅷ地区に上がる石段が存在する。この石段を上がった位置にかつて門が存在し（虎口S）、その西側側面部に竪石垣が伸びていた。

一方、Ⅸ地区の西端は虎口Tとなっている。ちょうど虎口U側から石段を上がった部分には、かつて門が設けられていた。その東側側面部には竪石垣が伸びてきていた。

Ⅸ地区は連続するⅧ・Ⅹ地区から約二・五m高い位置にあり、石段で連絡している。ただし、その境界部に設けられる竪堀・竪石垣の位置関係から、Ⅷ・Ⅹ地区に対してⅨ地区が外側と位置づけられる。同じく境界部に設けられていた門も、「絵図」の描写からⅨ地区が外側になるように開閉したと考えられる。つまり、付近では曲輪の階層性と地形の高低差が適合していなかったわけである。

Ⅹ地区　Ⅹ地区は東西約九〇m、南北約四〇〇mの規模である（図2・3のⅩ）。その中央南寄りには山上の堀切に至る石段が伸びている。現在、内部は梅林となっているが、かつて内部には城米蔵が一七棟設けられていた。そして、石段部分と城米蔵部分は土塀による仕切がなされていた。したがって、大手門側からであると城米蔵を通過せずに、直接山上へ上がれるようになっていた。その石段裾部には石垣が用いられている。

Ⅹ地区の東側は高さ二・五m前後、幅一五m前後の土塁（ただし、堀際は腰巻石垣）、さらに外側は幅五〇m前後の水堀に囲まれている。土塁の中央やや北寄りの位置には石垣で囲まれた開口部が存在する。これは「米出埋門」の跡である。この部分に着岸させ、城米蔵に対して米の搬出・搬入がなされた。

Ⅹ地区には、虎口がU・V二ヶ所ある。虎口Uは大手門であり、前後の曲輪塁線を凹ませた部分に枡形虎口を造り出している。虎口前面と対岸の橋台の間には木橋が架かっている。曲輪塁線を窪ませることで、付近では彦根山と水堀の距離が狭まっている。この狭まった位置に虎口と連動する竪石垣が築かれているが、これにより枡形前の木橋に対して横矢が掛かるようになっている。横矢が掛かる虎口脇の石塁上には、かつて二階建の多門が築かれていた。石塁の曲輪内側には、雁木を残している。

虎口Vは竪石垣・竪堀Mの延長上に設けられていた。開口部を挟んだ西側、土塁上には櫓台状となった方形の石垣基壇が築かれている。かつては開口部に門が存在していた。

Ⅺ地区　Ⅹ地区の北側、観音台の裾部に位置する部分である（図3・4のⅪ）。幅十m前後、総延長約五二〇mの曲輪である。現状は一続きの広がりとなっているが、「絵図」によれば観音台北側平坦地の東西に門があって、内部は三つに区画されていた。東西二面を高さ二・五m前後、幅十五m前後の土塁（ただし、堀際は腰巻石垣）、その外側を水堀で囲まれている。虎口はV・W・X・Yに四ヶ所認められる。このうち、Wは山崎口と呼ばれ、開口部の左右に石塁が残る。古写真から櫓門の存在が知られるが、現在、虎口外側に木橋はない。門跡には城下にあった門（城郭とは直接関係しない）が移築されている。

虎口Xは、Ⅻ区との間を区画するものである。石塁をともなって山麓部を区画する虎口は、大半が山上から伸びる竪土塁とセットになっているが、この部分のみセットとならない。

虎口Yは、黒門と呼ばれる。開口部の左右に石塁が残されている。古写真によれば他の櫓・多門と同様の意匠となる二層二階の櫓門が存在していた。虎口前面の水堀には現在土橋が架かっているが、本来は木橋であった。

Ⅻ地区　山崎曲輪と呼ばれ、東西約八〇m、南北約八〇mの規模である（図4のⅫ）。Ⅺ地区よりも約二・五m高い位置となる。周囲は高さ約四mの石垣で囲まれ、石垣の内側は土塁状になっている。北西隅部では塁線が大きく張り出している。古写真によれば塁線が大きく張り出した部分に三階櫓が設けられ、その東側に多門が続いていた。なお、多門部分には「絵図」では雁木の存在を記すが、現状は多門基壇と思われる石列を止めるのみである。また、南東隅でも塁線がやや張り出し、櫓台となっている。ここには、かつては二階櫓が存在した。

Ⅻ地区はⅪ地区側を除いて三方を、堀もしくは湖水に囲まれている。ただし、北側と東側は陸地化が進んでいるため、石垣際が水路状となって残っているに過ぎない。

Ⅻ地区の内部は初期に木俣土佐屋敷が設けられていたが、「絵図」段階では竹蔵と他一棟が建つ程度になっていた。

Ⅻ地区への虎口は「絵図」によれば、Ⅺ地区側からの二本の雁木によって昇降したことがわかるが、現在は西側の雁木のみが残っている。

ⅩⅢ地区　虎口Xと虎口Qに挟まれた部分である（図3・5のⅩⅢ）。東西約一五～六〇m、南北約二二〇mの規模である。東西の規模に幅があるのは、彦根山の谷に面した部分が広くなっているためである。この谷筋には、井戸曲輪から下りてくる道が通じている。道部分を除いた山（西）側は切岸に囲まれ、東

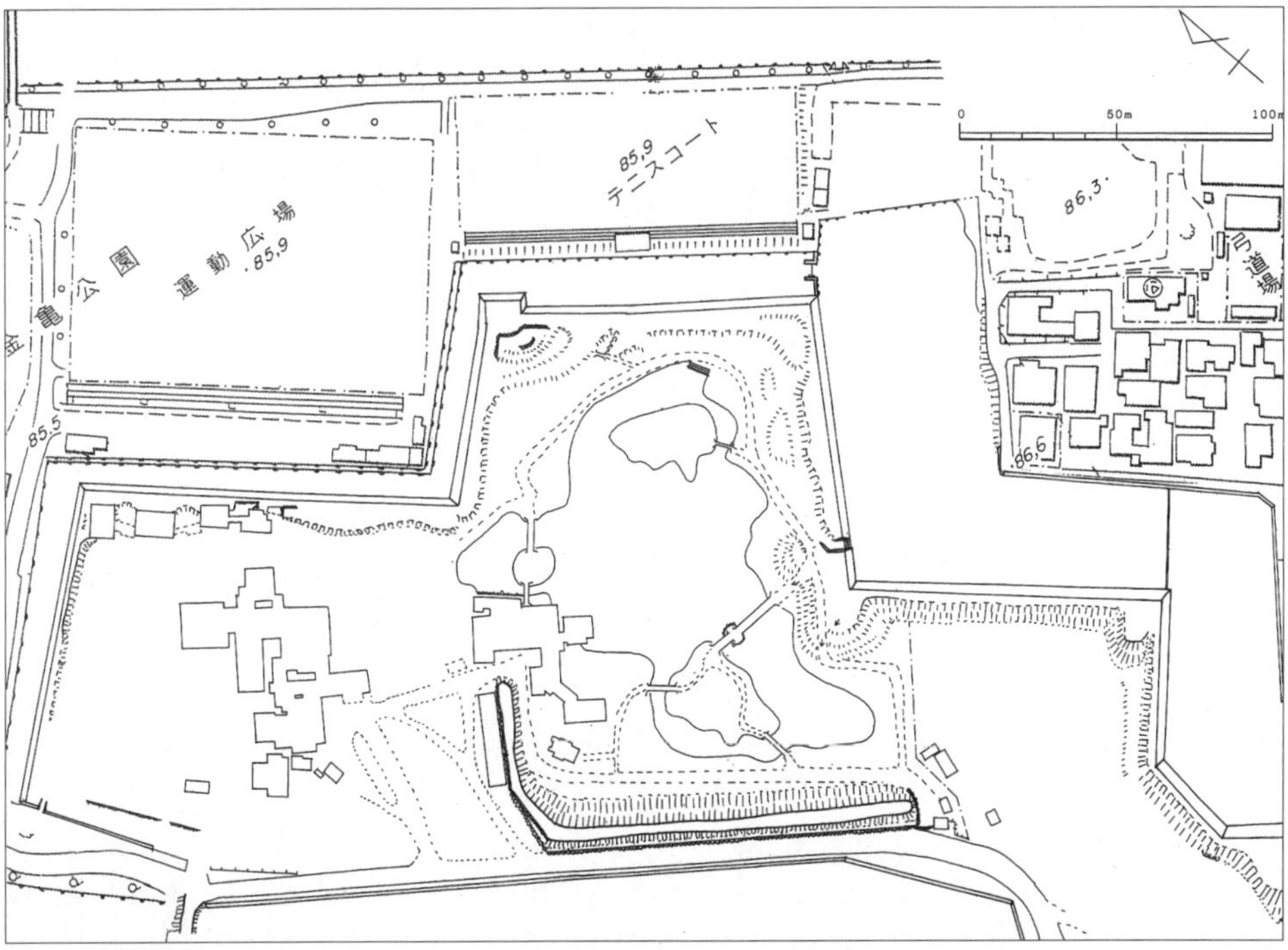

図6　玄宮園周辺

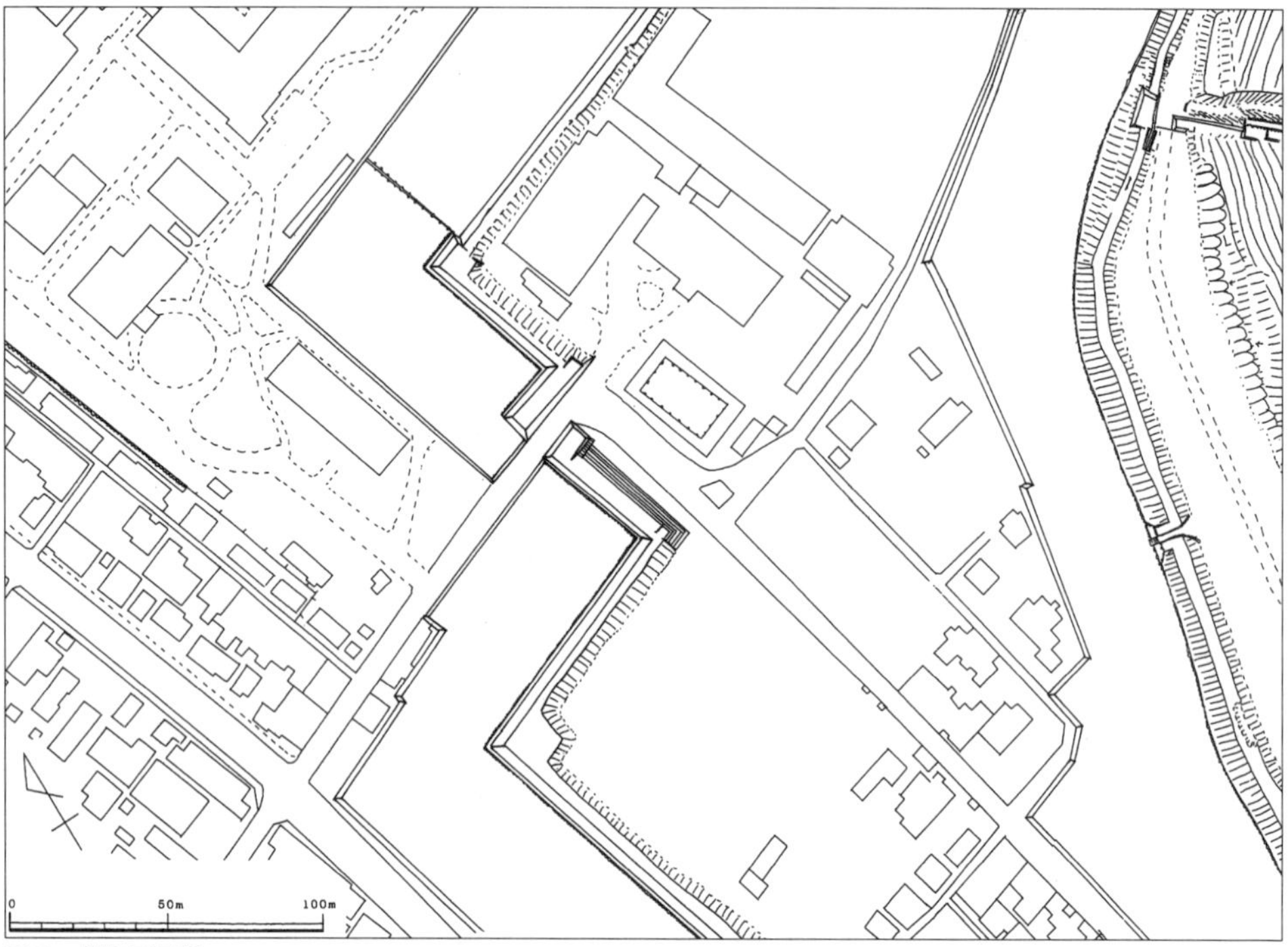

図７　船町口周辺

側は高さ約三ｍ、幅約八ｍの土塁（ただし、堀側の裾部は石垣）、その外側は幅約二五ｍの水堀となっている。土塁・水堀はほぼ直線状に伸びているが、南側で鈍角状に折れた後、虎口Ｚに続いている。鈍角状に折れる塁線は、ちょうど西側の大手門脇でもみられ、対称形を意識していたと考えられる。ただし、大手口に対してこちらの方では塁線から虎口に対する横矢は掛からない。「絵図」によると馬場があり、虎口Ｚ近くの土塁と彦根山が接近した付近は塀によって仕切られていた。

虎口Ｚは裏門と呼ばれる。現在は虎口脇の石塁が残され、虎口正面にあった木橋もなくなっている。本稿調査時には表御門前の木橋工事に伴って仮設橋が設けられていたが、現在は撤去されてしまっている。虎口Ｚには櫓門が設けられ、その北側には多門が付属していた。多門部分の石塁には雁木が残されている。

なお尊経閣文庫所蔵「諸国居城図」等では虎口Ｅ部分に「新口」、その南側に「此口フサギ」と虎口の付け替えを思わせる注記がある。ただ、現状を見ればわかるように、付近では虎口を付け替えるほどの広がりを持っていないし、少なくとも石垣等に虎口を塞いだ痕跡は見当たらない（註10）。

中堀地区　中堀は、北側の一部を除いて山上・山麓地区を囲繞している。その広がりは、東西約七〇〇ｍ、南北約八五〇ｍにおよび、内堀とは五〇～一二〇ｍ程度の距離を開けている。特に南側と、東側の玄宮園付近での広がりが大きくなっている。

裏門Ｚの北側は玄宮園・下屋敷となり、西側の長橋近くには御作事方・弘道館が設けられていた。これらを除いた部分は、

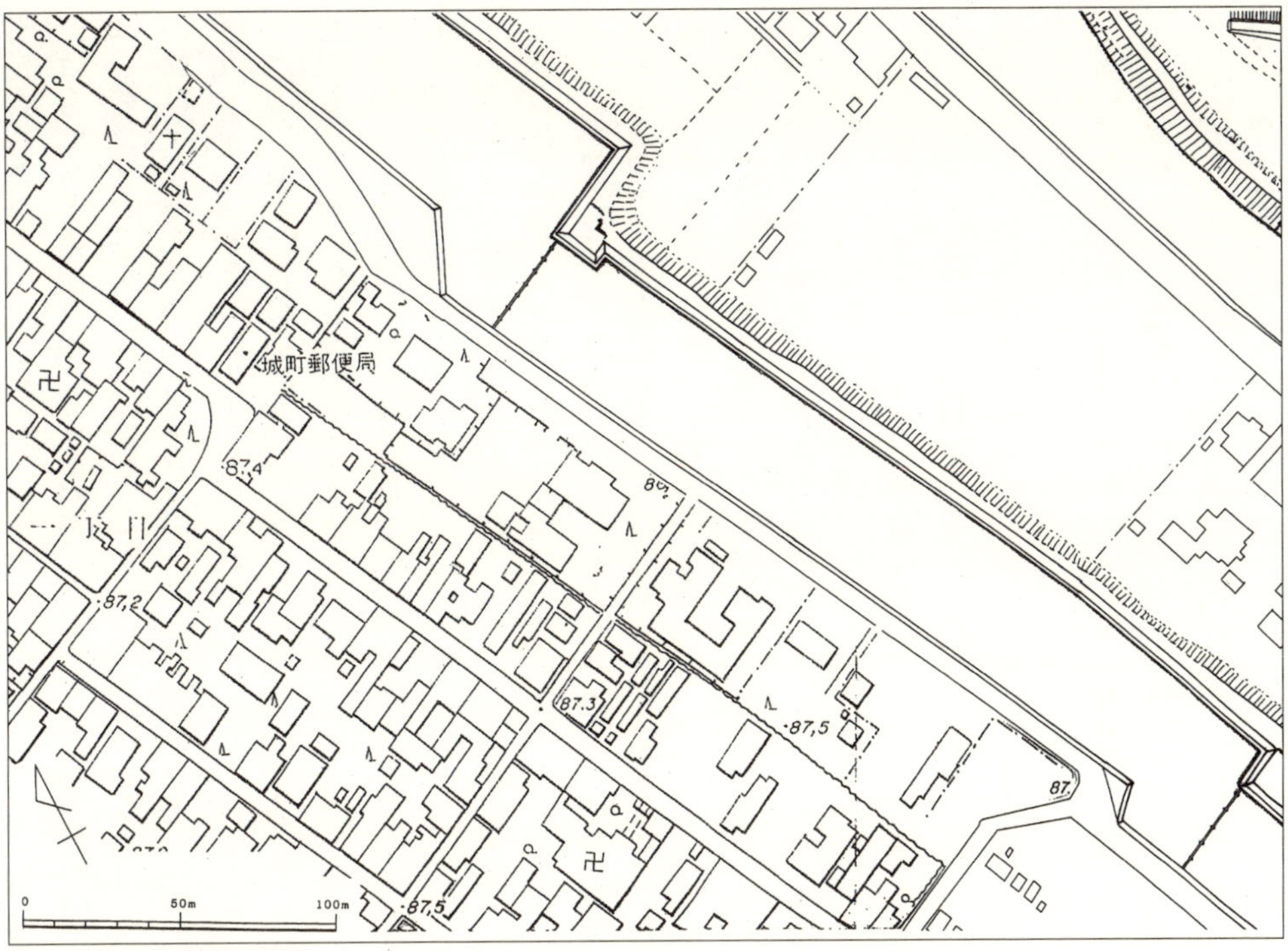

図8　船町口～京橋口周辺

上級家臣屋敷地となっていた。

玄宮園は庭園遺構を良好に残し、その北側にある下屋敷であった槻御殿も改変を受けた部分はあるけれども、旧態を比較的止めている（図6参照）。

玄宮園南西側、内堀との間には高さ約三m、幅四～八mの土塁がL字状にめぐる。ただし、その南西側裾に土塀が設けられているため、土塁の存在は目立たない。

また、佐和口門内側には馬屋が現存しており、重要文化財の指定を受けている。家臣屋敷地は、現在旧木俣家屋敷、旧西郷家長屋門（実際は旧庵原家長屋門、明治十六年に移築）に旧観を止める程度である。旧侍屋敷は、裁判所・校地等の公有地となった部分が多い。

中堀地区は、周囲を幅二五m前後の水堀、水堀の内側を高さ約五mの石垣によって囲まれる。石垣の内側は土塁状となり、場所によって広がりがあるが、概ね八m程度の幅となっている。石垣塁線は虎口周りおよび櫓台周辺の小規模な凹凸を除いて二五ヶ所程の折れを持ち、その前後は直線的に石垣が伸びている。特に凹凸は北東部において顕著である。

この北東部凹凸について、角田誠氏は鬼門除けと評価している（註11）。傾聴すべき見解であると考えるが、この部分の凹凸中に鈍角に折れる塁線が見られることに注意したい。中堀の塁線全体の中でも鈍角に折れる塁線はこの部分のみである。いわゆる隅部を凹ませる鬼門除けではなく、日出城（大分県日出町）鬼門櫓のように隅部を鈍角状に処理した鬼門除けと捉えることも可能であろう。また鈍角に折れる塁線のすぐ東側の石垣隅部も櫓台状となり、土塁が肉厚になっている。ただし、この部分にはもともと櫓が存在しなかったことが、「御城下惣絵図」(註12)から知られる。櫓台がありながら櫓が存在しないのも、鬼門除けと関連するのかもしれない。これに関連するが、表御殿の北東隅部もやはり、櫓が設けられていない点が注意される。

水堀に面した石垣裾には、幅約一・五mの犬走りがみられる。ただし、佐和口付近を除いて犬走りの上部は水に浸かった部分が多い。犬走りは、地盤が軟弱な場所で凹凸を伴う高石垣を築くための処置と考えられる。

外側に張り出す石垣隅部は櫓台となり、該当部分の土塁内側も張り出して方形を呈する。かつては先に述べた一ヶ所を除いて、二階櫓がそれぞれ設けられていた。また七ヶ所では前後する石垣塁線から櫓台部分が凸状に外側へ張り出す。特に佐和口東側では張り出しが著しく大きい。

なお、玄宮園北東の櫓台上には、現在築山状の高まりが見られる。櫓との関係がはっきりしないが、廃城後に築山が設けられたとも考えられる。

中堀地区には四ヶ所に虎口が設けられている。西側より長橋口、船町口、京橋口、佐和口である。長橋口は木橋であったが、現存しない。京橋口も木橋であるが、船町口・佐和口は土橋であった。

長橋は西側対岸からは、直進する導線となる。ただし、そのすぐ内側からは、東側に折れて山崎口に連絡させている。現在、虎口左右に石塁を残す程度であり、対岸堀際には橋台を残している(図4参照)。

船町口は、京橋口・佐和口と同様に高麗門・櫓門が対になった枡形虎口である(図7参照)。古写真によれば、これらの櫓門部分は二階建てとなることで共通していた。現在、船町口は高麗門を入った正面の石垣は撤去されてしまっている。南側に伸びる石塁内側は雁木となっている。

京橋口は、屈折した石塁を良好に残している(図9参照)。導線部分は舗装道路となっているが、櫓門に伴う礎石を止めている。西側に伸びる石塁内側は雁木となっている。

佐和口は、屈折した石塁、櫓門に伴う礎石を残す他、櫓門南側に続く多門および二階櫓を残している(図10参照)。また、北側の石塁上には鉄筋コンクリートで外観復元された多門および二階櫓が建てられている。二階造りの櫓門とその前方に存在した高麗門こそ存在しないが、中堀地区の虎口では最も旧観を止める部分である。現存多門の内側は雁木となり、それに対応するように多門には六つの入り口が設けられている。

外堀地区　外堀地区は、中堀外側にあって内部に侍屋敷・町屋等を包摂する。その広がりは、東西約一三〇〇m、南北一五〇〇mにおよぶ。現在その内部は市街地となるが、地割や社寺の位置等は旧観を止める部分が多い。

その旧観は「御城下惣絵図」等によって知ることができる。同図によれば、外堀地区は堀・土塁に囲繞され、合計七ヶ所の虎口で外側と連絡していた。虎口は枡形状となったものと平入り状となったものとがあったが、それぞれの詳細は不明である。このうち南西部にあった高宮口は「御城下惣絵図」では堀部分に町屋の地割が上書きされている。ある時期に堀の一部が埋め

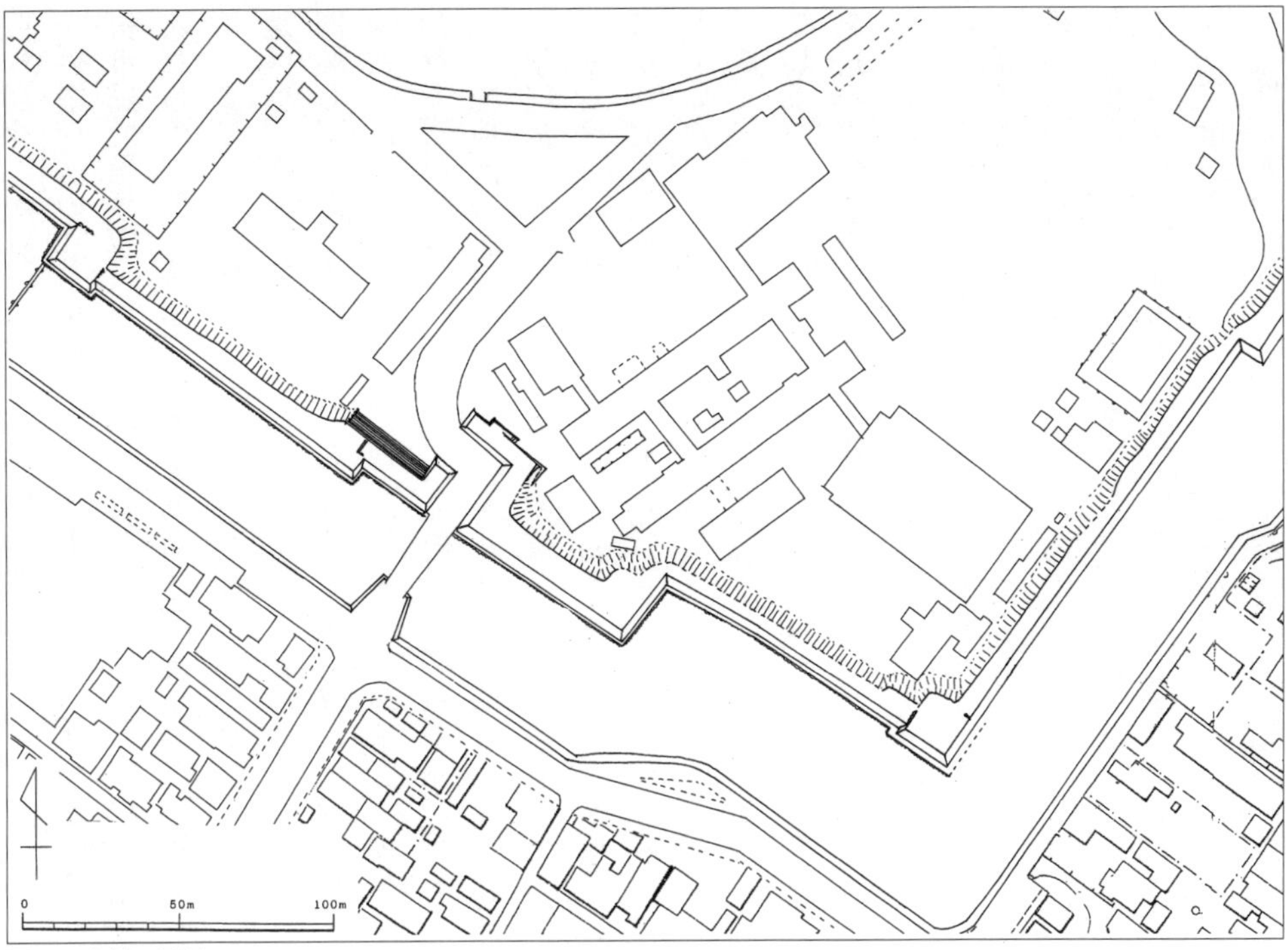

図9　京橋口周辺

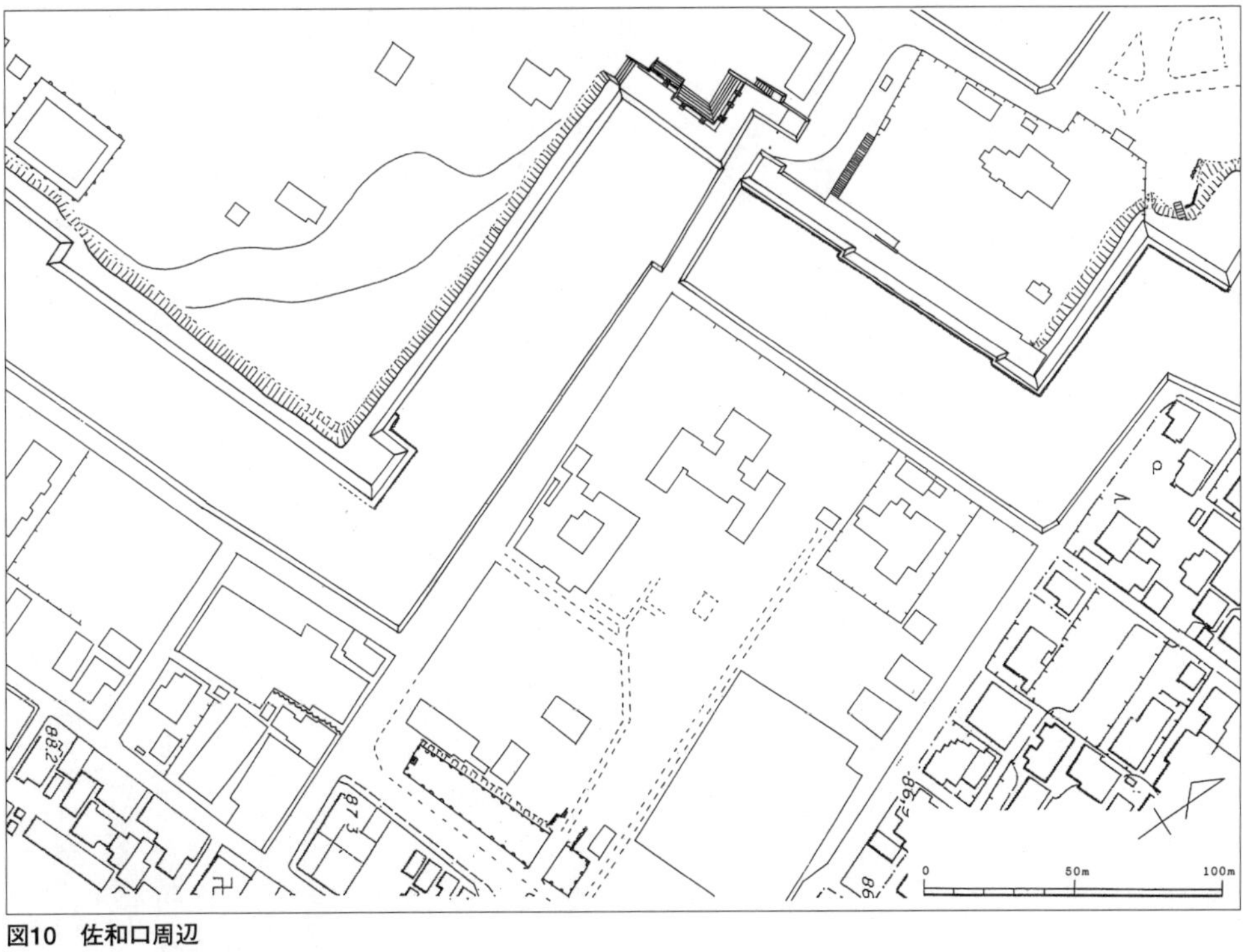

図10　佐和口周辺

られ、そこが町屋になった経緯が知られる。

外堀地区のうち東側にある尾末町付近（現在の護国神社・彦根市民会館等の一角）は武家屋敷で占められていた（図10参照）。これらの内部に特別史跡埋木舎や旧池田家長屋門も残されている。この一角は四方を堀で囲まれ、南西側に伸びる土橋で外堀地区へ、南側に伸びる木橋で外郭外へ、連絡していた。周囲を囲繞していた土塁は現存しないが、堀の一部が護国神社東側に約六〇mの長さにわたって残っている。中堀地区の佐和口から伸びる道沿いには「いろは松」と呼ばれる松並木が続く。

外堀地区の北側、「西中島」と呼ばれる部分（現在滋賀経済大学経済学部敷地）も、堀に囲繞された侍屋敷となっていた（図7参照）。現在、堀跡は幅約二mの水路となっている。侍屋敷から北東へ細長く伸びる道の先にある一角には、蔵が設けられていた。

さて、これらの堀・土塁は市街地化によってほとんど滅失してしまっている。ただ、堀跡は先に述べた護国神社東の他、幅を狭めながらも水路として残る部分は多い。また、西側を区画していた堀は、ほぼそのまま道路となっている。

一方、土塁は西側部分では円常寺境内の墓地脇および本堂脇に高さ約一・五mと、わずかに高まりを残している他（図11参照）、南側の隅部にあたる銭湯・山の湯地内およびその東側蓮華寺付近ではかなり旧状を止めている（図12参照）。山の湯地内ではちょうど折れ曲がった形態となった土塁が高さ約五m、幅約一〇m、長さ約三〇mにわたって伸びている。土塁の外側には堀跡が水路となって残る他、堀跡を埋めた道路が低くなっている状態を観察できる。

蓮華寺境内東側には高さ約三m、幅約一五mの土塁が、約六〇mにわたって伸びている。土塁上には家屋が六軒並んでいることからも、その規模の大きさがわかる。その東側は水路、駐車場となるが、これらはかつての堀跡に相当する。

なお、「御城下惣絵図」に描かれた土塁のラインは数ヶ所で折れ、張り出しを伴っている。この点、現在残された部分的な土塁からは、直接窺いしれない。

以上述べた他、外堀地区の西側には芹川、北側には琵琶湖、東側には松原内湖が広がり、さらに南側も水路がめぐって、防御ラインを形成していた。また、これらに挟まれた部分にも町屋や下級家臣屋敷地が広がっていた。特に、西側に広がる芹橋足軽組屋敷は現在も旧観を止める部分が多くなっている。

二　考察

縄張り全般について　彦根城について触れた文献は数多い。ただ、その縄張り上の問題・城郭史上の位置づけを本格的に行ったのは村田修三氏がはじめであろう（註13）。村田氏によれば彦根城は「近世城郭の諸要素が出揃」った平山城の典型であり、倭城での「技術を領国統治の中枢の大名居城の中にとり入れた、完成度の高い城郭」と評価されている。そして、①北の堀切によって長く伸びた尾根が切り離され、出曲輪が馬出とされていること、②天秤櫓が二方向からの虎口を集約すると共に堀底道を利用して念入りな構造になっていること、③廊下橋が鐘之丸との一体性を重視したものであること、④天守の位置は、西之丸側への関門、および井戸曲輪側から上がってくる道を抑える位置にあることから、その軍事機能の強いこと、⑤空堀および竪石垣の設定方法、すなわち五本の竪石垣・竪堀の設け方は山上の主要部から山麓部の御殿部分をまず囲い込んだ上で、城域における内外の区分を明瞭にしていること、を指摘している。

縄張りに関する基本的な事項は村田氏によって指摘されており、ここで改めて付け加える点はほとんどない。その上で、若干気のついた点を述べることにする。

竪石垣については倭城、特に西生浦倭城（大韓民国蔚山市）、熊川倭城（同前鎮海市）と比べるとかなり小規模である。また、付属する竪堀についても一部で岩盤を穿っているとはいえ、それほどの深さはない。ただし、かつてその上部に瓦塀が存在したのなら、竪石垣・竪堀とともに対岸に対して相応の遮断性を発揮したと考えられる。もっとも、竪石垣・竪堀の内側はやや急な斜面のままとなっているので、竪石垣に沿った位置にヒトを配して防御を行おうとする意識は薄かったと思われる。実際、竪石垣・竪堀Nでは外側にあたる位置に尾根の頂部がある。外側にあたる尾根上の方が、足場的には安定することは明らかである。

竪石垣・竪堀の効果の一つとして、斜面間の敵の移動を阻止する点が挙げられる。ただし、この場合山裾に存在する切岸地

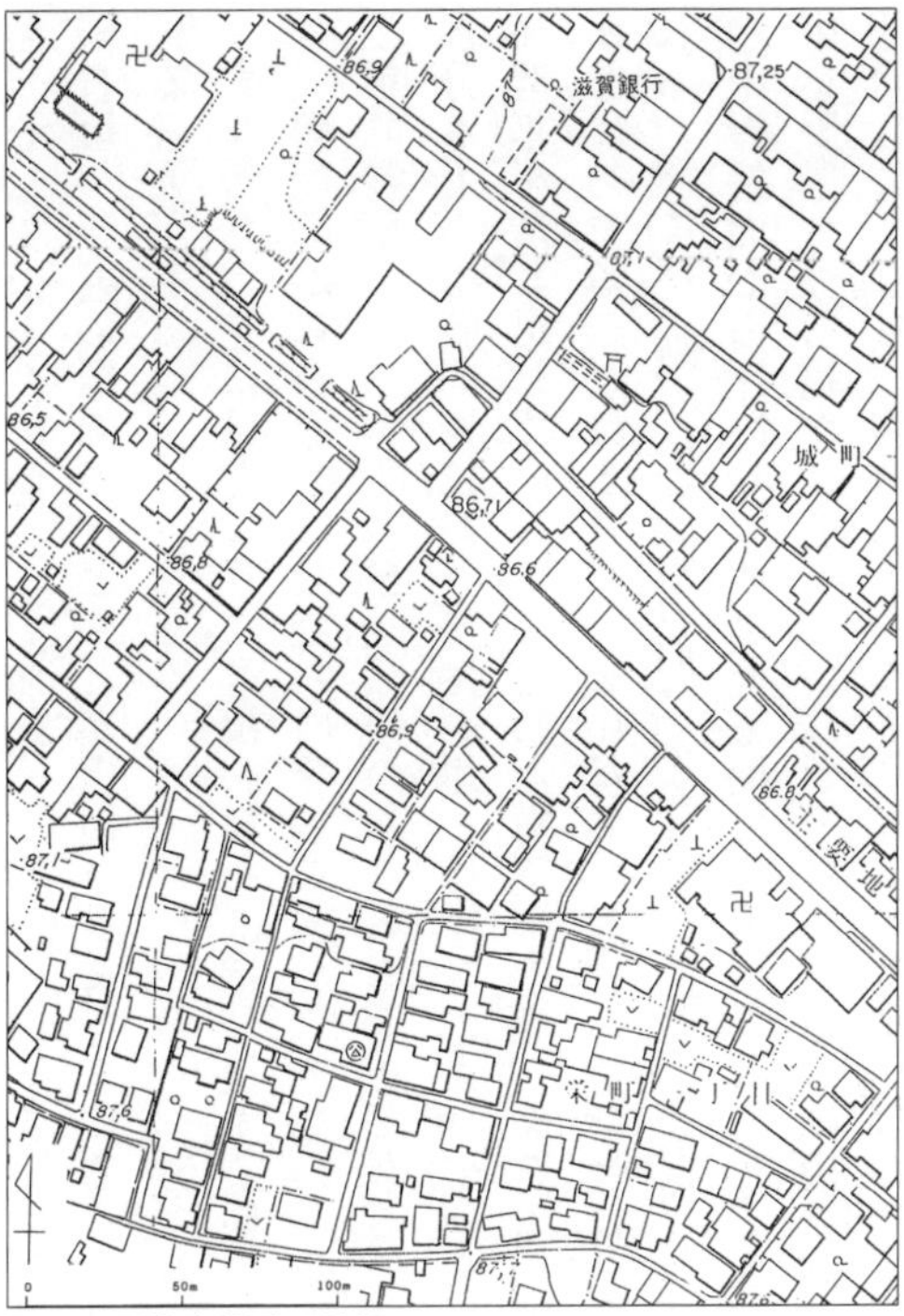

図11　円常寺付近の外郭

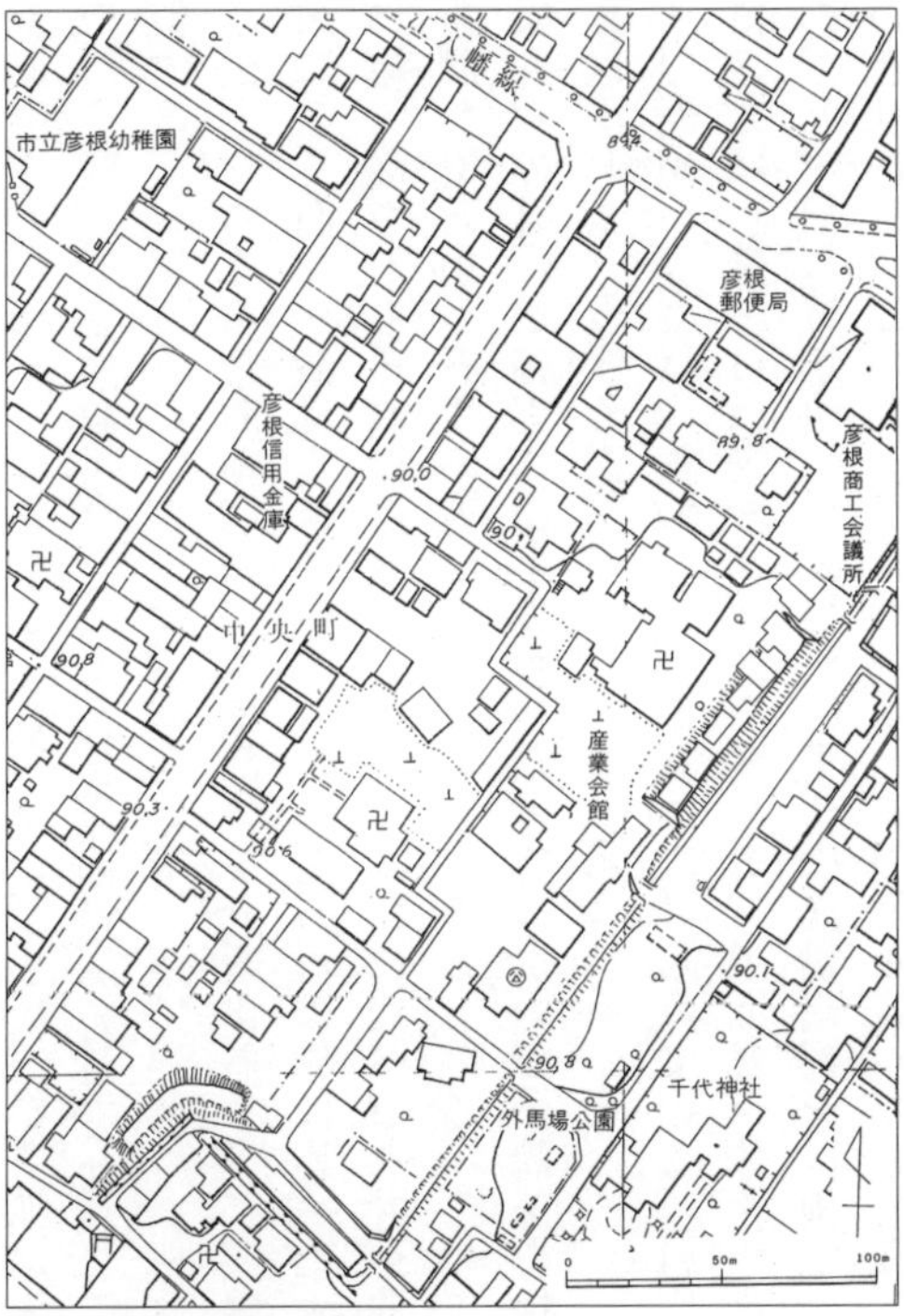

図12　蓮華寺付近の外郭

形、そして山上と山麓を結ぶ通路が三本に限定されている点、竪石垣・竪堀の端部のほとんどが虎口と重なっている点を併せ見る必要がある。

すなわち、先に見たように彦根山裾をほぼ一巡する切岸により、山麓部から斜面へはただちに登ることができない。登ることが可能なのは三ヶ所の石段部分のみである。しかもこの石段部分も上下の斜面側に対しては石垣・切岸等によって何らかの高低差を造り出している。こうした構造の中で、竪石垣・竪堀が設けられることにより、一層山麓側へ対する遮断性は強化される。例えば、敵が出曲輪方面に上がる石段から攻め寄せつつ、途中の斜面から迂回して西之丸方面に接近しようとしても、途中を竪堀・竪石垣が仕切っている。それらをさらに山麓側から迂回しようにも、切岸によって下りることもできなくなる。

こうした構造はやや違いがあっても、他の竪石垣・竪堀部分においても同様である。山麓部の塁線が狭まったところに竪石垣に続く虎口が設けられているのも、山上・山麓を併せて区画・遮断する意図の表れに他ならない。

こうした観点によるのならば、居館部のみではなく、広く城域を囲む倭城の多くでみられる竪石垣と比べて、彦根城のそれは形態的、構造面で類似性が見られる反面、相違点も少なくないと言える。竪石垣・竪堀は倭城において特徴的に見られるけれども、倭城以前の国内築城でもすでに存在している（例えば、京都市右京区京北町の周山城等）。彦根城の竪石垣・竪堀も倭城のみに引き付けて考える必要はないだろう。

あるいは山上・山麓を併せた仕切という点では、若松城（福島県会津若松市）・徳川期大坂城（大阪市）・膳所城（大津市）・駿府城（静岡市）にみられる仕切状の石塁（註14）に類似する、と捉えることも可能ではないか。

山上をめぐる帯曲輪状の平坦地部分を分断するように、竪石垣に続く石塁が設けられている。この竪石垣は先に述べたように幅・高さともそれほど大きくない。これに比べると井戸曲輪を囲む竪石垣・石塁の方がよほどしっかりしている。このことは井戸の確保を確実に山上で行った上で、次いで山麓部を併せて区画しようとする意識の表われと考えられる。

竪石垣・竪堀は彦根城では合計五本設けられている。村田氏に従えば、N・Oは御殿側面部を囲って、山上と一体化するもの、L・Mは堀切脇に延長されて東西の曲輪端部を区画するものとされる。このように見ていくとPのみが残ってしまう。Pは大手門側を内側とし、南側を外側、とするものである。

ところで、いったんNを除外するとPとOは周辺部に設けられた虎口の存在も含めて、対称形に設けられていることに気づく。ともに鐘之丸裾から山麓部に伸び、南側を外側として囲い込んでいる。このことからOはNとともに、Pともセットになっていることが確認できる。

ではOとPによって囲まれる部分はどのような評価が可能なのであろうか。O・Pにはさまれた部分は腰巻き石垣と水堀が円弧を描き、鉢巻き石垣が細かな折れを伴うものとなっている。そして、鉢巻き石垣内側は土塁状となり、さらに内側は横堀状になっている。山麓部においてかかる形態となる部分は、この部分のみである。現状の形態から見れば、横堀状部分の両端部に門が設けられていたことから、通路もしくは塹壕的な性格等が考えられる。また円弧を描く塁線は、彦根山の原地形に影響を受けている可能性もあるが、意図的に円弧を描く塁線を造り出していることも考えられる。京橋口から大手に至る間は否応なく鐘之丸に面する水堀際を進まざるをえない。この部分は弧状塁線（註15）に似た機能を持ち、前衛的な陣地として機能するよう構えられたのではないだろうか。

なお、山麓から上がる石段は急斜面を上がる井戸曲輪経由の部分を除いて、他はほとんど直線に近い。一見、こうした石段は敵が一気に攻め寄せやすいように思われる。実際、石段部分に対しては一部の曲輪塁線が接しているだけであり、石段部分を移動する敵に対して、側面からの反撃が有効な箇所は少なくなっている。もっとも、直線的な石段は敵が攻めやすくもあるが、防御する立場にたてば上方から対面するように俯瞰しやすい形となる。加えて、切岸等の存在により敵の動きを規制しやすくなったはずである。過大評価はできないだろうが、これも相応の防御性を備えたものと言えよう。

山上の曲輪群周囲にある帯曲輪状の平坦地は、高石垣を築くにあたって、その工法過程の見地もしくは石垣自体の安定性を求めるために設けられたものと考えられる。すなわち、原地形の斜面部の中途を一巡させるように削り出し、その内側の引いた位置に石垣を立ち上げるための処置と考えられる。

ところで、この平坦地は太鼓之丸部分で段差および傾斜を伴っている。本来付近は鐘之丸方向に伸びる尾根地形であったと考えられる。そして、この平坦地は天秤櫓北西部において石垣塁線にぶつかって、いったん途切れる。これは付近の原地形の状態を表していると考えられる。すなわち、天秤櫓部分は本来、鐘之丸との間を分ける鞍部であったと思われる。このような地形を利用して、堀切および堀底道を設け、対岸部に天秤櫓石垣を高く築き上げたと考えられる。

この天秤櫓と対岸の鐘之丸、その間に挟まれた廊下橋・堀切の縄張りは、彦根城の中でも特徴的である。

さて「絵図」でも「廊下橋」と記されているが、現在見られる橋はいわゆる廊下橋（註16）ではなく、ただの木橋である。かつては名称から屋根・壁を伴う橋であったと考えられるが、現段階ではそれを直接裏付ける資料は確認できない。

ここでは仮に当該部分が形態上〝廊下橋〟になっていた、という前提で少し考えてみたい。屋根や壁を伴う廊下橋であれば、如何に有事とて簡単に撤去したり、焼き払うことはできない。一つには村田修三氏が指摘するように太鼓之丸と鐘之丸を作事によって連続性を強く保持させていたと考えられる。この点については、西之丸と出曲輪の間にある今一つの廊下橋についても同様の性格が考えられる。

今一つは、下方の堀底に対して、上方から俯瞰できるような機能が考えられる。この場合、堀底の端部に位置する二つの櫓門と連動した機能が考えられる。いわば分断されやすい曲輪間を廊下橋でつなぐと共に、廊下橋部分からも側面部あるいは下方に対しての攻撃が可能となるよう意図されていたのではないか。

類似した形態は、彦根城と築城時期が近い篠山城（兵庫県篠山市）の虎口にもみられる。篠山城では堀切こそないが、高低差のある曲輪間を廊下橋で結び、それらの虎口周りは多門ならびに櫓門で埋めつくしている。

虎口周辺部を櫓門・廊下橋・多門によってほぼ包み込み、そのまま奄体化したのが彦根城であり、篠山城であったと考える。このような遺構は、関ヶ原合戦が終わったとはいえ、大坂城を拠点とする豊臣氏も存続する状況下、強い軍事的な要請に基づいて築かれたものであろう。

もっとも、これは当該部分が廊下橋であったという仮設に基づくものに過ぎないが、彦根城には多門が比較的多く見られた点からも、その可能性は十分あると考える。

また、彦根城では内堀内部の築城に続き、次いで中堀内部の築城が進められた。その間に時間差があったことは疑いない。中堀部分には当初の工事以来、何も築かれていなかったとは考え難いし、縄張りがほぼ完成を見た後も改修を受けて変化した部分も当然あると思われる。過剰に軍事性を高めた縄張りは、日常の拠点として城郭を維持していく上では様々な支障を伴いやすかったと考えられる。想像に過ぎないが、そのような過程において本来廊下橋であったものが、後に上屋が撤去されて現在見られるような姿になったのではあるまいか。

中堀地区の石垣・堀は元和期に築かれたといわれるが、山上部分と比較して直線的かつ直角に折れる塁線で占められる。塁線が折れた張り出し部の大半には、二階櫓が設けられていた。そして、虎口も長橋を除いて高麗門と二階建ての櫓門がセットになり、さらに虎口脇には多門が続いていた。内郭部（狭義の城内）虎口において二階建ての櫓門と高麗門をセットとして設けていたのは特徴的と言えよう。

そもそも二階建ての多門・櫓門とも事例的に多くはないが、「正保城絵図」によれば膳所城（滋賀県大津市）は当初主要部に二階建ての多門を設け、櫓門部分は一階となっていたらしい。いわば膳所城と彦根城では二階建築を多門とするか櫓門とするかという違いはあったが、ここでも虎口およびその周辺部を二階建て建築が多く占めていた点は注意できる。その一方、高麗門と櫓門がセットになっていても、その間にはきっちりとした方形区画を造り出していない。いわば前後の通路幅分の広がりを確保しているにすぎないのである。この点、内堀周りにある枡形虎口も類似した構造となっている。

外郭部は細部の状態は不明ながら現存部分の堀・土塁の規模から考えても、強い遮断性を有していたと考えられる。とかく、中堀以内の防御施設に目が向きがちであるが、土造りながら外郭部の防御性についても改めて相応の評価が必要である。

明治初頭の彦根城跡　明治初頭の彦根城天守をめぐる保存問題等については、これまでも多く触れたものがある（註17）。それに対して、外郭等の変遷については寡聞ながら多くを聞かない。

図13は『彦根明治の古地図三』（註18）収録の「松原村大絵図」「近江国犬上郡彦根尾末町地券取調総絵図」「近江国犬上郡彦根金亀町地券取調総絵図」「犬上郡彦根下片原町限図」「近江国犬上郡彦根連着町地券取調総絵図」「近江国犬上郡彦根桶屋町地券取調総絵図」「職人町地引図」「近江国犬上郡彦根上魚町地券

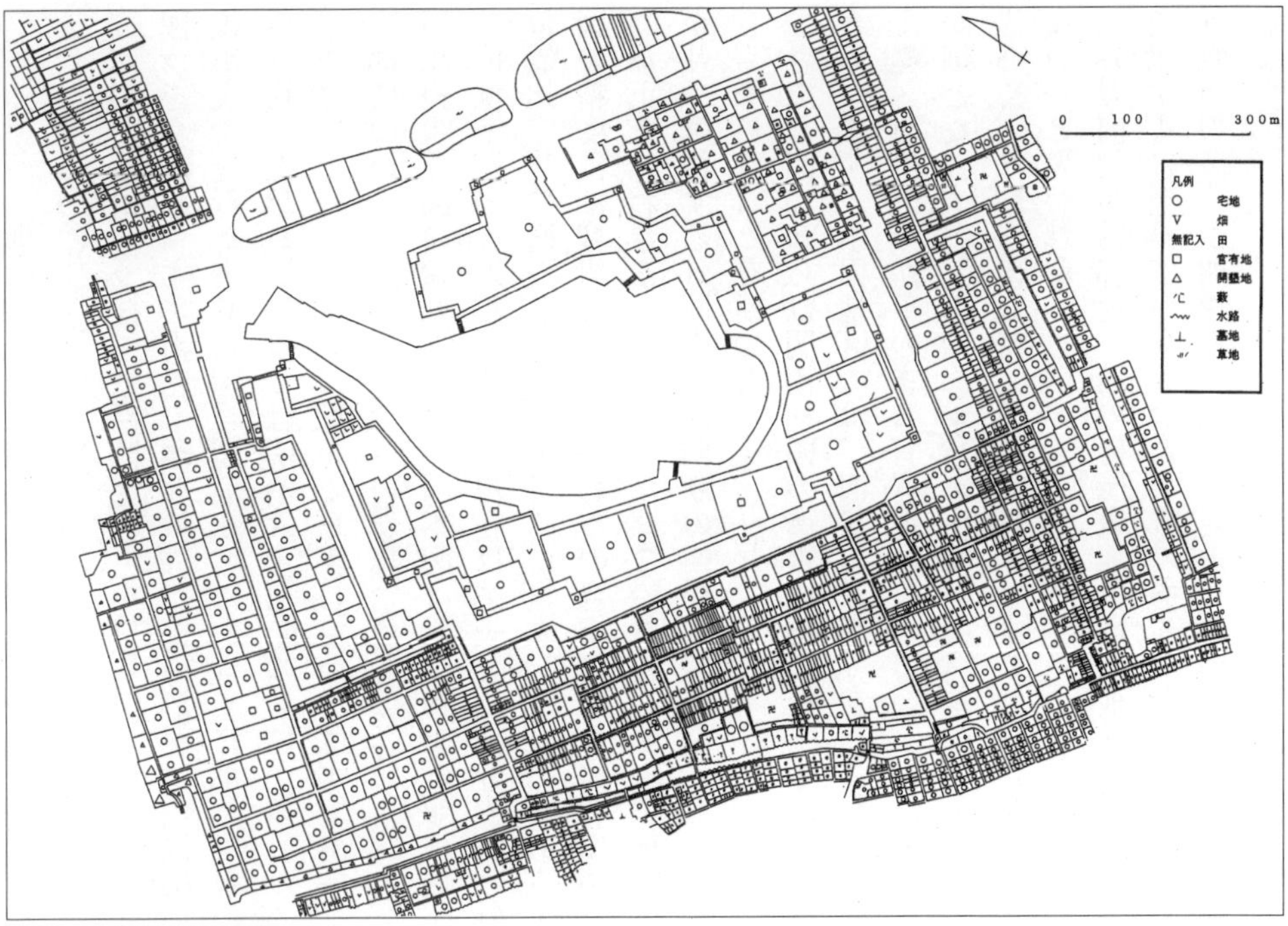

図13　彦根城周辺地籍図

取調総絵図」「犬上郡彦根下魚町限之図」「犬上郡彦根下藪下町限之図」「近江国犬上郡彦根四十九町地券取調総絵図」「近江国犬上郡第弐区内船町地券取調総絵図」「近江国犬上郡彦根石ヶ崎町地券取調総絵図」「近江国犬上郡彦根藁屋町地券取調総絵図」「近江国犬上郡彦根円常寺町地券取調総絵図」「近江国犬上郡彦根東中嶋地券取調総絵図」「近江国犬上郡彦根西中嶋地券取調総絵図」「近江国犬上郡第弐区彦根観音堂筋地券取調総絵図」「近江国犬上郡彦根松原馬場町地券取調総絵図」「近江国犬上郡彦根西ヶ原地券取調総絵図」「近江国犬上郡第三区元安養寺町地券取調総絵図」「近江国犬上郡第三区佐和町地券取調総絵図」「近江国犬上郡第三区上片原町地券取調総絵図」「近江国犬上郡第三区油屋町地券取調総絵図」「近江国犬上郡第三区鍛次屋町地券取調総絵図」「近江国犬上郡第三区長松院前町・蓮花寺前町地券取調総絵図」「近江国犬上郡第三区通り町地券取調総絵図」「近江国犬上郡第三区伝馬町地券取調総絵図」「近江国犬上郡第三区東内大工町地券取調総絵図」「近江国犬上郡第三区白壁町地券取調総絵図」「近江国犬上郡第三区西内大工町地券取調総絵図」「近江国犬上郡第三区埋堀町地券取調総絵図」「近江国犬上郡第三区上細工町地券取調総絵図」「近江国犬上郡第三区紺屋町地券取調総絵図」「近江国犬上郡第三区本町地券取調総絵図」「近江国犬上郡第三区元川町地券取調総絵図」「近江国犬上郡彦根柳町地券取調総絵図」「近江国犬上郡彦根彦根町地券取調総絵図」「近江国犬上郡彦根水流町地券取調総絵図」「犬上郡彦根外馬場町地籍全図」「近江国犬上郡第六区伊賀町・河原町裏町地券取調総絵図」「近江国犬上郡彦根東栄町全図」

「近江国犬上郡彦根西栄町全図」「犬上郡中薮片原町限之図」「犬上郡中薮下片原町限之図」「犬上郡第八区地引全図」「犬上郡彦根土橋町限之図」「近江国犬上郡彦根河原町地券取調総絵図」を合成し、主に街路や現存城郭塁線の形態・位置関係を彦根市役所発行都市計画図「図№3」によって修正したものである。用いた地籍図の多くは明治六・七年のものが多いため、基本的にはその頃の景観に近い姿を表しているはずである。内堀内部については、前書には該当地籍図が収録されていないため、現状縄張り図の輪郭を示した。本図は明治初頭の彦根城跡および旧城下町の土地利用状況、現在は滅失した部分の多い外堀の位置比定等の概況を把握等を目的に作成したものである。地籍図の精度には精粗があり、それらの合成にあたっては適宜任意の補正を行わざるをえなかった。このため、個々の地割りの広がりや隣接する町同士の地割りの関係に齟齬をきたしている場合もあろうことを断っておく（註19）。

さて、図13からは明治初頭の彦根城跡の様子がおよそ把握できる。まず、中堀地区では、旧藩施設が存在した部分や堀際の土塁・石塁部分がそのまま官有地となっている。侍屋敷も一部が畑となっているが、いまだ宅地としての景観を止めている。恐らく、図13段階以降、急速に侍屋敷地の解体が進んだのではないかと思われる。

外堀内側の外郭地区内の侍屋敷地・町人地は江戸期と大きく変化するに至っていなかったようである。ただ、尾末町では侍屋敷地の多くが開墾地と化し、宅地（侍屋敷）の多くが解体されている。

また外郭周囲にある外堀は、その位置・形態をおよそ追跡できる状況になっている。ただし、外堀東側にある柳町・外馬場町では堀際に並ぶ短冊型の地割のいくつかから、堀を埋めるように宅地や畑地の地割が張り出しているのがわかる。旧町人地では、旧堀跡に対して地割拡張を行う傾向があったと見られる。高宮口の南北では「御城下惣絵図」で上書された状態（堀が埋められた状態）と大きな差はない。

外堀が比較的形態を止めるのに対し、その内側にあった土塁は場所によってかなり残り方が相違している。まず、外堀北西部にあたる西ヶ原・馬場町・円常寺町付近では一部が畑地・宅地となるが土塁跡の多くは開墾地となり、外堀に沿って細長く伸びている。いまだ土塁としての状態を止めていたと思われる。ただし、その内側に位置する宅地の地割に合わせたように、ぶつ切り状に細断されているのは、中堀の石塁部分の様相とは異なる。

ぶつ切り状に細断されるのは同様ながら、西側に伸びる外堀内側にあたる下藪下町付近では、土塁跡の多くが畑地・藪・宅地と化している。

東側に伸びる外堀の内側—元安養寺町・長松院町付近—では、大半が土塁跡が細断されて藪になっている。

最後に北東部にある尾末町では、藪・畑となった土塁跡が見られるが、一部では土塁の痕跡さえはっきりしない。

外堀内側の土塁跡が、このように場所によって改変状況が異なっているのは、各地域の史的経緯と地理的状況に影響されている可能性が高いであろう。高宮口の虎口周りの堀は何時頃に埋められたのか不明であるが、町人地・武家屋敷地を包摂する外堀・土塁は中堀以内と比べて城郭施設としての認識が早くから薄らいでいたことも考えておくべきであろう（註20）。

なお、長松院町・元安養寺町・西内大工町の土塁跡は地籍図でもかなり凹凸をつけて記されている。この様子は「御城下惣絵図」に描かれた土塁の姿とも近い。ただし、先述のようにこれらの部分は現存しておらず、かつての状況が確認できないのが残念である。

また、城外にあたるが松原村では宅地から道路を隔てた水路際に小さな区画の宅地割が行儀良く並んでいる。これは「松原村除地絵図」（註21）にもみられる船倉を指すと考えられる。

いずれにしろ、図13からは明治初頭の彦根城跡の状況が再確認でき、近代から現代へかけての変遷の一齣を知ることができよう。

貯水・排水について　芹川河口近く、松原内湖に面して築かれた彦根城域は、築城当初湿地帯であった部分が少なくなかったと思われる。現在の芹川は高宮口南方の芹橋付近から、ほぼ直線に伸びて琵琶湖に注いでいる。このような直線となる河道は、人工的な所産であることは疑いない。それ以前の河道は「彦根御山絵図」の描写から、本流が東側外堀あたりを流れ、支流として現在の河道があったように見受けられる。

ところで、現在の芹川右岸に広がる足軽組屋敷およびそれに続く町人地は矩形に広がる街区の北側において、蛇行しつつ帯状にのびている。このような街区は、旧河道にともなう自然堤防の痕跡である可能性が高いであろう。このことから、築城以前の芹川は、河口近くでかなり蛇行した流路となっていたのではないか。

それはともかく、築城に際して低湿地を如何に克服して縄張りを造り出すか、あるいは低湿地を如何に最大限利用して縄張りに活かすかが、検討されたはずである。

彦根城はほぼ水堀を三重にめぐらしている。ただ、水堀には木橋・土橋がそれぞれみられるが、内堀についてはいずれも木橋となっている。内堀は松原内湖に直接つながり、北西側では松原口の水路・木橋を介して琵琶湖につながっていた。湖水に直接つながることは、水面によって御用米蔵への搬入、あるいはそこからの搬出を可能とする。もっとも、防御面からいえば、内堀まで船舶が直接遡上できるのは一見好ましくないように思われる。ただ、内堀と言っても彦根城の場合、本丸は山上にあった。内堀への船舶の出入りに対して、それほど厳格に意識するほどの問題はなかったのかもしれない。

彦根城の山上には水溜が多く見られる。「絵図」によれば三三ヶ所の存在が知られる（註22）。現存するもののうち、本丸の三ヶ所と出曲輪の一ヶ所の規模を計測すると次のようである。いずれも枠の幅約二〇cm、内部の長辺約三・三m、短辺約一、五m、深さ約九五cmである。

これらのうち本丸の二ヶ所では、底部から約三〇cmの高さまで滞水した状態が確認される。本丸部分では水溜の上に網が被せられているため詳細が確認できないが、出曲輪部分では内部の観察が可能である。すなわち、表面には漆喰が塗られているが、その下部に方形の石材を四段程度積み上げたものとなって

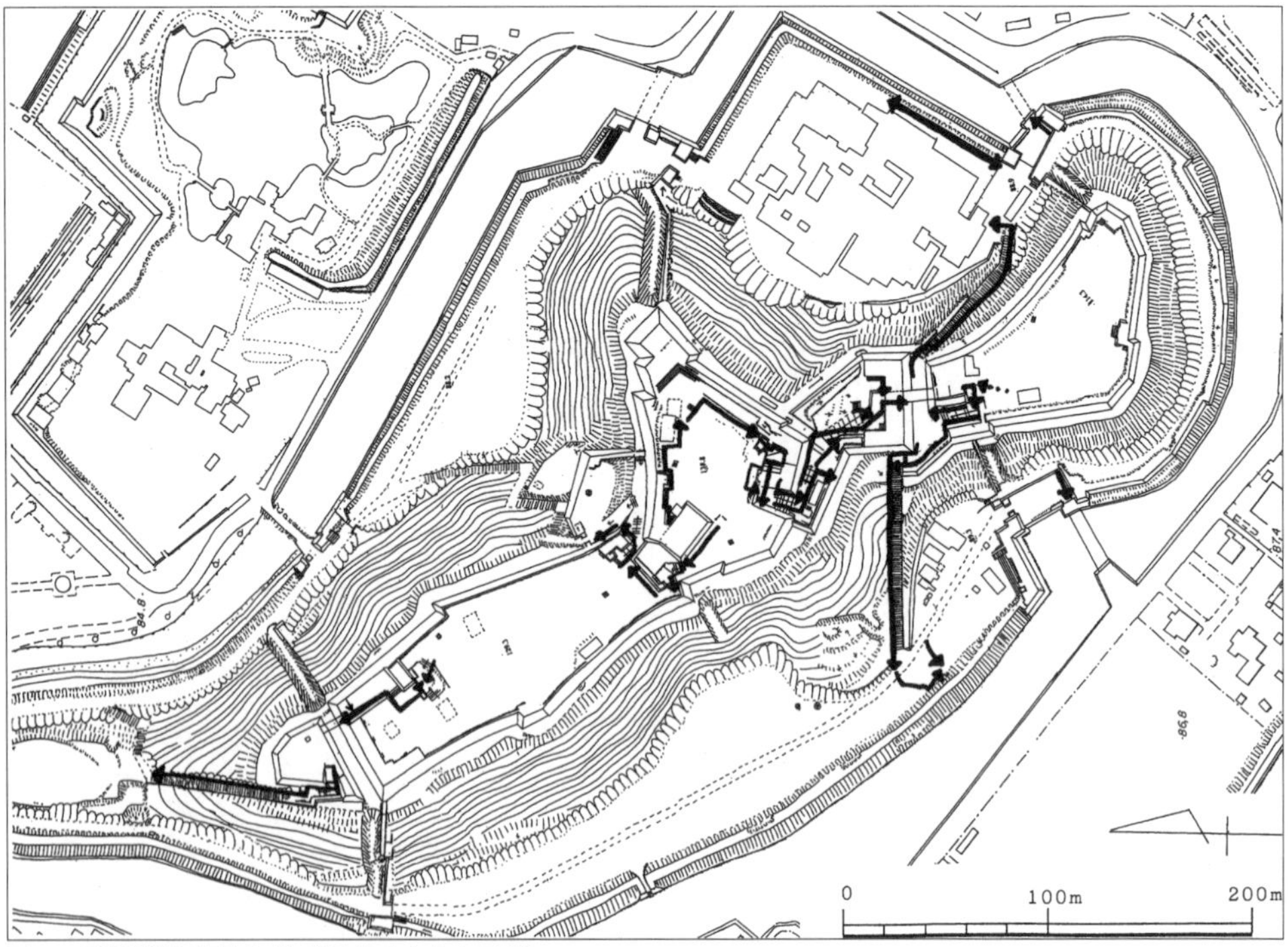

図14　彦根城排水路図（矢印は排水方向を示す）

いる。

これら水溜は規模・形態がほぼ同様であることから、同時期に計画性を持って築かれたと考えられる。

水溜の用途として飲用・防火用等が考えられる。ただ、止水したものは、そのままの飲用に適さない。実際、表御殿へは外堀近くから引かれた水道によって給水していたことが知られる（註23）。井戸曲輪や鐘之丸には地盤を掘り抜いた井戸が見られるが、それらの数は他の近世城郭と比べるとかなり少ないと言わざるをえない。恐らく、岩盤が露出する彦根山では水脈を得ることが難しく、得られるとしてもその位置はかなり限定されたのではないだろうか。水溜の多さは、それを補うための処置であったと考える。

次に、「絵図」にはややわかりにくいが、城内の排水路も記されている（註24）。こうした遺構は余り注意されることがないが、縄張り上も余水をどこに排出するかは極めて大きな問題であったはずである。例えば、虎口・通路近くに水があふれると足場を覚束なくするし、曲輪縁辺に不用意に排出すると切岸や石垣の崩壊を招く恐れさえある。

そこで、図14には彦根城にみられる排水路の位置、そして排水が流れる方向を現状で確認できる範囲で示してみた。暗渠となった部分は不明であり（前後する排水路から類推できる部分もあるが）、現在見られる排水路が城郭が機能した段階に遡るとは限らない（廃城後の改変の部分もあろう）。

ただ、虎口周りなどでは複雑に排水路が設定されている場合が多く、塁線の開口部において排水路の設定はかなり重視されていたことがわかる。それとは逆に意外ながら曲輪塁線際では余り積極的な排水処理は見られない。いわば、斜面への垂れ流しが多いように思われる。

中世城郭でも平城・山城を問わず、発掘調査が行われれば土坑と並んで溝が出土する例は極めて多い。ただ、その溝がどこからどこへ流れているのか、その溝が遺構全体の中で占める位置づけについて触れられる機会は少ないように思われる。本来ならば、本稿でも城郭内部の溝の設定状況等を検討したいと思っていたが、果たすことができなかった。この点は今後の検討課題としたいと思う。

おわりに

本稿では彦根城の縄張りの報告を中心に述べたが、筆者自身の怠慢により必ずしも十分な考察を行うことができなかった。ただし、縄張り図や地籍図全体図作成といった資料化は努めて行ったつもりである。意外な点ながら、従来彦根城全体にわたる縄張り図の作成は管見の限り、存知しない。この意味で本稿が今後の彦根城研究をめぐるたたき台として利用されるのなら、望外の喜びである。不足な点は今後も筆者自身の課題として、取り組んでいきたいと思う。

末筆ながら本稿を記すにあたり、海津栄太郎氏からは資料提供を頂いた上、全般にわたって教示を頂くことができた。また編集に際して中井均氏にはご足労をかけた。彦根市産業部観光課には城内各所の調査許可を得ることができた。併せてお礼申し上げたい。

註

1 古写真については主に西ヶ谷恭弘『城郭古写真資料集成西国編』（理工学社、一九九五年）、海津栄太郎「彦根城考察（一）―絵図と古写真および文献による―」（関西城郭研究会『城』一七八、二〇〇一年）等を参考にした。

2 この部分は村田修三氏（「彦根城」、滋賀県教育委員会他『滋賀県中世城郭分布調査五（旧愛知・犬上郡の城）』、一九八七年、三〇頁）が指摘するように、狭義の城郭部分にあたる。

3 拙稿「織豊期多門の予察的考察―主に近世城郭における多門の検討から―」（織豊期城郭研究会『織豊城郭』九、二〇〇二年）一五〇頁では「少なくとも近世においては「多聞櫓」という名称は使用された形跡」がないとして、研究上〝多門〟と呼ぶことを提唱した。しかし、彦根城では「御城御寄合留帳」の明和四年（一七六七）六月十日条に「渡多聞櫓」、「御城使寄合留帳」の同五年正月十二日条に「多聞櫓（中略）多門」とあり（共に齊藤祐司他『彦根城の修築と歴史』、彦根城博物館、一九九五年に所収。なお、この件については白峰旬氏によるご教示を受けた）、近世段階でも多聞櫓の呼称が存在していた。ただ、彦根城でも多聞櫓とともに多門の名称が用いられており、それぞれ使い分けがなされている形跡も窺われない。また彦根城の例は別としても、近世においては〝多門〟という呼称が支配的であった点は動かないと考えられる。したがって、本稿でも多聞櫓を多門と呼称して進めることにする。

4 拙稿「天守台研究をめぐる諸問題―特に用語・概念上の問題を中心として―」（織豊期城郭研究会『織豊城郭』五、一九九八年）二九～三〇頁。

5　拙稿「詰城・居館部に関する一考察―近世城郭の検討から―」（姫路市立城郭研究室『城郭研究室年報』一三、二〇〇四年）二九～三〇頁で提唱した山麓部に対する山上部の居館遺構を指す。

6　村井毅史「但馬竹田城に見る近世城郭の存在形態」（城郭談話会『但馬竹田城』、平成三年）。なお、同論文三四頁で村井氏は彦根城ではバイパス機能が見られないと指摘しているが、普請による区画ではともかく作事による区画によって同様の機能は認めることができる。

7　中村不能斉著・中村英勝訳『彦根山由来記』（彦根市、一九六九年）に所収。

8　拙稿「詰城・居館部に関する一考察―近世城郭の検討から―」（『城郭研究室年報』一三）四〇頁、では「登り石垣」の用例がほとんど見当たらないことや、用語的な意味や呼称上の問題に触れて「竪石垣」と呼ぶべきことを提唱した。その際に、「御城内御絵図」中に「登リ石垣」と記されている点を見落としていた。ただ、彦根城でも何時から「登リ石垣」の名称が用いられているかは現時点では不明であり、先に述べたような「登り石垣」という呼称上の問題も存在している。したがって、本稿でも竪石垣と呼称して話を進める。

9　『彦根山由来記』一三頁によれば、城内の見通しが効かないよう、竹・樫・樹木等の樹木を築城後に茂らせたという。

10　拙稿「江州彦根」（前田育徳会尊経閣文庫編『尊経閣文庫諸国居城図』、新人物往来社、二〇〇〇年）

11　角田誠「筒井城と鬼門―築城と地相術―」（大和郡山市教育委員会『筒井城総合調査報告書』、二〇〇四年）

12　彦根城博物館『彦根の歴史―ガイドブック―』（一九九一年）所収。

13　村田修三「山城から平山城へ―近世城郭の理想型―」（『週刊朝日百科日本の歴史二一　中世Ⅱ⑩城―山城から平山城へ―』、朝日新聞社、一九八六年）、同「彦根城」（滋賀県教育委員会他『滋賀県中世城郭分布調査五（旧愛知・犬上郡の城）』、一九八七年）

14　千田嘉博『織豊系城郭の形成』（東京大学出版会、二〇〇〇年）一四三～一四四頁、中井均「日韓城郭比較試論―特に倭城の構造を中心として―」（渡辺誠先生還暦記念論集刊行会『列島の考古学』、一九九八年）七六九～七七〇頁。

15　拙稿「丸馬出に関する一考察―縄張り研究の立場から―」（中世城郭研究会『中世城郭研究』一六、二〇〇二年）

16　廊下橋については筆者は概して軍事性の弱いもの、格式性を重んじたものが多いと考えているが（拙稿「近世初頭における岡崎城縄張りの変遷―天守及び廊下橋周辺の検討から―」愛知中世城郭研究会『愛城研報告』五、平成一二年）、その一方城郭ごとの個性（軍事機能）を表すものも存在したと考えている（拙稿「近世初頭城郭虎口に関する検討―正保城絵図による分析を中心に―」『織豊城郭』一〇、二〇〇三年）。彦根城の場合、後者に相当すると考える。

17　廃城後の彦根城については、森山英一『明治維新廃城一覧』（新人物往来社、一九八九年）に概要が述べられている。

18　彦根市史編纂委員会『彦根明治の古地図三』（二〇〇三年）

19　『彦根明治の古地図三』では各地籍図が縮尺不統一かつ原図縮尺を提示せずに表している。これは収録地籍図の見やすさを求めたか、紙面の関係の問題があるのだろうか、地籍図を接合して広い範囲の検討を行おうとする際に多くの点で支障をきたす。今後、周辺市町村でも同様の資料集を発刊することがあると思うが、その際には資料化という観点から、原図にスケールを入れて写真撮影を行うか、倍率を統一するかといった処置がなされることを強く求めたい。

20　拙稿「地籍図からみた岡崎城と城下町」（岡崎市教育委員会『岡崎市史研究』二二、平成一二年）四五頁では、岡崎城でも外郭部外堀・土塁を分割して蚕食化しつつある町屋群の動きのあったことを指摘した。

21 『彦根の歴史―ガイドブック―』に所収。

22 谷口徹「彦根城の絵図を読む」（西田弘先生米寿記念論集刊行会編『近江の考古と歴史』、真陽社、二〇〇一年）三七〇頁。

23 「油掛口御門御外堀元桝より御本奥御泉水まで御樋筋絵図」『彦根の歴史―ガイドブック―』に所収。

24 註22に同じ。

佐和山城・彦根城の石垣

堀口健弐

はじめに

彦根市内には佐和山城と彦根城という、近江の織豊期と近世を代表する二大城郭が存在する。本稿では佐和山城と彦根城の遺構のうち、地表面観察可能な石垣遺構を主題に取り上げるものである。佐和山城では近年になって石垣遺構が再確認され、彦根城にいたっては近代以降の都市開発の中でも石垣が良く残っているにもかかわらず、管見では佐和山城・彦根城の両城とも、未だ本格的な城郭石垣の調査研究がなされていない状況である。

さて、筆者はこれまでに城郭談話会と地元教育委員会との合同による一連の共同研究において、継続的に石垣遺構を担当してきたが、今回もこれまでと同様に、まず石垣遺構の立面実測図を作成し、石垣の類型化と先後関係を確定する作業を行なう。そして石垣遺構から、城郭の縄張りの変遷・改修工程を明らかにし、さらに佐和山城と彦根城の石垣遺構の比較検討を通して、両城郭の評価にも迫ってみたい。

なお石垣立面実測図の作図方法であるが、原図二〇分の一の縮尺により、垂球と水準器を用いて、まずチョークで五〇cm間隔の基準線を碁盤目状に割り付けた後、メジャーを用いて計測して、現地において作図した。石垣石材の岩相の鑑定は、藤本広治氏の分類方法に従った（註1）。

一　佐和山城

石垣の概要

現在の佐和山城には、地表面観察では石垣がほとんど残存せず、主郭と太鼓丸の極一部分に、その残欠が見られる程度に過ぎない。そのためか、一見すると土造りの中世城郭のような印象を与えている。これは一般的に、廃城時の城破りによるものだと言われている。

図4―1は、主郭の東北隅角部である。この石垣は、戦前

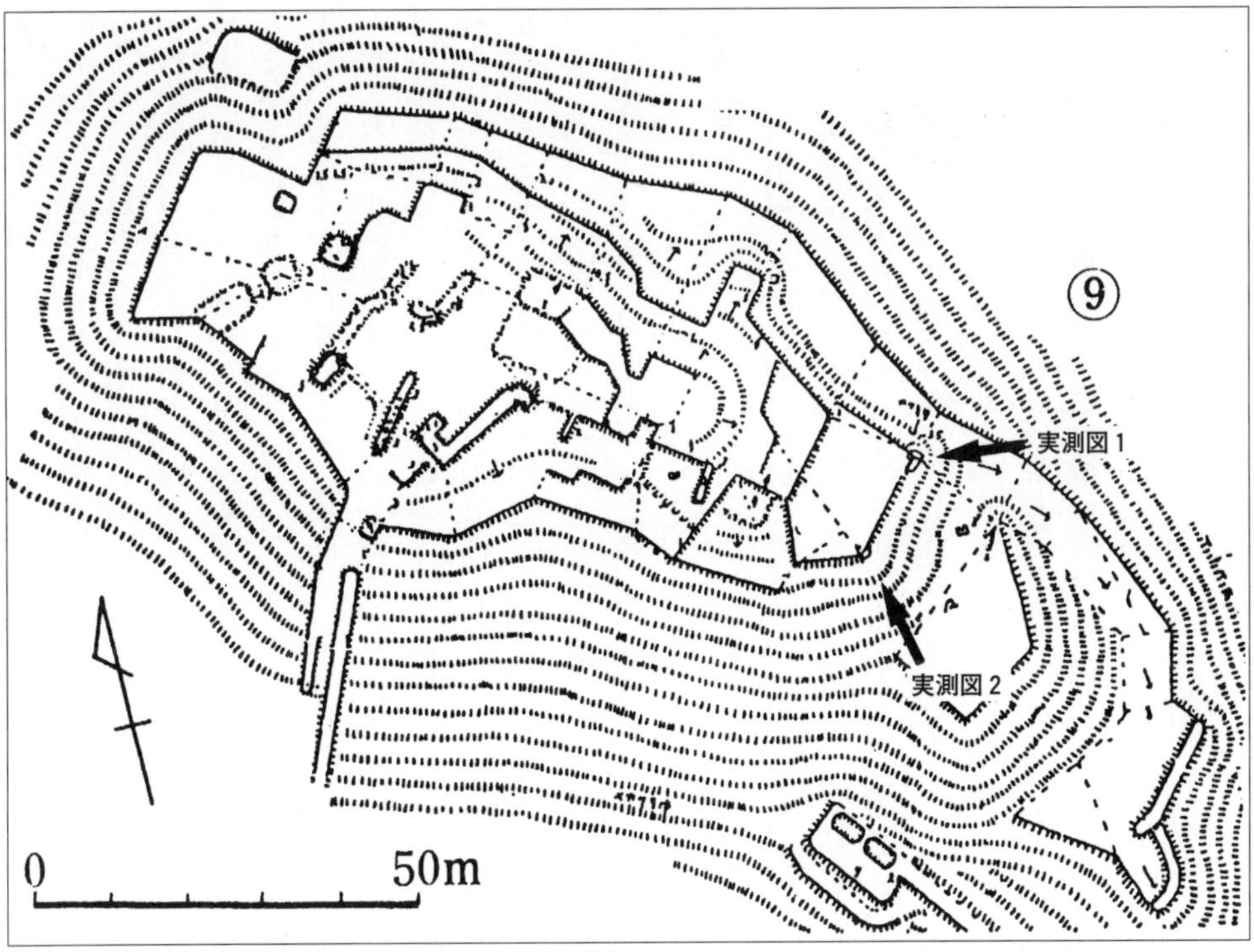

図 1　佐和山城石垣実測位置図（長谷川1987原図に加筆）

（昭和八年以降）に作成された本邦築城史編纂委員会・中山光久陸軍大佐の図に記載されていたものの、何時しか腐植土に覆われて人々から忘れ去られてしまっていた。これを昭和五十一年になって海津栄太郎氏らのグループが再確認し、移植ゴテを用いて清掃して今日見る姿となったそうである（註2）。

この石垣石材は全体的に暗灰色を呈し、表面はガラスのようにツルツルしており、岩石を構成する粒子がほとんど見えない。一部に白い大粒の結晶が筋状に入るが、規則性はない。半深成火成岩の輝緑岩と思われるが、深成火成岩の斑れい岩の可能性もある（註3）。いずれにしても、山中に露出している岩塊と概ね同相である。このことから、石垣石材は山中の露頭を使用した現地調達であったと思われる。

石垣は地表露出部分で、角石が僅かに二段分が残存するのみである。角石は加工しない自然石を積んでいる。角石は二個分の控えが長短交互になっているが、残存部分が少ないため元々の姿が整った算木積みであったか否かは不明である。

図4—2は、主郭東面の平石である。この石垣も近年になってその所在が知られるようになって脚光を浴びたが、長谷川銀蔵氏が一九八七年に発表した縄張り図には、既に該当する石垣の表記が見られる（註4）。角石と同様に、自然石と粗割り石を積んだいわゆる野面積みである。

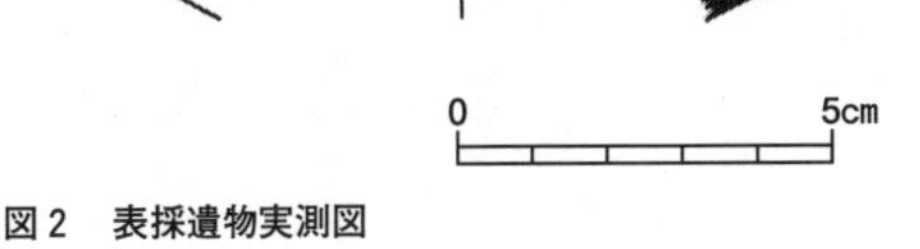

図 2　表採遺物実測図

角石よりも一回り以上小降りの石材を用い、その大きさも一様ではなく、隙間に間詰め石を入れている。

またこれ以外では、太鼓丸の南面法面にも、自然石による野面積みの石垣石材が三個のみ残存する。

ところで当城の地盤は非常に軟質で崩落しやすく、現在も僅かずつ崩落が進行中のようである。図4—2の石垣直下では、新しい崩落土の上に乗るような格好で、十六世紀後半～末頃かと思われる土師器小皿（灯明皿）の破片を採集した（註5）。図は口縁部四分の一弱からの反転復元で、復元口径一一・八cm、残高一・八cmを測る。色調は内外面・胎土ともに橙色7・5YR7／6を呈する。調整は指押え痕が見られず、型押し成形と思われる。口縁部の内外面にタール状物質の灯芯油痕が付着し（図中網掛け部分）、灯明皿として使用されていたことを物語る。

石垣の年代

次に石垣遺構の年代観についてであるが、現存する部分があまりにも少ないため、断定的なことを明言することは難しい。筆者の編年案では、おおよそ第Ⅰ期古相（～天正期）から同新相（天正期末葉～慶長期前葉）に相当する（註6）。

ところで佐和山城の歴史についてであるが、沿線の概要は以下の通りである。創築は建久年間（一一九〇～九八）の佐保時綱の頃に遡り、戦国期の浅井段階を経て、天正十年（一五八二）に織豊政権の所有管理となったとされる。天正十一年に堀秀政、天正十三年に堀尾吉晴、そして天正十八年に石田三成が入城して、この時点で城を改修したと伝えられる。

関ケ原の合戦後は、井伊直政が入城するが、慶長十一年（一六〇六）に彦根城の新規築城開始に伴い廃城となったとされる。その際に徹底した城破りを実施されたらしく、石垣も彦根城の建設用資材として搬出されたと言い伝えられている（註7）。

以上の検討を通して、純粋に石垣編年の立場から時期を考えるならば、織豊期に築かれたことは確実である。しかしながら織田・豊臣段階の何時の時期に築かれた石垣かを特定すること、言い換えるならば本当に石田段階の遺構であるかを比定することは困難であると言わざるをえない。

小結

①石材の材質は、輝緑岩もしくは斑れい岩である。
②高石垣の構築箇所は、主郭とその付近に限定される可能性が高く、総石垣造りの城郭ではない。
③石垣石材は自然石と粗割りを石使用し、加工石材は一切使用していない。
④相当徹底した城破りを受けている。
⑤石垣遺構の年代は、おおよそ天正期と推測される。

二　彦根城

彦根城の石垣は、外濠については近年の開発によって既に存在しないが（埋め戻されて地中に眠っている可能性もあるが）、中濠と内濠以内の〝狭義の城郭〟部分は、概ね良好に残存している。その城内には、様々な種類の石垣の積み方が観察できる。

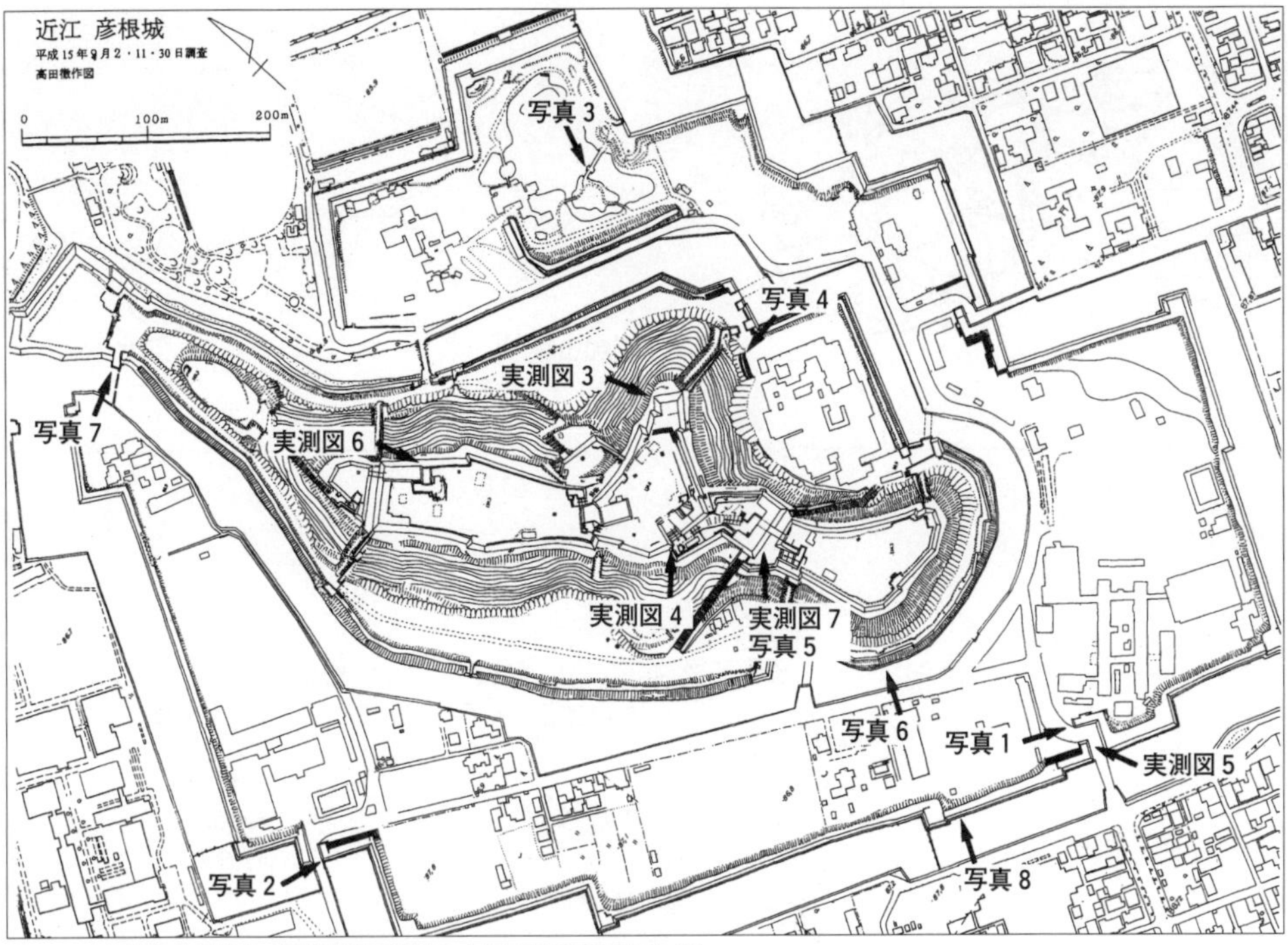

図3　彦根城石垣実測・写真撮影位置図（高田徹氏原図に加筆）

言い換えると数型式の石垣が混在し、箇所では石垣同士が〃切り合い関係〃となって現われている。本章ではこれまでと同様に、石材の加工度を中心に分類し、それらの分類から年代を考えてみたい。

まず石垣石材の岩相であるが、石材の大半は灰白色を呈して、ガラスの破片のような石英の粒が密に見られる。深成火成岩の花崗岩、もしくは閃緑岩が主体と思われる。間詰め石の一部には、堆積岩の茶色いチャートが見られる（註8）。

石垣の分類

A類は、角石・平石とも、総て未加工の石材を使用する石垣である。図4―3は本丸東面の着見櫓台である。先ず根石を水平に据えて、そこから隅角部を立ち上げる。石材は自然石と粗割り石を使用する。角石は長短交互になり、算木積みの意識は明確だが、控えの長さが極端に不揃いで、自然石と粗割り石が混在していて一定しない。平石は横長の石材を横積みにし、割れ口の側を表に向けて積む〃割り肌仕上げ〃で、間隙に間詰め石を用いる。稜線はほぼ直線的であるが、天端付近で緩やかな反り（モドリ）が見られる。

B類は、角石のみに加工石材を使用し、平石に未加工石材を使用する石垣である。図4―4は本丸に至る桝型虎口の隅角部である。角石は加工石を用いてほぼ直方体となり、半切の際に生じた矢穴が顕著に残る。矢穴の立面形は幅一〇cm前後のものが多く、最小幅で九cm、最大で一四cm、深さ七～八cmの大型の台形である。矢穴の間隔（各矢穴の中心軸間の距離）は一五cm

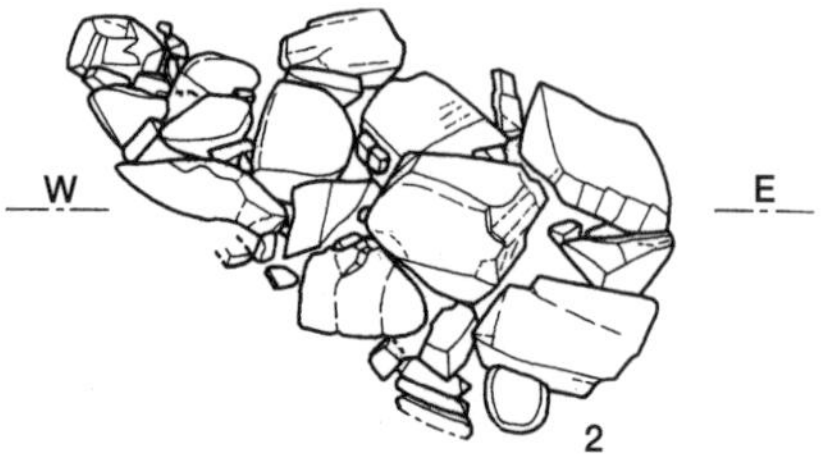

2

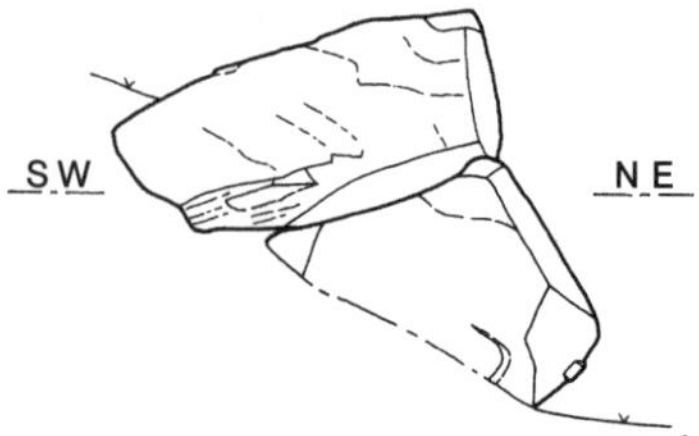

1

佐和山城
1．2．主郭

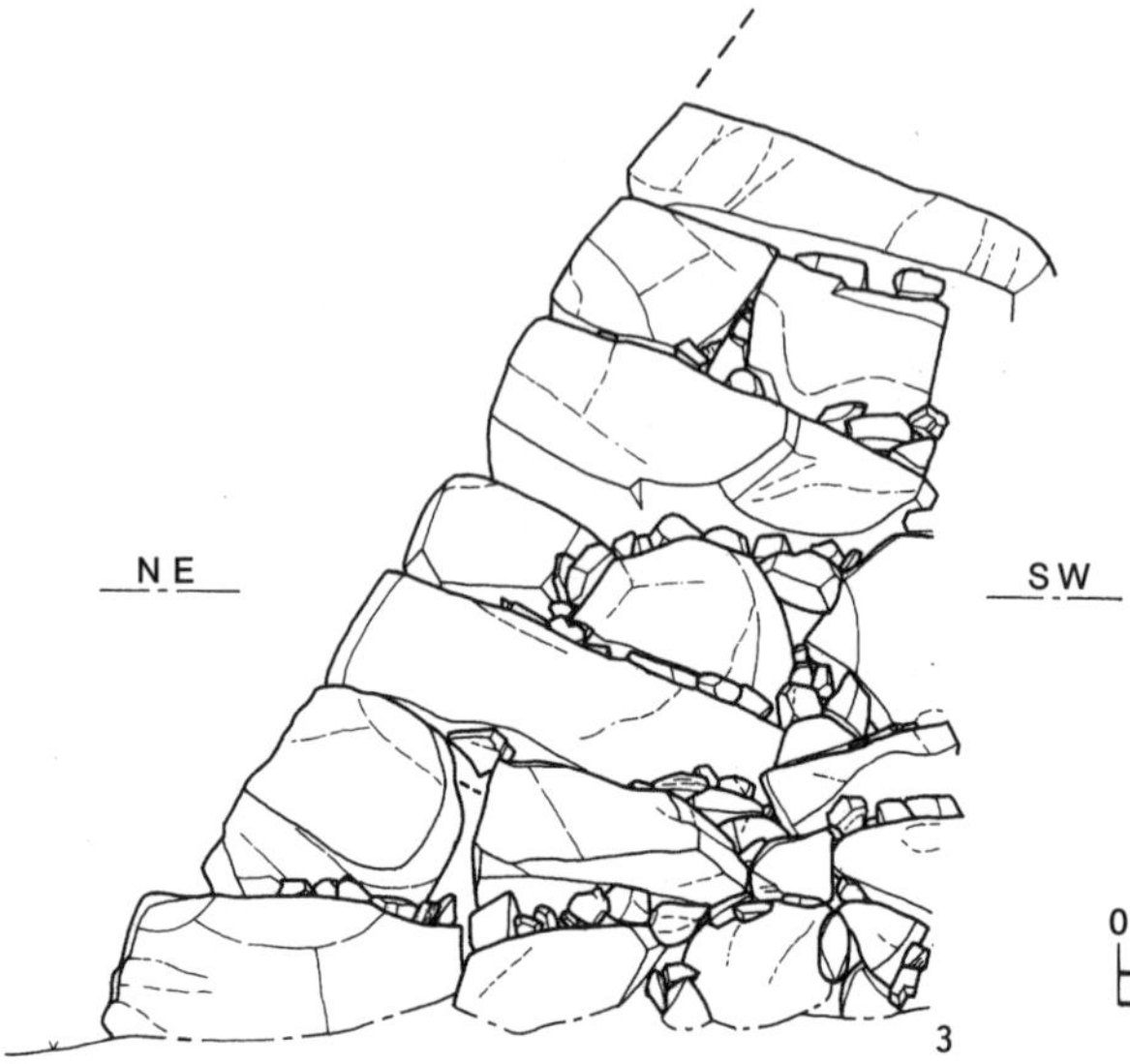

3

彦根城
3．本丸月見櫓台
4．本丸虎口
5．京橋口門
6．西の丸虎口
7．天秤櫓台

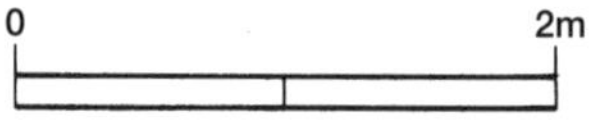

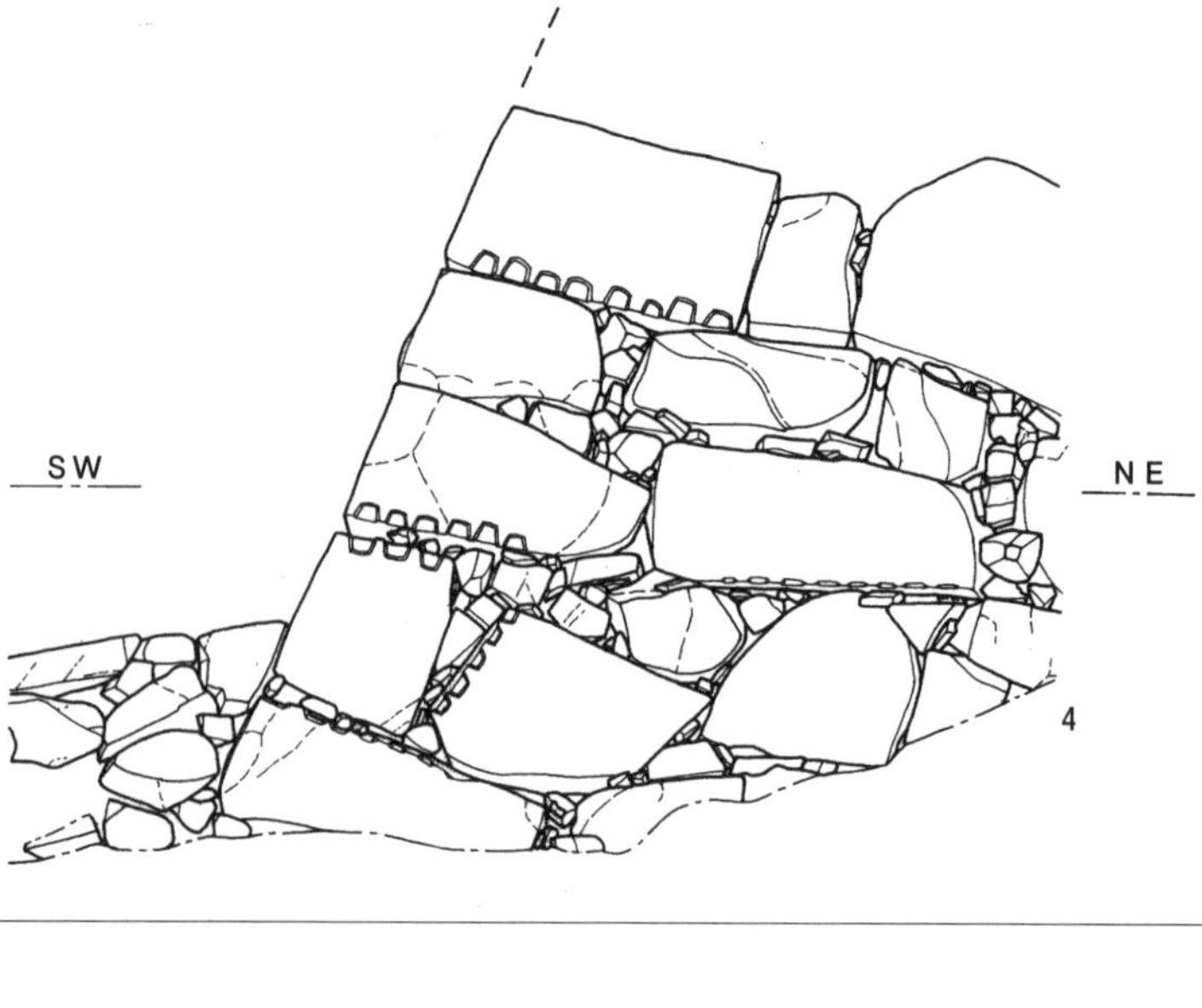

4

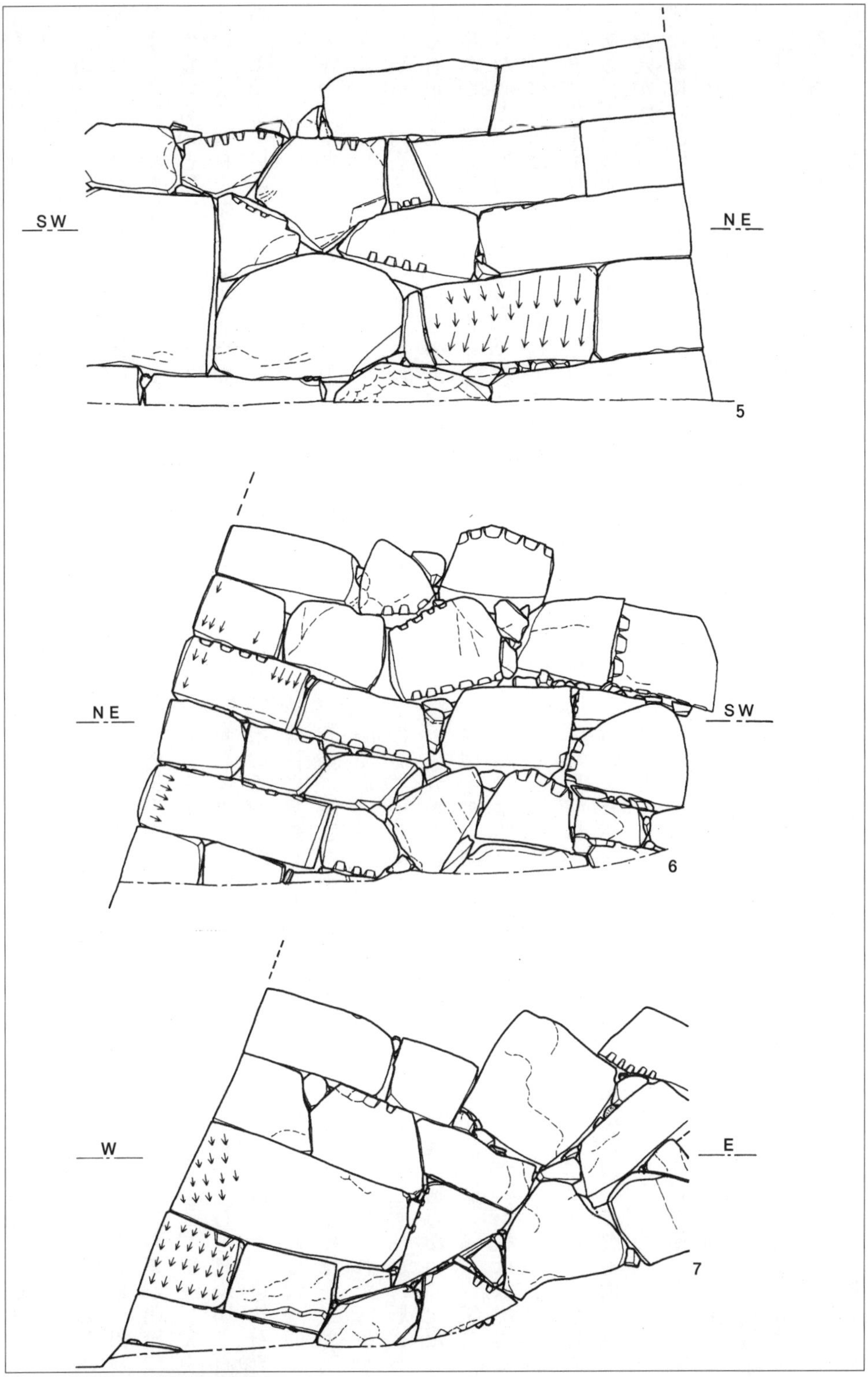

図 4　佐和山城・彦根城石垣実測図

前後である。角石にはスダレ加工やハツリなどの整形痕跡は見られない。控えの長さはやや不揃いで一定しないが、概ね算木積みの意識が感じられる。部分的に角脇石に相当する石材が所々に入る。平石は自然石を主体に、大小様々の石材が入るが、長手と小口を交互に見せている。おそらく奥側に向かって、控えの長いものと短いものが交互に入っていると思われる。大きさの異なる石材を多用するために間隙が生じ易いのか、間詰め石を多用している。稜線の上部には、緩やかな反りが見られる(註9)。

天守台・本丸・登り石垣などの山城部分と、内濠がこれに相当する。

C類は、角石・角脇石に加工石材、平石は未加工石材を使用する石垣である。図4—5は二の丸京橋口門である。角石は算木積みが完成し、角脇石も存在する。角石・角脇石とも非常に整った直方体の切り石を使用し、石材同士にほとんど隙間がない。石材表面はゲンノウによるハツリ痕が顕著に残り、部分的にスダレ加工も見られる。スダレは一〇cmあたり四〜五本単位である。平石はすべて粗割り石による割り肌仕上げで、部分的に矢穴が残る。矢穴の立面形は幅七cm前後、深さ七cm前後の小型の細長い台形で、矢穴の間隔は一二〜三cmである。稜線は直線的に立ち上がり、天端付近で急激に角度を変化させて反りが付く。

写真1は、同じく京橋口門の、桝型虎口の対になる片方の隅角部である。角石には〃切り組〃が見られ、大きさの異なる石材同士でありながら、先と同様に間隙がほとんどない。

同類の石垣は、山崎曲輪の西面、二の丸佐和口多聞櫓台の虎口、それに大手門口がこれに相当する。

D類は、角石・角脇石・平石共に加工石材を使用する石垣である。図4—6は、西の丸から堀切を越えて人質曲輪へ出る箇所の桝型虎口である。この箇所は角脇石と平石の差が明確にならず、あえて言えばD類とB類の中間形態とも言えよう。角石は整った直方体の切り石で、角脇石・平石も概ね切り石を用いるが、間知石のような直方体の石材ではなく、自然石を大雑把に裁断したもので、矢穴が顕著に残る。矢穴は幅一〇〜一五cm、深さ六cmの大型の台形である。矢穴の間隔は一五〜二〇cmであるが、矢穴自体が大型のためか、密に穿たれた印象を受ける。平石は大きさ・形状とも一定せず、立面形が台形状あるいは五角形状を呈する。そのため横目地は通らない。ただし石材同士の間隙は少なく、したがって間詰め石の使用は少ない。稜線には胎みが生じていて若干外湾するが、旧状は直線的であったと思われる。

写真2は、中濠との内外を結ぶ船町口門である。同類の角脇石がより明確化した石垣であり、中濠において普遍的に見られることから、二の丸の大半がこれに相当する。

E類は、角石・角脇石・平石ともに切り石を使用する石垣である。写真3は、城内に造営された、玄宮園の園池に架かる夫婦橋の橋脚石垣である。この石垣は園池の橋脚という性格上、どうしても物理的に実測作業が不可能であったため、遺憾ながら写真のみで紹介する。角石は整った直方体の切り石で、平石は立面形が長方形あるいはやや横長の五角形・六角形の石材を

写真1　南西から

写真2　北西から

写真3　東から

写真4　東南から

彦根城の石垣

使用する、いわゆる〃亀甲崩し積み〃である。表面には丁寧なスダレ加工が残る。大名庭園という性格上、より丁寧な調整を施したのであろう。

F類は、角石・角脇石・平石ともに切り石を使用する。図4—7は天秤櫓台である。角石・角脇石は整った切り石を用い、平石は立面形が長方形あるいは台形状を呈する切り石で、矢穴が顕著に残る。矢穴の立面形は角石・角脇石が幅一三〜四cm、深さ八cm前後の中型の台形と、平石が幅五〜六cm、深さ八cm程度の細長い小型の台形の二種類が見られ、矢穴の間隔は前者が一五cm前後、後者が八cm前後である。ここまでは前述のD類に類似するが、平石は石材を意図的に斜めに配して積む〃落とし積み〃あるいは〃谷積み〃などと呼ばれる積み方である。

前記以外では、西の丸三重櫓台や鐘の丸がこれに相当する。写真4は、表御殿の背後を区画する石垣である。前掲の石垣とは少しタイプが異なるが、角石に加工石を、平石に自然石を用いている。また隅角部は存在しないが、本丸桝型虎口正面の一部でも、同様の積み方が見られる。

石垣の年代

彦根城内では、石垣の壁面中に積み方の形状が変化している箇所、すなわち何時の時代かに積み直された痕跡が何箇所かで認められる。

写真5は、天秤櫓台と鐘の丸の廊下橋のたもとであるが、本稿分類案のB類にF類を積み足しており、相対年代はB類が古くF類が新しい。写真6は内濠の鉢巻き石垣で、写真7は山崎

写真５　南から

写真６　南西から

写真７　南西から

写真８　南西から

曲輪の山崎口門であるが、それぞれ共にB類にC類を積み足しており、B類が古くC類が新しい。即ちB類とC類・F類の形状差は、確実に時期差に起因するのである。なおF類とC類の重複の先後関係は不明である。

また写真８は、京橋口門より西方一二五ｍの、横矢枡形（濠中に突出した櫓台）付近である。櫓台の東側（写真右手）の石垣壁中に、B類の角石に分類不明の一回り小振りの石材を用いて、虎口を閉塞した痕跡が認められる。なおこの閉塞石垣は、夏場は木々の葉で覆われるため、堀の対岸から観察することが困難である。

以上の石垣の型式学的な年代観は、筆者の編年案で言えば、A類は第Ⅰ期新相（文禄～慶長期前半）、B類は第Ⅱ期新相（慶長期後半）、C類は第Ⅴ期古相（十七世紀後半～十八世紀前半）、D類は第Ⅲ期（慶長期末葉～元和期）（註10）、E類は第Ⅳ期新相（十七世紀後半～十八世紀前半）、F類は第Ⅵ期（十九世紀前半～中頃）にそれぞれ比定される（註11）。

彦根城の変遷

彦根城の歴史は、井伊直勝が慶長八年（一六〇三）から元和八年（一六二二）にかけて、天下普請の一貫として築城したことから始まるとされる。慶長十一年に主要部分がほぼ完成し、大坂の陣で一時普請が中断した後、元和二年から再開し、同八年に完成したようである（註12）。延宝五年（一六七七）には、第四代藩主の井伊直興が回遊式庭園である玄宮園を造園したとされる（註13）。明和八年（一七七一）には、同四年に火災で焼失していた二の丸佐和口多聞櫓を再建したとされる（註14）。嘉永七年（一八五四）には、天秤櫓台の石垣を修築したとされている（註15）。

以上、これまで検証した彦根城の石垣の型式分類・重複関係から推定される実年代と、彦根城の通史などから総合的に判断して、次の四時期五段階にわたる変遷過程案を提示する。

第Ⅰ期 慶長後半期から元和期（十七世紀第一四半期）にかけて、現在見る縄張りの基本形が形造られた。これらは型式からさらに以下の二小期に細分が可能である。

第Ⅰ期第一段階 慶長期の第一期工事に相当し、山城部分と表御殿など内濠以内がこれに比定される。

第Ⅰ期第二段階 元和期の第二期工事に相当し、中濠以内の二の丸上級武家屋敷がこれに比定される。

第Ⅱ期 十七世紀後葉に、大名庭園である玄宮園が造営された。

第Ⅲ期 十八世紀中頃に、二の丸の佐和口門・京橋口門・大手門口・山崎口門の各虎口が改修された。しかも京橋口門などは、単なる老朽化などに伴う修復ではなく、虎口を閉塞するなど、縄張りを一部変更する改修が行なわれた可能性を示唆させる。

第Ⅳ期 十九世紀中頃に、天秤櫓台と鐘の丸の廊下橋付近・西の丸三重櫓台付近・表御殿の背後などが修築された。

そしてこれらの変遷案を図示したものが、図5「彦根城石垣変遷図」である。ただし縮尺上表現不可能なⅡ期など、一部の箇所は省略して図示している。

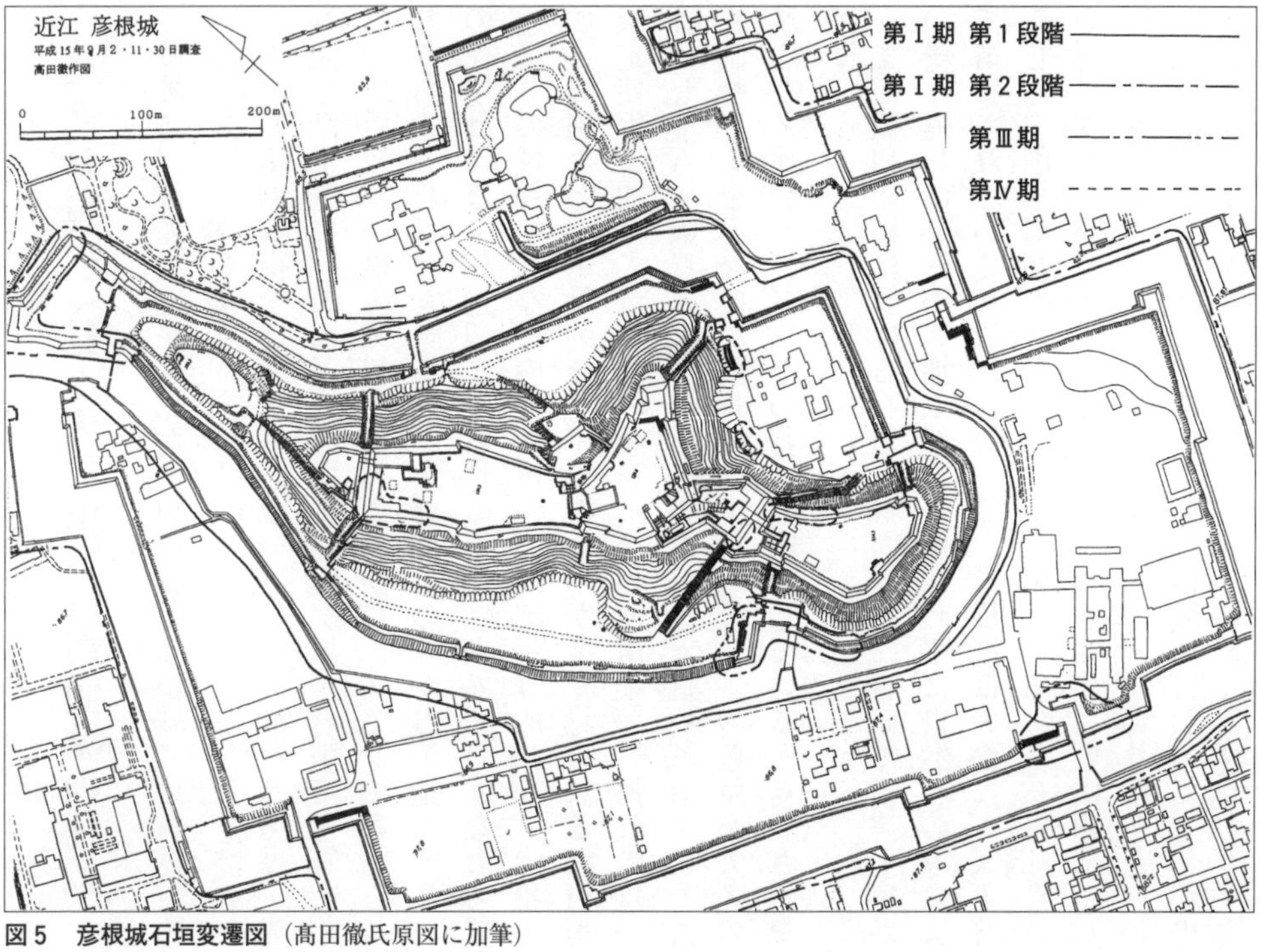

図5 彦根城石垣変遷図（高田徹氏原図に加筆）

小結

①石垣石材の材質は、間詰め石を除けば、基本的に花崗岩が主体である。花崗岩は軟質なため裁断や二次加工が容易であることに加えて、節理面にそって平に割れる性質があり、城郭石垣として最も利用率が高かったためであろう（註16）。

②縄張りの変遷は、慶長期から元和期にかけて、現在見る彦根城の基本プランが完成したと思われる。普請順序としては、先ず城郭の中核部である山城部分と表御殿など内濠以内から始められ、上級武家屋敷の中濠以内へと進められていったと思われる。十八世紀中頃に、中濠の虎口はほぼ一斉に改修されたようである。そして十九世紀中頃に、山城部分と内濠の一部が修築されたと考えられる。

③創築時における石垣の基本形は、角石部分に矢で裁断した粗加工石を使用する。また江戸時代中期（十八世紀代）および幕末期（十九世紀中頃）の改修段階では、角石や角脇石にスダレ加工やハツリ等の二次加工を施す精加工石を使用している。

④矢穴の形状と大きさは、慶長・元和期は大型の断面台形から、江戸時代中期以降は小型の細長い台形への変化が認められた。今後城郭石垣の矢穴が、編年の新たな指標として加える可能性を示唆していると言えよう（註17）。天秤櫓台では、角石に古相とも思える大型の矢穴と、平石に新相の小型の矢穴とが混在する状況が窺える。これは同櫓台が縄張りを変更しない積み直しであった可能性が高く、そのため角石は既存の石材を再利用し、平石に切り石を新規に加えたと解釈すれば説明がつくであろう。

三　石垣から見た佐和山・彦根両城の比較

最後に、城郭石垣から見た佐和山城と彦根城の比較検討を試みるならば、次のことが言える。

先ず石積み技術を比較してみたい。佐和山城と言えば、先にも記したように、石田三成の居城＝関ケ原の合戦で西軍を率いた、豊臣政権中枢の武将の城郭といったイメージで考えられがちである。しかし実際には、主郭部分のみが石垣造りで高石垣の使用はほぼ主郭近辺に限られる可能性がある。すなわち総石垣造りの城郭ではないのである。また縄張り的にも、土塁・堀切・竪堀などの中世的なパーツの使用が多く見られる。石垣の限定使用に加えて、中世的なパーツの使用など、何れの点から評価しても、織豊系城郭としての改修度が低い城郭であったと評価せざるをえない。同時期（天正期後半）の豊臣系大名の居城などと比較しても、その差は歴然としていると言わざるをえない。

また佐和山城における石垣石材の様相については、前章からの繰り返しになるが、加工石を一切使わずに自然石のみによって構築されている。これに対して、彦根城はいかにも天下普請らしく、創築当初から矢穴石材を多用してる。さらに江戸時代中期以降の改修では、ほとんど石材の隙間がない隅角部や、表面のハツリやスダレ加工等の二次調整など、より精巧なものへと技術的進化を遂げている。なお彦根城内において、年代の異なる数種類の石垣が見られる事については、同城が江戸時代を通して廃藩置県まで存続したことを雄弁に物語っている。この点に、織豊期の石垣と近世の石垣の相違点を見いだすことができ、豊臣政権と幕藩体制との城郭の差異を如実に具現化していると言えよう。

次に佐和山城の石垣の少なさについて、若干提言したい。この理由については、従来より、彦根築城時に石垣を普請用材として転用した結果の姿であると説明されてきた。確かに佐和山城は、城破りを受けている可能性が極めて濃厚であると思われる。しかし概観の通り、両城で使用されている石垣材質を比較すると、佐和山城が輝緑岩もしくは斑れい岩であるのに対して、一方の彦根城は、大半が花崗岩で構築されており、明らかに材質を異なるものである。佐和山城における花崗岩の石材のみを選別して、彦根築城に流用した可能性もないわけではないが、何分にも佐和山城側の比較材料が極端に少ないことから、即断することが困難である。したがって全面否定は出来ないものの、これまでの通説も急速に説得力を失って行く可能性を含んでいると言えよう。

以上、佐和山城と彦根城における石垣遺構の比較検討をおこなったが、同じ彦根市内に、織豊期と近世のこのように対照的な二城郭が、良好な保存状態で存在している非常に興味深い事例と言えよう。これらの城跡を市民の財産として、永く後世に伝えられることを願って止まないものである。

註

1 藤本広治『地層の調べ方』一九八〇年 ニューサイエンス社
2 海津栄太郎「城跡探索余話（その2）」『城郭研究の軌跡と展望』Ⅱ 二〇〇四年 城郭談話会
3 前掲註1文献
4 長谷川銀蔵「佐和山城」『図説中世城郭事典』第二巻 一九八七年 新人物往来社
5 小森俊寛『京《みやこ》から出土する土器の編年的研究』二〇〇五年 京都編集工房
6 拙稿「城郭石垣の様式と編年—近畿地方の寛永期までの事例を中心に—」『新視点・中世城郭研究論集』二〇〇二年 新人物往来社
7 近藤滋「佐和山城」『日本城郭体系』第十一巻 一九八〇年 新人物往来社
8 前掲註1文献
9 この天守台石垣の上に載る天守では、昭和三五年の解体修理の際に、建築部材に「慶長拾壱年（一六〇六）」の銘文が発見されており、慶長期中頃（十七世紀初頭）の一つの指標として捉えることが出来ると思われる。
渡辺勝彦「彦根城天守と前身建物」『日本城郭大系』第十一巻 一九八〇年 新人物往来社
ただこの時の天守解体修理の際、石垣全面に碁盤目状の黒い線が引かれていたとの情報を、城内で茶屋を営む女主人から得た。事実、その際に引かれたと思われる線が、現在でも天端付近に僅かに残存している。もしかすると、今見る天守台石垣は何らかの修復の手が入っている可能性もある。
10 前掲註4文献
11 拙稿「近世城郭石垣の様式と編年—近畿地方の事例を中心に—」

『「物構」の再検討』 二〇〇二年 第十九回全国城郭研究者セミナー実行委員会・中世城郭研究会
また以下の文献に発表要旨を再録。ただし印刷会社側の責任による、編年表中の脱字（写植もれ）が極端に多い。この件については、中世城郭研究会で二〇〇四年に正誤図を作成・配布しているので、併せて御覧頂きたい。
拙稿「近世城郭石垣の様式と編年—近畿地方の事例を中心に—」『中世城郭研究』第十七号 二〇〇四年 中世城郭研究会

12 近藤滋「彦根城」『日本城郭体系』第十一巻 一九八〇年 新人物往来社

13 本文著作不詳『彦根観光地図』 二〇〇三年 彦根観光協会

14 本文著作不詳『ひこね小町』Vol.1 二〇〇四年 彦根観光協会

15 彦根城内に設置の説明板によるが、著作物では未確認である。

16 綿密な統計に基づいた結果ではなく、これまで城郭石垣を概観してきた経験による感想であるが、おそらく倭城も含めた織豊期・近世城郭の過半数の石垣石材は、花崗岩系の火成岩を用いており、次いで砂岩の使用が多く、この二種類で大半を占めそうである。花崗岩と砂岩は、ともに軟質で裁断や加工が容易で（同時に両者とも風化も早いが）、特に花崗岩は前述のとおり節理に沿って平滑に割れやすい性質があるために、花崗岩の使用率が高くなった要因であると思われる。
ところで石材の材質によって石垣の形態が左右されるのではないのかと言った指摘を受ける。それはむしろ原因と結果の考え方が逆で、同じ材質を使用するからこそ、同時代において似通った形状の石垣が多くなる所以であろう。築城者あるいは普請担当者の意識としては、加工の容易な石材を遠方からでも搬入した結果と言える。またそれを政治判断として可能たらしめたのが、幕藩体制の天下普請であったのである。

17 城郭石垣における矢穴の型式分類と編年の可能性については、藤川佑作氏が徳川期大坂城の石切場遺跡において試みている。藤川氏によれば矢穴をA・B・Cタイプの三類型に分類し、Aタイプは正方形に近く、Bタイプは縦長で、共に矢穴の間隔が狭く、Cタイプは小型で間隔は広くなるとする。矢穴の大きさの相違は、挿入するクサビの材質の相違に起因し、A・Bタイプが木製、Cタイプが鉄製によるためだとする。時期は、Aタイプが中世〜近世初頭、B・Cタイプは出土遺物の共伴関係から、近代にまで下る可能性を言及している。
藤川佑作「採石場としての岩ケ平」『芦屋・八十塚古墳群岩ケ平支群の調査』 一九七九年 芦の芽グループ・芦屋市教育委員会
ただし藤川氏自身は矢穴の形状差について、現在では時期差よりも、大型の矢穴は城郭石垣用、小型の矢穴は石造物用といった、用途による使い分けの可能性を考えておられるようである（藤川氏の御教示による）。

参考文献

・『石垣普請』 北垣聰一郎 一九八七年 法政大学出版局
・『彦根城』（名城を歩く四） 西ケ谷恭弘、他 二〇〇三年 PHP研究所
・『彦根城』（名城をゆく六） 二〇〇四年 小学館
・『川原の石ころ図鑑』 渡辺一夫 二〇〇二年 ポプラ社

彦根城の登り石垣について

角田　誠

はじめに

近江彦根城は、徳川家康の命によって新規築城されたものである。築城は慶長八年（一六〇三）あるいは同九年頃に、徳川四天王の一人井伊直政の子、直継（直勝）の代に開始され、天下普請にて行われた（註1）。その後、元和年間（一六一五～二三）の第二期工事を経て、井伊家代々の居城として明治維新に至っている。中でも彦根山（金亀山）部分の中枢部は慶長年間の第一期工事によってほぼ完成したと考えられていて、その遺構から関ヶ原合戦（慶長五年）直後における徳川氏の築城戦略や戦術、およびその背景等を考えるうえでも貴重な遺跡である。

例えば、①大坂城の豊臣勢力に対して築城されたものである、②築城計画やその縄張りも家康の承認を得てのものである、③水陸両用の城郭である、ことなどが指摘され、軍事重視の城郭である。

ここでは、彦根城の彦根山部分に現在も残る五本の竪堀と、これに沿って築かれた石塁に注目し、軍事性との関連や築城の背景等を検討する。

一　彦根城の登り石垣

図2（註2）に示すように、現在の彦根城には五本の「登り石垣（竪堀）」が存在する。彦根城の場合、その各々の石塁には竪堀が伴い、また遺構の残存状況としても石塁より竪堀の方が良好であることから、一般的には彦根城の「竪堀」として良く知られている。しかし後述するように、この遺構は江戸時代の絵図等では竪堀は記載されず、「登り塀」、「登り瓦塀」、「登り石垣」等の名称で記載されていることから、ここでは便宜上「登り石垣」と統一して呼ぶことにする。

彦根城の五本の登り石垣とは、すなわち、

①鐘之丸の東隅、二階櫓の北側石垣下から北東に向かって下り、表門（櫓門）に至るもの（登り石垣Ⅰ）、

②鐘之丸の西隅、多門櫓の西側石垣下から南西に向かって下

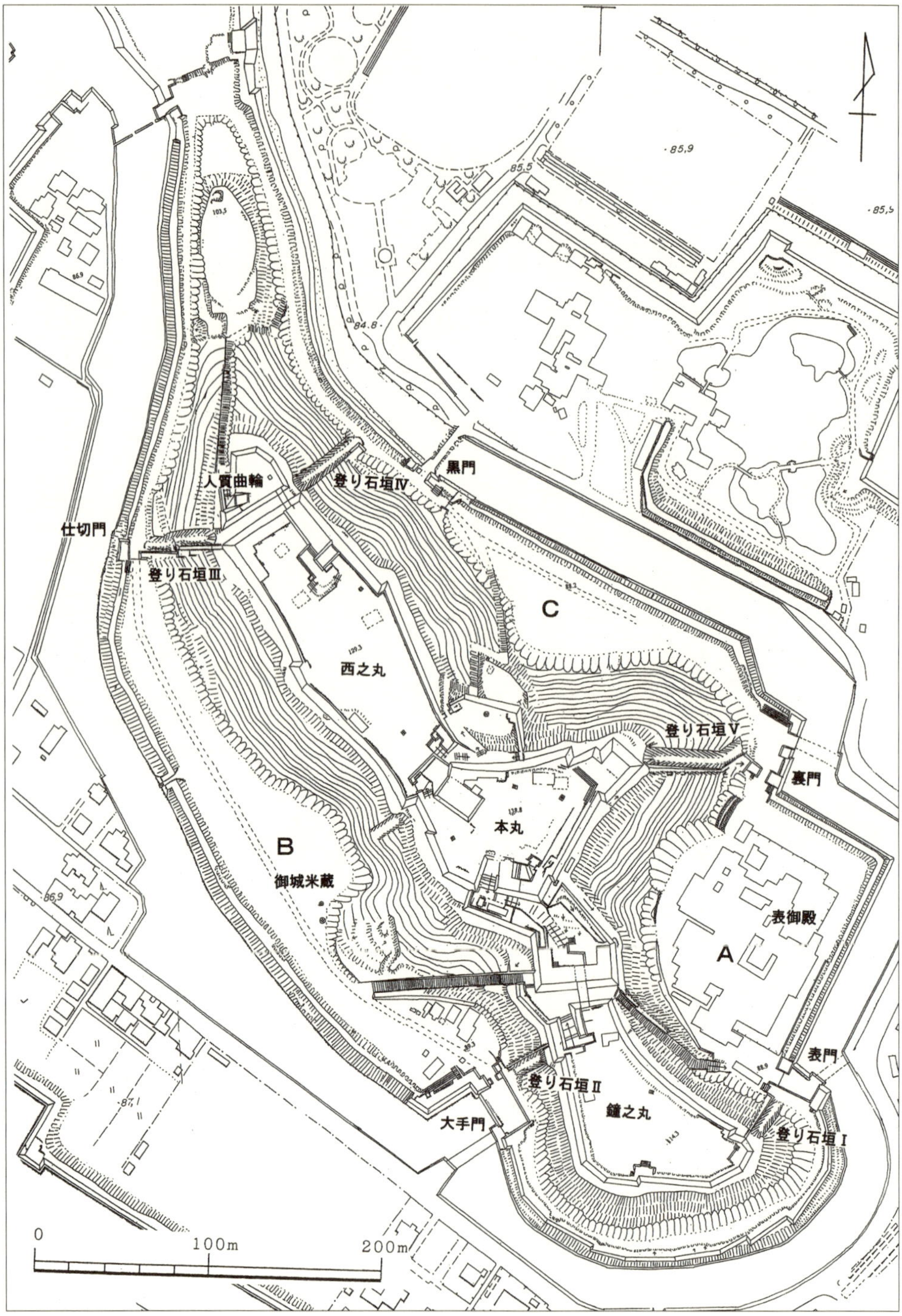

図１　彦根城図（高田徹氏作図）

り、大手門（櫓門）に至るもの（登り石垣Ⅱ）、③西之丸の西隅、三階櫓の西隅石垣下から西に向かって下り、仕切門に至るもの（登り石垣Ⅲ）、④西之丸の北西隅の石垣下から北東に向かって下るもの（登り石垣Ⅳ）、⑤本丸の北隅、二階着見櫓の北東隅石垣下から東に向かって下り、裏門（櫓門）に至るもの（登り石垣Ⅴ）、である。

そこで、先ずこれらについて、絵図史料等における記載の様子、および遺構の現状を概観することから始める。

絵図史料等に見る彦根城の登り石垣

彦根城の築城やその後の修理に関する史料（註3）中に、残念ながら「登り石垣」の事を記しているると特定できるものは無い。ただ、江戸時代中期以降に描かれた絵図等の中にその記載がある。

例えば、『彦根山由来記』（註4）所収の「彦根城圖」（出典不明、以下「由来記所収図」とする）（註5）には、上記五本の登り石垣が描かれている。登り石垣Ⅰ、Ⅱ、Ⅳに相当するものは城の斜面部分に直線が引かれているだけであるが、登り石垣ⅢとⅤについてはそれぞれ二折れの直線が引かれている。また、登り石垣Ⅰについては書き込みが無いが、登り石垣Ⅱについて「登り瓦塀十五間」、登り石垣Ⅲについて「能ホリ塀二十八間」、登り石垣Ⅳについて「登り石垣高サ九尺」、登り石垣Ⅴについて「登り瓦塀三十七間」とそれぞれ書き込みがなされている。

つまり、「由来記所収図」成立当時には、登り石垣Ⅱ、Ⅲ、Ⅴには「塀」若しくは「瓦塀」があったが、登り石垣Ⅳは石垣のみであったことがわかる。

さらに、『彦根山由来記』に所収されている「御城中御櫓大サ并瓦塀間数御殿御建物大サ覺書」（年代不明）には、登り石垣Ⅱについて「同所（御用米）冠門与御鳥毛御櫓登リ塀、十五間半」とあり、登り石垣Ⅲについて「御用米与西之丸迄之登リ塀、二十九間」とある。ここには、彦根城の西側の登り石垣ⅡとⅢについてのみ記載がなされているが、この方面は城の大手側にあたること、両登り石垣は御用米（御城米蔵）の南北を仕切るものであることで、重要視する意識があって記載されたのかも知れない。

また、『文化十一年六月改正、御城内仰絵図』（以下、「文化十一年図」とする）（註6）にも五本の登り石垣が描かれている。登り石垣Ⅰ、登り石垣Ⅱ、登り石垣ⅢおよびⅣ、登り石垣Ⅴを、それぞれ写真1、写真2、写真3、写真4に示す。

登り石垣Ⅰについては、「瓦ヘイ」とだけあって、近くに「山之のり拾五間松山」の記載がある。登り石垣Ⅱについては、「瓦ヘイ」、「石垣高サ九尺」とあって、近くに「山之能リ九間半」の記載がある。登り石垣Ⅲについては、「瓦ヘイ」、「登リ石垣高サ九尺」とあって、近くに「山之のり貳拾八間松山」の記載がある。登り石垣Ⅳについては、「登リ石垣高サ九尺」とあって、近くに「山之能里貳拾五間松山」の記載がある。登り石垣Ⅴについては、「登ヘイ」、「カワラヘイ」、「登リ石垣高サ弐間」とあって、近くに「山之能里貳拾三間松山」の記載があ

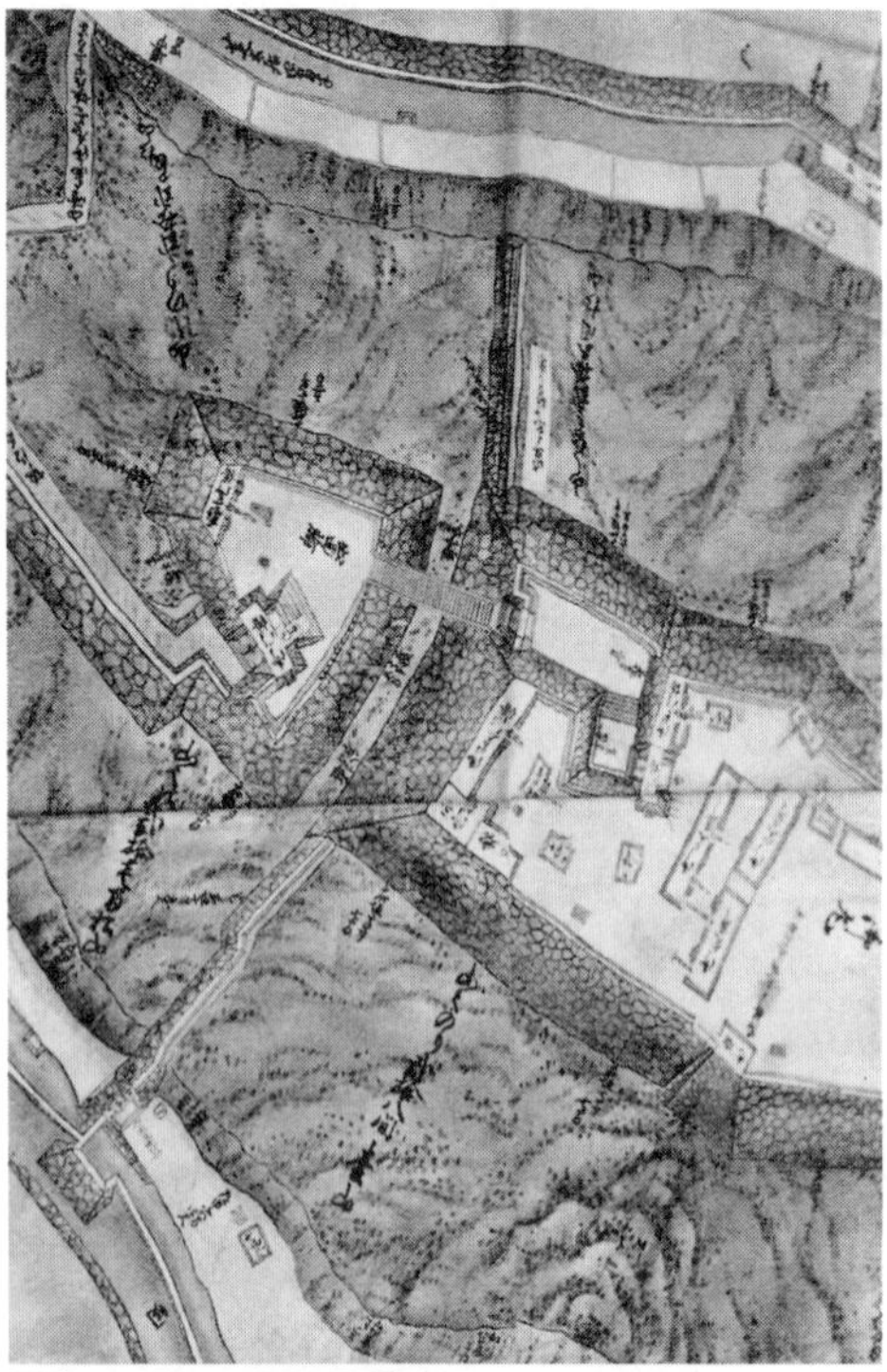

写真３　登り石垣Ⅲ及びⅣ

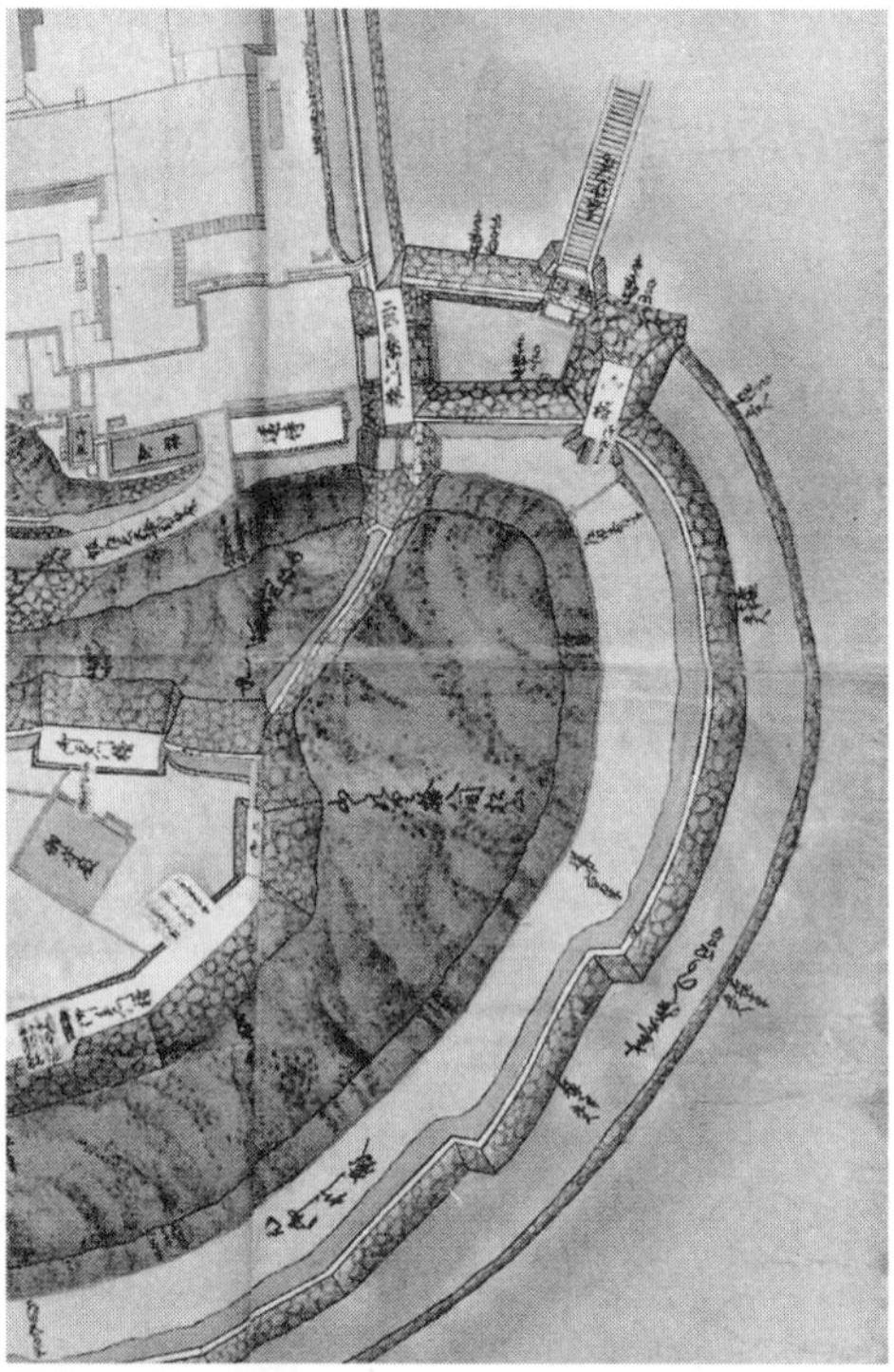

写真１　登り石垣Ⅰ

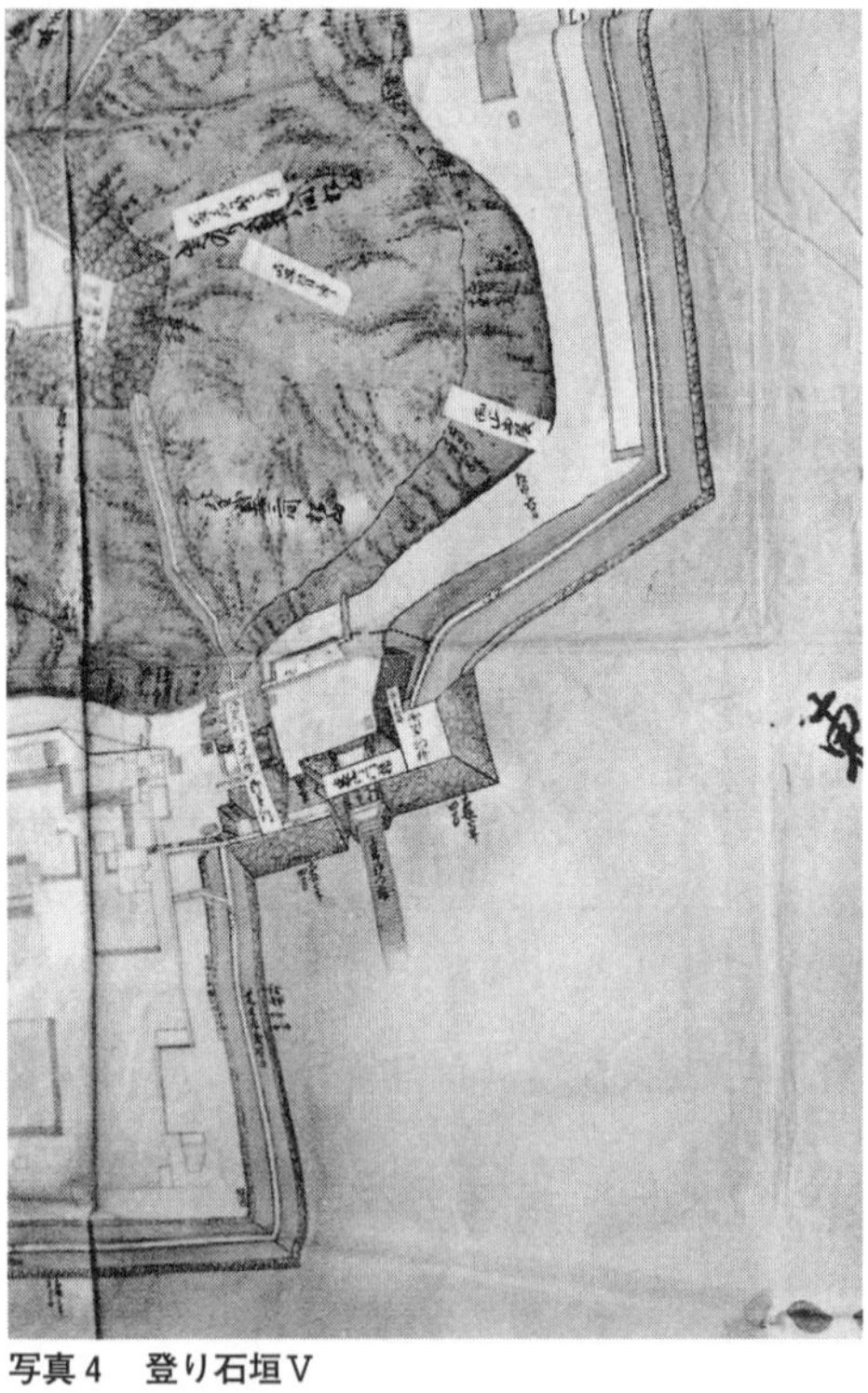

写真４　登り石垣Ⅴ

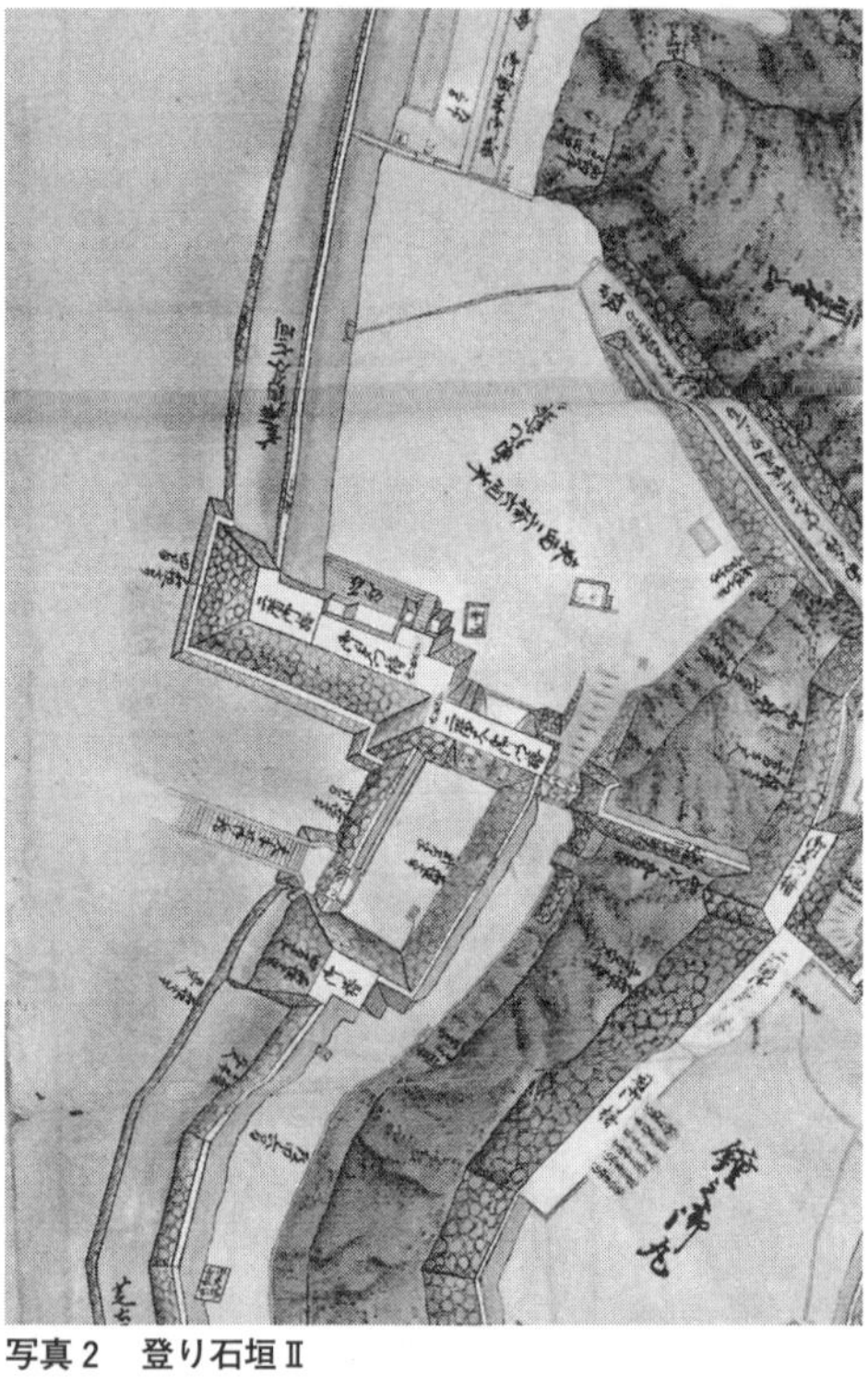

写真２　登り石垣Ⅱ

る。この図から、文化十一年頃には、登り石垣Ⅰ、Ⅱ、Ⅲ、Ⅴには、「ヘイ」あるいは「瓦ヘイ」があり、登り石垣Ⅳは石垣のみであったことがわかる。

なお、ここで注意しておきたいのは、「由来記所収図」および「文化十一年図」において、何れの登り石垣についても、それに伴う竪堀が描かれていないことである。

彦根城登り石垣の現状

彦根城登り石垣の現状を把握するために、五本すべてについて簡易測量を行った。その平面略図を図2から図6に示す。ここでは、それぞれの登り石垣について、図によって概要を述べる。

登り石垣Ⅰ（図2）

登り石垣Ⅰは、鐘之丸の東隅の石垣下から北東に向かって、ほぼ直線的に下り、山麓部の先端部に櫓台が設けられている。石塁の天端はかなり崩落しているものの、石塁および竪堀共、遺構の状態は良好である。

石塁の長さは、石塁上で、鐘之丸の石垣付け根から櫓台の先端まで、三二・八ｍである。鐘之丸の石垣下には、この付近で幅四・三ｍの犬走りが設けられ、竪堀はこの縁部から始まっていて、石塁と平行し、その長さは二四・八ｍであり、山麓部では切岸が施されている。この竪堀と石塁との間にも幅一・二ｍの犬走りが設けられている。

石塁の天幅は一・三三ｍ、竪堀の幅は四・七ｍであり、石塁の外側（竪堀側）の高さは現状で一・二ｍ、内側は〇・六ｍである。また、石塁の先端の櫓台は三方が石垣で囲まれ、その幅は先端部の天端で二・五ｍ、石垣下で七・〇ｍである。

登り石垣Ⅰの特徴として、石塁が頂部石垣の付け根から山麓部櫓台まで直線的で、しかも途中にステップの設けられていないことが挙げられる。

登り石垣Ⅱ（図3）

登り石垣Ⅱは、鐘之丸の西隅の石垣下から西に向かって直線的に下り、山麓部の先端に櫓台が設けられている。石塁および竪堀共、遺構の状態は良好である。

石塁の長さは、石塁上で、鐘之丸の石垣付け根から櫓台の先端まで、二九・〇ｍで、五本の登り石垣中で最も短い。鐘之丸の石垣下にはこの付近で幅三・六ｍの犬走りが設けられ、竪堀はこの縁部から始まっていて、石塁と平行し、その長さは二四・二ｍである。この竪堀と石塁との間にも犬走りが設けられていたと思われるが、現在は中腹部より下にのみ認められ、その幅は一・〇ｍであり、その裾部では竪堀側に石積みを伴っている。竪堀の幅は、現状六・二ｍもあり、土砂の流失によって築造当時よりもかなり拡がっているようである。

登り石垣Ⅱには、頂部より一六・四ｍ下った所にステップが設けられ、二段構造になっている。その段差は約〇・八ｍである。上方一段目の石塁の天幅は一・五ｍであるが、下方二段目では一・〇ｍである。また、下方二段目の先端部櫓台は、石垣天端で奥行五・〇ｍ、幅三・九ｍ（この石垣裾部で幅五・二ｍ）である。

石塁の高さは、外側（竪堀側）で〇・九ｍ、内側で〇・四ｍ

である。石塁が鐘之丸の石垣と接する部分に幅一・七mの石段が設けられていて、ここで石塁を乗り超えることができるようになっている。石塁を超えるための石段が設けられているのは登り石垣Ⅱだけである。往時はここに塀を通り抜けるための通用口が設けられていたものと思われる。

登り石垣Ⅱの特徴として、登り石垣Ⅰと同様に直線的に下ってはいるが、山腹部でステップが一段設けられ、そこから下で石塁幅も若干狭くなっていることが挙げられる。

登り石垣Ⅲ（図4）

登り石垣Ⅲは、西之丸の西隅の石垣下から西に向かって下っているもので、ここでは石塁が山腹で食い違いとなり、そこにステップが設けられて二段に築かれている。

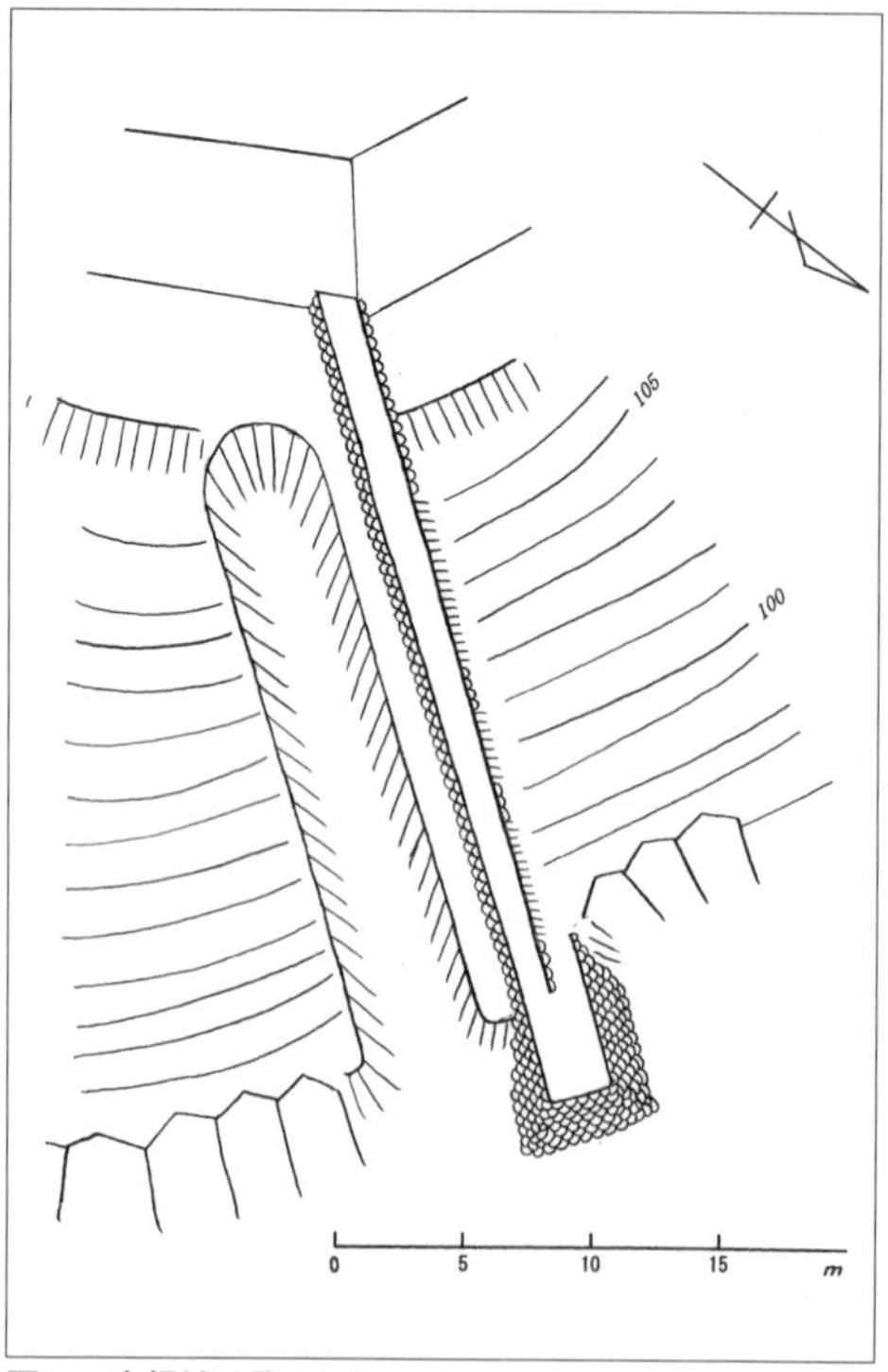

図2　彦根城の登り石垣Ⅰ

上段部のものは、西之丸の石垣下の付け根から山腹のクランク部まで、石塁上で長さ二二・六m、下段部のものはクランク部から山麓の櫓台先端まで二九・九mである。この石塁に付随する竪堀は、西之丸と人質曲輪を区画する堀切（石垣下で幅五・四m）の南端から始まり、石塁に沿って山腹でクランクし、山麓まで下っている。

上段部の石塁幅は、石塁上で一・六m、石塁の高さは西之丸の石垣付け根近くの外側（竪堀側）で一・二m、内側で〇・七五mである。また、この石塁の中程における高さは、外側で犬走り（石塁と竪堀の間に幅一・四mの犬走りを伴っている）から一・三m、内側で〇・三mである。そして、この付近における竪堀の幅は、犬走り端から対岸まで三・四m、その深さは

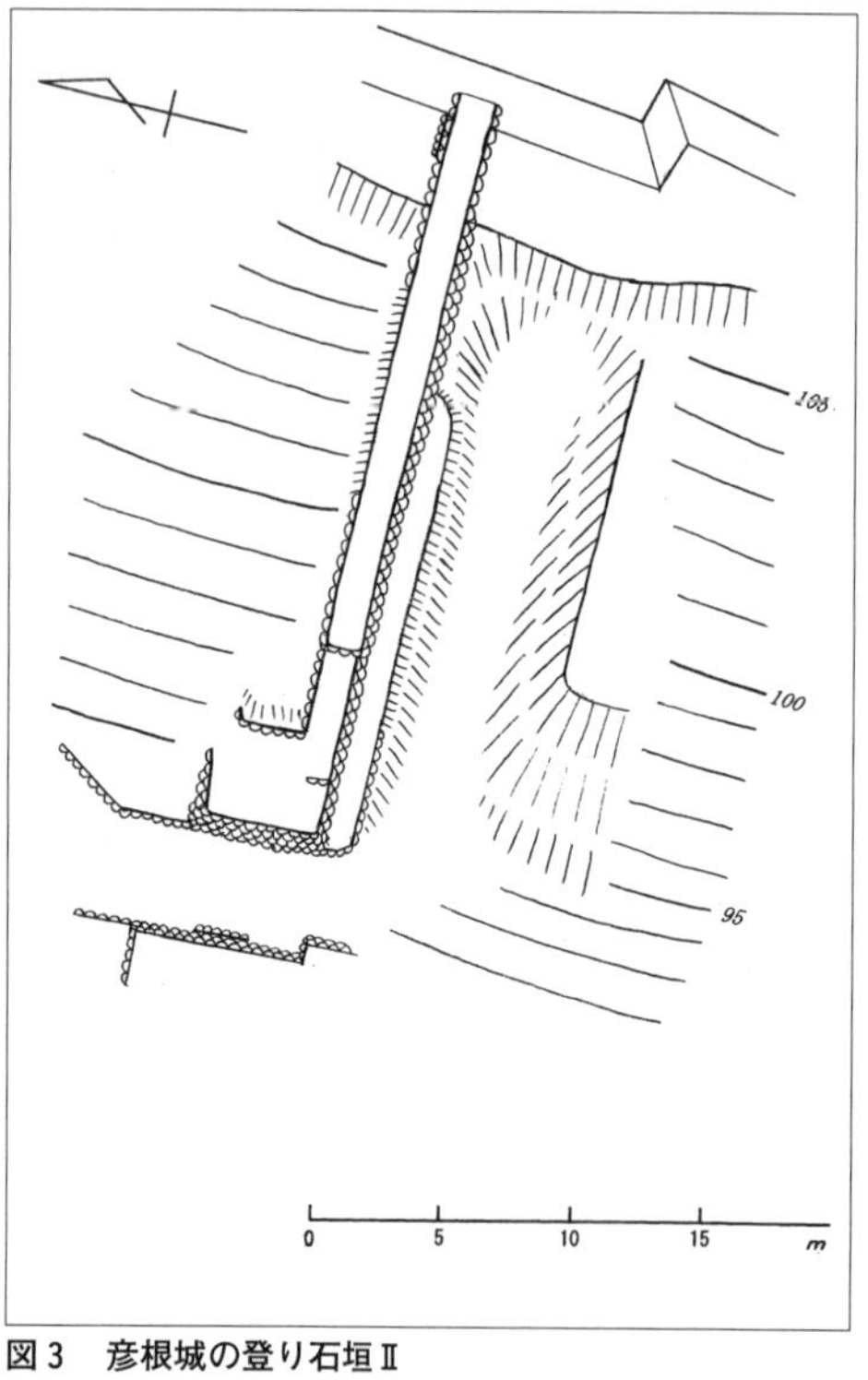

図3　彦根城の登り石垣Ⅱ

一・七mである。

石塁のクランク部分では、小さな櫓台状を呈していて、先端部の石垣の幅は天端で二・三m、高さは犬走りから三・二mと高くなっている。またこのあたりでは、犬走りの幅は〇・九mに狭まり、竪堀幅は四・五mに広がっている。なお、ここから石塁を五・〇m登った所にも、石塁の内側に小さな石積み（高さ一・三m）の段（幅一・九m）が設けられている。

下段部の石塁は、上段部石塁の櫓台状施設の先端部石垣に連結し、天端から二・一m低い位置から始まっている。この石塁の幅は、山麓へ至る中程において一・二mで、また高さは外側犬走りから一・一mである。この付近における犬走りの幅は〇・六m、竪堀の幅は四・七mである。

下段石塁の先端部の櫓台では、櫓台上での幅は先端部で三・六m、奥部で二・九mで、奥行きは六・二mあり、その高さは先端部で三・七mとなっている。

登り石垣Ⅲの特徴は、二本の直線的な石塁を二段にずらして築いていることである。上段石塁の先端部から下段石塁下に向って横矢のかかる構造になっている。

登り石垣Ⅳ（図5）

登り石垣Ⅳは、登り石垣Ⅲの反対側、西之丸と人質曲輪間の堀切の北端から、西之丸北西隅の石垣下から北東に向かって直線的に下っているが、現在は竪堀のみが健在で、石塁は途中ほぼ全面崩壊し、頂部の西之丸石垣付け根部と山裾部にのみ残されている。

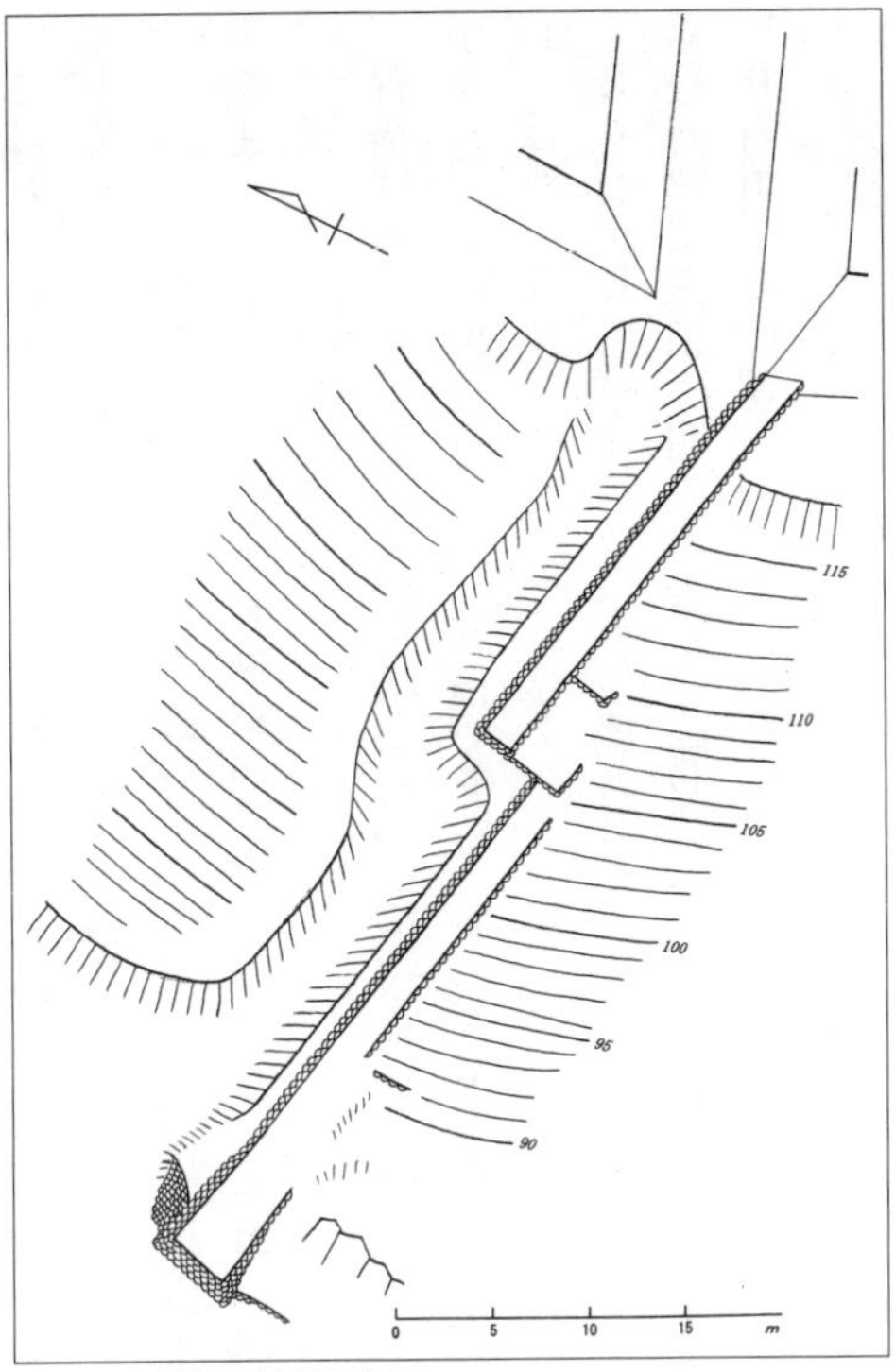

図4　彦根城の登り石垣Ⅲ

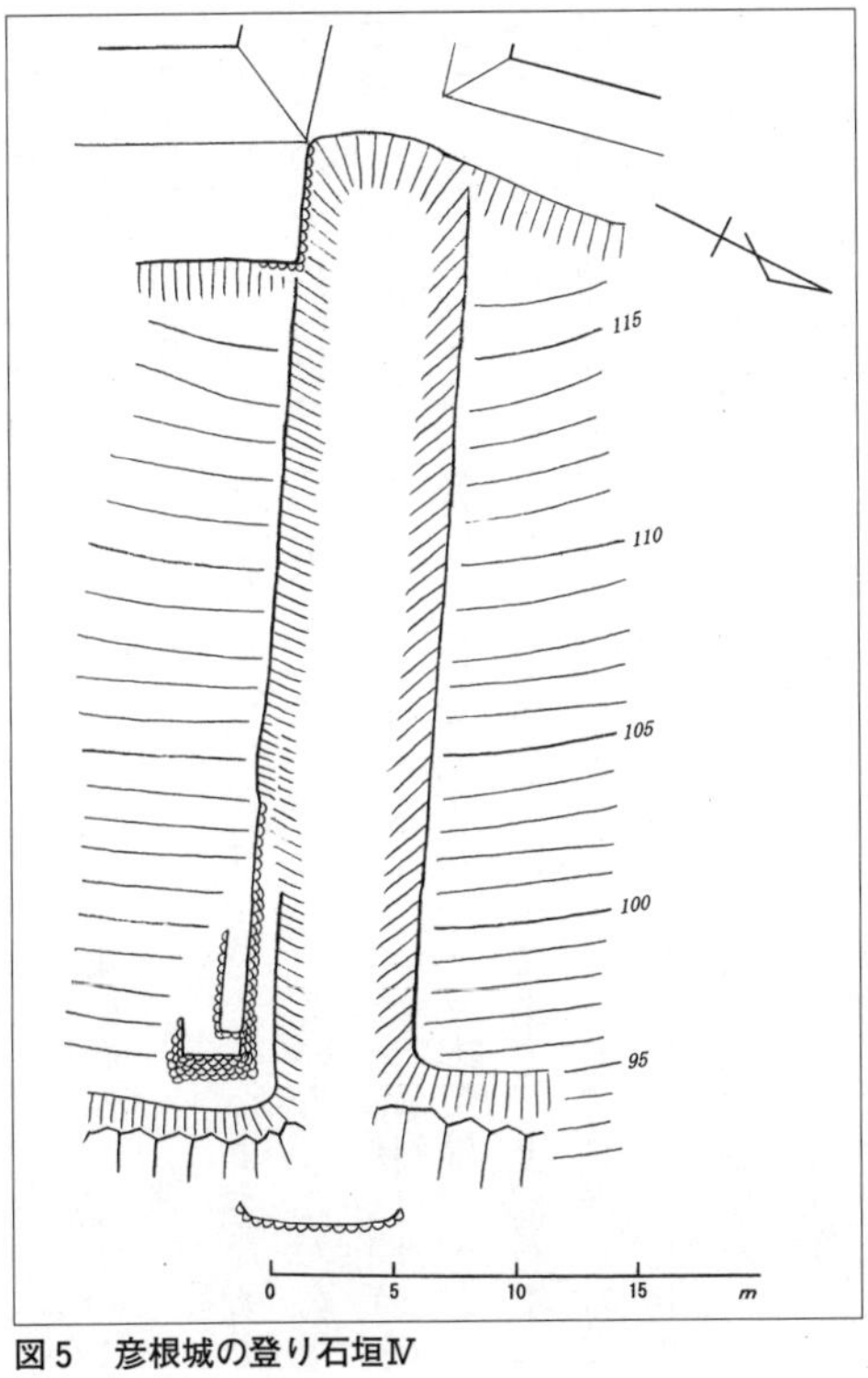

図5　彦根城の登り石垣Ⅳ

この石塁が本来は連続していたものとすると、その全長は石塁上で三七・七ｍであり、石塁幅は、山裾部のもので石塁上部で一・〇ｍである。石塁および竪堀ともに西之丸の石垣直下から始まっていて、竪堀の幅は斜面の中腹部で六・七ｍ、深さ二・五〜三・〇ｍである。

石塁は先端の山裾部で櫓台状に幅が広げられていて、二・五ｍあり、この奥行きは一・五ｍである。またこの部分の石垣の高さは四・九ｍである。

登り石垣Ⅳの特徴は、最も崩壊の激しいことである。そのため往時の状況は不明であるが、竪堀が直線的に残ることから、登り石垣Ⅰと同様の構造であったものと思われる。

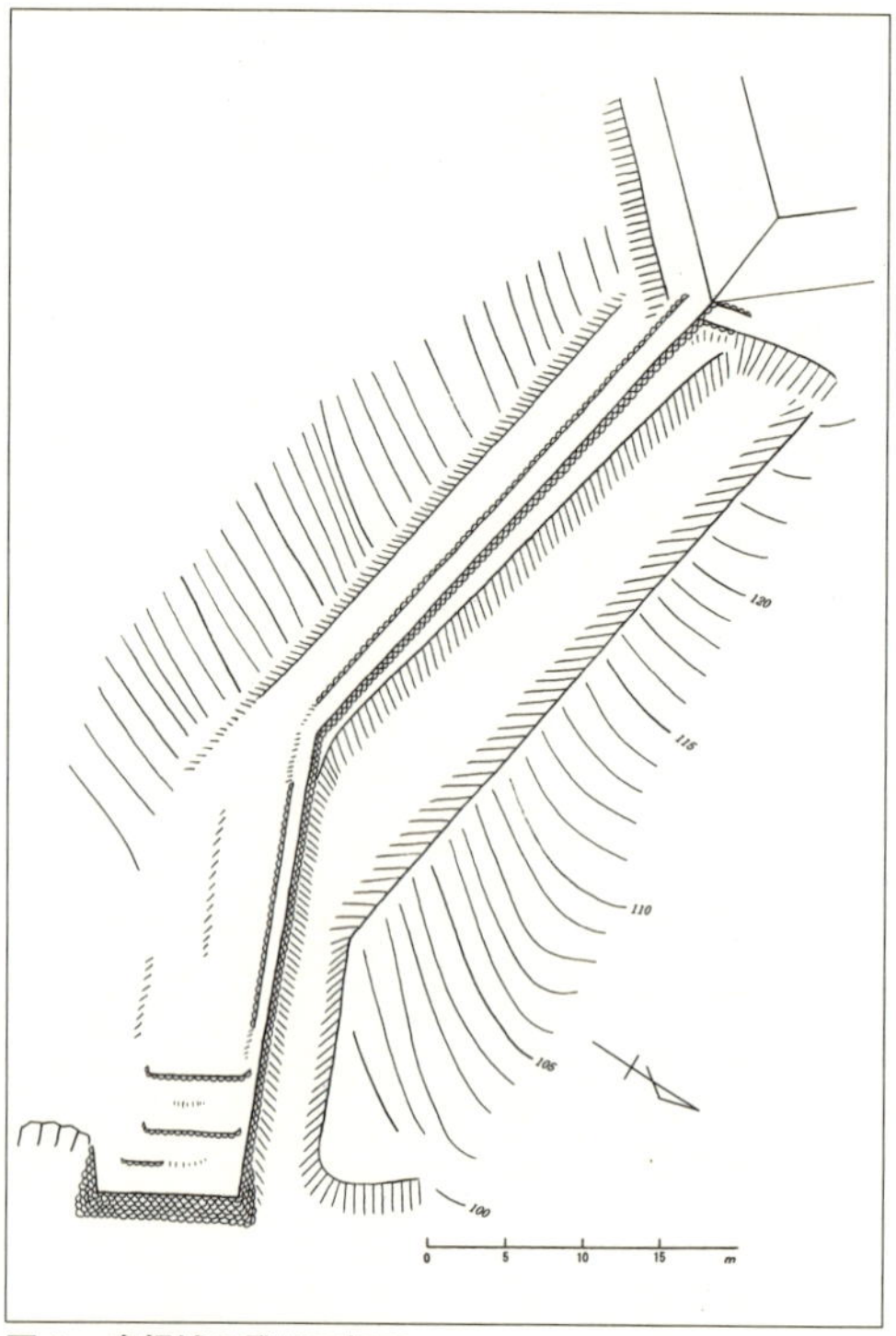

図６　彦根城の登り石垣Ｖ

登り石垣Ｖ（図６）

登り石垣Ｖは、本丸の北隅の石垣下から東に向かって下っているものである。

石塁は、本丸の石垣下の付け根から三八・二ｍ下った所で「く」の字状に折れて、更に二九・〇ｍ下っている。この石塁に沿って竪堀も設けられ、これも同様に「く」の字状に曲げられている。石塁上の幅は、折れ曲がり部より上では一・〇〜一・二ｍあるが、それより下では〇・八ｍである。上部石塁の高さは、外側（竪堀側）で犬走りから一・〇ｍで、犬走りの幅は〇・九〜一・二ｍである。但し、下部石塁の外側には犬走りが無く、直接竪堀となっている。竪堀の幅は折れ曲がりの上部で八・〇〜八・六ｍ、深さ三・〇ｍあり、下部ではその幅三・九ｍと狭まっている。なおこの石塁には、内側にも武者走り状の平坦斜面が設けられ、その幅は二・四ｍである。

石塁Ｖの山麓の先端部は櫓台状になっていて、先端部の上幅および高さ共九・〇ｍである。また、この奥行きは三・〇ｍと短いが、急斜面になっていて内部に三段の石積みがなされている。

また、本丸石垣下の犬走りはこの付近で幅約二・四ｍであり、石塁が本丸の石垣と接する部分の外側（竪堀側）にはスロープが設けられている。スロープの幅は一・三ｍ、長さ二・〇ｍであり、この位置で石塁を乗り越えることができる。石塁を乗り越える手段が見られるのは登り石垣Ｖと前記した登り石垣Ⅱだけである。その他については、往時は木造の階段だったのかも知れない。

登り石垣Ⅴの特徴は、石塁が「く」の字状に折れ曲がっていることであり、折れ曲がりの上下で構造に若干の差異が見られる。下部の方は、石塁幅・竪堀幅とも狭く窮屈に造られている。何か意味があるのかも知れない。なお、「由来記所収図」では、登り石垣Ⅴは更にもう一度折れて描かれている。これは多門および中門櫓の櫓台の北東の石垣ラインを示したものであろう。

彦根城登り石垣の特徴

以上、彦根城の五本の登り石垣の個々について述べてきたが、これらの共通点として、①石塁には竪堀を伴っていて、石塁の竪堀側を外側とすることができる、②石塁の高さは内側よりも外側の方が高い、③石塁の頂部は、山頂曲輪群の石垣に直接繋げられている、④竪堀は曲輪石垣下の犬走りの縁部から始まっている、⑤石塁の山麓部先端に櫓台が置かれている、⑥石塁下の外側、竪堀との間にも犬走りが設けられていて、これは石塁の崩壊を防ぐ役割も果たしてきたものと思われる、などが挙げられる。

一方、相違点としては、登り石垣Ⅳが、他の登り石垣Ⅰ、Ⅱ、Ⅲ、Ⅴと比較して特徴的である。例えば、①江戸時代の絵図に、Ⅰ、Ⅱ、Ⅲ、Ⅴが「瓦塀」あるいは「塀」とあるのに対して、Ⅳは「石垣」となっている、②現状でもⅣは、この石塁も大部分が崩壊、消失している、③他の石塁に沿っては、現在、瓦片や漆喰粉が散布しているのが確認できるが、Ⅳ付近ではそれらの散布が確認できない、④登り石垣Ⅰ、Ⅱ、Ⅲ、Ⅴの山麓部先端は、彦根城山麓部を区画する重要な城門に繋がっているのに対して、登り石垣Ⅳの先端部の下は単に通路となっているだけである。

あくまでも推測ではあるが、築造当初は登り石垣Ⅳも登り石垣Ⅲと共に、西之丸と人質曲輪を区画する堀切の延長線上に設けられる重要なものとして位置付けられたが、登り石垣Ⅳは城の裏側に当たるため、ここに城門を設けるのが省略されたなど、登り石垣Ⅳの重要性が失われ、崩壊後修復されなかったか、あるいは当初から石塁のみで、塀が設けられなかった可能性が考えられる。この詳細は最後に再度考察することにする。

なお、石塁の修復という点に関しては、「文化十一年図」、「由来記所収図」および現状図を比較すると、ほとんど変更点は見出せず、少なくとも文化年間以降は大幅な変更は無さそうであるが、それ以前については不明である。なおここで、それぞれの石塁幅についてみると、登り石垣Ⅱの上部が一・五m、下部が一・〇m、登り石垣Ⅲの上部が一・六m、下部が一・二m、登り石垣Ⅴの上部が一・〇～一・二m、下部が〇・八mとなっていて、何れも下部が狭くなっている。石垣や石塁の崩壊は、一般的には土圧の関係で下部の方が起り易いため、石塁幅の狭い部分（約一・二m以下）は修復された部分である可能性が考えられる。

次に、石塁の長さについて検討する。上記したように石塁の長さは、登り石垣Ⅰが三二・八m、登り石垣Ⅱが二九・〇m、登り石垣Ⅲの上段が二二・六m、下段が二九・九m、登り石垣Ⅳが三七・七m、登り石垣Ⅴの上段が三八・二m、下段が二九・〇m（上から下までの直線距離は約六四m）である。つまり、一つの石塁の長さが何れも約二〇mから四〇mの範囲に入っている。言い換えれば、石塁の長さが四〇mを超える場合には、それが多段に築かれたと考えることもできる。この四〇mという距離については、例えば当時の弓矢や鉄砲による防御の有効性などが関係していた可能性もある。例えば彦根城の内堀の平均堀幅も約四〇mである。この四〇mという距離はあくまでも彦根城においてのものであり、城の性格や立地等によって最適値も変化することが予想され、例えば巨大城郭である徳川氏大坂城では、それが一〇〇m近いものとなっている。

なお、「由来記所収図」に、登り石垣Ⅱが一五間、登り石垣Ⅲが二八間、登り石垣Ⅴが三七間とある。この数値は明治時代の測量値であったのか、それとも原図に記されていたものかは不明であるが、それぞれ対応する上記m数をこれらの間数で割り算し、平均すると、一間が一・八八mに相当する。この値は、約六尺二寸に相当することから、「由来記所収図」の登り石垣は一間が六尺二寸で記載されていることになる。

二　近世城郭にみる登り石垣

近世城郭において登り石垣の見られる城郭として、彦根城の他に淡路洲本城（兵庫県洲本市）や伊予松山城（愛媛県松山市）が良く知られている。ここでは、この両城の登り石垣について検討する。

洲本城の登り石垣

洲本城の本格的な築城が行われたのは、天正十三（一五八五）年に脇坂安治が三万石で淡路に入封してからである（註7）。安治は洲本を本拠として、豊臣氏水軍を組織化し、文禄・慶長の役に渡海・参戦した。関ヶ原合戦では、はじめ西軍として参加したが、小早川秀秋らと東軍に寝返ったため本領は安堵された。その後、安治は慶長十四年に、五万三千石に加増されて伊予大洲城に移っている。翌慶長十五年から淡路を領有したのは池田輝政であるが、池田氏は洲本城を本拠とせず、岩屋城、続いて由良城を築城する。元和元年、蜂須賀氏に淡路一国が加増され、城番に稲田氏が派遣された。稲田氏は寛永八年に再び洲本城を淡路の中心とし、その後は稲田氏による洲本城預かりが明治維新まで続く。

洲本城の登り石垣は、例えば写真5の『須本御城下町屋敷之図』（註8）に示されるように、東之丸の北東隅から北に向かって下るもの（東登り石垣）と、本丸の北西隅から北に向かって下るもの（西登り石垣）が確認できる。全長はそれぞれ一三〇m、および一九〇mである。また、それぞれの登り石垣にはその外側に竪堀を伴っている。二本の登り石垣は、脇坂安治が洲本城主の時（天正十三年～慶長十四年）に築造されたもので、それもおそらく慶長年間に築造されたものと推定される（註9）。

また、『須本御城下町屋敷之図』には、東登り石垣について「登石垣高一間半、二間、壱間半」とあって、一〇個の櫓台状施設が描かれ、西登り石垣について「登石垣高弐間半、壱間、壱間半」とあって、一二個の櫓台状施設が描かれている。同様

写真5　『須本御城下町屋敷之図』の部分（国文学研究資料館蔵）

の城絵図や城下町絵図、例えば『淡路國須本之御城絵図』には、東登り石垣について「のほり石垣数三十」、「たてほり長九十間」、西登り石垣については「のほり石垣数弐十弐」、「たてほり百拾間」とある。また『須本御山下絵図』には、東登り石垣として一三個、西登り石垣として二二個の櫓台状施設が、『須本御山下之絵図』には、東登り石垣として二二個の櫓台状施設が、西登り石垣として一八個の櫓台状施設と二段の曲輪状施設が、それぞれ描かれている。これらの絵図から洲本城の東西の登り石垣は、往時は石塁というより多段の櫓台状施設が連続していたことがわかる（註10）。

図7は、洲本城図（註11）における東西の登り石垣部分である。図に見られるように、現在は石垣の崩壊が進んでいて、遺構の表面観察からは上記絵図に示される櫓台状施設の連続した状況がわかりにくくなっていて、単に石塁状に下っているように見える部分も多い。また洲本城の登り石垣は、先の阪神淡路大震災（一九九五年）によって更に崩壊が進み、図7の状態を確認するのさえ困難になってしまっている。特に、東登り石垣の崩壊が激しい。

西登り石垣の中で、比較的残りの良いもの、例えば山頂部近くのAの石塁は、石塁上で奥行三・七m、石塁幅は背後で二・五m、前面で二・一mであり、北側下に位置する石塁との比高は四・九mである。他も同様に、石塁の個々については全体的に何れも小規模であり、比較的長い石塁、例えばBの石塁でも奥行一一・二m、その幅は背後で三・六m、前面で三・〇mである。

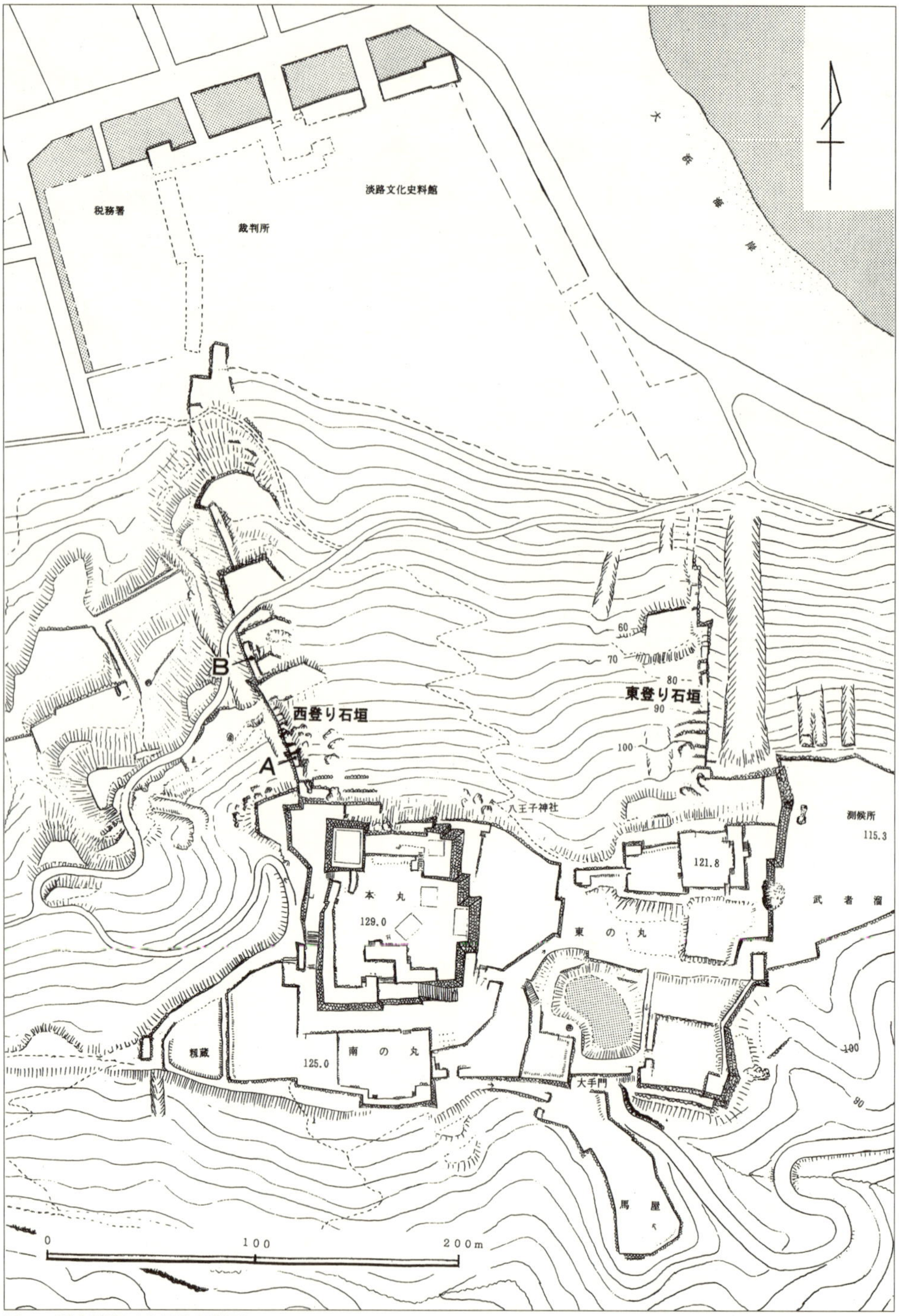

図7　洲本城図（本田昇氏作図）

洲本城の登り石垣の特徴は、個々の石塁は小規模であり、何れも櫓台状を呈し（石塁の幅は彦根城の二～三倍あるが、それぞれの長さは短い）、それが数十段連続している点にある。また本来は、東西の登り石垣の先端部は、山麓居館部側面の石塁に繋がり、さらに居館部を囲むように石塁が配置されていたが、後の稲田氏の時代に山麓居館部が西に拡幅されたので、今日ではその部分が登り石垣からはみ出したような構造になっている。

松山城の登り石垣

松山城は、関ヶ原合戦で東軍として参加した功により、二〇万石に加増された加藤嘉明によって築城されたものである。加藤嘉明は、天正十三年に一万五〇〇〇石で淡路志知城（兵庫県三原郡三原町）を与えられ、洲本城の脇坂安治等と共に豊臣氏の水軍の組織化を担当した部将であった。その後、嘉明は文禄四年に伊予松前城（愛媛県伊予郡松前町）に六万石に加増・移封され、文禄の役は志知城から、慶長の役は松前城から、それぞれ渡海・参戦している。

松山城の築城は、慶長六、七年頃に着工され、会津若松に四〇万石で加増・移封となる寛永四年まで工事は継続されていたらしい。加藤氏の去った後、松山城には蒲生氏が入城するが、その在城期間は短く、寛永十二年に桑名から移ってきた松平氏が明治維新まで在城する。現在の松山城の山頂部分（本丸）の大部分は加藤氏時代に築かれたもので、松平氏時代のものは山麓部（二之丸）に限られているようである。南北の登り石垣も、加藤氏時代のものとされている（註12）。例えば、写真6は『文久四年　亀郭城惣圖』（註13）の一部であり、登り石垣が明瞭に描かれている。

南登り石垣（図8）

南登り石垣は、本丸の大手門脇の南隅の石垣下から南西方向に下り、山麓二之丸の南東隅に至るもので、二之丸巽櫓までの直線距離は一八〇ｍである。石垣の外側には自然の谷が入っていて、竪堀は設けられていない。

石垣ラインの内側は、現状では石垣の天端と同じ高さで、石塁状にはなっていない。また、それとわかる段が七段（ａ～ｇ）確認でき、各隅部の石垣高さは、ａが七・〇ｍ、ｂが七・二ｍ、ｃが六・二ｍ、ｄが六・六ｍ、ｅが七・六ｍ、ｆが四・八ｍ、ｇ（二の丸巽櫓）が不明（現在、修復中のため）である。往時、石垣ライン上に瓦塀が設けられていて、ａ～ｇには櫓も想定できるが、絵図等を見る限り、実際に櫓が建っていたのはｇのみであった。また、石垣ラインは若干屈曲しているが、全体的には直線的である。但し、二ヶ所の段（ｂとｅ）は突出していて、そこから下方に繋がる石垣ラインの外側石垣下に向かってそれぞれ横矢のかかる構造になっている。

なお、南登り石垣の石垣ラインは二之丸巽櫓からさらに南西に延びていて、二之丸の南側石垣ラインへと続いている。

北登り石垣（図9）

北登り石垣は、本丸の乾門脇の南隅の石垣下から南西方向に下り、山麓の大砲櫓に至るもので、その直線距離は二二五ｍである。現状では、内外とも石垣の崩壊が激しいが、往時は石塁

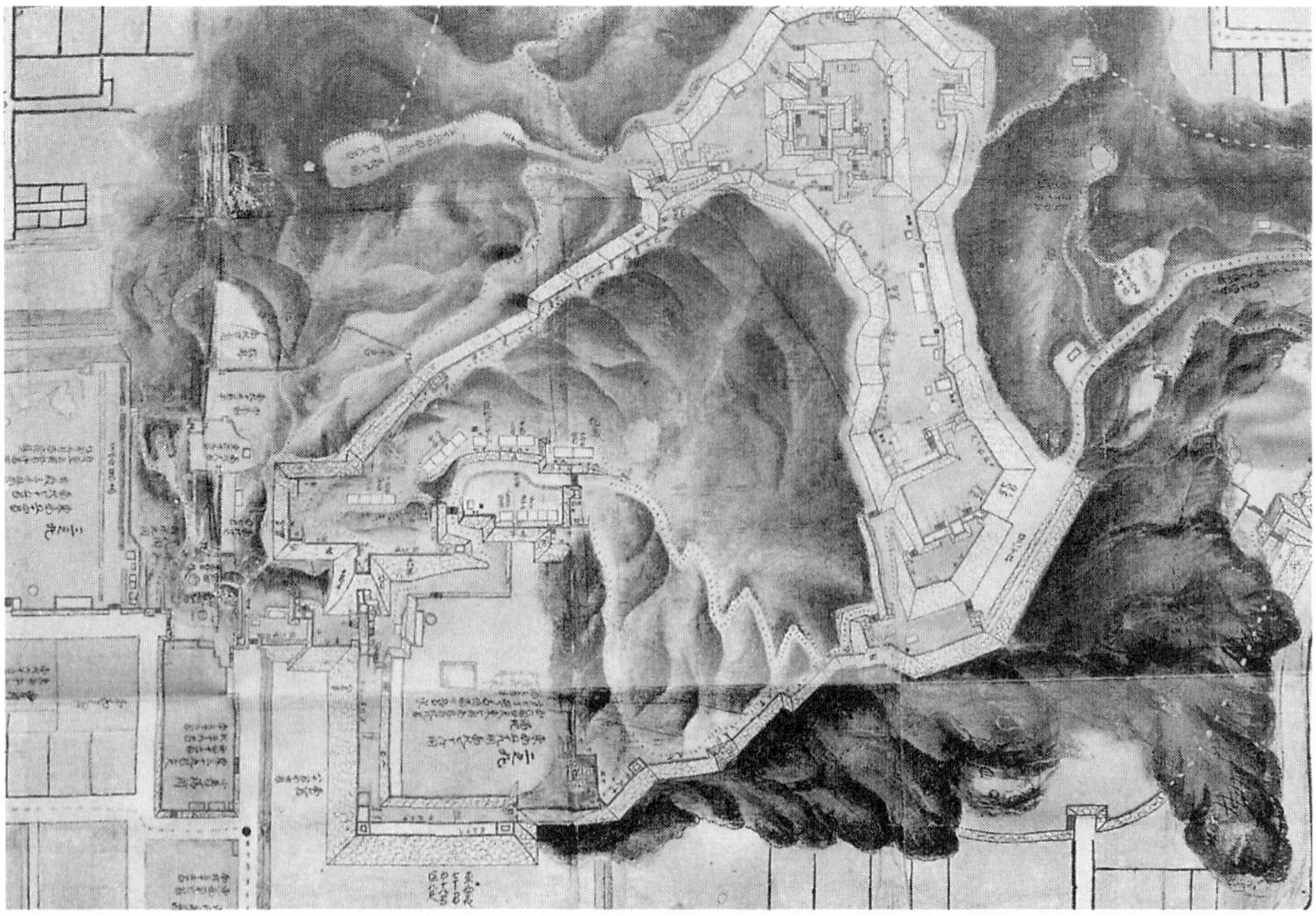

写真 6　『文久四年亀郭城惣図』の部分（伊予史談会蔵）

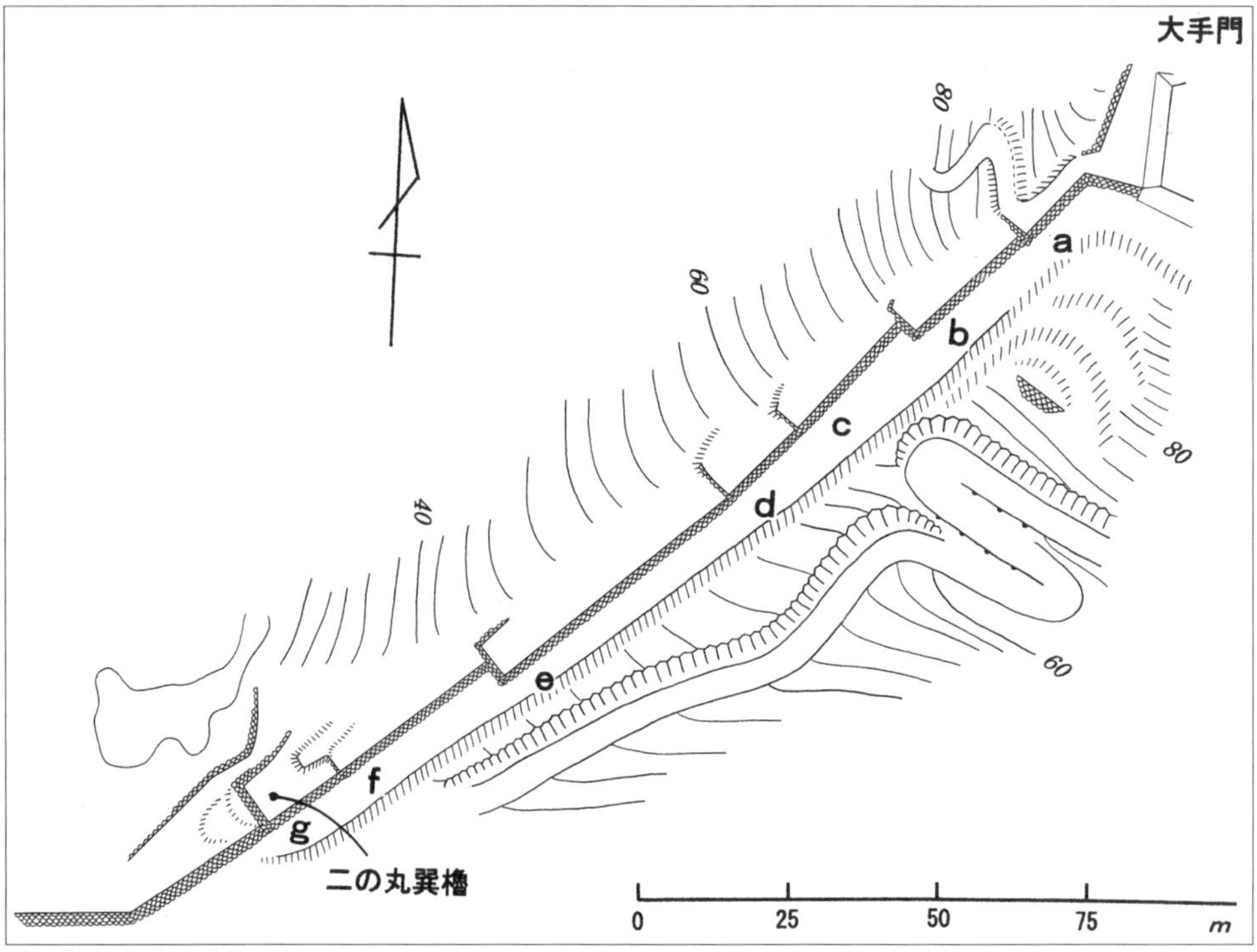

図 8　松山城の南登り石垣

ラインであったと思われる。石塁の外側には、山頂部近くで幅約八mの竪堀が設けられているが、下るとともにそれも消滅し、自然の谷になっている。

石塁幅は、遺構の残りの良い部分で、山頂近くで二・九mあるが、中腹部では二・〇mである。また、石塁の高さは外側で四・五～六・〇mである。この石塁ラインも絵図（写真6）によると、南登り石垣と同様に階段状に築かれ、途中に突出部も設けられていたようであるが、現状ではなだらかなカーブを描いているのみである。

なお、大砲櫓の南西隅から南および西に向かって二本の竪堀が残り、特に黒門に向う南側のものは絵図（写真6）にも記載されていて、これも北登り石垣の延長ラインと見なすことができる。一方、大砲櫓の石垣ラインは東に延びて西大砲台へと繋がり、そこで梘門に接続している。

松山城の登り石垣の特徴

松山城の南北の登り石垣を比較すると、現状では北登り石垣が石塁（一部土塁であった可能性もある）であるのに対し、南登り石垣は通常の石垣である。築造当初は両者とも同様の構造であったのかも知れないが、現在は北登り石垣がかなり崩壊しているのに対して南登り石垣は健在である。これは、南登り石垣が城の正面側に当たるので（本丸の大手門に接続している）、江戸時代を通じて手入れも行き届いたのに対し、北登り石垣は城の裏側に当たるため放置された結果であろう。

洲本城・松山城の登り石垣の特徴

上記したように洲本城、松山城の登り石垣はそれぞれ二本で、構造的には山頂曲輪群と山麓居館部を繋ぐとともに、山麓居館部の両脇を仕切る形で設けられていて、機能的には山頂曲輪群と山麓居館部を一体化させる役割を果たしていたと言える。

また、両城の登り石垣は何れも慶長年間に築造されたものと考えられる。更にその築造者は、それぞれ脇坂安治、加藤嘉明で、両人とも淡路で豊臣氏水軍を組織し、文禄・慶長の役で水軍の将として参戦している点も共通している。

ただ、両城の登り石垣の構造は、洲本城が短い石塁の連続であるのに対し、松山城ではそれが長く、途中の段数も少ないが、これは洲本城の斜面が松山城の斜面よりも急なためであろう。

三　倭城にみる登り石垣

日本城郭史上、登り石垣が最も盛んに築造されたのは、文禄・慶長の役（一五九二～三年、および一五九七～八年）の時である。つまり、豊臣秀吉軍が朝鮮半島の南岸に築城した城郭（倭城）の多くに登り石垣の築造されていることがよく知られている。これは兵力や物資を陸揚げする港湾を確保するため、城郭と港をセットにした一つの防御形態として捉えられている。また、「長城ラインを用いる囲い込み」の思想は朝鮮半島における在来の城郭の影響を受けた可能性も指摘されている（註14）。例えば、西生浦倭城（蔚山市蔚州区西生洞）、熊川倭城（鎮海市南門洞）（何れも文禄年間の築城）などの登り石垣が特

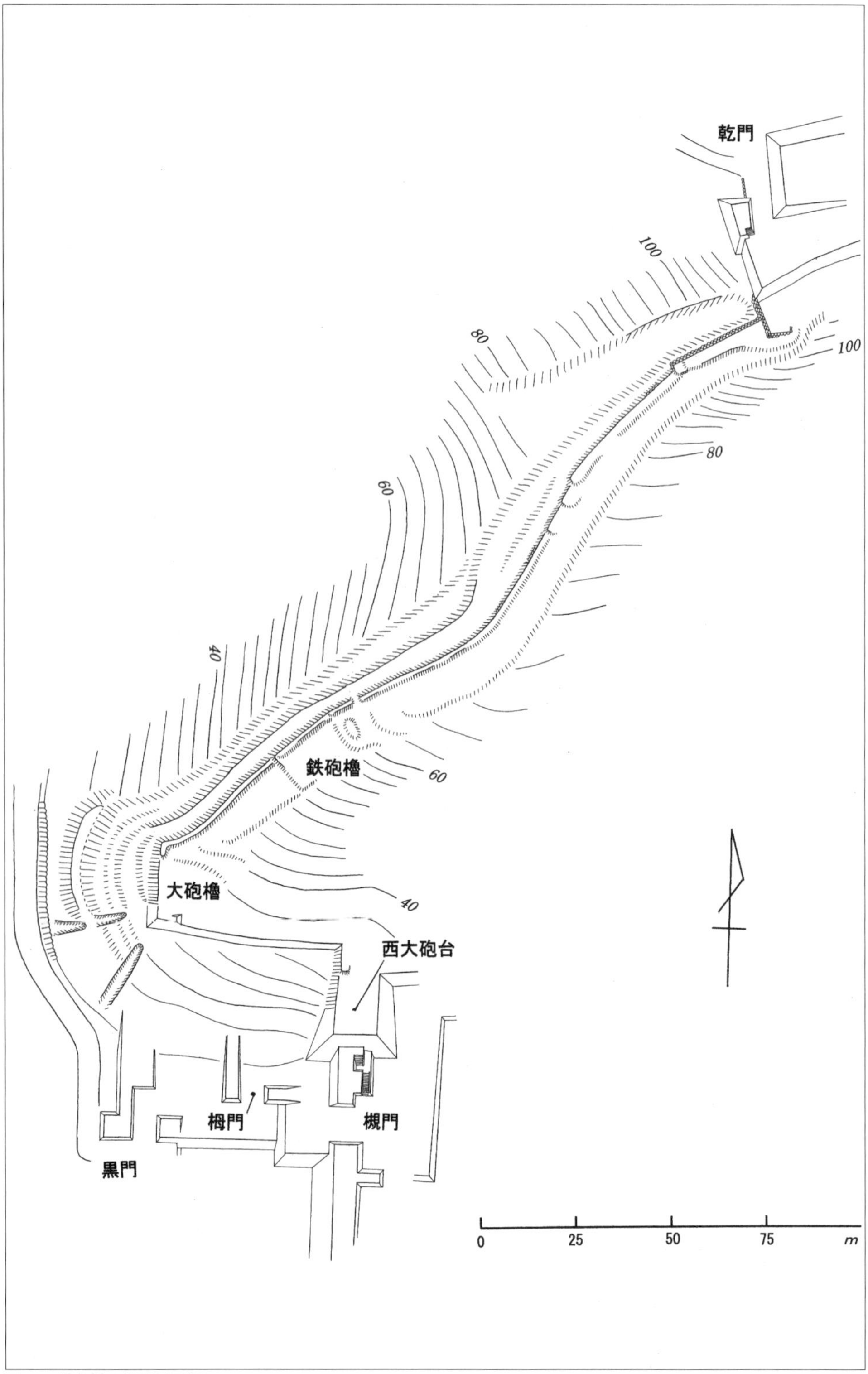

図9　松山城の北登り石垣

に有名である。ここでは安骨浦倭城（鎮海市安骨洞、文禄年間の築城）と長門浦倭城（巨済市長木面長木里、文禄年間の築城）の登り石垣について検討することにする。

安骨浦倭城の登り石垣

安骨浦倭城は豊臣水軍の部将、脇坂安治・加藤嘉明・九鬼嘉隆等が築城し、この三将に加え、菅、来島、藤堂、堀内、杉谷、桑山等が交代で守備したとされている（註15）。また、安骨浦倭城の構造については『倭城の研究　第二号』に解説がある（註16）。

図10に安骨浦倭城の要部を示す。この城は、大きくはⅠ、Ⅱ、Ⅲ、Ⅳの四つの曲輪群を中心にして、うちⅠ～Ⅲは総石垣造りで、それぞれに天守台を有している。各曲輪群はそれぞれ独立性が強く、いわゆる「一城別郭」あるいは「別城一郭」型の城郭である。築城が複数の部将による割普請の結果によるものかどうかは別にして、各曲輪群は平場等で密接に連携されているので、少なくとも機能的には一つの城郭である。

城域としては、Ⅰ～Ⅳの曲輪群、Ⅲ曲輪群から北方に下る東登り石垣（全長一六〇ｍ）、Ⅱ曲輪群からその西方の櫓台Ａを結ぶ石塁（土塁であったり、一部失なわれたりしているが）（全長二九〇ｍ）、および櫓台Ａから北方に下る西登り石垣（全長二六〇ｍ）に三方を囲まれた、ラインの全長一・二㎞に及ぶ空間が想定される。往時、港は東西の登り石垣で挟まれた北側の内海にあったものと考えられ、各曲輪群は特に南側の外海に対して防御を固める構造を採用している。なお、上記石塁（土塁）や東西の登り石垣は、現状では石材がかなりの部分で欠落して土塁状になっているが、往時はほぼ全域が石塁で固められていたものと推測される。

東西の登り石垣は、それぞれ東西方面からの攻撃を想定して設けられたものであり、ここでは石塁の外側に明確な竪堀を伴っていないが、切岸がしっかりと施されている。遺構の残存状態としては、西登り石垣の方が良好で、櫓台Ａから五五ｍ下った所に、いわゆる中国・朝鮮式の「雉城」に相当する櫓台Ｂが石塁から張り出して残っている。

また、櫓台Ｂから更に七〇ｍ下った所に明確な虎口Ｃも確認でき、更に西登り石垣の先端部近くはその内側に、現在は畑地になっているが居住区の想定できる方形の曲輪跡Ｄ等が数段残っている。東登り石垣についてもこれらと同様の施設があったものと考えられるが、現在は開墾、土取り等で遺構が失われている。

安骨浦倭城の登り石垣は、山頂から山麓に下るものとしては、東西の二本が確認でき、山腹から山麓部を仕切るという点において、上記の洲本城や松山城に類似している。但し、洲本城や松山城の登り石垣が山麓居館部を仕切るものであったのに対し、安骨浦倭城では港をも取り込んで広範囲を囲んでいる。

長門浦倭城の登り石垣

長門浦倭城の築城に関しては、例えば『日本戦史　朝鮮の役』（註17）は、文禄二年に福島正則、戸田勝隆、長宗我部元親らによるとしている。長門浦城の位置する長木湾は、奥行き一・三

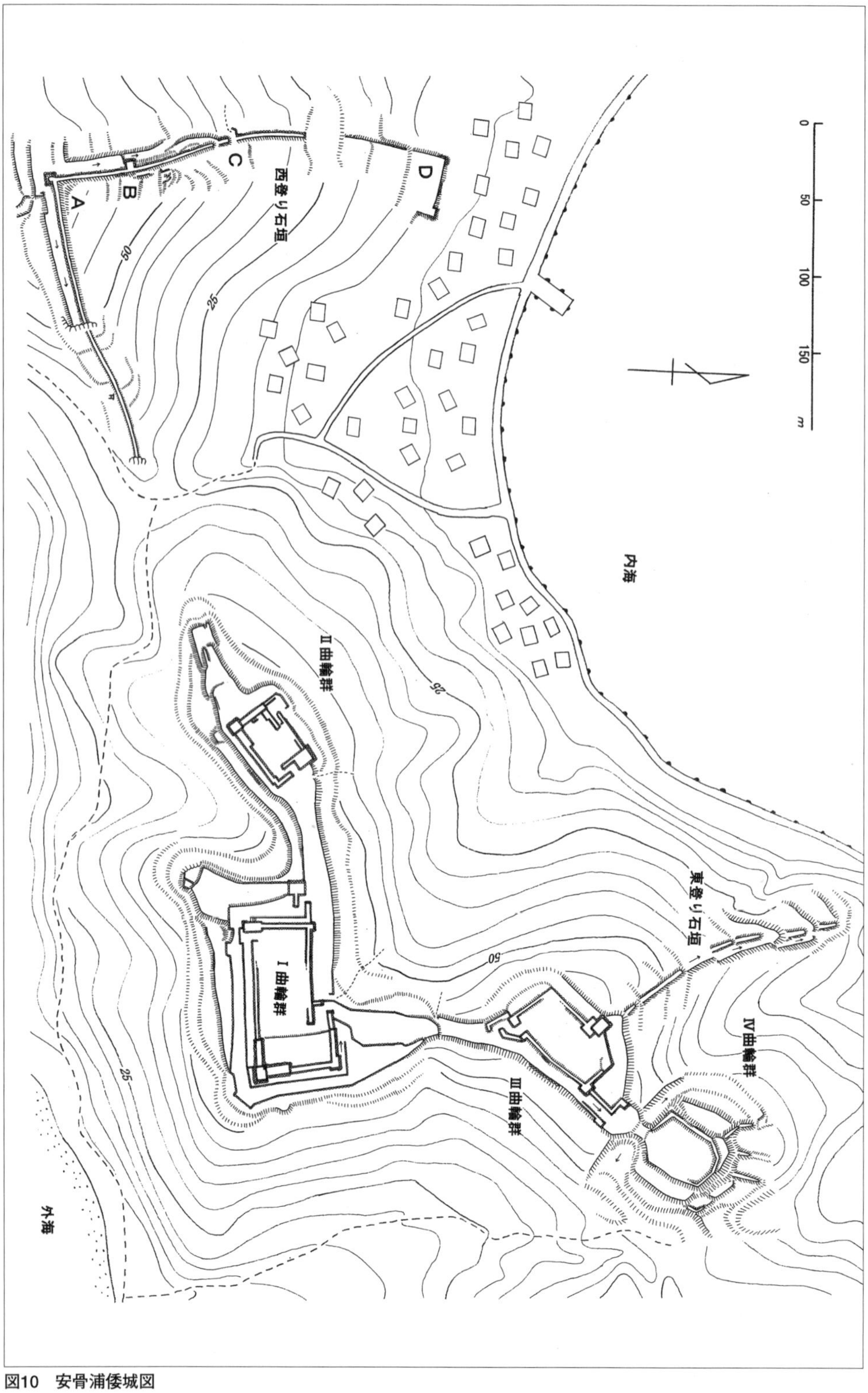

図10　安骨浦倭城図

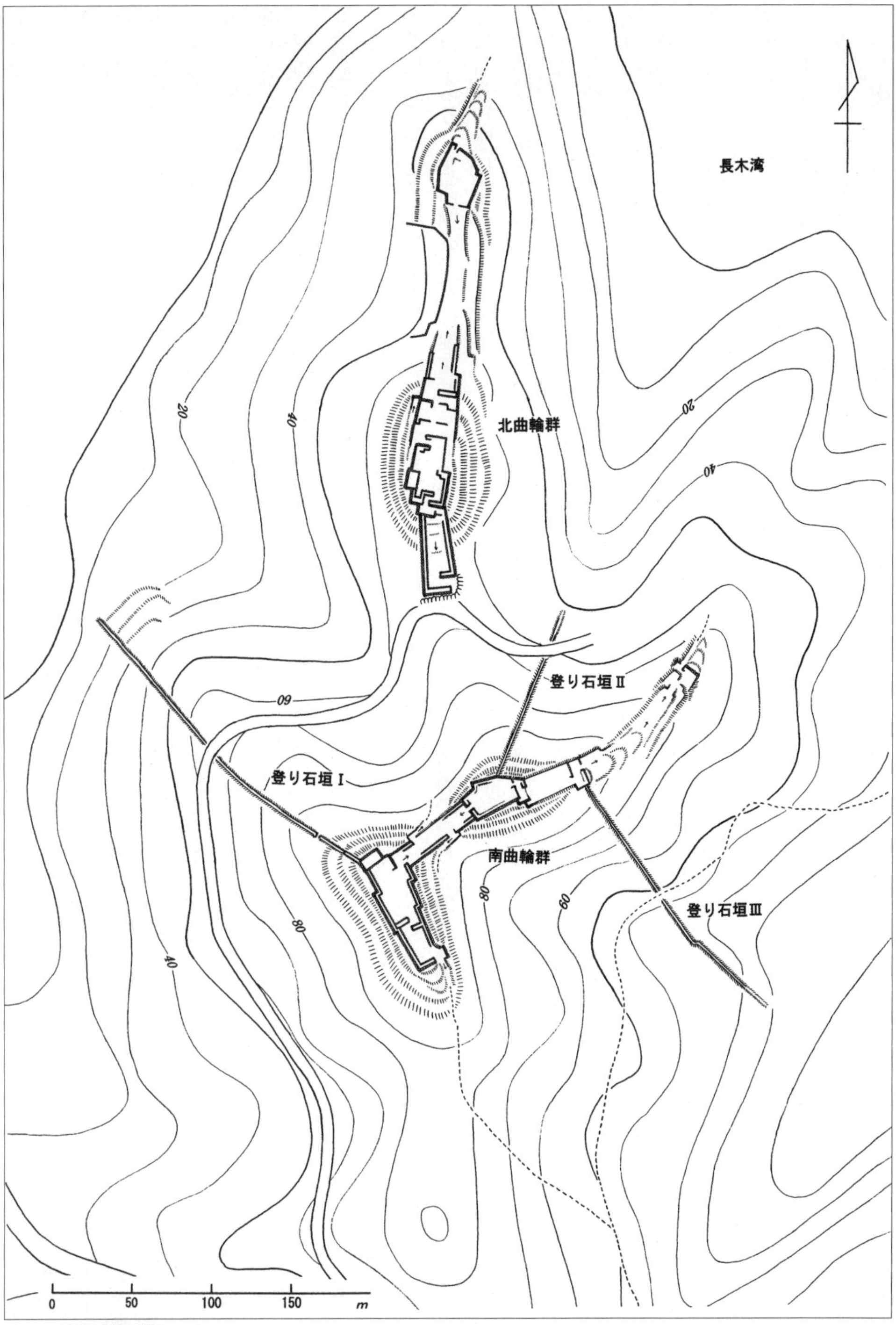

図11　長門浦倭城図

km、最大幅六三〇mであるが、湾口が二二〇mと狭く、巾着状の入り江になっている。この湾口の左岸に長門浦城、右岸に松真浦城が位置する。この両城によって長木湾が守られている。なお、長門浦城の構造については、『倭城の研究　創刊号』(註18)に詳細に報告されている。

長門浦城は、標高一〇七mの山頂部、およびその北方二七〇mの位置にある標高七五mの山頂部をそれぞれ中心として曲輪群が設けられ、いわゆる「二城一郭」あるいは「一城二郭」型の城郭である。ここでは便宜上、それぞれ「南曲輪群」および「北曲輪群」とする。

このうち、登り石垣(現状では、大部分が竪土塁状であるが、各所に石積みも確認できる)が設けられているのは、南曲輪群の方であり、北曲輪群の方は南曲輪群とこの登り石垣に囲まれた状態で立地している。

南曲輪群から下る三本の登り石垣のうち、北東および北西に向って下る二本(それぞれ、登り石垣Ⅰ、登り石垣Ⅱとする)は、上記したように北曲輪群を囲うように築かれている。一方、残りの一本は南東に向って下っている(登り石垣Ⅲとする)。これらの登り石垣は何れも明確な竪堀を伴っていないが、全体的に見て、登り石垣Ⅰについてはその南西側斜面が、登り石垣Ⅱについてはその南東側斜面が、登り石垣Ⅲについてはその南西側斜面が、それぞれ外側に想定される。

登り石垣Ⅰは、南曲輪群の西隅から始まり、尾根筋上、北西に約二二〇m直線的延びるあたりまで確認でき、また一ヶ所の虎口が頂部から三〇m下った位置に確認できる。

登り石垣Ⅱは、南曲輪群のほぼ中央部から始まり、谷筋に向って北東に約一一〇m下ったあたりまでが確認できる。

登り石垣Ⅲは、南曲輪群の東隅から始まり、南東に向って斜面を約一八〇m下るあたりまでが確認でき、途中、頂部から一一五m下った位置で東側に小さくクランクしているのが確認できる。つまり、登り石垣Ⅲだけについて見ると、斜面の上から下に向う横矢の関係から登り石垣の西側が外側に相当する。

全体的に見て、登り石垣Ⅰ～南曲輪群～登り石垣Ⅱのラインが、北曲輪群を防御する外郭線を構成し、更に内海(長木湾)側に対しては、登り石垣Ⅱの外側にもう一本の登り石垣Ⅲを設けることによって、防御を固めようとした意図がうかがえる。

倭城の登り石垣の特徴

倭城の登り石垣は良く知られており、前記したように朝鮮半島の在来の築城手法の影響を受けた可能性も指摘されているが、必ずしもこれを登り石垣のルーツとすることはできない。少なくともその祖形として、山頂曲輪群から山麓に向って土塁や竪堀を延ばし、防御のための遮断線とする築城手法は日本国内で既に完成の域に達していた。例えば、播磨上月城背後の目高築地(兵庫県佐用郡上月町)(註19)、因幡鳥取城攻めの陣城(鳥取県鳥取市)(註20)などが一例として挙げられる。

倭城ではそのライン(遮断線)の構築に多量の石材が用いられたことが大きな特徴と言えよう。また、このラインが山腹部(例えば兵屯部)、山麓部(例えば居館部)のみならず港湾をも囲い込んで防御し、更にラインの数を増やして多重に防御しているのも特徴である。

四　彦根城の登り石垣についての考察

以上、彦根城および近世城郭と倭城の登り石垣について述べてきた。これらを比較すると彦根城の登り石垣の特徴として、小規模であることが先ず挙げられる。彦根城の登り石垣中、最も長いものでも全長が六七・二mである。洲本城や松山城ものは一三〇〜二二五m、安骨浦倭城や長門浦倭城のものは一一〇〜二六〇mである。しかし、この違いは彦根城が単に小丘上（標高八八・一mの表御殿から標高一三八・八mの本丸までの比高差が五〇・六m）に築かれたためであり、それよりもこのような立地にもかかわらず、彦根城に登り石垣が築かれたことに意味がある。

ここで、再び図1を参照しながら彦根城の登り石垣Ⅰ〜Ⅴについて、それぞれに付属する竪堀を外側に見立て、それらのセット関係を見ると、①登り石垣Ⅰ〜鐘之丸〜本丸〜登り石垣Ⅴ〜内堀によって囲まれる空間A、②登り石垣Ⅱ〜本丸〜西之丸〜登り石垣Ⅲ〜内堀で囲まれる空間B、③登り石垣Ⅳ〜西之丸〜本丸〜登り石垣Ⅴ（この場合、竪堀が内側になるが）〜内堀で囲まれる空間C、の三つの山麓部の空間が想定できる。この三空間が、彦根城の内堀より内側山麓部の重要な空間（比較的広い空間）であることは言うまでもなかろう。

例えば、空間Aは元和年間の築城工事で表御殿が建設された空間である。登り石垣ⅠおよびⅤはそれぞれ空間Aへの出入口に当たる表門および裏門に接続している。ここには枡形が設けられていて、しかも両者ともその内門（櫓門）が登り石垣に接続している。なお、裏門は写真4に見られるように、北西隅が開口していて、完全な枡形にはなっていないが、これは空間Cに続く通路との関係によるものである。そして、これら両枡形が空間Aから突出した構造になっている。

また、空間Bは食料貯蔵施設である「御城米蔵」の並んでいた空間で、空間Aに次ぐ重要な空間である。ここでは、南側を仕切る登り石垣Ⅱの先端は大手枡形の内門（櫓門）に接続し、この大手枡形が空間Bから突出した構造になっていて、上記空間Aの場合と同様である。一方、空間Bの北側を仕切る登り石垣Ⅲの先端は仕切門と呼ばれる城門に接続しているが、ここには枡形が設けられていない。これは、上記の三枡形が内堀の木橋と連動しているのに対して、ここには外に出る手段が設けられていないためであろう。

空間Cについては、空間Aや空間Bと比べると結果的には重要度が低くなってしまったものと考える。すなわち、登り石垣Ⅳの先端部には城門が置かれず、そこから空間Cの内側に入った所に城門（黒門）が設けられている。防御的には、この城門を登り石垣Ⅳに接続する位置に設ける方が有利になることは明らかである。この変則的な構造の採用の理由は不明であるが、築城途中に何らかの理由で城門の位置が変更されたのかも知れない。あくまでも推測であるが、例えば、当初はここに第三の重要施設（武器庫など）を置く予定であったのが、工事途中で大坂城が落城（元和元年）したことなどが考えられる。その根拠として、「由来記所収図」では空間Cに「材木蔵」としたものが軒を並べて描かれているが、「文化十一年図」では大部分が空地になっている。また登り石垣Ⅳについても、上記したように往時既に塀の無い状態であったこと、現状でも最も崩壊の進んでいることなどが挙げられる。

つまり、このように防御上、不合理な登り石垣が、山麓部の普請（黒門口など）が終わってから築かれた可能性は小さく、むしろそれらに先行して築かれた、と考えた方が妥当である。さらに、五本の登り石垣がほぼ同時に築かれたものとすると、その築造は第一期工事、すなわち慶長年間ということになる。

以上の観点から、彦根城の縄張りの特徴として、堀が彦根山直下の山際に設けられているので、山麓施設として必要な空間を三ヶ所に分割せざるを得ず、それらを防御するために複数の登り石垣が設けられた、とすることもできよう。

しかし問題は、①何故この施設が彦根城にあるのか、②誰によって造られたのかという点であろう。残念ながら彦根城築城関係の資料の中に登り石垣の築造についての記事が見出せない。これも推測の域を出ないが、①については彦根城が「軍事重視の城」であり、また、いわゆる「水陸両用の城」であるということ、②については慶長年間のいわゆる「天下普請の城」であること、との関係が考えられる。

「水陸両用の城」に関しては、例えば「木俣土佐紀年自記」（註21）に、「此山二方湖水、東南民屋平地相續て、諸事勝手の地たり」とあって、彦根城は関ヶ原合戦直後の大坂方に対して、家康の命によって、佐和山城を廃して湖上輸送の拠点となる地が選定され築城された軍事重視の城郭である。当時、このような目的および立地条件に最も適した城郭の構造として、倭城の構造が採用されたとしても不思議ではなかろう。彦根城以外で、この時代に大坂城に対し、天下普請で築城された城郭として、例えば近江膳所城・丹波亀山城・丹波篠山城などがあるが、この中で山と海（湖）の両方を擁する位置に立地しているものは無いので、残念ながらこれらと比較できない。そのため、結果的には彦根城が他に類を見ない構造を採用しているように見えるのである。

さらに「木俣土佐紀年自記」には、「新城の繪圖を奉り、願濟普請をなし、城郭繪圖、上意に契」とあって、彦根城の築城は家康の命により木俣土佐（守勝）が立案・計画したことがうかがえる。しかし、木俣土佐は文禄・慶長の役当時は、家康の命によって井伊直政に属していて（註22）、倭城の築城に関わったはずも無い。一方、倭城で盛んに築造された登り石垣であるが、その後は国内では限られた城郭にしか採用されていない。この手法が彦根城に採用されていることは非常に興味深いことである。彦根城は「天下普請の城」であり、築城に参加した助役大名の中の誰かの助言に基づいての可能性もあるが、助役大名の氏名が概して不詳のため検討できない。筆者としては、むしろ彦根城が上記したように「軍事重視の城」という点と、「水陸両用の城」という点で特異であり、これに登り石垣を設けることは、当時としては最善の防御形態となることが周知の事であったものと考える。

その後、大坂城の落城によって彦根城も今度は井伊家の城として、元和年間の第二期工事を経て、明治維新まで存続する。安定期に入ると、おそらく斜面の登り石垣の必要性も低下し、むしろ逆にその維持が困難になっていたのではなかろうか。例えば前記した洲本城では、稲田氏時代には登り石垣は既に放棄されていた（註23）。しかし、彦根城では「文化十一年図」に示されるように、幕末期に少なくとも「塀」が健在であった。日常生活には何ら支障のない斜面の施設が幕末まで維持されていたことは、その後も彦根城が単に一大名の居城というだけでなく、軍事拠点としての性格も帯び続けたために他ならない。城郭の維持管理という点では、例えば大和高取城の場合について詳しく検討されている（註24）が、彦根城の場合もほぼ同様に忠実に履行されてきたと言えよう。

五　まとめ

彦根城に見られる五本の登り石垣（竪堀）について、その現状を古絵図と対比させ、それぞれについて、構造上の相違点やセット関係、山麓部施設との接続関係などについて検討を行ってきた。また、他の近世城郭や倭城に見られる登り石垣との構造比較を行い、機能面からの検討も加えた。彦根城に見る特異な施設（登り石垣）は、城が関ヶ原合戦直後の大坂方に対して築城された軍事目的重視のものであり、湖上輸送の拠点でもあったことを反映する遺構の一つである。

彦根城全体の構造や歴史から見ると、ここで取り上げた「登り石垣」などは極めて微細なパーツの一つに過ぎないが、それだけでも我々に多くのことを語りかけてくれ、また、このような施設が今日まで彦根城に良く残されていることも特筆すべきことである。

註

1 海津栄太郎、「彦根築城記録の問題点」『彦根郷土史研究　二十・二一合併号』　彦根史談会　一九八五、および本誌別項、海津栄太郎氏の論文。
2 髙田徹氏の提供による。
3 彦根市史編集委員会編、『新修彦根市史　第六巻』　彦根市　二〇〇二年
4 中村不能齋、『彦根山由来記』　一九一〇年
5 『彦根山由来記』に所収される「御城中御櫓大サ并瓦塀間数御殿御建物大サ覚書」の中に、「鐘之丸御廣間、五間ニ十一間、但、享保十七壬子年、タ、ミ、江戸へ被遣、江戸御屋敷御廣間ニ成ル」とあり、同図の鐘ノ丸にこの「廣間」が描かれていることから、本図は享保十七年以前成立の原図を、明治年間の「縮尺九百分之一」測量図の置き直したものとみることができる。以上、海津栄太郎氏の教示による。なお、この原図に相当する彦根城図は確認されていない。
6 『文化十一年六月改正、御城内仰絵図』彦根城博物館所蔵（縦二・六五m、横一・八mのもの）
7 岡本稔・山本幸夫、『洲本城案内』　一九八二年
8 蜂須賀家文書、国文学研究資料館所蔵、（『淡路洲本城』城郭談話会　一九九五　所収より）
9 『淡路洲本城』　城郭談話会　一九九五年

10 前掲註8に同じ。
11 本田昇氏作図、前掲註9所収
12 『松山城』松山市観光協会 一九七〇年
13 『文久四年 亀郭城惣圖』 伊予史談会提供
14 『倭城：文禄慶長の役における日本軍築城遺跡』 倭城址研究会 一九七九年
15 『慶南の城址』 慶尚南道発行 一九三一年
16 『倭城の研究 第二号』 城郭談話会 一九九八年
17 参謀本部編、『日本戦史 朝鮮の役』 偕行社 一九二四年
18 『倭城の研究 創刊号』 城郭談話会 一九九七年
19 朽木史郎・橘川真一編、『ひょうごの城紀行 上』 神戸新聞総合出版センター 一九九八年
20 村田修三編、『図説中世城郭事典 第三巻』 新人物往来社 一九八七年
21 東大史料編纂所、「木俣土佐紀年自記」、『大日本史料』所収
22 「木俣家譜」、彦根市立図書館所蔵。海津栄太郎氏の教示による。
23 前掲註9による。
24 『大和高取城』 城郭談話会 二〇〇一年

国宝彦根城天守前身建物復元CG解説

画像作成：村　井　弥寿英／監　修：村　井　毅　史

是迄、彦根城天守の前身建物は、『井伊年譜』『彦根旧事記』と云った彦根藩関係の二次史料から大津城天守として決め手の一次史料を欠いた侭、漠然と信じられて来た。本解説では『国宝彦根城天守・附櫓及び多聞櫓修理工事報告書』所収の前身建物復原図を根拠として前身建物が何処の城郭の天守か考察する。

前身建物の構築されていた城郭について有力な情報として次の二点を挙げる事が出来る。先ず一層平面が不整形な横長の台形である点。第二に最上階の入母屋屋根の向きが平入りで在る点である。

第一の点として一層平面が不整形なものとして安土城天主・甲府城天守・岡山城天守・和歌山城天守・犬山城天守・鳥取城天守等が在る。是等は何れも、山城か平山城で、狭くて不整形な主郭内を有効に利用する為にこの形状が選択されたとみられる。特に桁行方向に長いのは岡山城天守（一五九七年落成／『岡山城史』岡山市発行）に共通するものである。これに対して大津城は完全な平城で地形的な制約は一切無い。この点からみると前身建物が大津城の天守で在った可能性は極めて低い。

第二の点として、このような特徴は関ヶ原合戦（一六〇〇年）以降に築造された天守の特徴でその事例は枚挙に暇が無い。但し是以前の事例として、松本城天守・吉川期米子城天守が存在する。これらは文禄期（一五九二～五）に構築されたもので在る。また先の岡山城天守もほぼ同時期の構築である。

よって前身建物も此の頃の構築と考えられる。翻って大津城天守は天正十四・五（一五八六・七）年と考えられている（『新修大津市史三』）。是は豊臣期大坂城天守とほぼ同時期で、これ以降関ヶ原合戦迄は妻側が正面を向く妻入りが大部分を占める。この二点に於いて前身建物が大津城天守で在る可能性は極めて低い。

つまり解体復原修理で得られた前身建物に関する情報を総合するとその天守は平山城か山城に建てられ、構築時期は文禄期以降となる。これに大津城天守は全く合致しない。前身建物が大津城天守で在る可能性は極めて低いと云え様。

では前身建物は何処の城郭の天守だったので在ろうか。それは彦根近国で、山城か平山城の城郭で在り、文禄期以降に大改修された城郭である。答えは意外なところに転がっている。それは彦根城東方一・五㎞に所在する石田三成の佐和山城である。改修時期は野田浩子氏によると文禄四年で在る（「戦国時代の面影―佐和山城と百々村」『城下町彦根』サンライズ出版）。

以上を総括すると前身建物が構築されていた城郭は石田三成の佐和山城で在る可能性が極めて高い。これを期に議論が尽くされん事を望むもので在る。

（村井毅史）

参考文献／『日本建築史基礎資料集成第十四巻城郭Ⅰ』中央公論美術出版／城戸久『名古屋城と天守建築』名著出版

国宝彦根城天守前身建物復元ＣＧ（正面左方より望楼部を望む）

国宝彦根城天守前身建物復元ＣＧ（正面左方目線より見上げ）

彦根城跡本丸御広間の建物遺構について

―近世初頭の山城における本丸御殿の再検討―

早川　圭

はじめに

特別史跡彦根城跡の建物と言えば、国宝の天守をはじめ重要文化財の天秤櫓・西ノ丸三重櫓や復元されて彦根城博物館となっている表御殿などの建物が有名である。しかし現存あるいは復元されて現在みることのできる建物のみで往時の彦根城が成り立っていたわけではない。他の多くの近世城郭同様、彦根城跡もまた多くの建物が廃城にともなって取り壊されているのである（註1）。また、幕末には残されていても築城から廃城まで同じ建物がそのまま存続したわけではなく、近世の中でも建物の存続・廃絶や増改築があったことは言うまでもあるまい。

本稿では現在みることのできない彦根城跡内の建物遺構のうち、軍事的な性格の強い天守や櫓といった建物とは異なる曲輪内部の建物遺構について考えてみたい。検討対象としては本丸の内部にあって、表御殿の前身とされる「御広間」「御台所」「御局」という三棟のいわば本丸御殿とも言うべき建物遺構とする（註2）。これらは現在、地上に礎石や側溝を残すに過ぎないが、後述するように彦根城跡の変遷のみならず、中世城郭から近世城郭への変遷を考える中で重要な遺構であると考えられる。

以下では、まず建物遺構の現状を概観し、次にこれに関わる絵図資料や文献史料を参照して復元を試みる。さらに中世城郭から近世城郭における建物遺構の変遷についての試案を提示し、その中における彦根城跡御広間の建物遺構の位置付けを行なってみたい。

一　遺構の現状と復元

御広間・御台所・御局の礎石群とその復元

彦根城跡の山上部へ登って本丸へ至ると、天守が正面に見えるがその手前には広場があり、足元には建物の礎石となる幾つかの石が列になって並んでいる。東側の石材の大半は植え込み

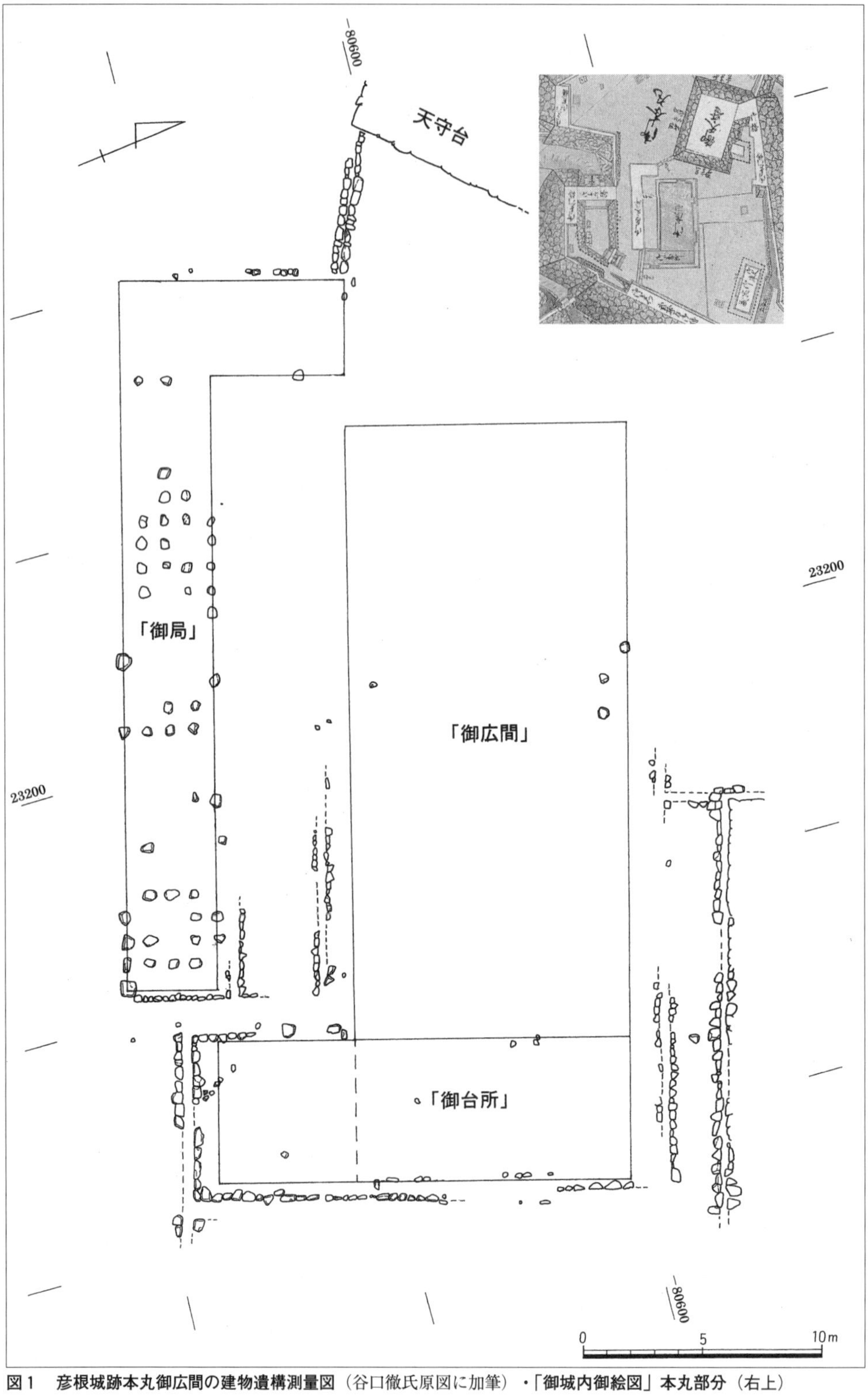

図1　彦根城跡本丸御広間の建物遺構測量図（谷口徹氏原図に加筆）・「御城内御絵図」本丸部分（右上）

の囲いに転用されてしまっているが、これが本丸内部に設けられていた御広間・御台所・御局の建物遺構である。周囲には雨落ち溝と考えられる石組溝がめぐり、一部に瓦の破片が散布している。場所によっては石材が埋没していると考えられる箇所もあり、現地表面のレベルは一定ではない。これらの遺構については既に谷口徹氏によって測量図が作成されており概要を知ることができる（註3）。

現状で確認できる遺構を観察すると、石組溝とそれに区画された礎石から二～三棟の建物が想定される。まず南側の一棟はほぼ半間間隔に径約三〇～五〇㎝の礎石を配した建物であり、外回りの側柱だけでなく建物内部の中柱も半間間隔となっている。平面形は天守方向へ桁行の長い梁行二間の建物と考えられ、間の幾つかの礎石が植え込み囲いに転用されている。次に東側の一棟は南北両面を石組溝にはさまれた梁行三間、桁行九間程度の建物とみられるが内部の礎石はほとんど残されていない。南側の石列内部がやや高くなっていることや東側の石列から規模が想定できる。さらに南・東側の二棟の建物遺構にはさまれる範囲にも石組側溝の列や径約四〇～五〇㎝の礎石が散在しており、礎石と同じサイズの多数の石材によって囲まれた植え込みが数箇所あることから建物が存在したことがうかがえる。試みに植え込みの石材数を数えると、礎石とみられる径約三〇～一〇〇㎝の石材が七十数個確認できた。一間おきに礎石を配置したものと仮定すると相当規模の大きい一棟、あるいは密集した複数棟の建物が想定される。

これらの建物遺構の柱間については礎石が多く残されている南側の建物を参考にすると一間が一九七㎝で六尺五寸を基準としていると考えられる。瓦の破片がみられることから瓦葺の建物であることもわかる。なお、彦根城跡本丸ではこれまで発掘調査は行なわれていないため、礎石の抜き取り穴など礎石の移動・転用状況についての詳細は明らかではない（図1）。

さて、冒頭にも述べたようにこれらの遺構については先学によって以前から御広間とその周辺にあった建物の遺構であることが指摘されている。そこで、以下ではこれまで本丸御広間の建物遺構であるという根拠とされてきた資料について改めて検討し、現状の遺構と照合する作業を行なう。残存状況が良好とは言えない現状の遺構を復元するには、絵図資料や文献史料との比較検討が必要となる。後述するようにいずれも一次史料とは言えないが、相互に確認することによって問題点を確認しつつ検討を進めたい。

「御城内御絵図」

彦根城の内堀内部を描いた著名な「御城内御絵図」は文化十一年（一八一四）のもので普請奉行の名が記されており城内の補修に関する資料と考えられている（註4）。絵図の中の本丸は多聞櫓や塀に囲まれた内部の中央に梁行が長く規模の大きい「御広間」、その東隣に直交してやや細長い「御台所」、「御広間」の南・西側を囲うように細長いL字形の「御局文庫」（御局）、という三棟の建物が幾本かの線に囲まれて描かれている。前二者は橙色で、後者は白色で塗り潰されているが、建物の間数表記はない。「御広間」「御台所」には張り出し部分がみられる。

写真1　東側からみた本丸御広間・御台所・御局の建物遺構と天守
（手前右が御台所、中央左が御局、天守の手前右の植え込み付近が御広間）

写真2　南側からみた御台所の建物遺構（奥は着見櫓台）

建物の周囲の線列はおそらく雨落ち溝であろう（図3）。

現状の遺構と比較すると、先に想定した南側の建物が「御局文庫」、東側の建物が「御台所」に該当することが明らかである。また、両者の間に建物を想定した範囲には「御広間」が存在したことがわかる。残存状況が良好でない御広間は不明な点が多いものの、御台所は石組溝に囲まれた範囲でほぼ平面形が一致し、御局については天守台東側下の石段の端にL字形に接する細長い平面形の建物であることが確認できる。建物遺構の周囲をめぐる雨落ち溝についても現状とほぼ一致する。

「御城中御矢櫓大きさ並びに瓦塀間数御殿御建物大きさ覚書」

「御城中御矢櫓大きさ並びに瓦塀間数御殿御建物覚書」は年未詳であるが彦根城内の建物や塀の規模について記された史料である（註5）。本稿で扱う本丸内部の建物については以下のように記述がある。

一　御天守　六間に十間半
　　同所へ付く御多聞　二間に十四間
一　同所の御広間　六間に十五間
　　同所へ付く御台所　三間四方に六間
　　同所の御文庫　二間に二十一間

御広間は梁行六間、桁行十五間と記されているが、「御城内御絵図」の表現を参考にする限り桁行十五間は長過ぎて「御局」に届いてしまう。このことから東側に接する御台所の梁行三間を含めて表示するなど誤った表記になっていると考えられる。また、御文庫（御局）は梁行二間、桁行二十一間と記されているが、「御城内御絵図」や現状の遺構ではL字形に折れた建物であって長辺を足しても桁行は二十間で一間分不足する。これらの点から「御城中御矢櫓大きさ並びに瓦塀間数御殿御建物覚書」の記載をそのまま信用することはできず、現地の遺構や絵図資料との比較検討が必要なことが改めて確認できる。しかし本丸内部の建物については、御広間・御局の桁行が異なる二点を除いては概ね「御城中御矢櫓大きさ並びに瓦塀間数御殿御建物覚書」の記載は現状と一致しており、ある程度の精度を保つものと思われる。

『井伊年譜』

『井伊年譜』は享保十五年（一七三〇）に彦根藩七代藩主の井伊直惟の命によって編さんされた（註6）。享保年間は十八世紀前半であるから二次史料であり、信憑性が万全とは言えないものの、慶長八年（一六〇三）「秋七月築彦根城」の項には、佐和山城から彦根城への移転や彦根築城について注目される記述がある。

まず、築城工事は慶長八年に開始されたと記されているが、翌年の慶長九年には早くも鐘之丸が完成し、「一二今年御城出来、翌九年甲辰二御移徙ノ由」と、井伊直政の嫡子で当時の藩主であった直継が佐和山城からそこへ移っている（註7）。直継が入った建物は明記されていないものの、前述の「御城中御矢櫓大きさ並びに瓦塀間数御殿御建物覚書」に記されている「鐘の丸大広間」と考えられる（註8）。次に「御本丸御広間並御台所長局等有　直継公御在城の時分ハ右ノ広間ニ在之」という記述があり、二代藩主である直孝の前代にあたる直継時代には本丸御広間が藩主の居館であったことがわかる。

井伊直継が彦根藩主を退くのが元和元年（一六一五）のことで、次の藩主の直孝時代には山麓の表御殿が使用されている（註9）。このことから、佐和山城から直接表御殿へ移ったわけではなく、慶長九年から元和年間までの間の十数年間の間に藩主の居館は佐和山城→鐘之丸大広間→本丸御広間→山麓表御殿と変遷したことになる。

また、「御本丸御広間並鐘ノ丸御守殿ハ、タヽミ置候様ニトノ思召ニ候ヘトモ、善利川ノ堤安清辺ヨリ見候ヘハ、城中建物多ク重リ様子宜候ニ付其儘建置ノ由」という記述もみられ、山麓の表御殿への移転後、不要となって撤去するつもりであった御広間の建物が、城外からの景観に配慮して存続していることもわかる。以後、本丸御広間の建物は「御広間」「御台所」が作事方木材入、「御局」（長局）が筋方の文庫として使用されていた。

以上、本丸御広間の建物遺構の現状の説明と絵図資料及び文献史料の検討を行なった。本節を閉じるにあたり要点を改めてまとめておこう。

現在本丸内部に礎石を残す建物遺構のうち、「御広間」は北側の建物遺構にあたり、植え込みの囲いに大半の礎石が転用されているが、梁行六間、桁行十二または十三間の東西に長い建物と考えられる。南北両側に雨落ちとなる石組溝を備え、東側は御台所に接する。内部の柱配置などは不明である。元和年間以降は作事方木材入として使用された。

「御台所」は石列を残す東側の建物遺構にあたり、梁行三間、桁行九間の南北に長い建物と考えられる。「御城中御矢櫓大きさ並びに瓦塀間数御殿御建物覚書」の記述では桁方向が三間分異なる上屋であった可能性を残す。内部の柱配置の詳細はわからない。「御広間」に接する西側以外は石組溝が周囲をめぐっている。「御広間」同様、元和年間以降は作事方木材入として使用された。

「御局」は西端が天守台方向へL字型に折れる南側の建物遺構にあたり、梁行二間、桁行十五間＋五間の東西に細長い建物と考えられる。三つの建物のうちで最も内部の礎石がよく残っており半間ごとに柱が配置されていることが確認できる。西半分は不明な点が多いが、狭い空閑地をはさんで「御広間」「御台所」に面する北側と東側には石組溝がめぐる。元和年間以降は「御城内御絵図」に記されている通り、筋方の文庫として使用された。

これら三棟の建物遺構は互いが近接し柱筋が平行あるいは直交しており、一体となって機能する建物であったことが明らかである。現在でも三棟を総称して御広間と呼ばれることがあるように、居館として使用されていた当時も「御広間」を中心に三棟がセットで扱われていたと考えられよう。『井伊年譜』の記述によると、慶長九年に井伊直継が佐和山城から鐘之丸大広間へ移ってから、元和年間に次の藩主である直孝が山麓の表御殿へ移転するまでの間に、山上の本丸御広間が藩主の居館として用いられたと考えられる。

二　中世後半から近世の山城における建物遺構の変遷

前節までの検討によって、彦根城跡本丸御広間の建物遺構を慶長年間後半の山城における城主の居館と比定した。それでは本丸御広間の建物遺構は城郭史においてどのような位置を占めるのか、中世後半から近世にかけての山城における建物遺構の変遷について発掘調査成果を中心に考えてみよう。なお遺構の時期については廃絶時期を中心に検討しているため若干前後する可能性がある。

戦国期・織豊期の山城における建物遺構

戦国期前半、十五世紀から十六世紀前半の山城では発掘調査によって建物遺構が検出されることはあっても、大半は掘立柱建物であり梁行二間・桁行三間以下の規模の小さいものや、柱間がそろわず平面形が不整形なもので占められる。建物遺構が建てられる曲輪自体の面積も狭く、何も検出されない場合や乱雑に柱穴だけが検出される場合が多い（註10）。これは当時の山城が後の時期のものに比べて臨時的な施設であり、建物を必要とするような居住性が低かったことによるものと考えられる。

戦国期も後半の十六世紀中頃になると、比較的規模の大きい建物や礎石建物の出現など、山城における建物遺構に変化がみられ始める。前半に比べると山城がより恒久化して、それまで設けられることがほとんど無かった虎口（出入口）が出現すると共に、梁行二間・桁行四～五間程度の建物を含む複数棟の礎石や掘立柱の建物が曲輪内部に建てられるようになる（註11）。

さらに十六世紀後半には梁行三間を超える大規模な礎石建物群を山上に成立させる山城がみられる。近江の清水山城跡では主郭で梁行五間・桁行六間の礎石建物遺構が検出され、内部の柱配置やカマドの痕跡から居住用の建物と考えられている。また周囲にも礎石が検出されており、規模は不明なものの複数の礎石建物群があったことが判明している（註12・図2）。また、小谷城跡（註13）・観音寺城跡（註14）では山麓の居館と共に山上にも大規模な礎石建物群を並存させている。文献史料の分析でも天文～永禄年間頃に戦国大名・国人が山麓の居館とは別に、山城を居城とする傾向が指摘されている（註15）。なお、これは山城に限ったことではないが、後の隅櫓や多聞櫓につながるような塁線に沿った建物遺構が加賀の鳥越城跡などもみられる（註16・図3）。この段階が前代と大きく異なるのは大規模な居住用の建物が山上に構築されると共に、塁線に沿った防御施設としての建物が構築される点にある（註17）。

十六世紀後半の織豊政権下における城郭では建物がさらに発展している。まず、織豊系城郭の画期とされる石垣・瓦と有機的に組み合わされた防御施設としての櫓が出現する。これは石垣の塁線上に隅櫓や多聞櫓など瓦葺の壁の厚い重量のある礎石建物が配置されるもので、戦国期の防御施設としての建物に比べて飛躍的に防御力が強化されている。また、曲輪内部の居住施設としては戦国期に引き続いて居住用の大規模な建物がみられるものの、安土城跡のように山麓に居館を並存させず山上の

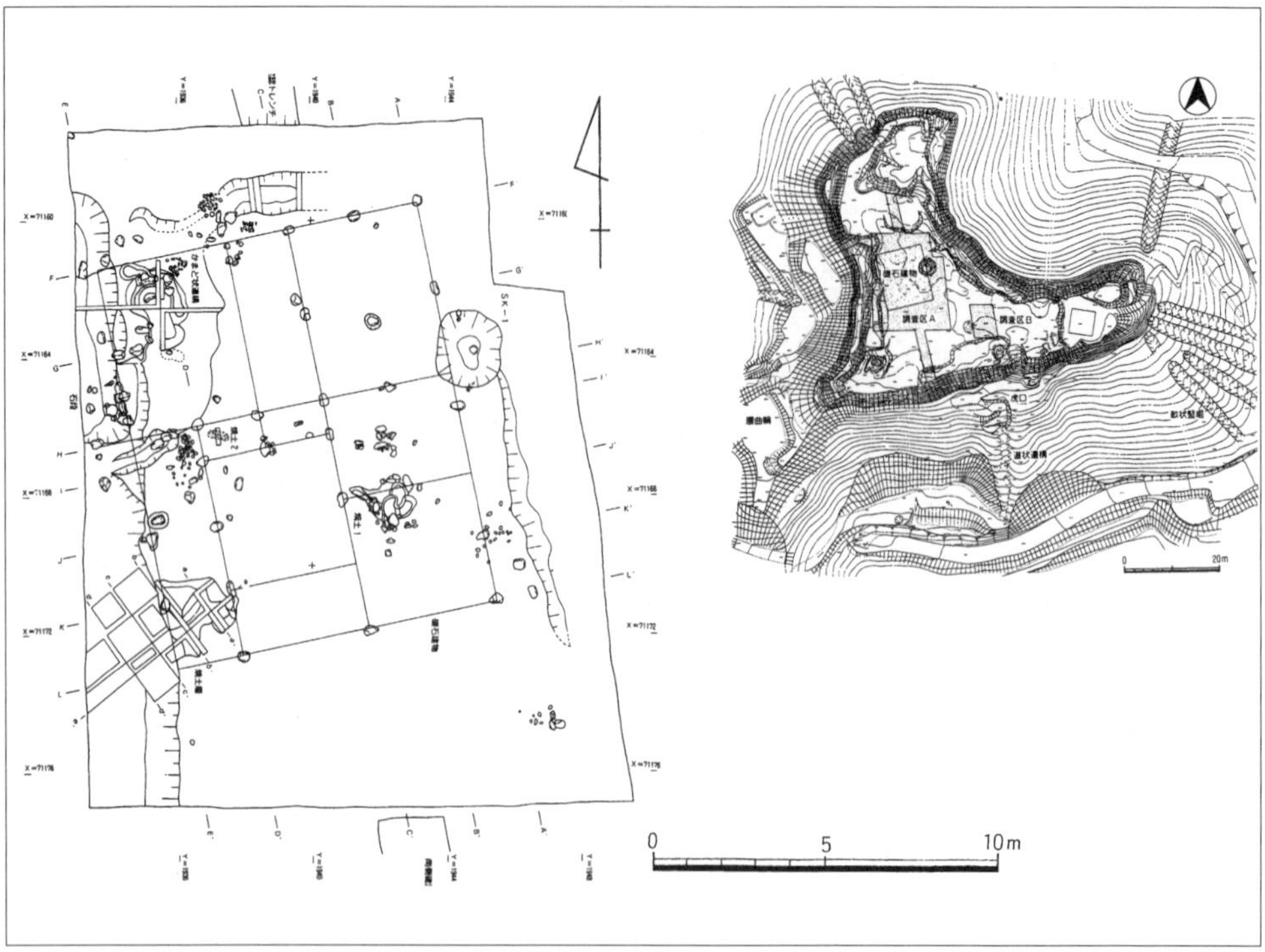

図2　清水山城跡主郭の建物遺構測量図（註11文献より転載）

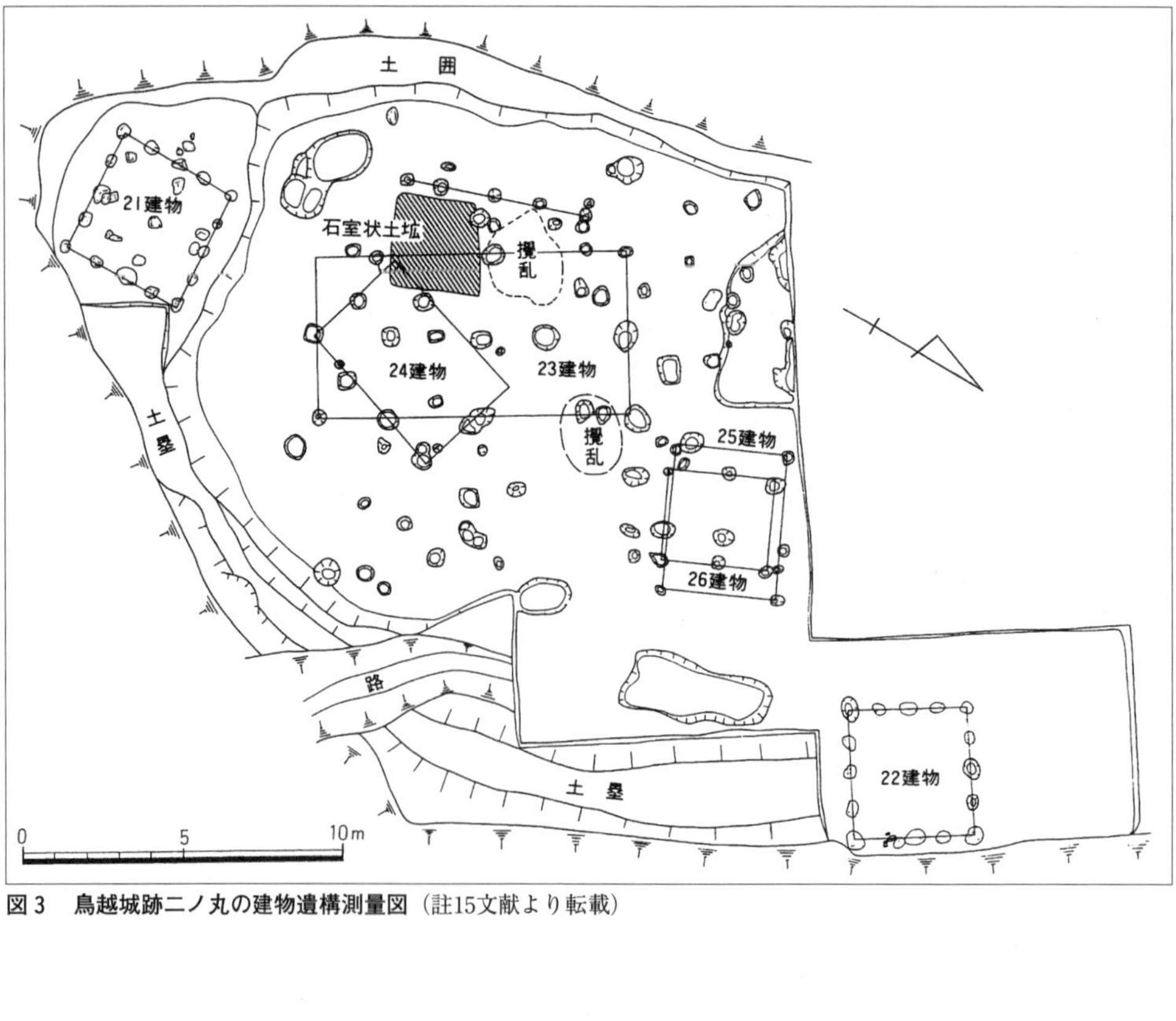

図3　鳥越城跡二ノ丸の建物遺構測量図（註15文献より転載）

みに居館を持つ山城が出現する点に特徴がある（註18）。この段階に至り、直線化された曲輪の塁線に合わせて防御用の建物が配置され、その内側に居住用の建物が設けられることになる。

近世山城における建物遺構

以上のように、山城の主郭内部に設けられた城主の居館と言える建物は十六世紀の中頃から、いわゆる隅櫓や多聞櫓といった塁線にならぶ防御用の建物の原形は十六世紀の後半から確認でき、戦国期の後半には本格的な建物が山城に建てられていることがわかる。また織豊期には瓦葺や石垣の塁線に合わせた多聞櫓などの防御用の建物へとさらに発展し、居館も山城という城郭内にのみ設けられる事例がみられることも確認した。以下の近世城郭では山上の曲輪内部における建物遺構に限って検討を進めることとする。

表1　戦国・織豊期山城の建物遺構規模の変遷

時期	山　城	地域	主要建物遺構の規模
16世紀中頃	佐保栗栖山砦跡	摂津	2間×5間、2間×2間、他
	小倉山城跡	安芸	2間×4間、1間×3間～、他
	芳原城跡	土佐	2間×7間、3間×3間、他
16世紀第3四半期	鎌刃城跡	近江	5間×6間～、他
	清水山城跡	近江	5間×6間、他
	小谷城跡	近江	不明　礎石建物多数
	観音寺城跡 池田丸	近江	5.5間×14間、5.5間×9間、5間×9間、他
16世紀第4四半期～	安土城跡 伝秀吉邸	近江	4間×7間、5.5間×5.5間、他
	八幡山城跡	近江	5間×8間、他
	宇陀松山城跡	大和	5.5間×7間、5間×6間、他

近世城郭では仙台城跡・高山城跡・丸岡城跡・高取城跡・姫路城跡・松江城跡・徳島城跡・高知城跡などが山上部に御殿のある事例として挙げられる（註19）。高取城跡では本丸に六間・九間の「御広間」がみられ（註20）、仙台城跡では十三間半・十七間半の本丸大広間が伊達政宗の時期に機能し、次代の忠宗次代には山麓の二ノ丸御殿へ移っている（註21）。姫路城跡では山麓の御殿とは別に、本丸（備前丸）に「対面所」や、十一間・十二間の「御台所」といった建物があり、慶長年間後半の城主であった池田輝政の居館が存在したと言う伝承がある。高知城跡でも中腹の二ノ丸御殿・居屋敷とは別に本丸に対面所として御殿（懐徳館）が設けられている。

これらの建物遺構の多くは織豊期から慶長～元和年間に構築・使用され、元和年間以降は政庁機能が全て、または大半が二ノ丸以下の御殿へ移転するという傾向がみられる。建物構成も一棟の広間を中心に一・二棟の建物が取り付くものが多く、多数の建物が連なる二ノ丸以下山麓の御殿に比べて概して規模が小さい。表向・奥向の区分を設けることは平面規模・部屋割りからみても難しく、また庭園など設けられていない簡素な造りである。しかしこれらの建物遺構が一時とは言え、城主居館として政庁機能を担っており、一部は対面所としての機能を維持しながら存続していたのである。

以上、近世初頭までの山城における建物の変遷をおおまかに概観した（表1・註22）が、逆に元和年間以降は山上部に御殿が構築されることは無く、平城などでも本丸御殿は機能を二ノ丸以下の御殿へ移動させている。大和の宇陀松山城跡では山上の本丸において、多聞櫓に囲まれた本丸御殿の建物遺構が検出されているが、これらは元和元年に破却され城自体も廃城となっている（註23）。御殿のみならず出石城跡や龍野城跡など城自体が山上部を持たず山麓部のみという城郭もみられる。

三　彦根城跡本丸御広間建物遺構の歴史的位置付け

前節では、山上部に大型の御殿的な建物遺構が残されるのは戦国期後半から近世初頭の特徴と考えられ、周囲に多聞櫓や天守が築かれる彦根城跡本丸の様相は、その中でも後半の織豊期以降のものと判断できる。他の同時期の山城と比べても本丸御広間の建物遺構は、当時の城主の居館として機能を果たしたものと考えられよう。

ここでもう一度「御城内御絵図」や「御城中御矢櫓大きさ並びに瓦塀間数御殿御建物覚書」によりながら彦根城跡における他の建物遺構との比較を試みてみよう。すると本丸「御広間」同様に梁行が六間程度の建物は、天守（六間・十間半）・鐘之丸大広間（五間・十一間）・御守殿（六間半・七間）のみで、他の隅櫓・多聞櫓などは梁行二～四間が大半である。中でも多聞櫓は梁行二～三間に対して桁行が四～三一間、米蔵は梁行二～三間に対して桁行三～十五間と細長い平面のものが多い。また曲輪内の配置では天守や櫓・多聞櫓は外側の塁線に置かれ、「御広間」同様に曲輪の内部に置かれる建物は鐘之丸大広間・御守殿の他は「米蔵」など倉庫として使用されたものがほとんどである。これらのことから曲輪内部に配された梁行の長い建物は、居住ならびに政庁機能を持った建物である可能性が高いと言えよう。

以上の検討から本丸御広間が、城内の他の建物のうち鐘之丸大広間・御守殿や表御殿と同じく居住・政庁機能を持った建物であることが改めて確認できたと思う。また山麓の表御殿には建物の数は異なるものの、御広間（十一間・十三間）や御守殿（九間・十間半）など平面形が本丸「御広間」に近い形態のものが多く同様の機能を有したことがわかる（図4）。

先に彦根城跡本丸御広間の建物遺構以前あるいは同時期の他の城郭における建物遺構、次いで同じ彦根城内の建物遺構との比較検討を行なってきた。これまで確認した点が確かであるならば、絵図資料や文献史料の検討結果とほぼ一致し、彦根城跡は近世初頭の城郭における城主居館の立地の細かな変遷を同一遺跡内でたどれる資料ということができよう（表2）。

ところで、彦根城跡における建物機能の移転や変更は本丸御広間や表御殿だけに表れるものではない。

『井伊年譜』には「只今御城米御蔵有之所ハ鈴木主馬正屋敷

図4　「御城内御絵図」にみる本丸御広間（右）と表御殿（左）　（同縮尺）

ノ由」、「西ノ丸三階櫓ハ木俣土佐へ御預也、一月ニ廿日程宛土佐相詰候由、其節土佐屋鋪ハ城内山崎ニ有之」という記述がみられ、慶長年間には内堀内の、後の米蔵にあたる西側山麓に筆頭家老の鈴木主馬正の屋敷が、後の山崎郭にあたる北側山麓に家老の木俣土佐守勝の屋敷があって、木俣土佐は西ノ丸三重櫓を預けられていたという。つまり当時、大手門脇に鈴木主馬正、山崎口脇に木俣土佐、と重臣の屋敷を内堀内の城郭山麓部に配置し、山上部では井伊直継が本丸御広間を居館とし、西ノ丸は木俣土佐が預かっていたわけである。いわば城郭部分を一曲輪、

表2　佐和山城～彦根城の城主居館の変遷表

和暦	西暦	城主	佐和山城	彦根城			備考
				鐘之丸広間	本丸御広間	山麓表御殿	
		磯野員昌					
元亀2	1571	丹羽長秀					本能寺の変
		堀秀政					賤ヶ岳の戦
		堀尾吉晴					
天正18	1590	石田三成					
慶長5	1600	井伊直政					関ヶ原の合戦
7	1602						彦根築城開始
		井伊直継					
11	1606						
元和元	1615						大坂夏の陣
		井伊直孝					
延宝5	1677	…					槻御殿造営

重臣一名というような単位で管轄していたと言えよう。

しかし表御殿への移転同様に、元和年間以降はこの重臣屋敷の配置状況も大きく変化する。井伊直継の上野安中移封に際して鈴木主馬はこれに同伴して彦根城を去り、屋敷は空地となって後に米蔵となる。また木俣土佐は屋敷を表門橋の外側、佐和口脇に移動して山崎郭は竹蔵が置かれる。こうして内堀内から重臣屋敷が転出させられ、後には城主の新たなる居館・政庁である表御殿と藩の各役所や倉庫といった施設のみが置かれるようになったわけである（図5）。なお、慶長年間の筆頭家老であった鈴木主馬の屋敷が京橋口―大手門脇に、元和年間以降の筆頭家老であった木俣土佐の屋敷が佐和口―表門脇に置かれたことは、「大手」「表」の名称の不統一もあいまって、表御殿の成立に伴い実質の大手ルートが京橋口―大手から佐和口―表へと変更されたとする説の根拠となっている。

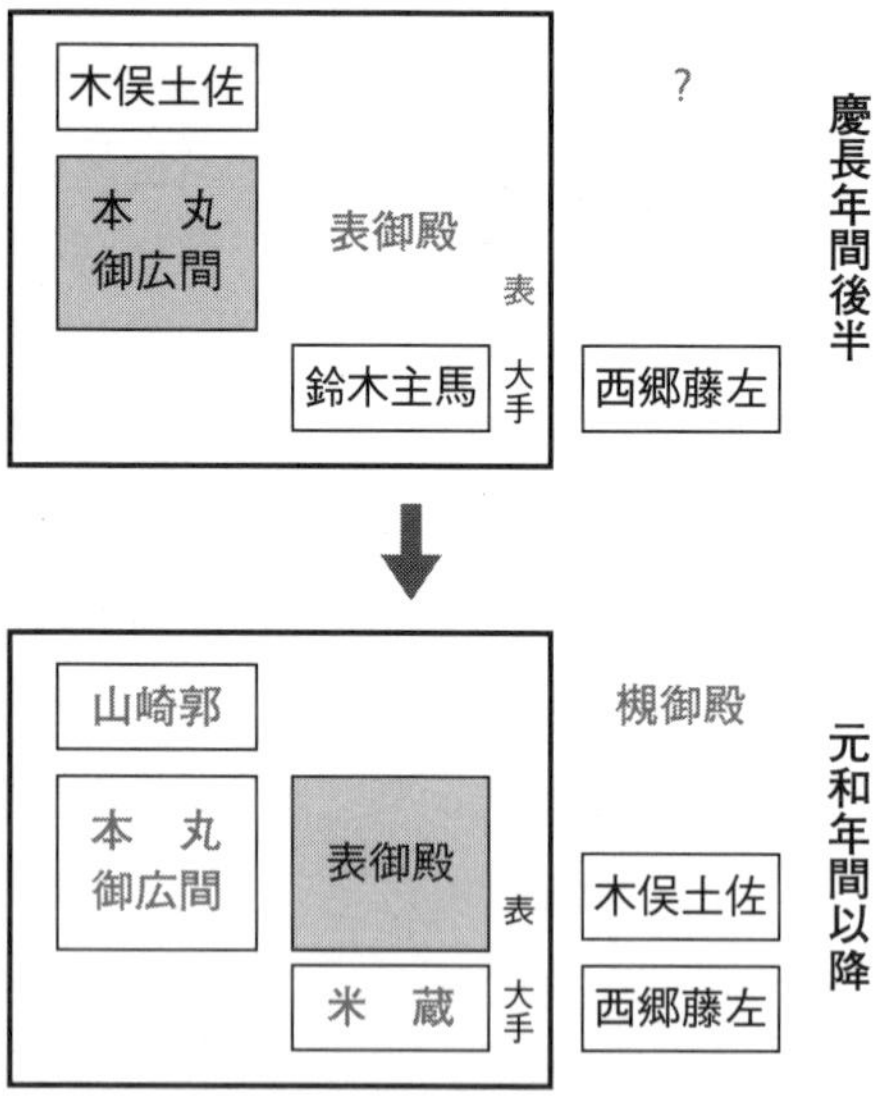

図5　彦根城内の城主居館・重臣屋敷配置の変遷模式図

このように本丸御広間から山麓の表御殿への移動のみにとどまらず、彦根城全体も先学に指摘されているように元和年間を画期として改修が行われている。また、慶長年間は内堀内の中でも山上の城郭部分が幕府普請によって構築されたのに対して、元和年間以降は内堀外側の城下町部分が彦根藩単独普請によって構築されたこととよく一致している。これらの築城工事は大坂冬の陣・夏の陣を背景とした軍事的緊張と対応しているとされているが、本丸御広間から表御殿への移動もこれに対応しているものと考えられる。とりわけ彦根城築城途中にも関わらず、鐘之丸広間、本丸御広間と、山上の曲輪が完成した順に居館を移す状況は、戦時の軍事的緊張をうかがわせる。

この彦根城跡や先に挙げた他の城郭の時代背景を考慮すれば、近世初頭の山上の本丸御殿建物遺構群は、関ヶ原の合戦から大坂夏の陣まで各地で軍事的な緊張が高まっていたことを示す証となる遺構であるということが出来る。

おわりに

佐和山城から彦根城へ

さて、彦根城の前身であたる佐和山城は戦国期には京極・浅井氏と六角氏の南北抗争における境目の城であったものから、織豊期には織田信長の美濃～京の中継点や近江支配の拠点としての城郭へと変貌している（註24）。彦根城もまた慶長期には対豊臣の大坂包囲網の一角を形成する幕府普請の城郭部分から、元和年間以降は城下町普請が拡張され彦根藩の地域支配拠点として変貌している。このような佐和山・彦根両城郭の変遷を考える上でも、慶長年間における鐘之丸大広間→本丸御広間→山麓の表御殿と移動する城主居館の建物遺構の立地や構造を検討することは重要な課題と言えよう。なお、さらに後のことではあるが近世の中では表御殿からさらに内堀の外側の槻御殿へ居館機能が移動している。

これらの変化が以前より指摘されていなかったわけではないが、未だ佐和山城跡は中世城郭、彦根城跡は近世城郭というやや極端なイメージが強かった。佐和山・彦根の両城跡に連続性が認められ、一つの城の中でも性格が段階的に変化していったことが本稿で改めて確認できたのではないだろうか。

近世城郭における本丸御殿建物遺構の歴史的意義

先に彦根城跡本丸御広間の建物が、途中から物入れや文庫として使用されたことを指摘したが、松江城跡でも二ノ丸御殿の建物の一部は「御作事方物置」として使用されている（註25）など他の近世城郭でも同じような傾向がみられる。このように近世城郭における山上部あるいは本丸の御殿は、対面所としての機能や景観上の観点から、政庁としての中心機能が山麓へ移った後も役所の文庫・倉庫などとして存続していた。また当初は居住まで行われていた天守も象徴的な存在となり、本丸御殿同様に倉庫として使用され存続していることが多い。彦根城跡表御殿をはじめ、二ノ丸以下の御殿が使用される間に度々増改築が行なわれるのに比べて、これら山上部の御殿は「引退」しているが故に元の姿を留めている可能性が高いのではないだろうか。単に元の姿を留めるのみならば、発掘調査によって検出される前代までの建物遺構も同じであるが、礎石など基礎構造だけに留まらず上屋構造を残しながら存続するために、絵図資料や指図が作成され伝世し、上屋構造と基礎構造という照合可能な複数の資料が残される可能性が高い。近世以前の戦国・織豊期には上屋構造を示すような資料は極めて少なく、基礎構造だけを根拠として復元せざるをえないことと比べれば、建物の系譜を遡る上でも、近世城郭における山上部の居館などの本丸御殿建物遺構を検討することは重要であろう。また、これは言い換えれば上屋構造の平面図を多用する建築史学と、基礎構造の平面図を多用する考古学をつなぐ上でも極めて重要であると考えられる。中世城郭と近世城郭を結ぶだけでなく、建築史学と考古学という研究方法論を結ぶ資料となりうるのである。

彦根城跡本丸御広間を中心に、中近世城郭における山上部の御殿建物遺構の変遷について展望を試みた。また近世城郭の山上部・本丸御殿遺構が、中世城郭と近世城郭のみならず、建築史と考古学を結ぶ重要な資料であることも提起してみた。彦根城跡本丸御広間の建物遺構以外は、いずれも詳細な検討に至らなかったが、本稿で取り上げた他の中近世城郭の本丸御殿や、表御殿をはじめとした彦根城跡の他の建物遺構について、今後もさらに研究を進めて行きたい。

註

1 彦根城跡の既往の研究については左の文献を参照している。以下、本文中で挙げる調査・研究史は特に断らない限り左の文献を指す。
谷口徹ほか『特別史跡彦根城跡表御殿発掘調査・復元工事報告書』彦根城博物館　一九八八年
母利美和ほか『歴史群像名城シリーズ6　彦根城』　学習研究社　一九九五年
齋藤祐司ほか『彦根城の修築とその歴史』　彦根城博物館　一九九五年
谷口徹「彦根城の絵図を読む」『西田弘先生米寿記念論集　近江の考古と歴史』　真陽社　二〇〇一年

2 御広間・御台所・御局の建物遺構については別個のものであるから、本来は個別に表記すべきではあるが、以下では特に「」を付けて分けない限り三つの建物を総称して「御広間の建物遺構」と一括りに表記することとしたい。

3 谷口徹「彦根城の絵図を読む」『西田弘先生米寿記念論集　近江の考古と歴史』　真陽社　二〇〇一年
本稿執筆にあたって、谷口氏が提示された測量図を参照し二回に分けて現地踏査を行った。そして過去に彦根市教育委員会が作成した空撮による測量図と谷口氏の測量図を照合し、市教委図に表記された国土座標と追加確認した石材を加筆したのが図1である。踏査にあたっては谷口氏から助言を頂いた。記して感謝いたします。

4 「文化十一甲戌年六月改正之」と表記があり、普請奉行と絵図役の氏名が記されている。曲輪や建物の名称とともに地形の計測値などが記されている。山上部分の建物配置については失われているものが多いものの現状とほぼ一致しているようである。しかし、山麓の表御殿の建物配置については文化年間の構造とは異なっていることが判明しており、表御殿の発掘調査結果や表御殿を描いた他の絵図の分析から文化年間ではなく創建期の建物配置を示していると考えられている。彦根城博物館蔵。なお、註1の谷口氏の論考は本絵図について検討されたものである。

5 中村不能斎編・中村勝麻呂校訂『彦根山由来記』一九一五年（一九六九年に彦根市から現代語訳して再版）に付録として収録。

6 藩主の命を受けて、功刀君章・高野蘭亭らの手によって編さんされた、彦根藩主の事跡・業績を記したもの。彦根市立図書館蔵。完本にはなっていないため、本稿では註1文献における解釈を引用していることをお断りしておく。なお、引用部分は全て慶長八年（一六〇三）「秋七月築彦根城」の項に記載のものである。

7 この築城開始年を慶長八年とする『井伊年譜』の記述については、他の史料と年代が異なっており、「木俣土佐紀年自記」「慶長見聞録案紙」「当代記」の記述から、実際には慶長九年七月に築城工事にとりかかったと考えられている（註1文献『彦根城の修築とその歴史』三頁参照）。このことは『井伊年譜』の信憑性に関わるが、年代はともかく後述する藩主居館の変遷については、他の城郭の検討と比べてもあまり影響がないものと考えている。

8 「御城中御矢櫓大きさ並びに瓦塀間数御殿御建物覚書」では鐘之丸内部の建物に以下の記述がある。
一　鐘の丸大広間　五間に十一間
　但し、享保十七壬子年、たたみ、江戸へつかわされ、江戸御屋敷御広間になる
一　同所御守殿　六間半に七間
なお、この梁行五間、桁行十一間程度の規模であったと思われる

「鐘の丸大広間」は現状では遺構は確認できず、「御城内御絵図」にも表記されていない。「御城内御絵図」の鐘之丸には「御守殿」が描かれているのみであり、絵図の成立以前に大広間が移転したとされていることと対応するものと考えられる。

9 表御殿の成立時期については不明な点が多いが、元和元年以降と考えられ、「大手」「表」のふたつの名称が並存することから元和年間以降に大手門から表門へ大手ルートの改変が行なわれた可能性も指摘されている。ただし、山上の鐘之丸・本丸から山麓へ延びる竪堀・登り石垣は、表御殿の南北を固める虎口と連動しており、山上部の築城時に表御殿造営を前提として縄張りが行なわれた可能性もある。

10 山上雅弘「戦国時代の山城」村田修三編『中世城郭研究論集』新人物往来社　一九九〇年

11 早川圭「戦国期山城における建物構成の展開」『織豊城郭』第九号　織豊期城郭研究会　二〇〇二年

12 横井川博之ほか『清水山城遺跡発掘調査報告書』　新旭町教育委員会　二〇〇〇年

13 中村林一『史跡小谷城跡環境整備事業報告書』　湖北町教育委員会　一九七六年

14 丸山竜平『観音寺城跡整備調査報告書』　滋賀県教育委員会　一九七一年

15 千田嘉博「戦国期の城下町プランと大名権力」金子拓男・前川要編『守護所から戦国城下へ』　名著出版　一九九四年

村田修三「大和の『山ノ城』」岸俊男教授退官記念会編『日本政治社会史研究』下　塙書房　一九八五年

16 高堀勝喜ほか『鳥越城跡発掘調査概報』　鳥越村教育委員会　一九七九年

17 中井均「掘立柱建物から礎石建物へ」『織豊城郭』第八号　織豊期城郭研究会　二〇〇一年

18 中井均「織豊系城郭の画期」村田修三編『中世城郭研究論集』新人物往来社　一九九〇年

19 髙田徹「詰城・居館部に関する一考察—近世城郭の事例から—」『城郭研究室年報』第十三号　姫路市立城郭研究室　二〇〇四年

20 松岡利郎「高取城の建築と残存遺構」『大和　高取城』　城郭談話会　二〇〇一年

21 渡辺紀ほか『仙台城跡3—平成十五年度調査報告書—』　仙台市教育委員会　二〇〇四年

22 第1表作成にあたっては註11・12・13・18文献のほか左の文献を参照した。

松田直則『芳原城跡Ⅱ』　春野町教育委員会　一九九三年

松田直則『芳原城跡Ⅲ』　春野町教育委員会　一九九五年

市本芳三ほか『佐保栗栖山砦跡』㈶大阪府文化財調査研究センター　二〇〇〇年

中井均『鎌刃城跡発掘調査概要報告書』　米原町教育委員会　二〇〇一年

小都隆ほか『小倉山城跡発掘調査報告書』　広島県教育委員会　二〇〇二年

23 辻本宗久ほか『宇陀松山城（秋山城）跡』（遺構編）大宇陀町教育委員会　二〇〇二年

24 中井均「佐和山城の歴史と構造」『佐和山城とその時代』　彦根城博物館　一九九二年

中井均「彦根城に見る中世と近世」『近江の城』　サンライズ印刷出版部　一九九七年

25 飯塚康行『史跡松江城整備事業報告書』（第二分冊・調査編）松江市教育委員会　二〇〇一年

彦根城の失われた諸櫓の建築規模

松岡利郎

はじめに

彦根城は天守・西之丸三重櫓・太鼓門・天秤櫓・佐和口多聞櫓が残り、石垣や堀とともに史跡整備もなされており、旧状をよくとどめるものとして貴重である。しかしながら遺構としては、多くの建築が存在したものの数からすれば、ほんの一部にすぎない。

幸いにして失われたものでも資料・古写真が数点伝わっており、かつての構成を知ることができる。本稿では城跡に残る櫓台や礎石を実測し、資料・古写真と照合して規模のほどを探ったり、彦根城の建築的特色など考察してみたい。

一　資料について

失われた建築の構成を知るには、具体的な資料が必要である。専門的には大工や作事関係のもの、指図や信憑性ある古図が欠かせないものであるが、彦根城に関しては多くはない。もっとも彦根藩井伊家文書の存在が知られているものの、国の重要文化財に指定され貴重な資料となっているため一般に公開されていない（彦根城博物館に収蔵保管、その中には重要な資料が含まれているかもしれない）。こうした制限条件のもとでは可能な範囲において調査するよりいたしかたなかろう。

いちおう彦根市立図書館所蔵の郷土資料を中心に、他に刊行されているもの、とくに『彦根山由来記』や古写真など紹介されているものをあたってみた。彦根市立図書館には郷土関係資料が整理されており、目録から閲覧調査した。そのうち彦根城の建築構成を探るうえで参考になるのは、『彦根城内建物其他控』〈目録：政治一一七〉および『御作事方肝煎勤向帳』〈目録：土木一〇〉である。両者の内容について検討するが、その前に『彦根山由来記』にふれておく必要がある。

『彦根山由来記』は明治三十五年に彦根藩家臣中村不能斎が編纂、その嫡孫中村勝麻呂が校訂のうえ明治四十三年に刊行されたものである。彦根城に関する最初の研究書で基本になる資

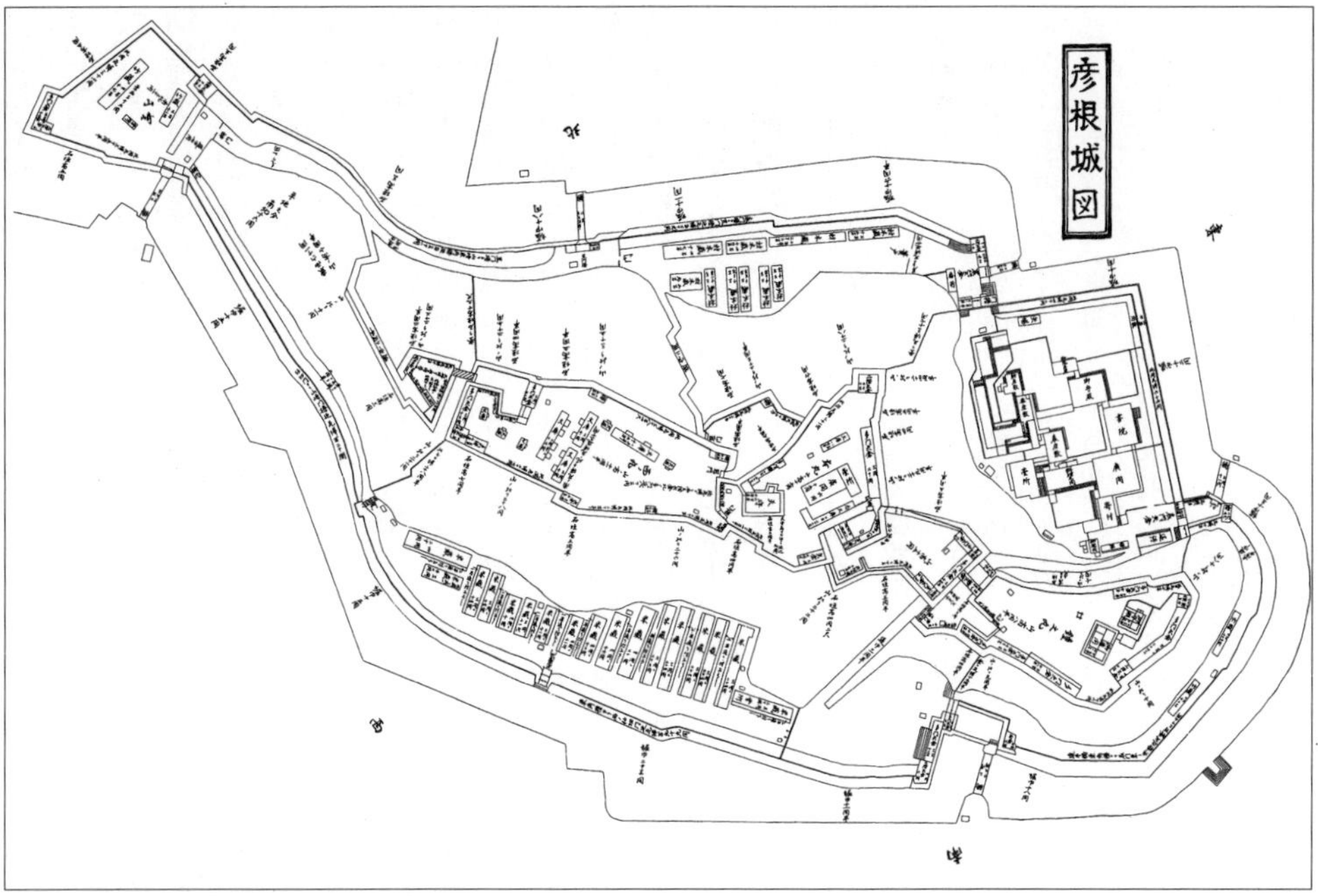

図1　彦根城図（『彦根山由来記』付録より）

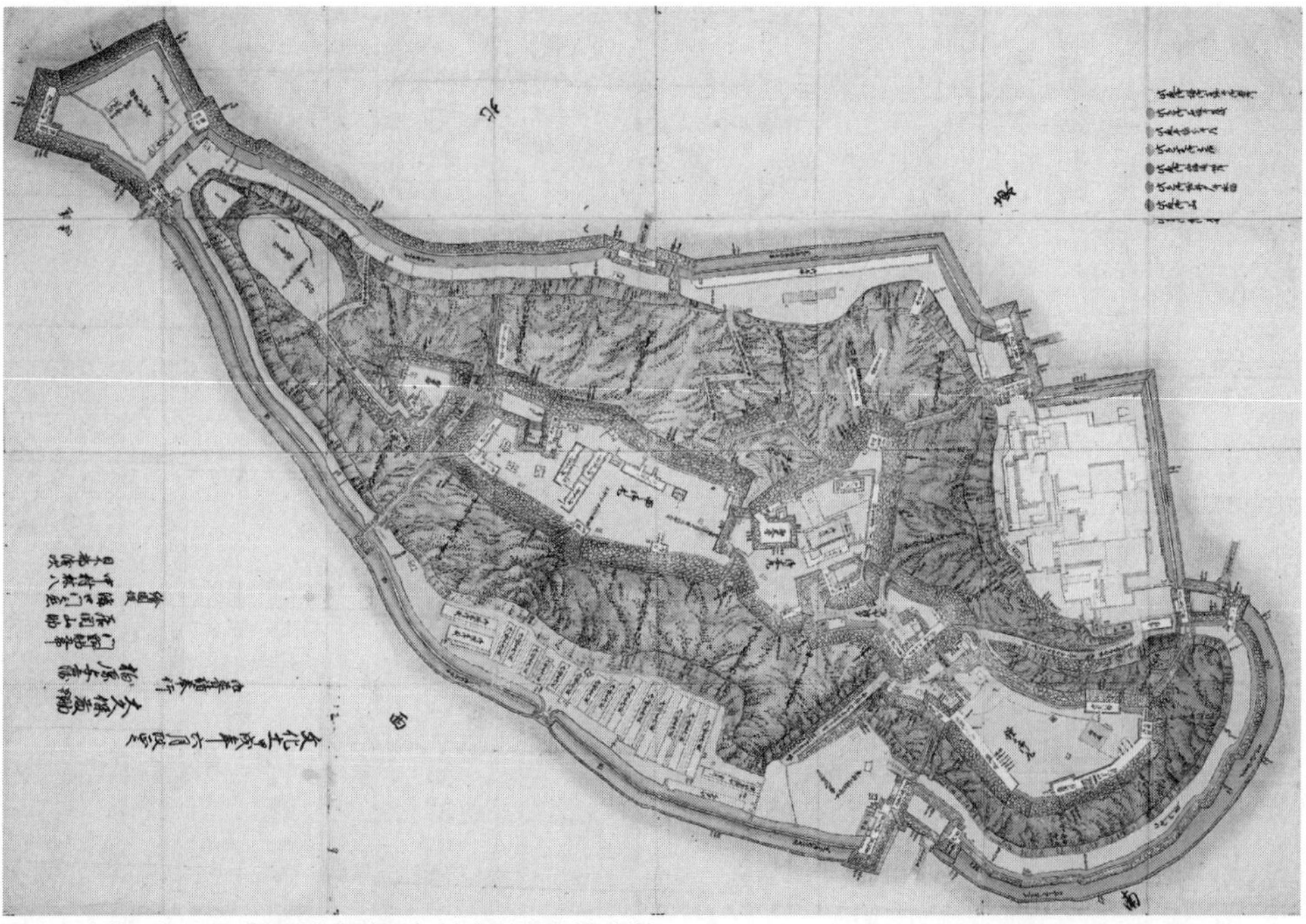

図2　文化11年6月「御城内御絵図」（彦根城博物館所蔵）

料として知られており、曽孫にあたる中村英勝氏が昭和四十四年に原著の文語体から口語現代文に直して再版、増刷りを重ねている。したがって、彦根城を調べるのに必須のものであり、同書の付録として掲載されている「御城中御矢倉大きさ並びに瓦塀間数御殿御建物大きさ覚書」と「彦根城図」は建築構成を知るのに役に立つものである。前者の「御城中御矢倉…御殿御建物大きさ覚書」は『彦根城内建物其他控』と同様な記述が見られ、後者の「彦根城図」は文化十一甲戌年（一八一四）六月改正之「御城内御絵図」（彦根城博物館所蔵）と類似し、縄張や建物配置の状況を知ることができる。

比較対応してみると共通するように思えるものの、『彦根城内建物其他控』と「御城中御矢倉…御殿御建物大きさ覚書」の間に諸櫓の名称や規模の違う箇所がいくつか見られ、また文化十一年の「御城内御絵図」と『彦根山由来記』の「彦根城図」は同様に明細な図でありながら次表のように相違点が認められる。

	文化十一年「御城内御絵図」	『彦根山由来記』の「彦根城図」
鐘之丸	御守殿だけ	御守殿と御廣間あり
北側山すそ	馬場あり（蔵がない）	材木蔵一〇棟（馬場はない）
東南部すそ周り	「元竹蔵」と記入するのみ	竹蔵二棟あり
南側米蔵曲輪	東側に矢場あり	東側に矢場なし
観音台	「平地之分東西拾六間」と記入	「平地之分南北十六間」と記入
山崎曲輪	竹方役所・竹蔵一棟あり	会所・竹蔵大小二棟あり
表御殿	建物名なし	名称を記入

しかも文化十一年「御城内御絵図」では諸建物の規模寸尺が見られないのに対し、『彦根山由来記』の「彦根城図」には諸櫓・門・塀・蔵にいたるまで規模寸尺を記入してある（規模寸尺は『彦根城内建物其他控』の「御櫓大サ覚」とほぼ見合う）。一見して同種の写図と思われるが、上表の相違点、ことに文化十一年「御城内御絵図」の東南部すそ周りに「元竹蔵」と記入する点や鐘之丸の御廣間の存在から勘案すれば『彦根山由来記』の「彦根城図」は文化十一年（一八一四）以前の状況を示すものと考えられる。ちなみに『彦根山由来記』の「御城中御矢倉大きさ並びに瓦塀間数御殿御建物大きさ覚書」によると鐘之丸御廣間は享保十七年（一七三二）に江戸屋敷へ移されて同御廣間となったことが記されているので、その時期までさかのぼる可能性はある。

しかし『彦根山由来記』には古書引用・原典底本が示されていないため、その作成年代を特定できない（ただし、同書に収録されている「守城考」の人名から推して文化・文政の頃（一八〇四〜三〇）とみなされている）。なお、『御作事方肝煎勤向帳』にも城内建物配置図が入っており、これには規模寸尺が記入されており、参考に対比できる（後述）。

次に彦根市立図書館所蔵の『彦根城内建物其他控』と『御作事方肝煎勤向帳』を閲覧調査した内容について述べる。

まず、『彦根城内建物其他控』は縦八・七cm×横一七・二cm、横長綴り二一丁とじの小冊子であるが、始めに「御櫓大サ覚」の項を立て、「橋之覚・御中間長屋・御用米御蔵・御作事所之内・同所御蔵・御捨物方・御馬屋・北大洞御塩硝土蔵・京升寸法・御高札場所并橋共・高塀之覚・六地蔵覚・御鷹野御宿覚」の順に記されている。表題の右下に「六地蔵及鷹狩宿覚」の補筆、「舟崎蔵書」「舟崎昇誠」の丸朱印があって出処や来歴を察知できる。筆録時期は「御高札場所并橋共」の項の文中に寛延元辰年（一七四八）と見え、その年代を推定できる。

そのうち「御櫓大サ覚」の項が注目され、城内の諸建物の名称や規模が知られるのは重要である。その記載内容を〈末尾資料A〉に示すが、これらは『彦根山由来記』に紹介されている「御城中御矢倉大きさ並びに瓦塀間数御殿御建物大きさ覚書」と対応するものがある〔ただし規模寸尺は初重だけで、上階の規模は示されていない〕。両方を対比、検討してみると、ともに筆写によるためか一部に呼称や規模の違い、記載の抜けた個所が認められ、注意する必要がある。『彦根山由来記』の「御城中御矢倉大きさ……覚書」では櫓の規模と塀長さの間尺を併記するものの、天秤櫓や表門など重要な櫓・門が抜け落ちている〔『彦根城内建物其外控』では櫓と門を列記するだけであるが、別に「高塀之覚」に間数がある〕。以下、両書の違う個所を列記してみる。

【名称の違い】

『彦根城内建物其他控』	『彦根山由来記』
5 同所（本丸）前櫓	（記載ナシ）
11 将棊櫓	将棋櫓〔扇子櫓〕
14 〔天秤櫓〕	（記載ナシ）
20 御殿へ下ル門櫓	（記載ナシ）
大手下口門櫓	（記載ナシ）
21 御殿表門櫓	（記載ナシ）
22 表門東角櫓	腰曲輪櫓（四分一櫓）
23 裏御門御櫓	御裡門櫓
25 中御門櫓	（記載ナシ）
27 下山崎北東之櫓	（記載ナシ）
32 橋詰冠木門之上櫓	鉄砲櫓
38 佐和口御門櫓	木俣清左衛門前御門櫓
40 脇五右門殿屋敷角櫓	（記載ナシ）
42 西山内蔵允屋敷前櫓	（記載ナシ）
48 船町口御門櫓	四十九町口門櫓
（記載ナシ）	御鳥毛櫓

後であげる『御作事方肝煎勤向帳』によると彦根城の諸櫓は門・多聞（多門）を含めて六七ヶ所と記録され、棟数が多いわりに固有名詞は少ないようである。彦根城の櫓はたいてい各曲輪の位置や重臣・侍屋敷の内にある場所を指して称しているが、それでも将棊櫓（将棋櫓・扇子櫓）とか御鳥毛櫓、四分一櫓など特有な名称が見られ、資料によっては呼称の違いが見られる。なかには別建物と考えられても、時期により呼称を変えたか、あるいは同一建物を指して別称として呼ばれたのかもしれず（たとえば裏門櫓と御裡門櫓、船町口御門櫓と四十九町口門櫓など）、確認してみる必要があろう。

なお建築用語について、古文書では「御門櫓」「・・・・多門」と記すが、前者は門の石垣上に建つ重厚な櫓門を指し、後者の多門は「多聞櫓」という桁行の長い櫓、いわゆる長櫓と同義語である。まぎらわしいものの、本稿では古文書の呼称にしたがい、必要に応じて（ ）で現代用語を付記しておく。

　次に規模の違いについては以下のようなものが見出される。

【規模の違い】

	『彦根城内建物其他控』	『彦根山由来記』
ハ	南輪文庫　二間×折廻し二二間	二間×二二間
2	月見櫓　五間×六間	梁三間※
4	太鼓櫓　二間半×五間半	同所の櫓門　三間×一〇間半※
	入口多門櫓　二間半×五間半	
8	西之丸三階櫓	
	北之取付多門櫓　三間×七間※	北の取り付け多聞三間×一三間
	（記載ナシ）	東の取り付け多聞三間×七間
へ	鐘之丸御広間　七間半×一一間	五間×一一間※
26	水之手黒門櫓　三間×一〇間半	三間×一〇間
28	山崎西角三階櫓　三間×六間	三間×一〇間※
	同取付之多門　三間×一〇間	四間×六間※
31	（大手）御門櫓同続之多聞櫓共　二間半×二二間	三間半×二二間
37	木俣土佐殿屋敷東角櫓　四間×六間	四間×五間
48	船町口御門櫓　三間×一二間	三間×一三間
50	長橋門之南角櫓　四間四方	四間×五間
	同北東へ二間四方ツヽ	同所北東へ多聞二間ずつ出る

　これらの差異は単なる間違いや写し違いもあろうが、時期により建て替えられたためとか、規模寸尺をとる表現の違い（たとえば一間が六尺五寸か六尺単位か、または柱間、柱の割りあてなど）も考えられる。その点、塀の長さも含めて、現在の城跡をすべて測量して対応・確認しなければならないが、その作業が大変である（誤差を考慮したり精密さを期すること、など技術上の問題）。いちおう後考にまつとして上にあげた違いのうち、※を付した箇所は明らかに誤りとみられるものである。

　諸櫓は前述の如く『御作事方肝煎勤向帳』に六七ヶ所とあり、うち二六ヶ所が山上の主要曲輪（本丸・西之丸・鐘之丸）に、一三ヶ所は二ノ曲輪（城山のすそ周り）、二五ヶ所は三ノ曲輪（下屋敷・築山・元大工小屋・重臣屋敷・藩校弘道館・作事所など）、三ヶ所は惣囲いの櫓門で、往時の棟数として現存建物や遺跡と照合して矛盾なく勘定に入れることができる。しかも櫓台の中には礎石とか外壁の石列などが残存する例もあり、絵図と対応して初重の平面および規模寸尺を知ることが可能である。これら諸櫓や門の建築構成については次節で改めて詳しく検証する。

　ところで、『彦根城内建物其他控』と『彦根山由来記』の「御城中御矢倉大きさ並びに瓦塀間数御殿御建物大きさ覚書」の両書を比較して気づくのは、天守を筆頭に山上の主要曲輪と二ノ曲輪（表御殿・材木蔵群・山崎曲輪・城米蔵群・大手門内）の建物順は対応するものの、三ノ曲輪においては『彦根城内建物其他控』は水ノ手黒門口の北から東↓南↓西の右回り順であるのに対して、『彦根山由来記』のそれは山崎口・長橋から西↓南↓東↓北と左回りの反対順とされていることである。おそらく筆写時期が異なるためと考えられ、寛延元年（一七四八）と見える『彦根城内建物其他控』が古く、『彦根山由来記』収録の「御城中御矢倉大きさ並びに瓦塀間数御殿御建物大きさ覚書」が文化・文政の頃（一八〇四）とされるものより先になると思われる。かつ『彦根山由来記』の「彦根城図」が文化十一年（一八一四）「御城内御絵図」より前のものとすれば、これらの前後関係も推定できるはずである。

さて、『御作事方肝煎勤向帳』は四一・一㎝×一五・七㎝、横長綴り一九丁とじで、表題に天保二年卯（一八三一）八月、左下に「舟崎舁誠」の丸朱印で捺印してある。始めに江戸詰大工棟梁を勤めたものを記し、二丁〜六丁に諸献上箱・諸進物・諸桝などを列記するが、七丁に屋敷坪数・天守・櫓数・高塀間数、八丁に京橋口門・四十九町口（船町口）門の略図、九丁〜一一丁に城内建物配置図、一二丁の裏に佐和口門の略図があり、一二丁〜一四丁に作事奉行の名を多数列記、一五丁〜一八丁に彦根役大工ノ覚・棟梁衆中大組大工、一八丁の裏に諸門の橋寸法・松之間・御書院・台所・玄関の規模、一九丁目に書付け奉書を筆写して終わる。このように数種の諸書・絵図を集めて綴じており、安永年中（一七七二〜八一）、天明年中（一七八一〜八九）、文政十二年（一八二九）、同十三年（一八三〇）、天保四年（一八三三）、同七年（一八三六）、同十年（一八三九）、同十一年（一八四〇）、天保十四年（一八四三）と表題以外の各年代が見られたり、筆跡の違いや追記補筆も含まれている。内容的に一貫性はなく、雑多なものにまとめられている。

それらはともかく、七丁から一一丁までの屋敷坪数・天守・櫓数・高塀間数、京橋口門・四十九町口門・佐和口門の略図〈図3〉および城内建物配置図〈図4〉が建築規模を知るのに参考となる。とりわけ城内建物配置図は鐘之丸・本丸・西之丸の主要部と南側御用米蔵の部分でしかないが、文化十一年（一八一四）「御城内御絵図」と『彦根山由来記』の「彦根城図」と同系の絵図で規模寸尺の記入もあって、比較対照するのに役に立つものである。図を計測すると一間を一分に近い大きさ、すなわち六五〇分ノ一とする縮尺で描かれている（『彦根山由来記』の「彦根城図」は九〇〇分ノ一）。さらに注意されるのは一九丁の表、西之丸出曲輪の次に御守殿の平面間取図が示されている。四分計のヘラ引き方眼によって作成、梁行九間×桁行一〇間半の規模で、二列並び六間取りの建物である。左側に「御庭御櫓取畳有之御守殿」と添書し、その平面構成から表御殿の初期に存在した御守殿を指す建物であることは明白である。彦根市立図書館所蔵『井伊年譜巻之四』慶長八年（一六〇三）春二月の文中に

一同御主殿ノ画狩野古右京筆、永徳法印ノ嫡子ナリ

一表御殿ニ御上洛ノ時年月不詳御建物出来画図有之候

と見え、「御主殿」「御守殿」の違いはあるものの、狩野派の豪奢な障壁画で飾られるほど重要な役割・機能をになう格別な建物であったことが伝えられている。要するに『御作事方肝煎勤向帳』所収の城内建物配置図は描かれ方が正確で御守殿の平面

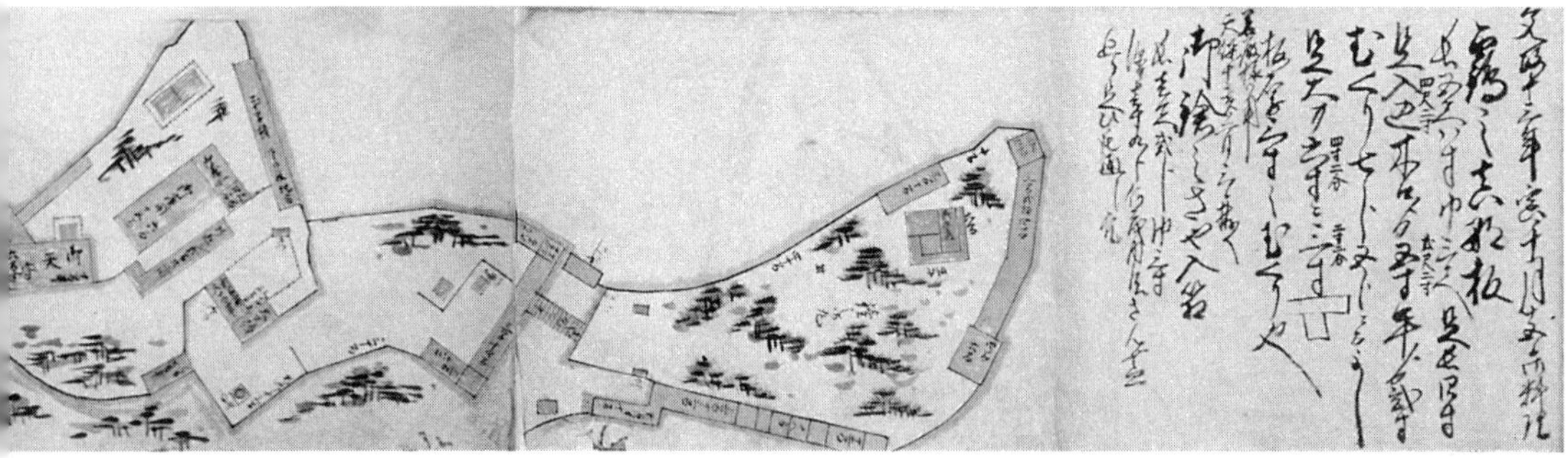

間取図も挿入されていることからみて、藩作成（作事所関係）の正式な絵図をもとに大工棟梁が職務上の必要に応じて筆写したものと思われる〔なお、本丸の御廣間とともに鐘之丸と表御殿に、それぞれ御守殿と御廣間が存在したことは注意すべきであるが、別稿で改めて考察する〕。

また、『御作事方肝煎勤向帳』に記す屋敷坪数・天守・櫓数・高塀間数、ならびに京橋口・四十九町口・佐和口門の略図も研究の参考になるので抄出する〈末尾資料B・図3〉。略図は必ずしも正確ではないけれど、現存する佐和口多聞櫓と平面間取りが見合っており、記入事項によって用例の一端をうかがえるのは貴重である。その点、京橋口・四十九町口の略図をもとに現在残る櫓台や古写真とあわせて平面規模・建築構成を推定できる。

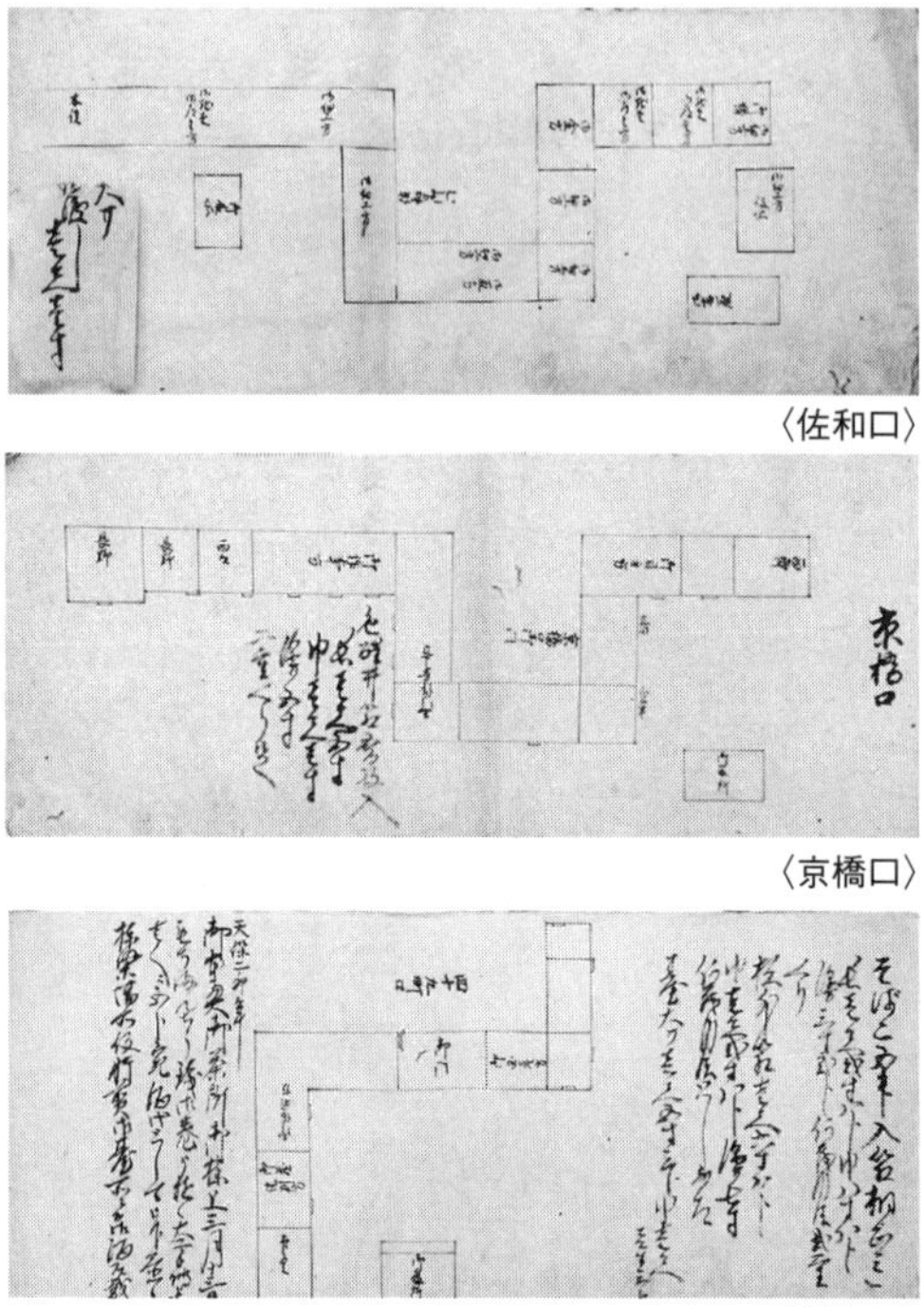

〈佐和口〉

〈京橋口〉

〈船町口〉

図3　『御作事方肝煎勤向帳』所載の図（彦根市立図書館所蔵）

以上、各種の資料を通じて検討してみた結果、それぞれの作成時期が押えられる。文書・絵図の年代順は次のような前後関係を比定できると思われる。

『彦根山由来記』付録の「彦根城図」　享保十七年（一七三二）以前か

『彦根城内建物其他控』　文中に寛延元年（一七四八）とあり

『彦根山由来記』の「御城中御矢倉大きさ並びに瓦塀間数御殿御建物大きさ覚書」　文化・文政の頃（一八〇四～三〇）

『御作事方肝煎勤向帳』所収の城内建物配置図

「御城内御絵図」　文化十一年（一八一四）

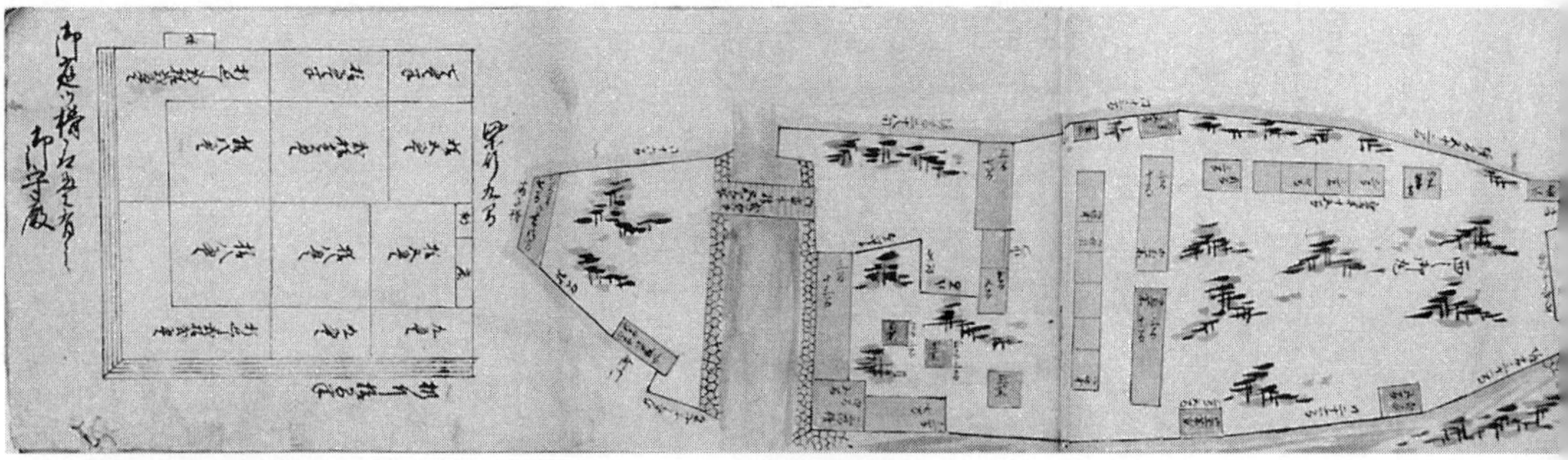

図４　『御作事方肝煎勤向帳』所載の城内建物配置図（彦根市立図書館所蔵）

『御作事方肝煎勤向帳』の屋敷坪数・天守・櫓数・高塀間数
　天保二年（一八三一）

さらに管見のおよぶ限りでは、西之丸三重櫓が嘉永六年（一八五三）の修理時に作成された「三階御櫓五十分一ノ図」（疋田家所蔵、修理工事報告書掲載）もある。描かれた内容からわかる如く大工棟梁の手になるもので、柱を在来ノ材（朱印）と新材（墨印）に分けて用い、梁の架け方が示され、各階の平面や構成が明確で寸法も記入してあって、現存のものとよく合うことが分かる。年代が比較的に新しいものの、具体性ある唯一の資料である。その他、くまなく調査すれば良質の資料に接することができるかもしれないが〔とくに彦根藩井伊家文書や大工棟梁・作事関係資料〕、他日を期することとしたい。

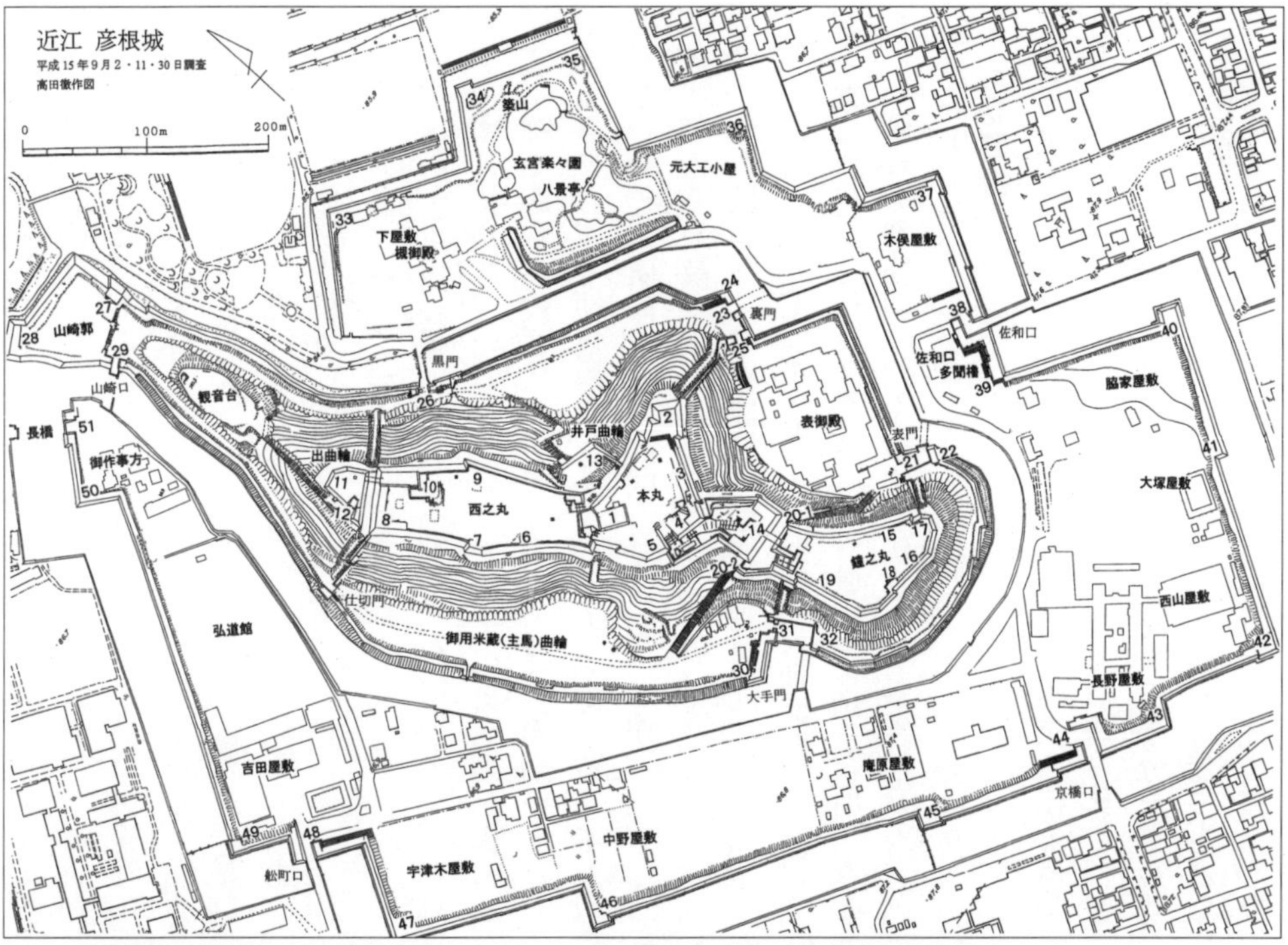

図５　彦根城現状縄張図（高田徹氏提供による）　図中の番号は諸櫓・門の建物配置を示す

二　櫓台・礎石の実測成果と検討

往時の彦根城は多くの建物があった。今は失われたものの、遺跡を踏査すれば櫓台や礎石が残っており、先にあげた各種資料類（文書・絵図・古写真）から規模施設を推察することができる。諸建築の規模や構成について『彦根城内建物其他控』の記載順にしたがって番号を付けて櫓と門の位置を示し、実測調査した成果とあわせて検証しながら考察をすすめてみよう。名称は同書によるものとするが、現存建物の呼称・別称も併記する〔なお諸門のうち、小門・仕切門が省かれているものが含まれている〕。

1　御天守

一〇間半×六間半とあり、現存の初重規模と一致する。すなわち六尺五寸間（正確には六・五三尺）で、桁行の西側一間半（五・六二尺＋五・二六尺）を柱間二間、かつ梁行の両端一間半（同じ五・六二尺＋五・二六尺）も柱間二間に割り当てており、柱割が一一間×七間とする平面計画であることがわかる。さらに二重目は正しく七間×五間（梁行の両端間五・六二尺）に揃えるが、三重目では身舎四間×二間のまわりに幅一間弱（桁側六・〇二尺、梁側五・〇二尺）の入側をとり、柱割が六間×四間となるように計画されている〔ただし桁行は梁の上にのせるため、中三間の両端を半間とする工法がとられている〕。なお、天守本体は修理工事の調査によって慶長十一年（一六〇六）に建てられたことが判明しているが、附櫓の東の方に長くのびる多聞櫓は少し遅れて慶安三年（一六五〇）に付加されたもののように考えられている。しかし『久昌公御書写』慶安三年の覚に「一、天守へ取付候二間十二間之多門損し申候由、右弐人之者申越候、是ハ此已前ヨリ其ま、被指置間敷躰ニ候間、新敷内も見苦敷無之様ニ丈夫ニ念入可被申付候事」とあり、後で修復されたことが知られる。

イ本丸御廣間・ロ御台所・ハ御文庫

天守前の広場に建物廻りの石列や礎石数個あるのが見られる。古図に描かれているように、かつての御廣間・御台所・御局文庫跡である。残存状況が十分でなく礎石の動いている部分があるものの、平面規模をうかがうことができる。本丸敷地が広くないため御廣間中心の簡略な施設であるが、天守とともに築城当初から重要な建物として存在したと考えられる。同様なものに金沢城本丸（御廣間）や姫路城備前丸（御対面所・料理之間・台所）、福知山城本丸（御廣間・料理之間・台所）、松江城本丸（寄付）、苗木城本丸（千畳敷・居間・台所）などがあり、いずれも初期の様相を示す好例として参考になる。

2　月見御櫓

着見櫓とも書く。本丸の北東部に湖の方へ突き出る絶景好所を占め、古写真によって二重櫓であることが知られる。初重六間×五間は櫓台の実測規模と合い、礎石も不十分ながら残存する。しかし礎石の配列状況（若干動かされた可能性もある）から柱割を知ることは難しく、ことに梁行は四間半で合わない疑

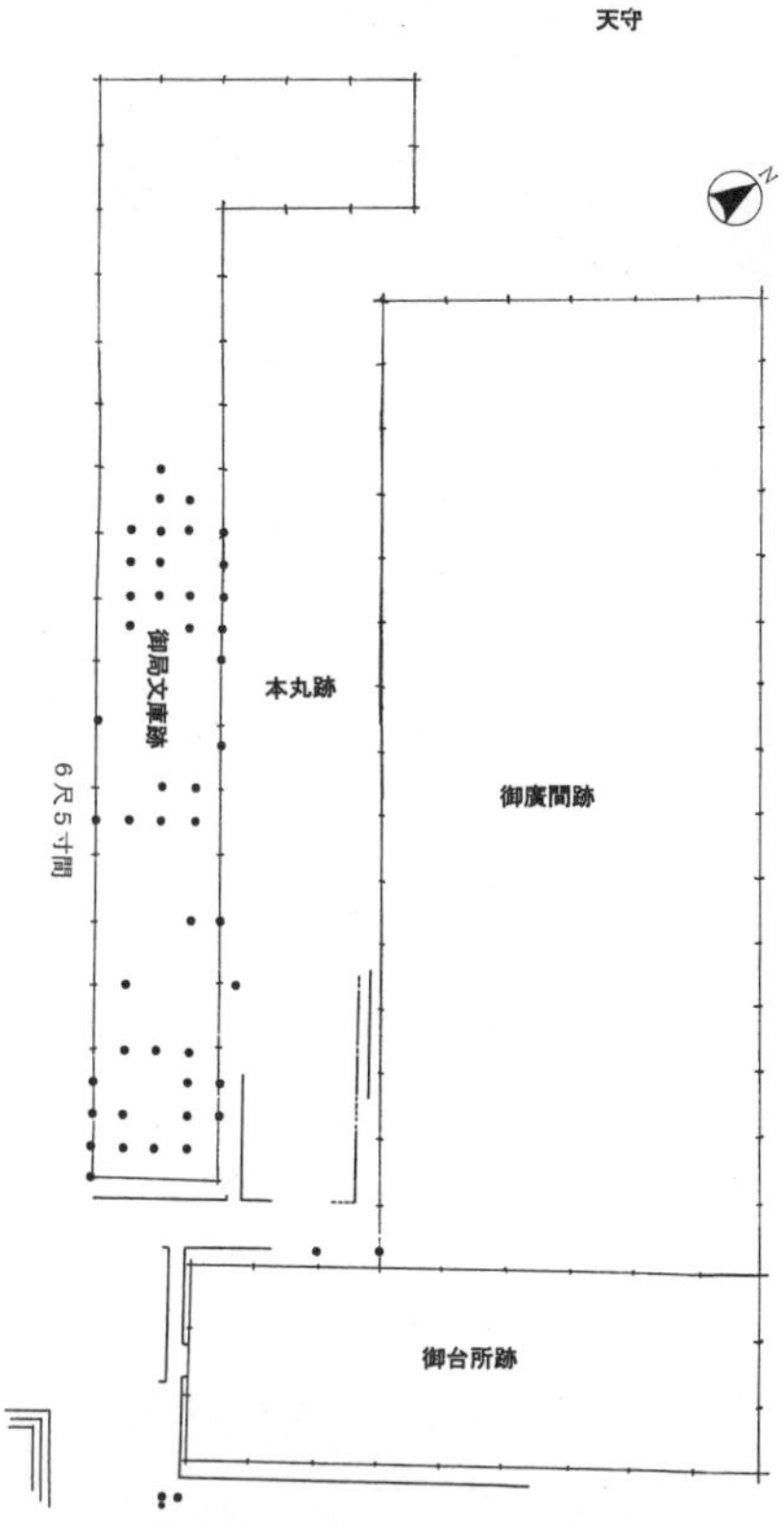

〈礎石実測図〉

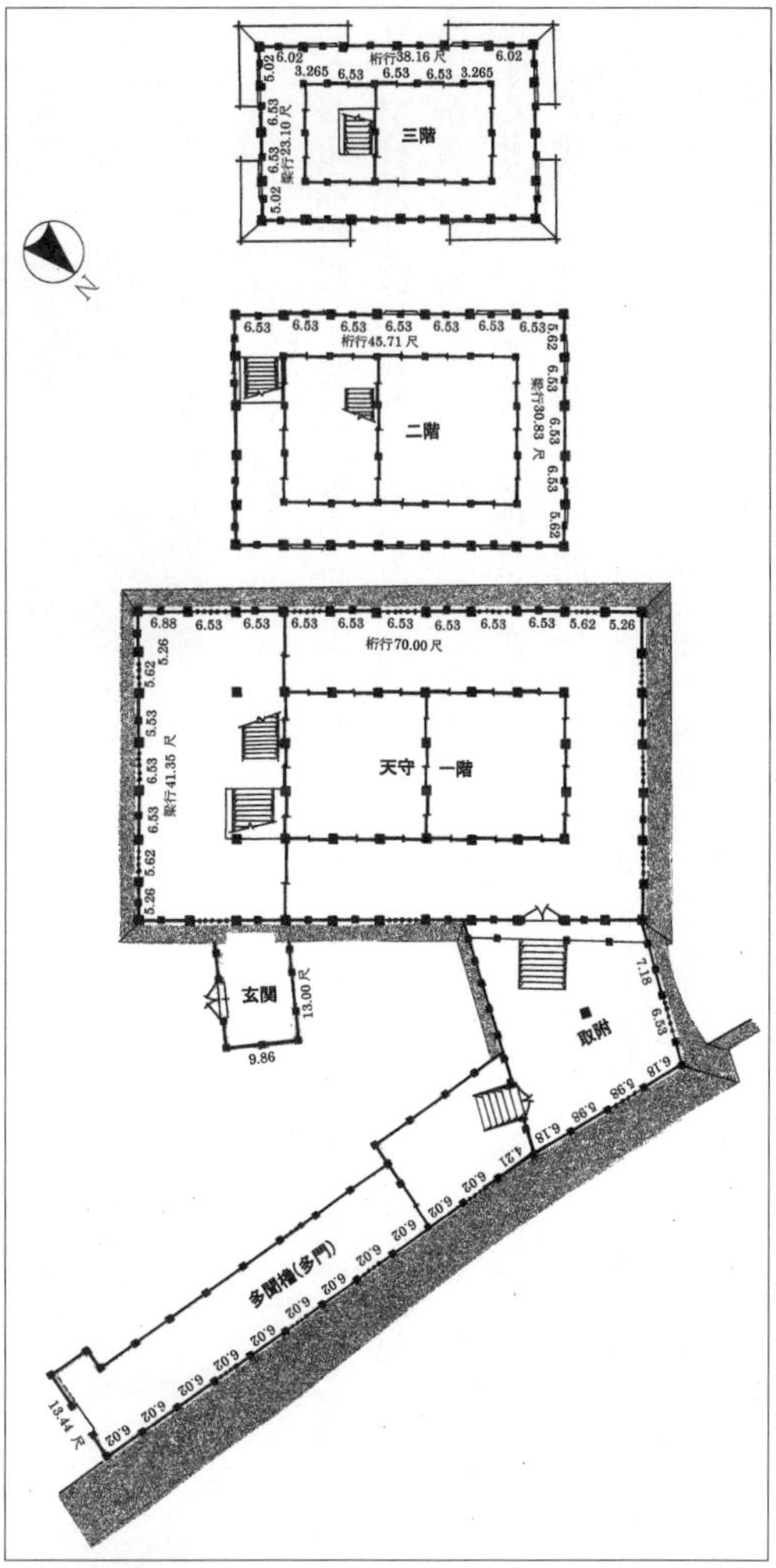

図6　天守各重平面図

図7　本丸に残る礎石（御廣間・台所・御局文庫跡）

問が残る〔ただし六尺間なら合う。これに対して桁行は六尺五寸間で柱間寸法に差異が出るものの、西之丸三重櫓の柱割の寸法例から考えられぬこともない〕。その点の解釈は今後の課題にするとして、二重目の規模は入側の礎石とみられる柱筋が幅四尺五寸とすれば四間半×三間半になると思われる。古写真から外観は二層目屋根が東西棟、北側正面に大きな千鳥破風を付けているのが認められる。初重規模が西之丸三重櫓より一回り大きく、重厚な容姿を示していた。

3　東輪多門（二十間櫓）

月見櫓の南側、本丸東側石垣にあり、名称のとおり桁長な建物（長櫓・多聞櫓）である。現状は石垣沿いに馬踏みが幅一間ほど、本丸敷地より四尺内外の高さをとどめるだけにすぎない。

4　同所（本丸）御太鼓門櫓

現存建物は櫓門と隅櫓を矩折れに接続した形式で、『彦根城内建物其他控』の記載通りの規模をもつ。建築構成の詳しいこ

［古写真］表門から山上の本丸を望む（左側天秤櫓、中央二十間櫓、右端月見櫓）

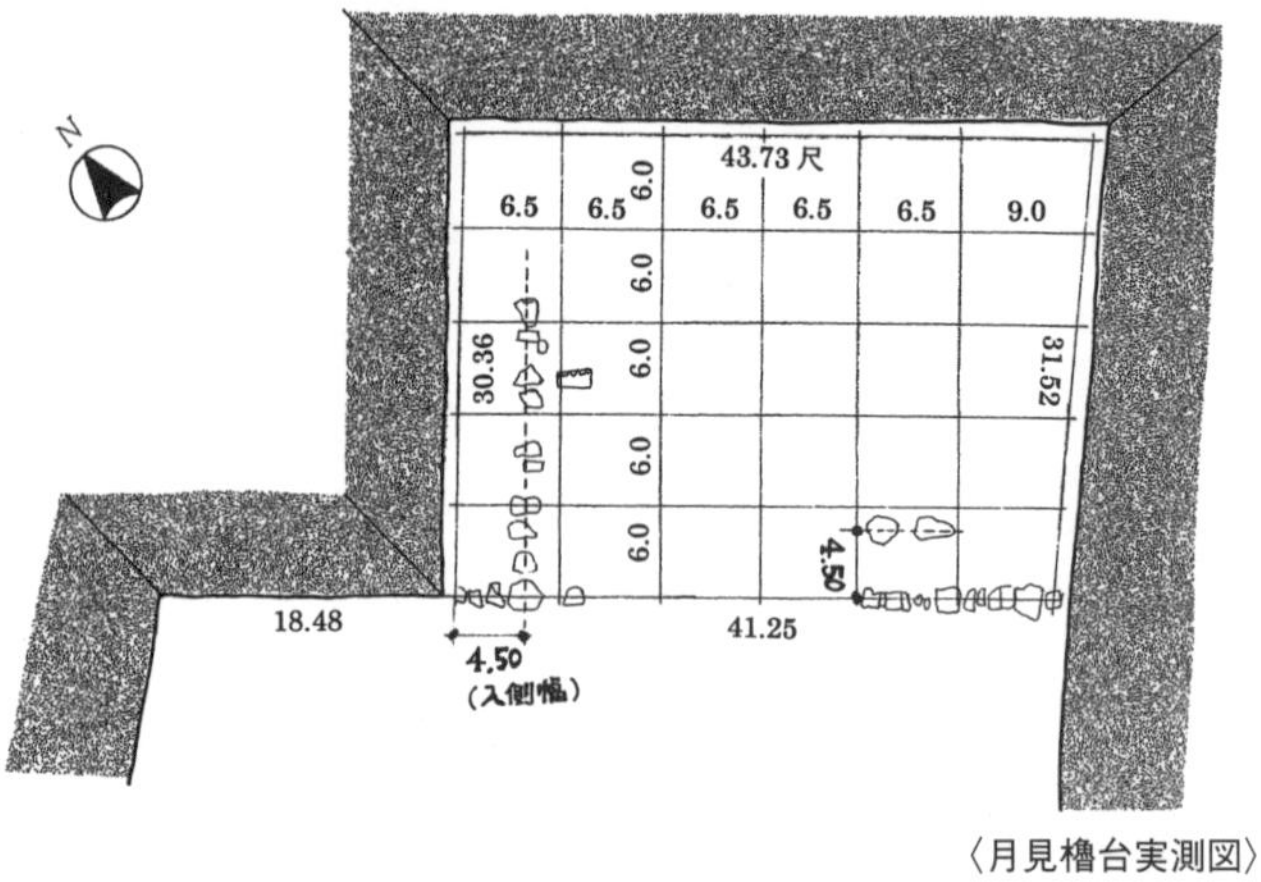

〈月見櫓台実測図〉

〈二十間櫓跡現況〉

図8　月見櫓・二十間櫓跡

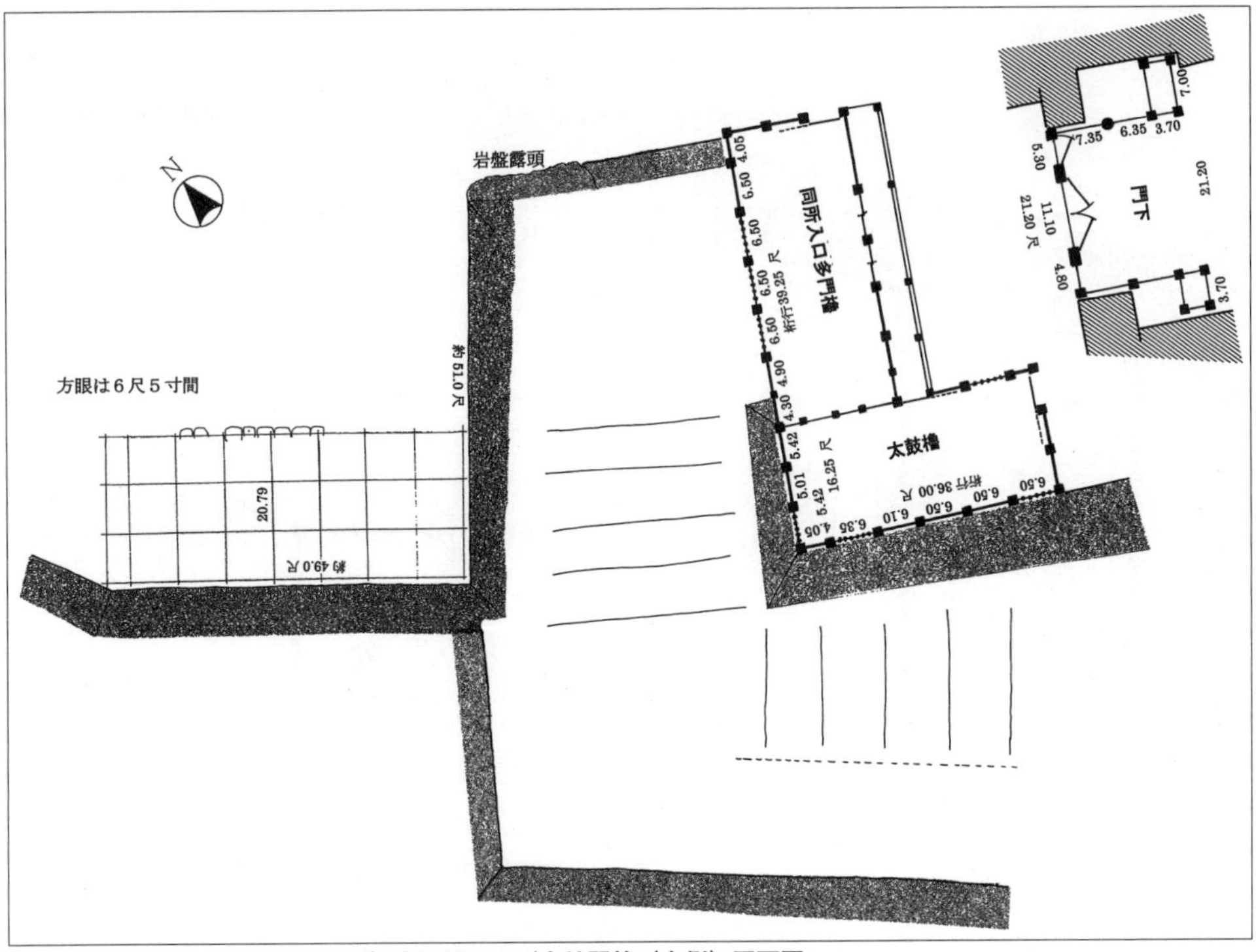

図９　本丸前櫓跡（御矢櫓、左側）実測図および太鼓門櫓（右側）平面図

とは『修理工事報告書』に述べられており、前身の城門より小さめに改められたことが判明している。

5　同所（本丸）御前櫓

太鼓門の前を囲む石垣には地山岩盤が見られ、その左手の隅石垣上に三間×七間半の前櫓があった。現在、南側石垣線より三間内側に外壁の基礎石列が認められる。なお文化十一年「御城内御絵図」では御矢櫓と記入してある。

これより西進して天守台の南西部、本丸と西之丸の間に構えていた冠木門（絵図では「冠門」と記入）の跡がある。礎石を実測すると戸口の柱間は真々一二尺である〈図14〉。

6　西之丸南輪東ゟ一御櫓

規模は二間×五間とあるが、現在その跡が乱されており確認できない。なお、『彦根城内建物其他控』の「高塀之覚」には麻木御櫓とある。

7　同所（西之丸）二之御櫓

西之丸の南側石垣のほぼ中央、横矢折れ部に位置し、礎石の一部が残っている。三間×五間の規模にあてはまり、南側正面を平側に見せた一重櫓と考えられる〈図11の別図〉。さきの「高塀之覚」によると麻木御櫓の次に中之御櫓とある。

8　同所ゟ西角三階御櫓（西之丸三重櫓）

西之丸の南西隅にある重要な櫓で、三階櫓とも呼ばれた。現

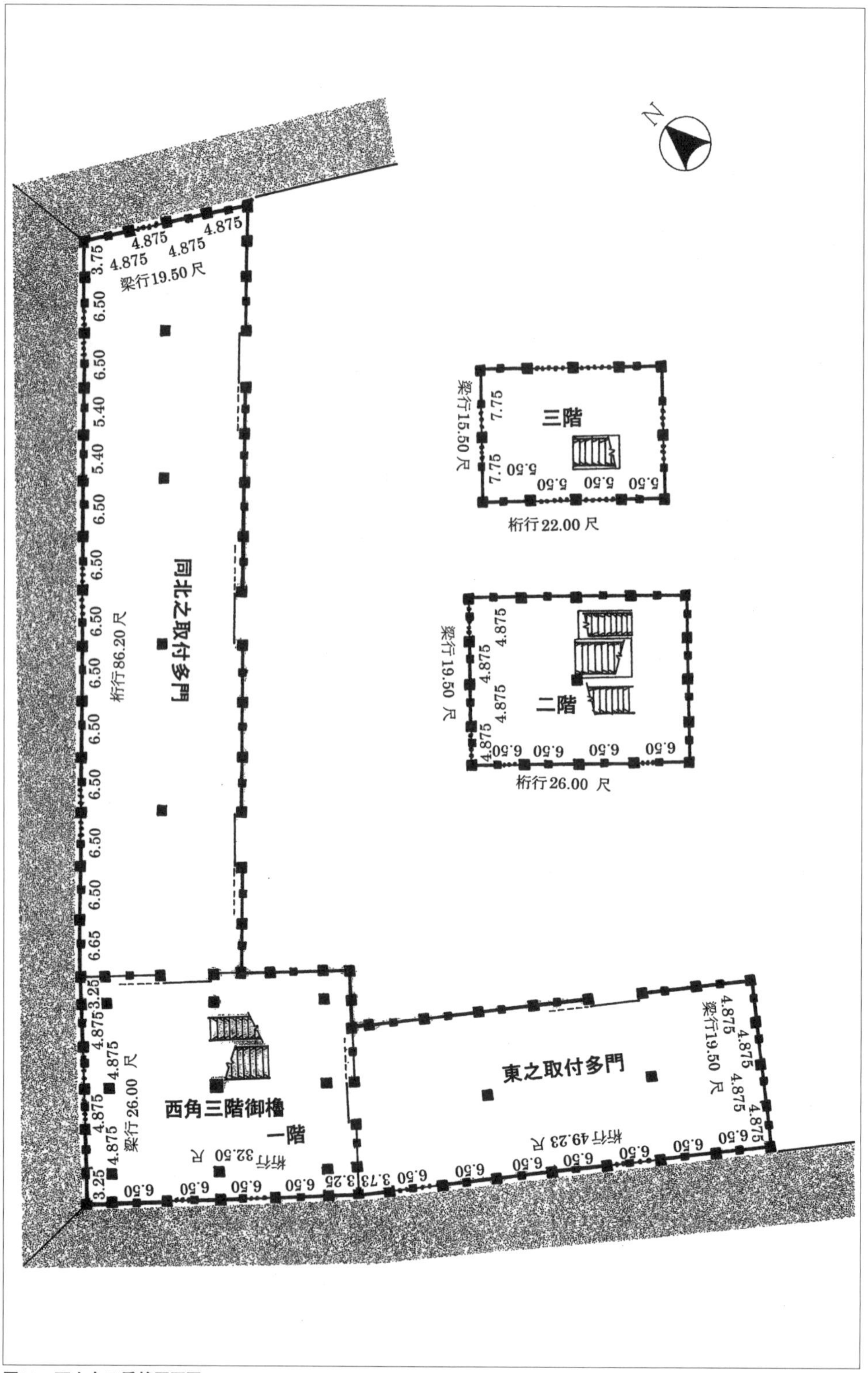

図10　西之丸三重櫓平面図

存のものは嘉永六年（一八五三）に修理、大部分が新材に取り替えられたものの、建築規模は当初より変わっていないと思われる。現在の建物は二重目の四間×三間をもとに初重五間×四間とするものの、梁行では二重目の三間（一九尺五寸）を柱間四間に割付けている〔柱間四・八七五尺〕。初重・二重に中心柱を立てるが、三重目は周り二尺宛に狭めて梁・隅木の上にのせる構造となっている。したがって三重目の柱割は桁行が柱間四間梁行が柱間二間で〔桁行は五・五×四＝二二尺、梁行は七・七五×二＝一五尺五寸〕中柱を入れて四面中央に窓をあける。なお『彦根城内建物其他控』では北之取付多門櫓の規模が誤っており、東之取付多門櫓が脱落している。その点『彦根山由来記』は規模の記載が現状通りに記されている。

9　同（**西之丸**）**北輪御櫓**

西之丸の北側石垣のほぼ中央、7西之丸南輪東ゟ二之櫓と反対側に位置するが、現在その跡は認めにくく礎石が一個残るのみである。なお『彦根山由来記』に同所の内二間×五間の櫓が二つと記されており、その一つは西之丸の北東部、天守の取付多聞櫓の石垣下に挟まれる冠木門わきの櫓を指すらしい（『御作事方肝煎勤向帳』所収の城内建物配置図では「番所」とある）。その冠木門は井戸曲輪へ下がるところで、門礎が残っていて柱間真々七尺三寸を測る〈図14〉。

10　同所（**西之丸**）**西御門櫓**

北西部の出曲輪廊下橋へ通じるところにあり、南北長の櫓門である。一二間×三間の規模と見合うものの、『御作事方肝煎勤向帳』所収の城内建物配置図では三間×七間の櫓と二間半×五間の門で構成するように描かれている。現在、櫓台の規模と門前の石段が半間内方に寄っている様子とよく合う。また櫓台の中央南寄りに残る礎石は北から五間目にあたっている。

ホ　同所（西之丸）御文庫

西之丸西門の近くに石列に沿う細長の礎石群および三重櫓そばに二棟の御文庫跡が見られる。古図を参照すると礎石群は一〇間×三間または一五間×二間半にあたる建物と思われ、二棟の御文庫跡は三間×二間の規模と合うことが分かる〈図11〉。

11　将碁御櫓（**将棋櫓・扇子櫓**）

西之丸出曲輪の先辺に位置し、櫓台が台形状をなす建物であった。七間×二間半であるが、残存する礎石からみて台形の短辺六間、長辺八間、梁行三間の規模になるようである。それに名称も珍しく、建物の形態からくると思われるものの何かいわくありそうに感じられる。なお、両側の石垣に沿う外塀の基礎石が残っており、幅三尺の厚みであったことが分かる。

12　同所（**西之丸出曲輪**）**御門櫓**

城内最奥の山崎曲輪へ下るところで、門礎が残っている。外から西向きに構えられ、正面に向かって左側の大扉口は柱間真々一一尺、右わき間は真々四尺六寸を測る。門上の渡櫓が番所にあてられていた。

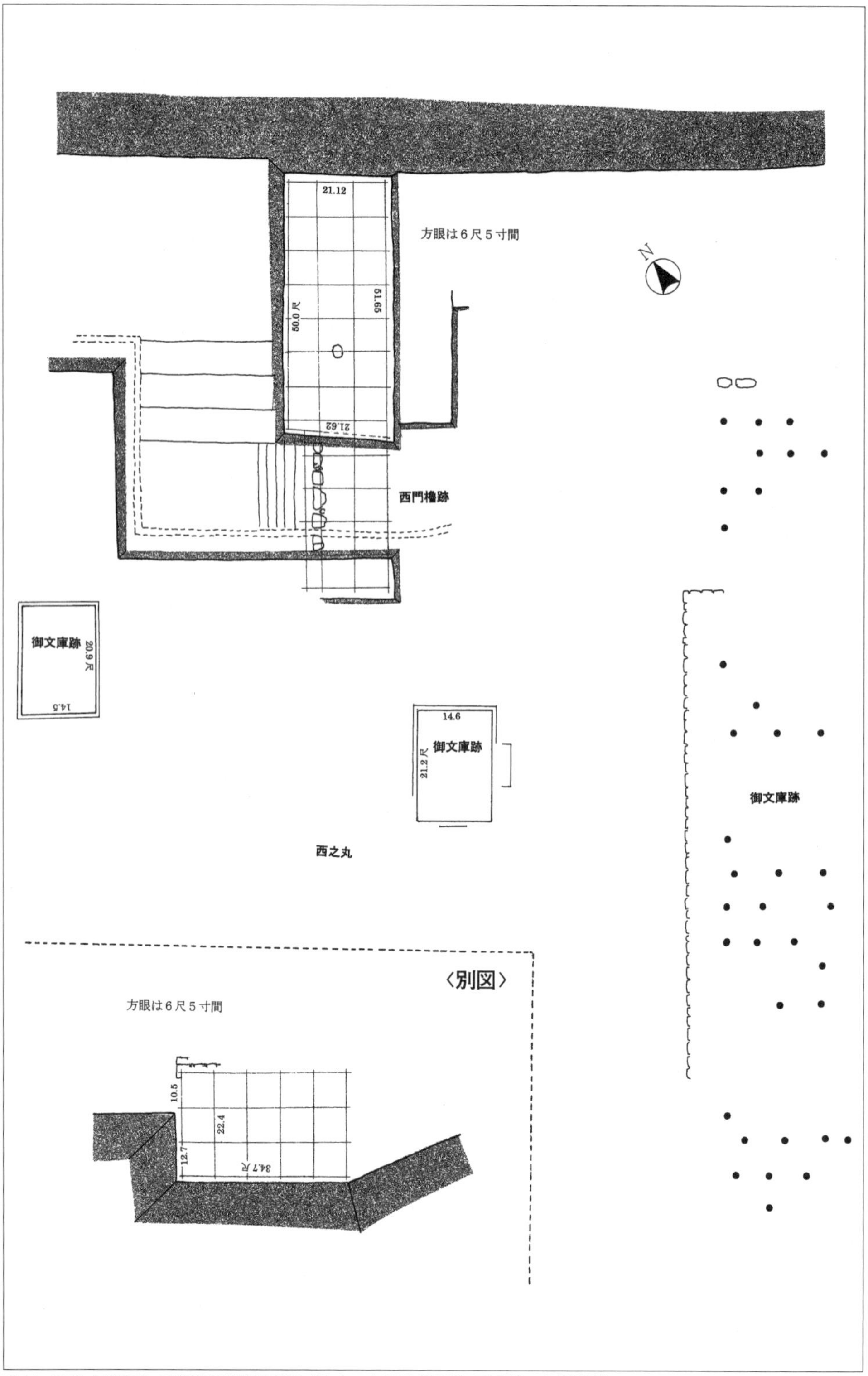

図11　西之丸西門および御文庫跡実測図（なお、左下の別図は 7 同所二之御櫓跡）

13　井戸廓御塩櫓

本丸天守石垣・西之丸間の北下にある小曲輪の隅部に設けた櫓で、文化十一年「御城内御絵図」にその名が見える。現状では石垣が崩落して草叢に隠れているため規模を確認できない。また、この小曲輪へ下がる折り返しの前後には門跡が残っている〈図14〉。

14　鐘之丸御廊下橋之内御門櫓同南取付多門東西両御櫓（天秤櫓）

本丸南側の下段「太鼓之丸」で鐘之丸との堀切に面して凹形状に建てた櫓門として知られる。天秤櫓という名称は前面横長

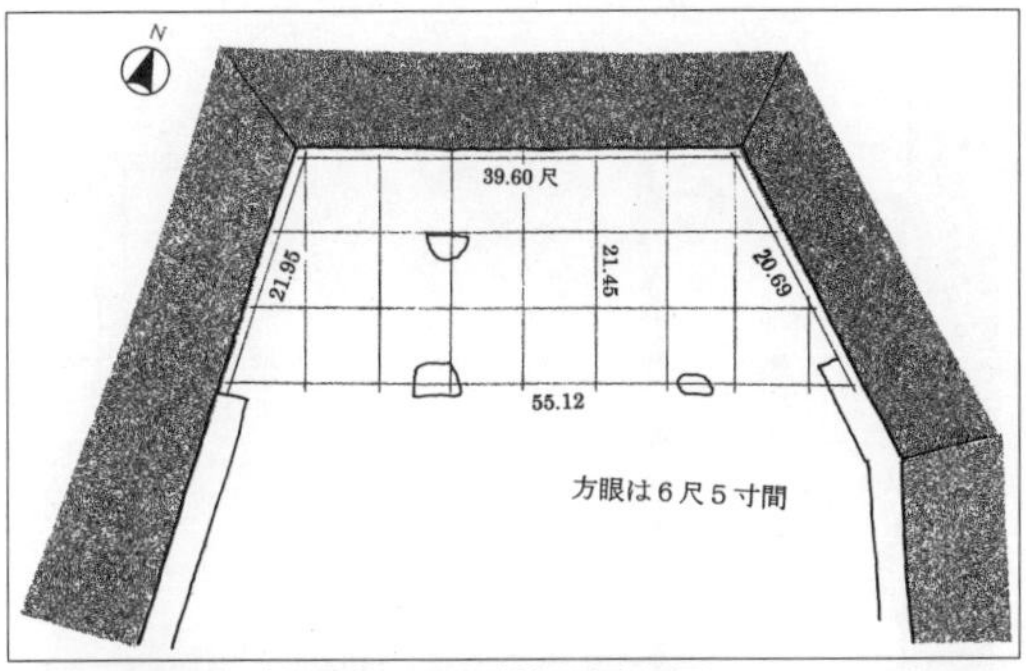

図12　将碁櫓（将棋櫓・扇子櫓）跡実測図

図13　西之丸出曲輪の櫓門跡

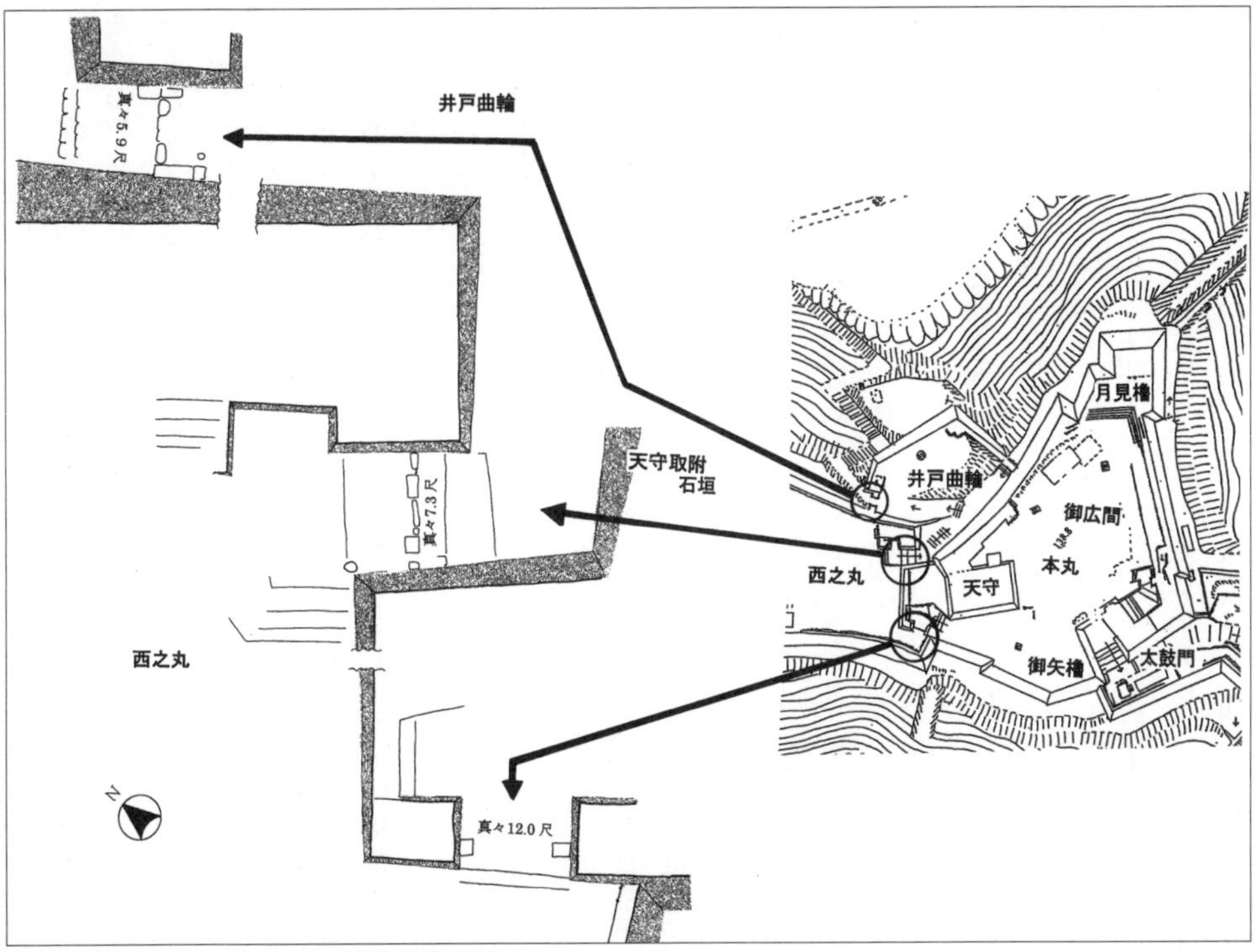

図14　本丸と西之丸・井戸曲輪間の門跡実測図

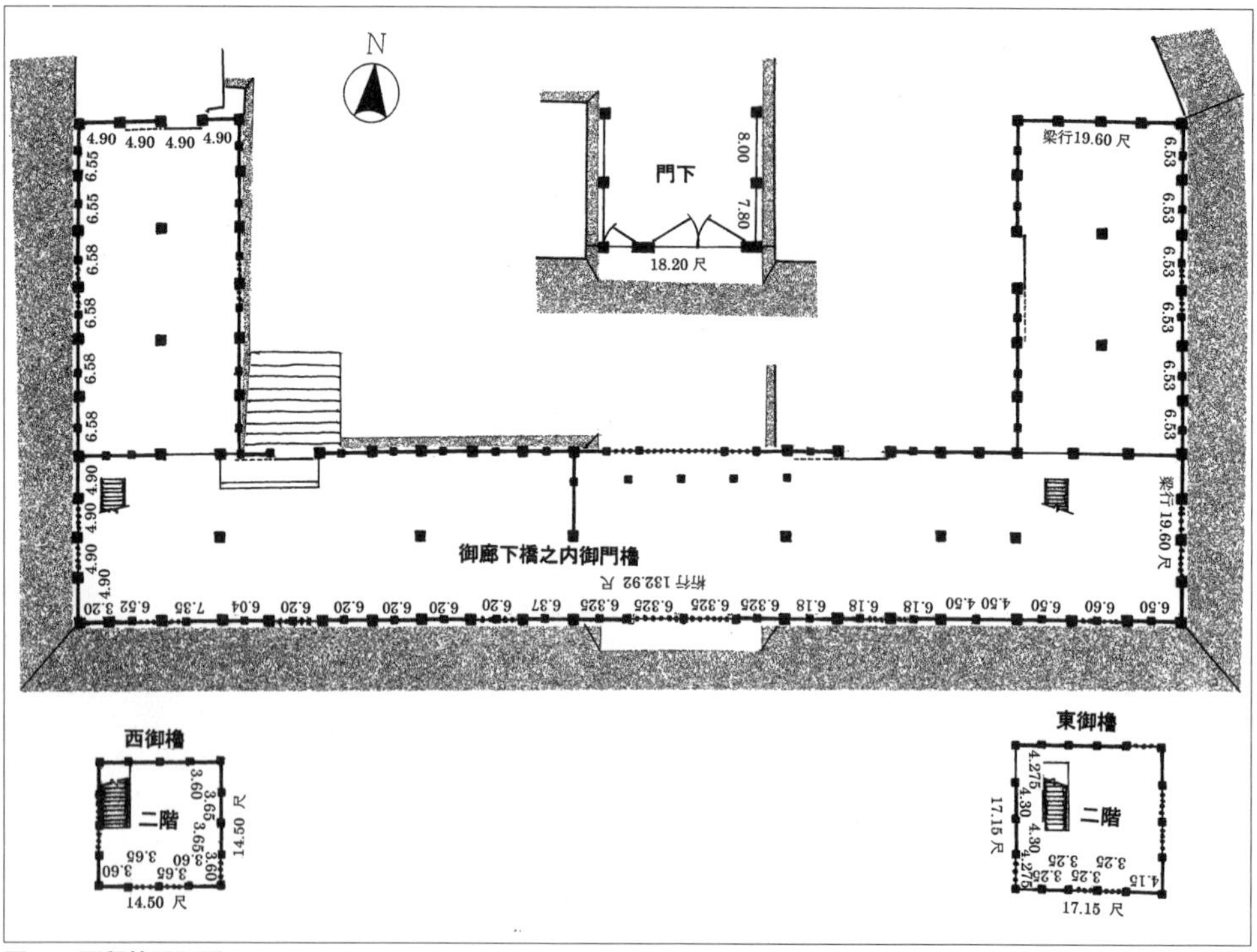

図15　天秤櫓平面図

な多聞の両側に二重櫓をのせた建築造形から連想される。門はやや右寄り、向かって右端東櫓の上重入母屋が平側正面、左端西櫓のそれは妻面を見せており、必ずしも対称性をとらないあたりがミソである。それに東櫓の方が規模大きめである。

なお、『修理工事報告書』によれば宝永三年（一七〇六・裏板および裏甲墨書）、天明四年（一七八四・隅棟鬼瓦の箆書）、嘉永七年（一八五四・棟札）に修理を受けたこと、とくに嘉永時のは西半が石垣を積み替え、それにともなって中央部より西方の建物も全面的に改造されたことが知られる。

15　鐘之丸北輪多門

鐘之丸は防禦上、主要郭と堀切をへだてて独立し、挟撃もできるところで、戦略的に注目すべきものがある。その北輪多門（長櫓）は表門から見上げる位置にあり、本丸の二十間櫓（多聞櫓）と同様な配備をなすと考えられる〔桁長が十間あるので十間櫓とも称されたかもしれない〕。現状でも石垣沿いに幅一間余、敷地より五尺ほどの高さをとっており、外観一重で内側が高床の建物であったと推定される。

16　同所（鐘之丸）南輪多門

先の北輪多門と反対側にあるが、桁行長く、両端に二重櫓を付属していた。そこは三ノ曲輪の京橋口・重臣屋敷〔現在の彦根東高校〕を見おろす要所を占める。その跡は梁間の内側が明瞭な形をとどめていないが、礎石が数個見出され、それは梁間中央の筋にあたるらしい。桁行の中ほどで鈍角に曲がっており、

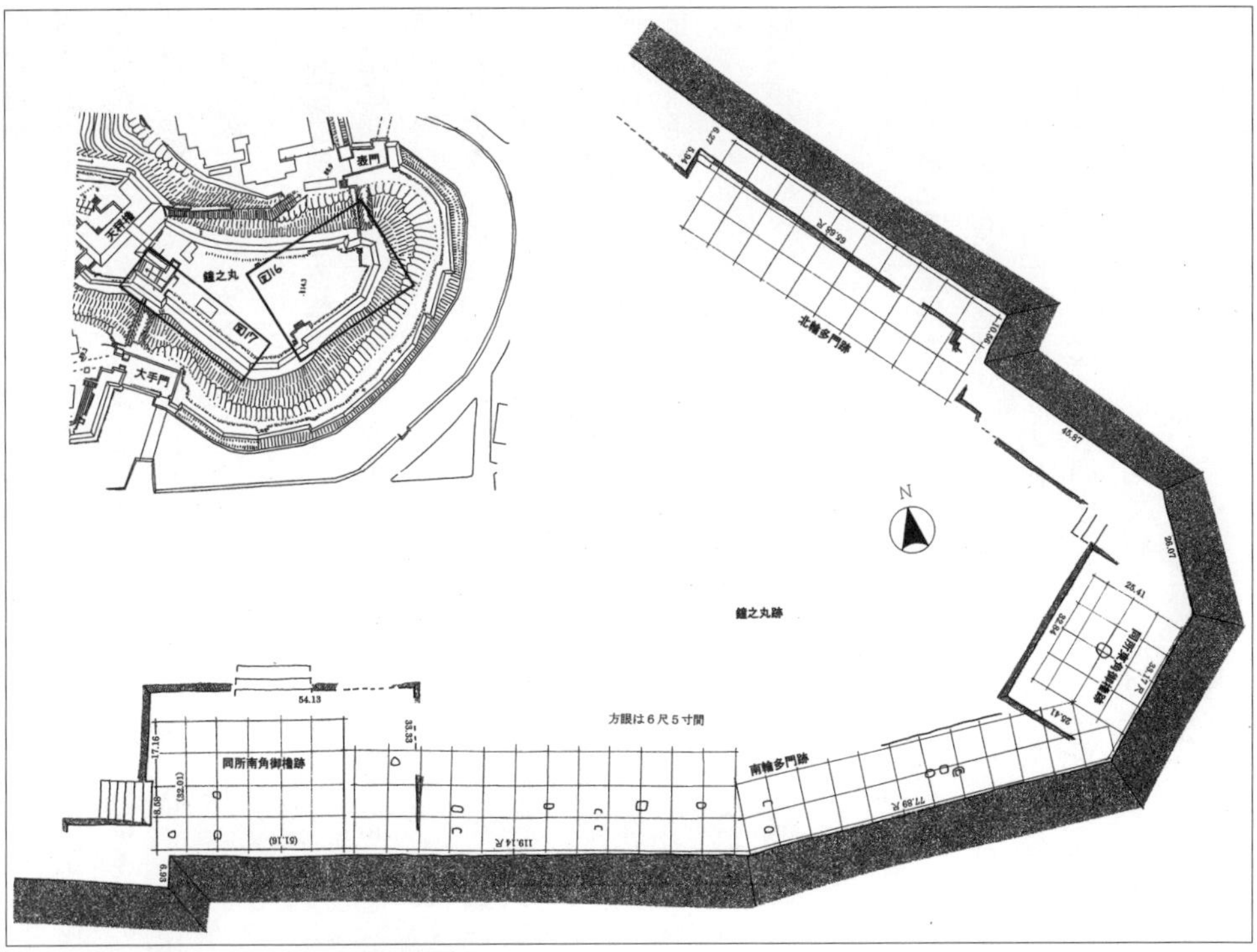

図16　鐘之丸跡（その１、東半側）実測図

図17　鐘之丸跡（その２、西南部）実測図

実測値からみて東半は梁間二間×桁行外辺一二間（内辺一〇間）、西半は梁間三間×桁行一〇間余（ただし18南角櫓の櫓台までだが、後述のように櫓規模の余地があるとすれば多門の桁長は一二間）になると思われる。残存礎石にあわせて〈図16〉のような柱割方眼が想定されよう。

17 同所（鐘之丸）東角御櫓

鐘之丸の東側、先端部に位置し二重櫓で、石垣隅部の下に表門からの登り石垣がとりつく。櫓台も旧状をとどめ、中央にひときわ大きな礎石があって中心柱をなすと考えられる。実測すると『彦根城内建物其他控』記載の初重四間×三間半より大きめで、内側に余地があったと思われる。ただ、規模寸尺を中心礎石に当てはめてみると梁行が半間片寄るかもしれないが、正しくは発掘調査で平面形態を確認してみる必要があろう〔櫓台いっぱいの規模とすれば五間×四間ほどになる〕。なお、『彦根城内建物其他控』のうち「高塀之覚」によれば御守殿南御櫓とある。

18 同所（鐘之丸）南角御櫓

これも17東角櫓と同様、16南輪多門（長櫓）の両端にとり付く二重櫓で櫓台が残るが、内側石積みや石段に改変の形跡が認められる。実測では八間×五間ほどになり、初重の記載六間×四間より規模が大きい。おそらく櫓台いっぱいでなく余地があったように思われる。なお、「高塀之覚」に鐘之丸御納戸櫓とあるのが当櫓にあたるものらしい。

19 同所（鐘之丸）西輪多門

主要郭（一ノ曲輪）のうちで最も桁行の長い多聞櫓である。文化十一年「御城内御絵図」には北半が二階御多門櫓、南半も同御櫓と記入してあり、棟高が高く規模の大きい建物であったようである。また『彦根山由来記』『御作事方肝煎勤向帳』所収の城内建物配置図では前者三間×一三間、後者三間×一八間・庇付きに描かれている。現在、その跡に礎石が数ヶ所残っており、〈図17〉のように柱割方眼をあてはめることができる。とくに内側壁の石列に柱穴ホゾが見られ、八寸角・真々六尺六寸を測る。

なお、文書に出ていないが北方に棟ずれの多聞櫓が接続しており、絵図に二間半×一〇間と規模が示されている。その跡は櫓台が三尺低く、細長な台形で、外石垣の下方に大手門までの登り石垣がある。その点『彦根山由来記』に「一同所冠門より御鳥毛御櫓登り塀十五間半」の記載に相当するが、鳥毛櫓という名称は他になく珍しい。その内側はひとつの桝形を構成し、鐘之丸へ入る門には礎石が残っている。向かって左側の大戸口は真々一〇尺八寸、右わき間真々四尺五寸を測る〔註：なお鳥毛櫓の名称について、「御鳥毛鎗」という鳥毛をかざりとしたサヤの槍がある。加えて佐和口の外門にあたる切通口近くに、かつて鳥毛中間長屋が存在し、藩主の国入りに際し御長柄小頭・御鳥毛小頭・御普請手代が御目見したと伝えられるのと関連があるかもしれない〕。

20 御殿へ下ル御門櫓・大手下口御門櫓

天秤櫓下の堀切は廊下橋の左右に、それぞれ表御殿の方と大

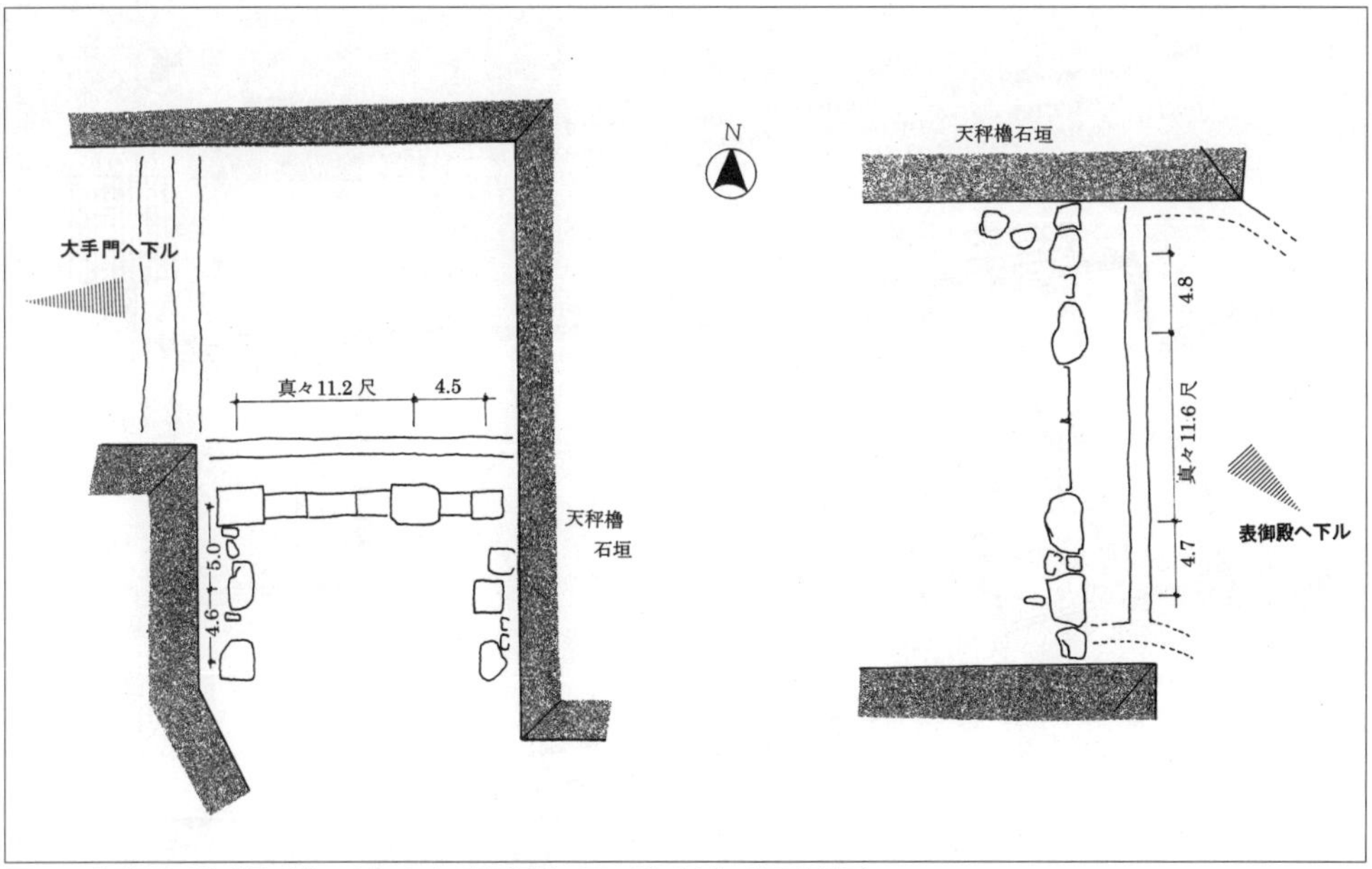

図18　大手下口門（坂口門、左）および表御殿へ下ル門（右）礎石実測図

手門の方へ下がり、石垣すその両側に門を構えていた。前者は天秤櫓に向かって右手の下側で、廊下橋と平行に石垣間に挟まれて建つ二階門、後者は向かって左手の下方の石垣側面に取り付き、「坂口門櫓」と称していた。ともに礎石がよく残っていて門構えが知られる。御殿へ下ル二階門は中央間が真々一一尺六寸、向かって右わき間真々四尺八寸、左わき間真々四尺七寸で、控柱の寸法は不明である。一方、大手下口櫓門は向かって右側の大戸口が真々一一尺二寸、左わき間真々四尺五寸で、控柱は真々九尺六寸となっている。

次に『彦根城内建物其他控』では山すそ回りに入り、二ノ曲輪の施設として表門から水ノ手黒門・山崎曲輪・御用米蔵・大手門と左回り順に述べる。

21　御殿表御門櫓

まず、御殿表櫓門は表門桝形の内側に構えられた櫓門で、古写真によって白壁の窓上下に長押を塗出し、入母屋造の建物であったことが知られる。門礎から間口真々二一尺五寸、控柱真々一四尺、左右の石垣高は一一尺八寸である。

22　同所（御殿表門）東角御櫓

表門橋を渡って前門に向かって左側の櫓台に建っていたもので、規模も合う。表御殿に入る口を扼する建物で、古写真にその一部が写っている。『彦根山由来記』に腰曲輪櫓・四分一櫓とも呼ばれた〔註：四分一《しぶいち》について調べると二通りの意味があるらし

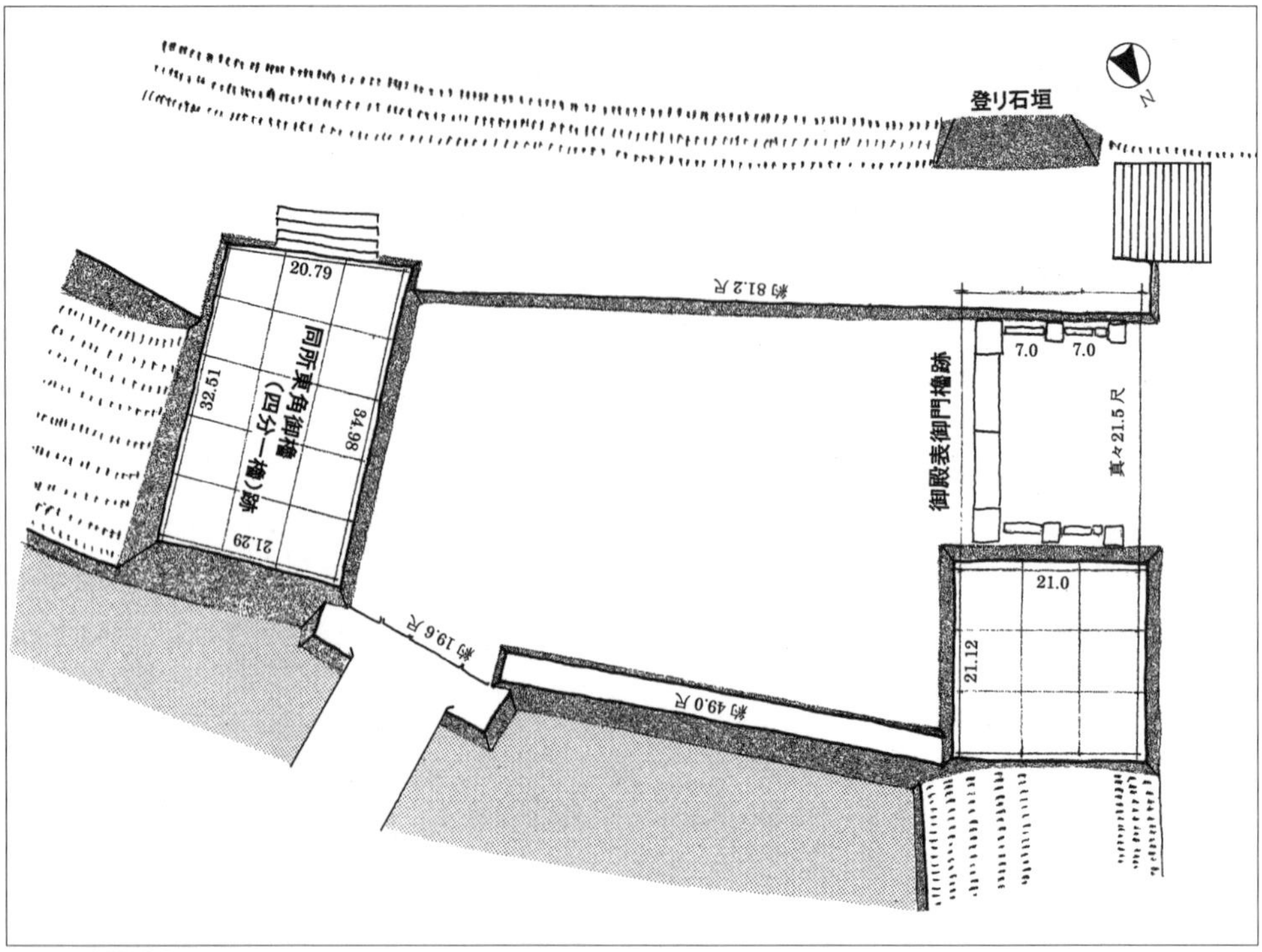

図19　表門跡実測図

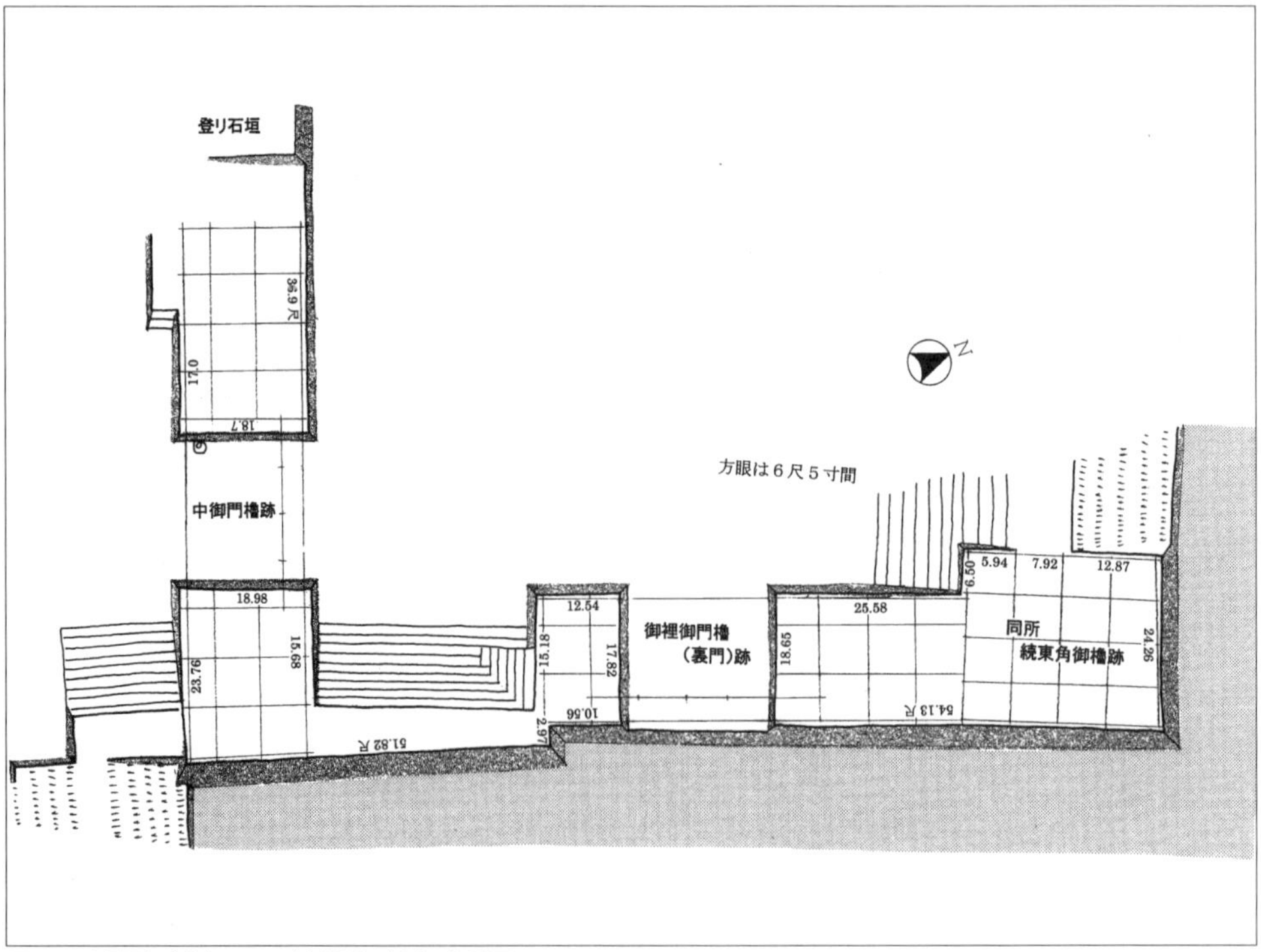

図20　中門跡（左）および裏門跡（右）実測図

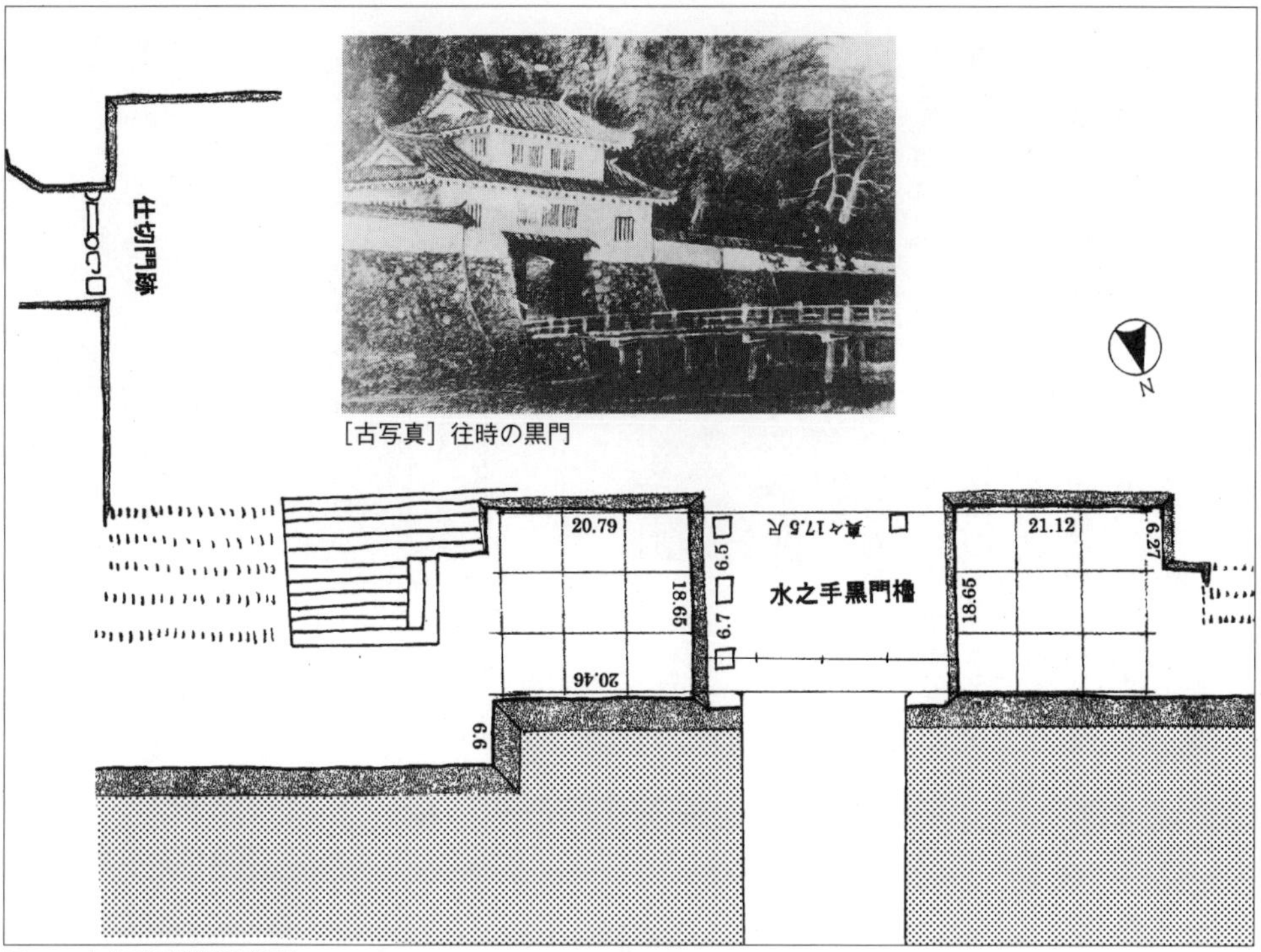

図21　水之手黒門跡実測図

く、①室内の入隅などに取り付ける細い木、②元来は銅三に銀一を混じた我が国固有の合金、といわれる。名称のいわれがどちらにあるか分からないが、後者は緑青・硫酸銅を主成分とする煮汁で着色され、暗褐色で美しい特殊な光沢を有するため装飾に用いられた。朧銀・白四分一とも云い、それに関係するものかもしれず興味あるところである」。

23　御裡御門櫓（裏門櫓）

表御殿の裏口をなすもので、現存の櫓台を実測すると、中央の門は間口三間余、向かって右側四間、左側一間半の割りになるようである。門礎は見当たらなかった。

24　同所（裏門）続東角御櫓

裏門の向かって右側に一体的に接続する二重櫓で、厳めしい建物であったようである。櫓台の規模を測ると四間の正方形でなく、横辺が四間〔六尺五寸×四＝二六尺〕あるのに対して縦辺が二四尺で、わずかに短い。六尺間の柱割としたのかもしれない。

25　同所中御門櫓

裏門を入って左側内方にあり、同じ櫓台に続いて矩折れに構えた仕切門で、表御殿の奥向へ通行するために設けられた。規模も合い、櫓門の奥部が山すそに当たっており、上方の本丸月見櫓まで登り石垣とつながっている。

26　水之手黒御門櫓

城山斜面まわり、二ノ曲輪が湖に面する側の中央に位置する。

門口四間を中にはさみ、両わきの櫓台はともに三間になると考えられるが梁間は六尺間でないとおさまらない。古写真によって外観が白壁・格子窓、同じ梁間の入母屋を二重にのせた重箱造であることが知られる。上階は門の中心にあわせ、桁行は下階の半分五間か六間とみられ、平側正面が線対称な建物である。門礎は残りが十分でないものの、間口真々一七尺五寸、控柱真々一三尺二寸、礎石上端からの石垣高一〇尺四寸を測る。

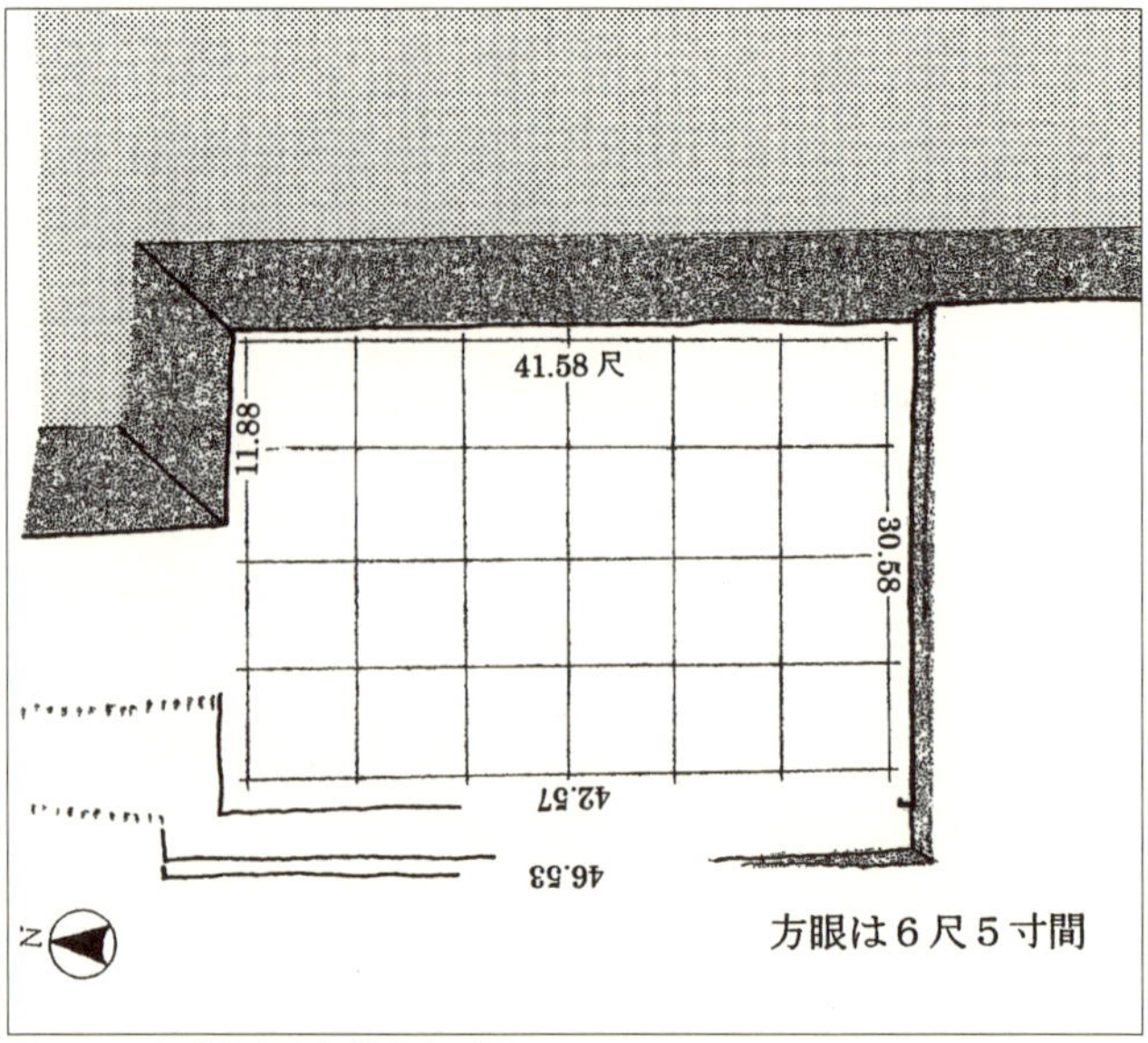

図22　下山崎北東之御櫓台実測図

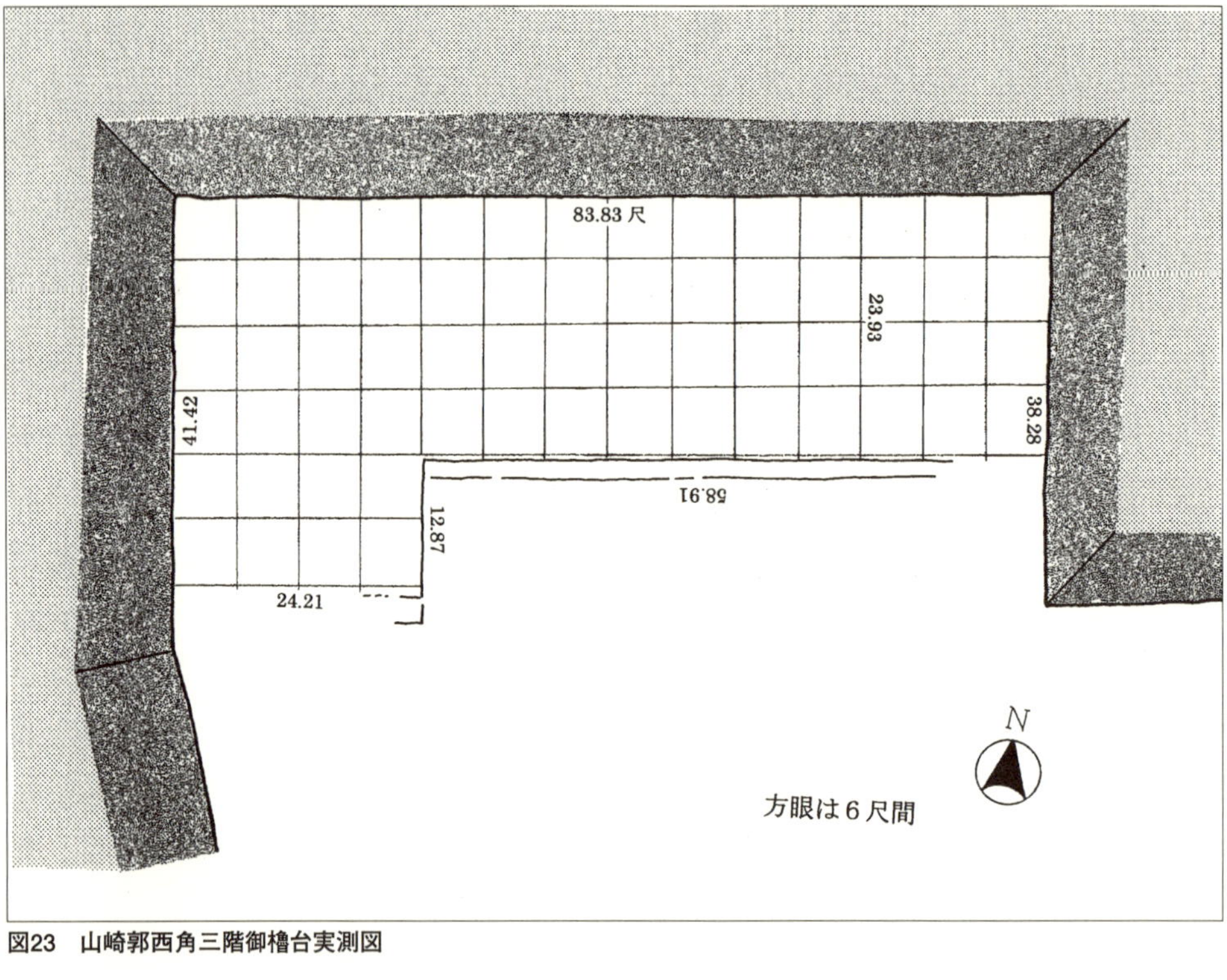

図23　山崎郭西角三階御櫓台実測図

27 下山崎北東之御櫓

古図に「二階櫓」とあり、今も敷地より高めに櫓台が残り、規模も合致する。内側に石造の踏段が見られる。しかし古写真がなく外観容姿は不明である。

28 同所（山崎郭）西角三階御櫓

山崎郭の先端に出る櫓で、西之丸三重櫓と同様な役割をなす建物として注目される。櫓台も残っており、西側三階櫓と矩折の多門櫓が接続する平面形状が分かる。しかし実測寸法をとってみると、そのまま六尺五寸間を当てはめにくい。問題なのは三階櫓の初重規模で、桁行六間（六・五×六＝三九尺）は石垣の堀側の辺なら合うが、内側の石列長さでは不足する。また梁行も三間（一九・五尺）か四間（二六尺）のどちらかであるが、三階櫓の規模として三間は短いように思われ、四間としても実測寸法では足りない。さらに取付多門櫓の桁長さ一〇間（六五尺）も現状では不足し、六尺間の可能性がある。いずれにしても礎石を発掘でもしない限り判明できないと思われる。古写真によると三階櫓は初重が細長で、二重目と三重目は湖水側に片寄って初重入母屋の棟が長く出る形態を察知できる。二・三重の逓減差も西之丸三重櫓と同様に少なく、妻側は見えないものの飾り破風はないように思われる。

29 同所（山崎郭）御門櫓

山崎三階櫓を左側に写した古写真の右側に見える櫓門である。その跡を実測すると建築規模は六尺五寸間に当てはまり、

［古写真］山崎郭三階櫓（左）と山崎門（右）

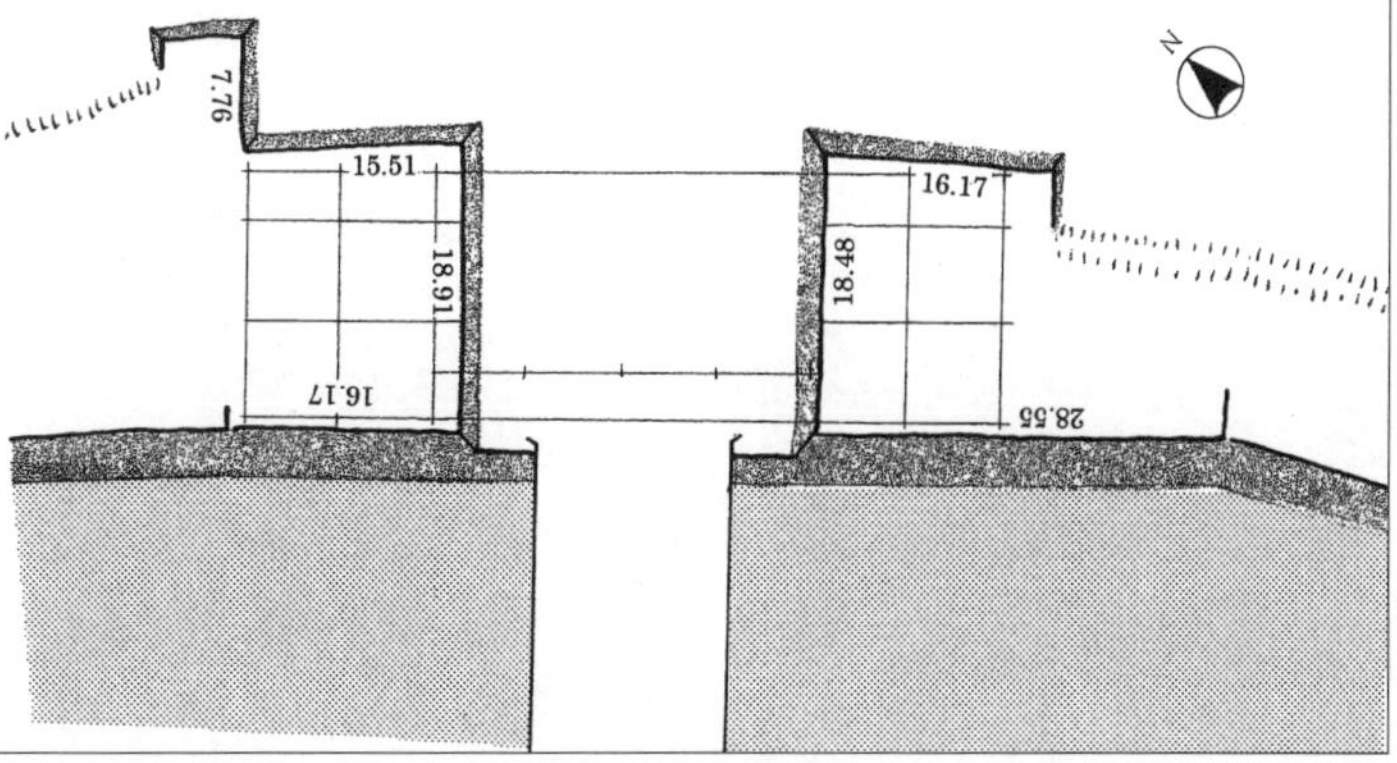

図24　山崎門跡実測図

中央の門口は四間弱、両わきは各二間ずつになる。古写真の通り向かって左側の石垣に段差が認められ（実測高二尺一寸）、門の上に庇を付け、中央の格子窓は三間、両側に格子窓を一つずつ開けている。白漆喰塗、入母屋造とする外観意匠が明確に知られる。黒門の二重三階建てよりひとまわり小さめで一重二階建ての対照的な形式をなす。なお、現在では冠木門が立っているが、後世の建物で他から移転したものであろう。

30 御用米口御鉄砲櫓

大手門を扼する二重櫓で、西側山すそに御用米蔵が一七棟並ぶところの入口近くにあるのでその名称があり、鉄砲を備えていたと思われる。古写真に見ることができ、初重五間（長辺六間）×四間とすれば二重目は四間×三間と考えられ、妻側は直角でなく斜めで、古写真には見えないものの櫓台裏側に半間ほどの張出がある。

31 同所（大手門）御門櫓・同続之多門

古写真のように御用米口鉄砲櫓の右側に接続する多聞櫓と、さらに前折れに続く入母屋の建物が大手の櫓門である。規模は二間半×二一間、古図によると桁行は多門一二間と大手門九間をあわせた寸法になる。現在の櫓台では多門の梁間二間半、古図の梁間三間は大手門に当てはまる。大手門は向かって左半の櫓台が四間、右半の門口が五間で、礎石も残る。ただし礎石は地面より浮き出ており改変整備されたかもしれないが、柱当り痕跡が見られるので参考のため測ると向かって左側の大扉口は真々一八尺一寸、右わき間真々四尺三寸、控柱真々一二尺四寸、石垣高一四尺ほどである。また大手門の右端は石垣の上にのり、そこは山すそ腰曲輪へ上がる門で、先述した御鳥毛櫓まで登り石垣の下に挟まれる。この門礎に五輪塔の一部が転用されている。

32 同所（大手門）橋詰冠木御門之上御櫓

大手門の木橋を渡るところに構えた冠木門（前門）に礎石があり、丸ホゾの間隔は真々一〇尺九寸を測る。その右側に石垣高二一尺、二間ほど前方へせり出す櫓台に一重の上櫓が建ち、古写真にその一部が見える。現状は三間×五間の規模と合い、妻入の建物で『彦根山由来記』に鉄砲櫓とあるものの、先の御用米口鉄砲櫓と対応するものであろうか。

ところで『彦根城内建物其他控』では大手門の次に三ノ曲輪に入り、北から右外回り順に列記してある。天保七年（一八三六）彦根城下惣絵図（彦根城博物館所蔵）に諸櫓の簡略な平面が示されているので、それぞれ櫓跡の位置を知るのに参考となる。

33 御下屋敷北輪西御櫓

現在、槻御殿茶座敷（地震ノ間）の奥部にあるため入れず、規模を確認できない。

34 同所（御下屋敷）築山之内北西角御櫓

玄宮園の北西隅に位置し、その石垣は二間ほど（一三・四尺）

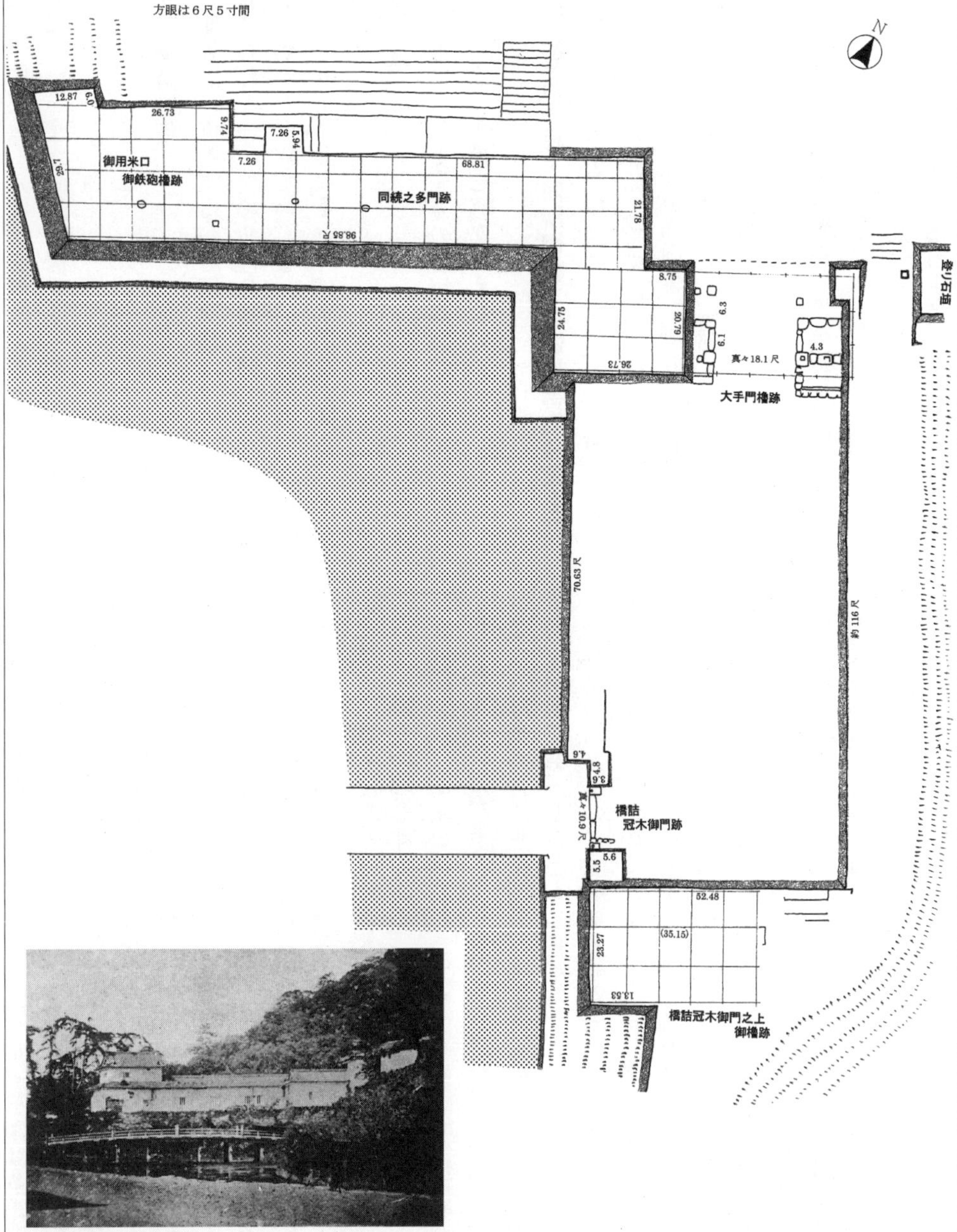

［古写真］大手門旧観

図25　大手門跡実測図

出て、桁行は四〇・四三尺（六間）を測る。しかし梁行四間を示す形跡は認めにくい。また、建築構成や外観意匠を知る資料もない。

35 同所（築山之内）東角御櫓

同じ玄宮園の北東隅に位置するが石垣隅部だけで、その規模を知る形跡は認められない。先の北西角櫓と同じ大きさであるが、二重櫓かどうかも分からない。なお、その南方、玄宮楽々園の東側で石垣が入り折れとなる近くに水門跡が残る。

36 元大工小屋角御櫓

先の水門跡より東に折れて先方の石垣隅部が元大工小屋角櫓跡であるが、礎石もなく規模を確かめえない。

37 木俣土佐殿屋敷東角御櫓・同所御櫓ゟ佐和口御門櫓迄多門

三ノ曲輪の北東部、家老木俣屋敷のうちにある。現在、昭和三十五年に二重櫓および佐和口までの長大な多聞櫓として外観復元されている。『御作事方肝煎勤向帳』所収の佐和口門の略図に多聞櫓は「木俣・御馳走御道具方・御細工方」と記入してあって、それぞれの持分が知られる。

38 佐和口御門櫓・同所御門ゟ御馳走所東折廻シ多門（佐和口多聞櫓）

佐和口御門櫓（櫓門）は復元されていないが、門の礎石がよく残っており、その上にまたがる櫓の規模も推察できる。門口は五間半、向かって右側の櫓台は四間、左側は多聞櫓の梁間二間半に相当する。『修理工事報告書』によると門礎が完備していたが、現在、道路舗装されたためか、向かって右側の控柱礎石二個が失われている。しかし門構えや規模寸尺、とくに柱に金物を巻付けた鉄錆痕跡やホゾ穴も見られて、柱太さ・蹴放の部材寸法を知ることが可能である。中央間は真々一五尺七寸五分（内法一二尺七寸五分）、向かって左わき間は真々六尺七寸（内法四尺）、右わき間は真々六尺三寸（内法三尺八寸）、控柱までは真々一四尺七寸を測る。さらに鏡柱は三尺×一・六五尺と太く、両わき柱一・七五尺×一・六尺、控柱一・九尺×一・八尺、蹴放の幅七寸である。門構えは中央が両開き大扉、両脇が片開き戸（あるいは右わき間がやや短い寸法からして板羽目か）とする装置が考えられる。両わきの石垣高は一四尺である。また古写真から二重櫓門で、上下とも同規模（十二間×三間）の重箱造であったことも知られる。古図に「三階御門」とあるのは下の門と上の二重をあわせた階数で、建築としては二重三階建てと云うことができる。

佐和口門の南に接続する多門（多聞櫓）は現存の通り、梁間二間半、桁行は折れの間仕切りを三区分とみなし、『修理工事報告書』の発見番付から北側「西多門、合印☆」が七間、中の東西棟「合印♡」が一〇間、南側「南多門、合印⧖」が一一間で、計二八間の規模と一致する。それに『御作事方肝煎勤向帳』所収の佐和口門の略図によって持分も知られる。

〈佐和口門跡の礎石〉

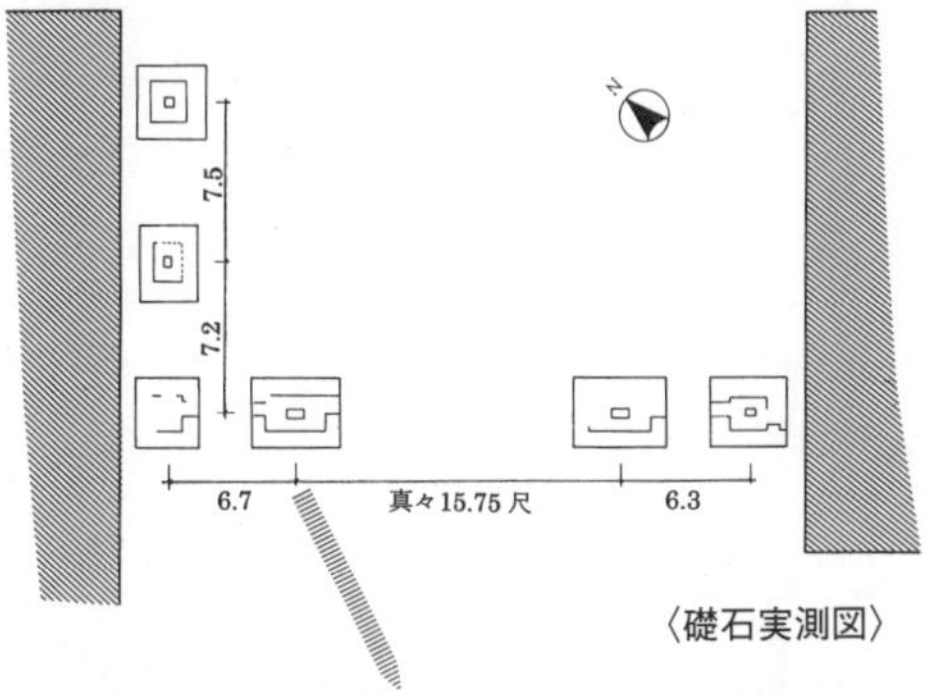

〈礎石実測図〉

〈礎石に残る柱あたり金物痕跡〉

図27　佐和口門跡

〈下屋敷（槻御殿）北輪西櫓跡の石垣〉

〈築山之内北西角櫓跡内側〉

〈玄宮楽々園の東側にある水門跡〉

図26　三ノ曲輪北東部（現状）

39 御馳走屋敷南輪角櫓（佐和口二重櫓）

佐和口門から接続する多聞櫓の南端にある二重櫓で、現存する。御細工櫓・南御櫓（墨書）とも称し、『年代記』明和四年（一七六七）の条に「彦根二之曲輪御細工櫓ゟ出火六月十日」とあり、かつ修理工事に際して明和六年・同八年の墨書が見出され、その後に再建されたことが明らかである。『御城使寄合留帳』明和五年正月の条にも「近江国彦根城二之郭従本丸卯辰之間門櫓・多聞櫓并南角櫓不残焼失ニ付而右櫓・多聞台石垣損候間、築直之事・・・」とあって、それを裏付ける。初重（墨書下ノ重）六間×四間の規模も合い、二重目（墨書上ノ重）は周り二・二尺宛に逓減する大きさとなる。なお、櫓台の南西隅部分は旧石垣をさらに積み足して中に基石の支持柱三本を埋めており、焼失前の建物より大きくされたと思われる（註：前身の規模はおそらく五間×四間か。ただし『彦根城内建物其他控』の記載が寛延元年（一七四八）とすれば規模は変わらず疑問が残る）。

40 脇五右門屋敷前御櫓

佐和口二重櫓（御細工櫓）より東折れに伸びる石垣の先端にあり、櫓台が水堀に出る。三ノ曲輪の東側の北東隅で、重臣屋敷の城内として管理を預かっていたのであろう。現在、櫓台に初重外壁の石列が明瞭に残り、六間半×五間の規模と一致し、面積としては大きい方である。本丸から佐和口方面を見下ろした古写真に佐和口二重櫓の向こうに見える二重櫓がそれで、白壁、入母屋がほぼ東西棟の建物であったことが判明する。

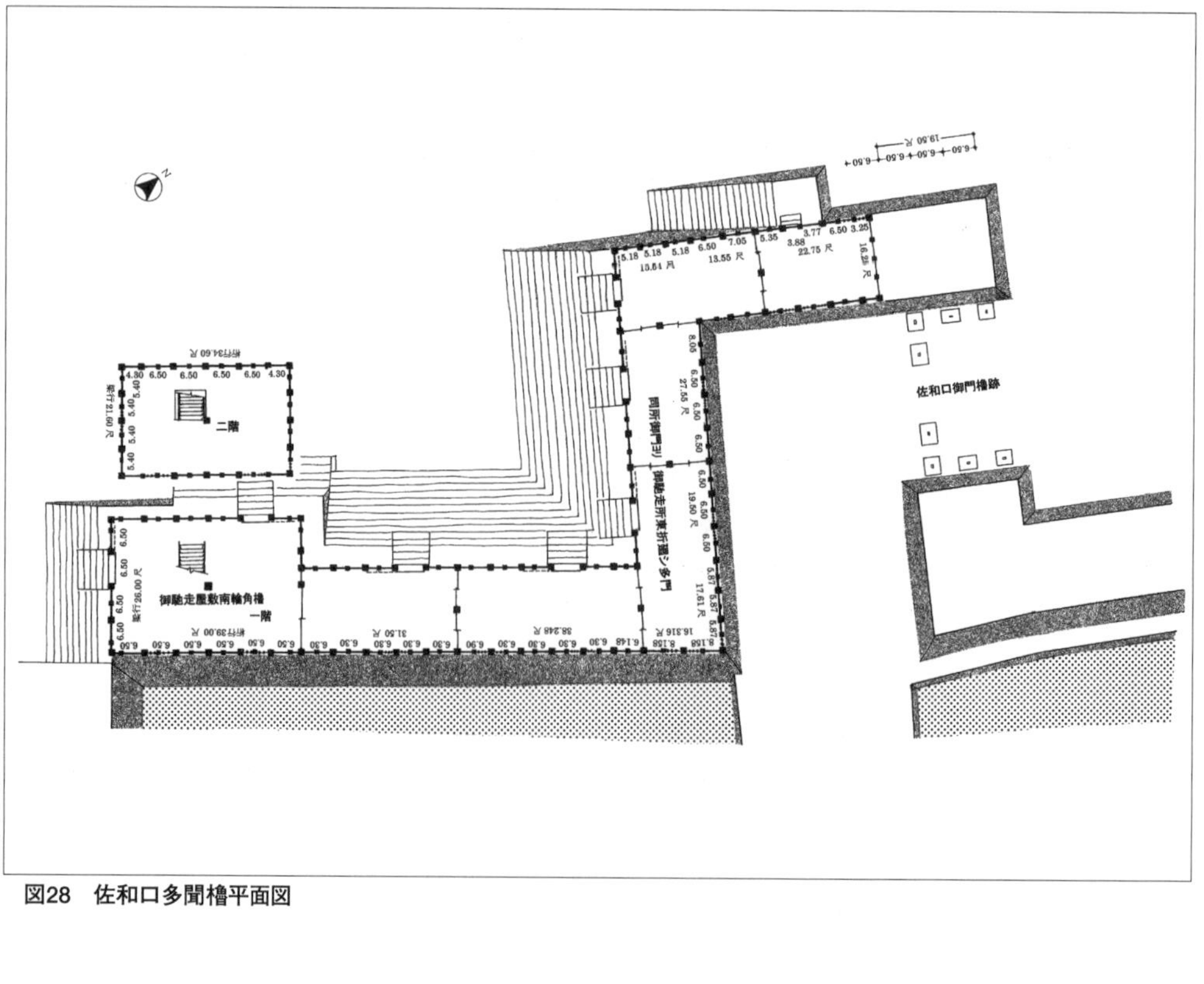

図28　佐和口多聞櫓平面図

41　犬塚求之介屋敷前御櫓

三ノ曲輪（第二郭）の東側の中途に位置する。石垣が横矢折れの規模にあわせて建てられ、現状でも初重規模と合う。とくに中心柱の礎石（約四尺四方）があり、佐和口二重櫓と同様な建物であったと思われる。古写真にわずかながらその姿が見える。

42　西山内蔵允屋敷前御櫓

三ノ曲輪の東側の南東隅部、先の脇家屋敷角櫓と対応する位置を占める。『彦根城内建物其他控』に六間半×六間とあって、諸櫓の中でも規模が最も大きい。しかし現在の櫓台に残る石列や礎石をメドに実測すると、七間×五間になり一致しない。規模変更があったかもしれないが、今後の検討課題である。

43　長野伝蔵屋敷御櫓・同所御櫓ゟ京橋御門櫓迄多門折廻シ

三ノ曲輪の南側、東寄りに京橋口をとり、枡形の東方に折廻し多聞櫓（長櫓）、その端に二重櫓を設けた。これは佐和口と同様な防備形態で、櫓門の向きが違うだけである（京橋口は左折れ、佐和口は右折れ）。『御作事方肝煎勤向帳』に京橋口門の略図があり、平面構成や持分の様子も推察できる。

長野屋敷御櫓の跡は隅部の堀に面する石垣であるが、中心柱の礎石（径三・五尺ほど）があり、ちょうど初重規模に当てはまる。古写真に二重櫓の東側面が写っており、白壁、上重の逓減少なく、入母屋がほぼ南北棟で、佐和口二重櫓と同様な外観をもっていたことが分かる。ただし多聞櫓との接続関係は二重

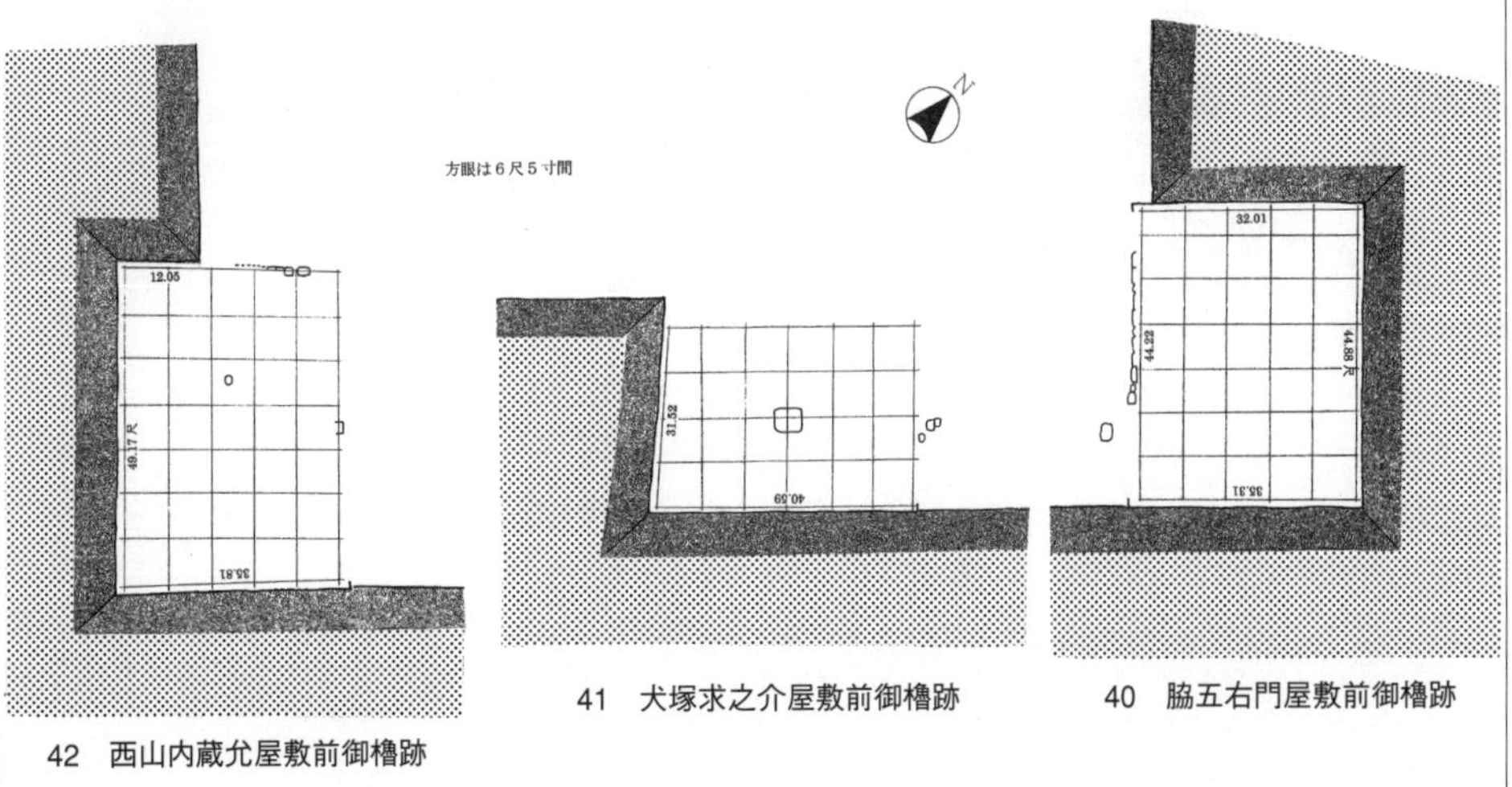

図29　三ノ曲輪東南部の櫓台実測図

［古写真］京橋門旧観

［古写真］往時の長野伝蔵屋敷御櫓

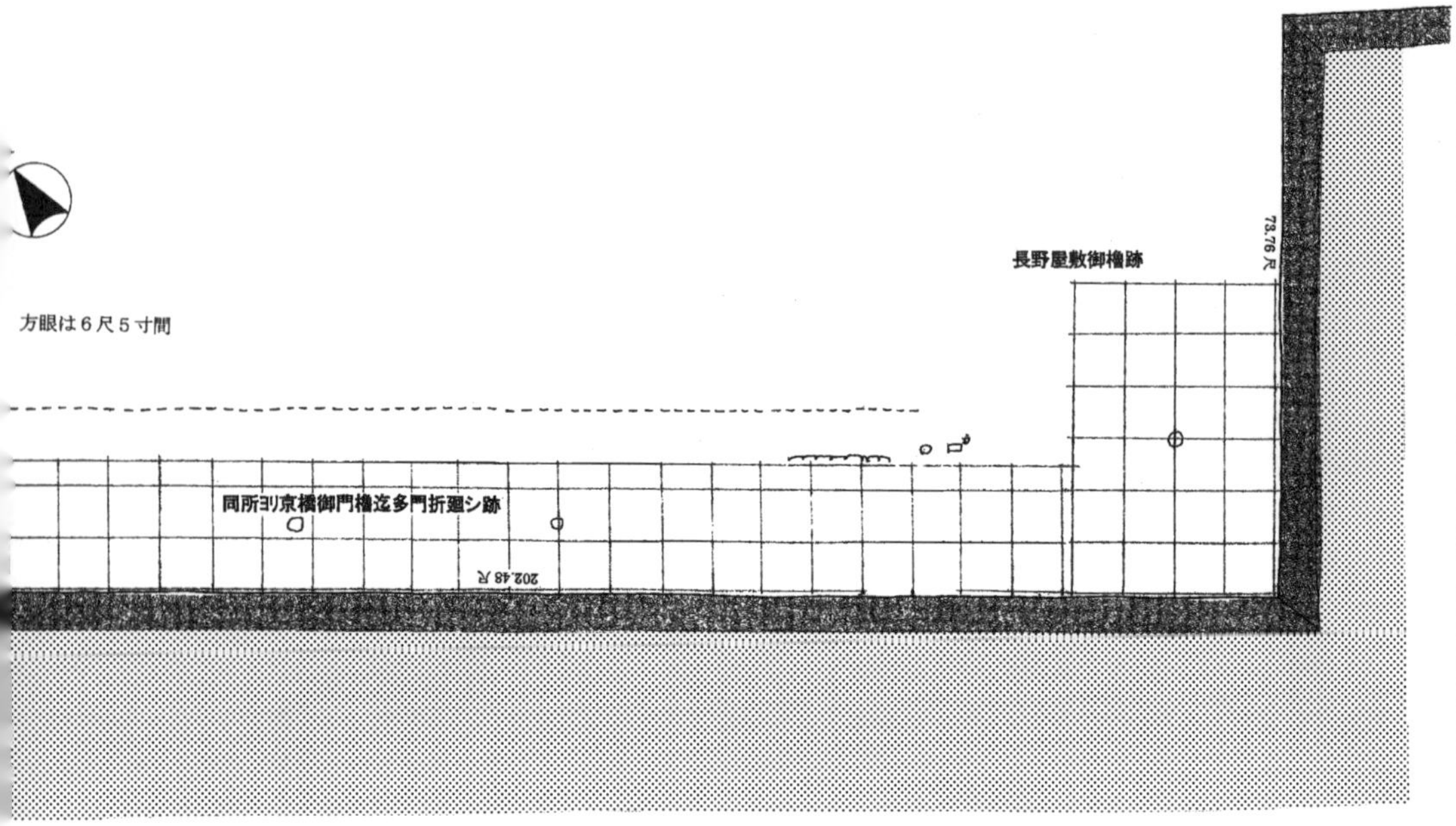

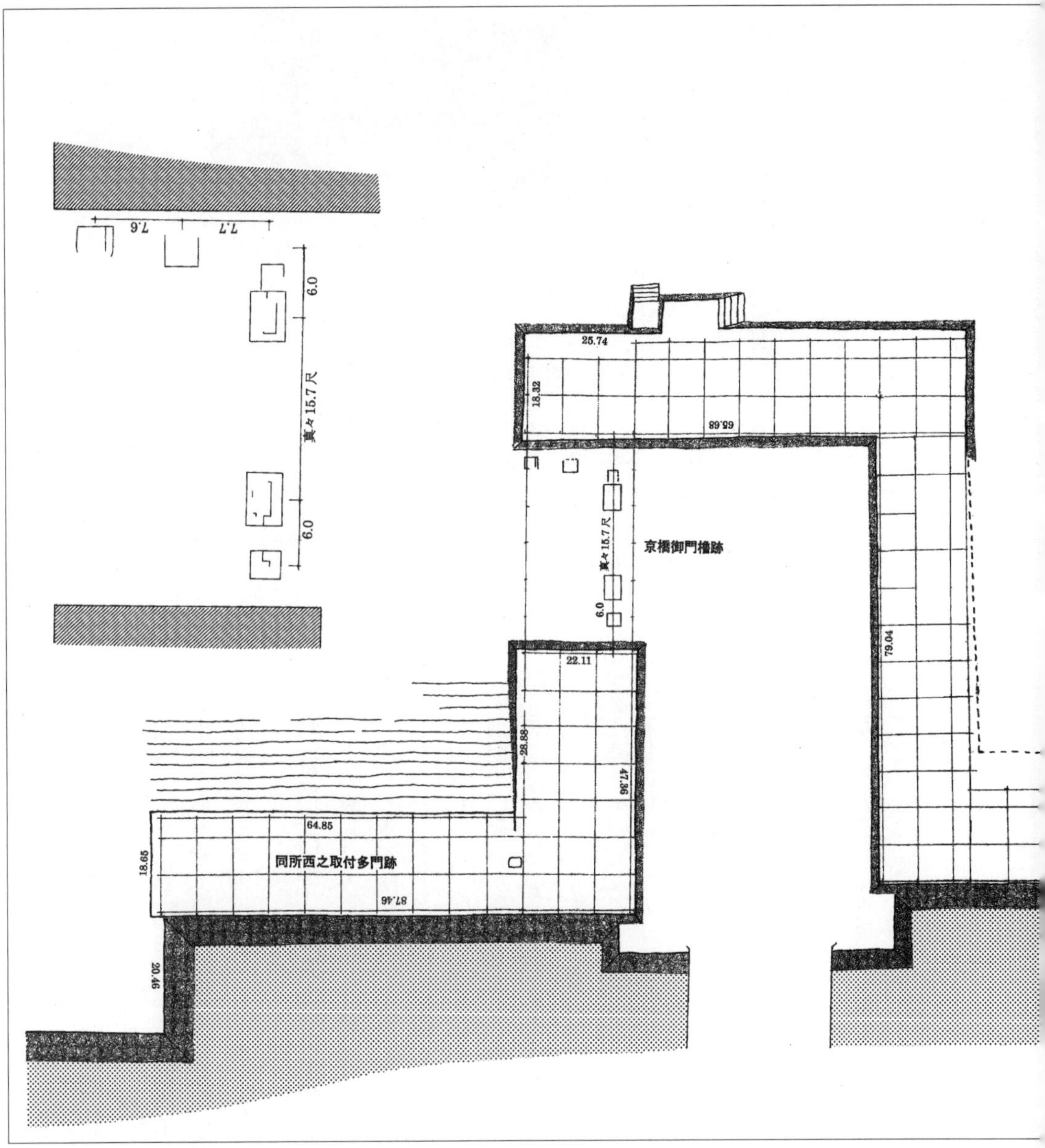

図30　京橋御門櫓台・長野伝蔵屋敷御櫓跡実測図

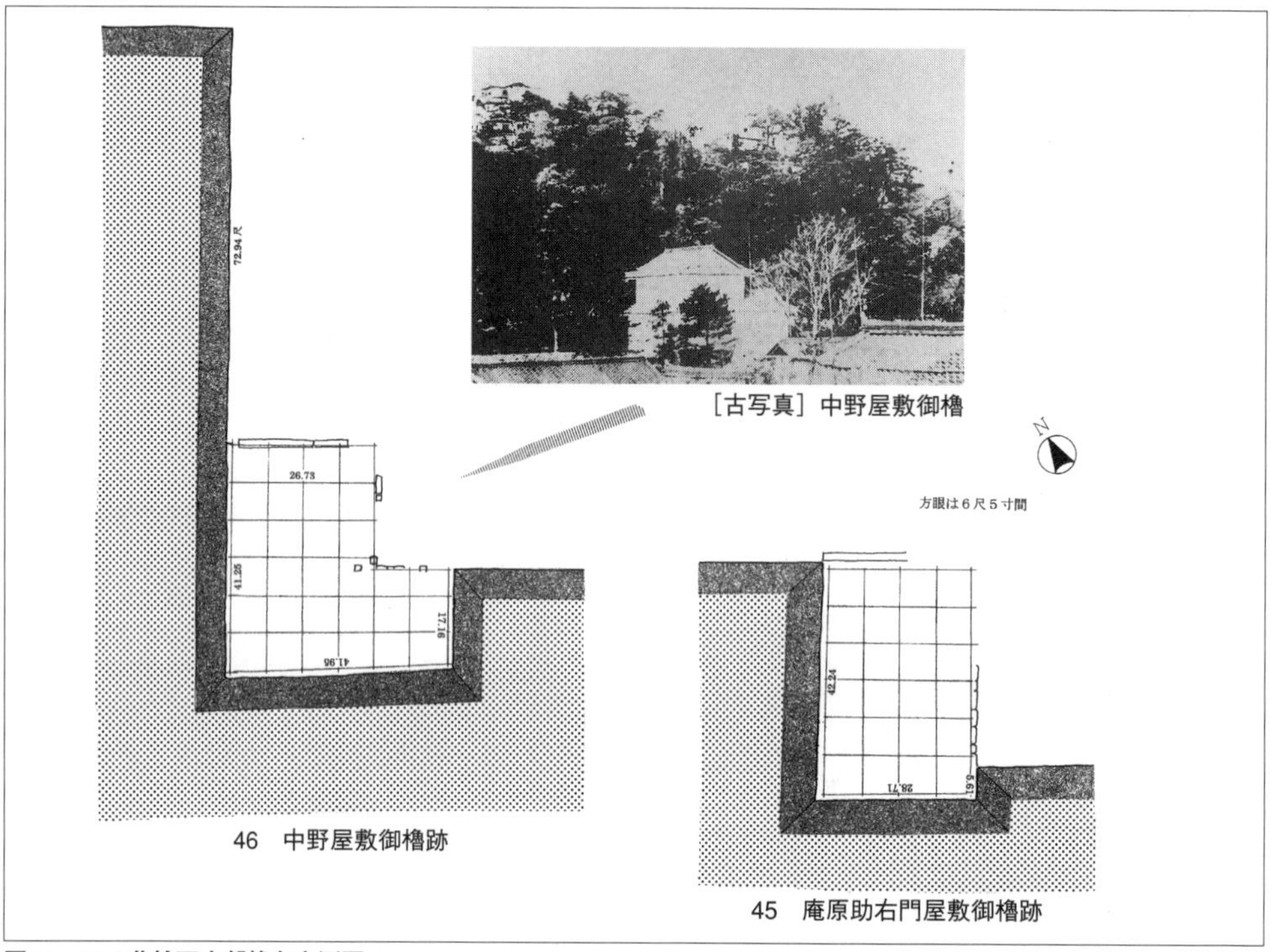

図31　三ノ曲輪西南部櫓台実測図

櫓の平側に取り付いて妻面を向ける形式で、佐和口二重櫓のは妻側に取り付いて平側方向とする点が異なる。

また多聞櫓跡は石列の一部が残存し、幅二間半で、石垣の長さを測ると東多聞は桁二四間×二間半、桝形の折れ部は桁一二間×二間半、桝形の中奥部は桁九間半×二間半の大きさとなり、桁行をあわせて四五間半で、『彦根城内建物其他控』『彦根山由来記』記載の四四間半とは一間だけ違うにすぎない。

44　京橋御門櫓・同所西之取付多門

この建物は古写真から外観構成が知られ、櫓門は佐和口櫓門と同じ二重三階建て、入母屋造の重厚な建物である。白壁であるものの、上下とも柱・長押を塗り出していて、風趣ある意匠を示していた。向かって左側の櫓台は桁長七間×三間、門口は五間半、礎石が残るものの左側の控柱二個が失われている。中央間は真々一五尺七寸（内法一三尺）、両わき間は真々六尺（内法三尺九寸五分）、控柱までは真々一五尺三寸を測る。さらに鏡柱の太さは三・一尺×一・七尺、蹴放の幅は七寸である。石垣高は一三尺五寸内外ある。西ノ取付き多門櫓の櫓台は規模寸尺が実測値に当てはまり、残存礎石一個は梁間二間半の中央筋にあたると考えられる。

なお、『御城使寄合留帳』寛保元年（一七四一）十月の条に「近江国彦根城二之郭従本丸巳午之間門櫓・両多門櫓并角櫓不残焼失ニ付而、右櫓・多門台石垣損候間、築直之事・・・」とあり、その位置が京橋口を指すとすれば、江戸中期に再建されたことになる。

45　庵原助右門屋敷御櫓

京橋口の西方で、三ノ曲輪の南側、中央の東寄りに位置する。現在の櫓台に初重外壁の石列が残っており、規模寸尺は実測値に当てはまる。古写真に京橋口の左側に二重櫓があって、妻面を正面に見せたほぼ南北棟の建物であることが分かる。

46　中野屋敷御櫓

三ノ曲輪の南側、中央の西寄りに位置する。これも初重外壁の石列が残っており、規模寸尺は実測値によく当てはまる。古写真では京橋口の左方、庵原屋敷前櫓より奥遠くに見えるが、別の古写真に白亜の端正な姿を写したものがある。その外観はほぼ南北棟、妻面を見せた二重櫓で、向かって右の東側に入母屋の出櫓を付けた形態が知られる。

47　宇津木兵庫屋敷西角御櫓

三ノ曲輪の南側の西方、舩町口の近くにある。櫓台は崩れているものの礎石が一個だけ残っていて、その規模は四間に相当する。しかし具体的な建築構成は知られない。

48　舩町口御門櫓・同東之取付多門・同北之取付多門

三ノ曲輪の南西部を守る虎口で、桝形は左折れ形式、櫓門の前後に多聞櫓を乙状の左右にずらした平面形態をなしていた。古写真から櫓門は入母屋造・二重三階建てで、『御作事方肝煎勤向帳』掲載の四十九町口（舩町口）門の略図によって平面や持分も知られる。現状では北ノ取付き多聞櫓の部分が彦根西中学校の正門を設けるために取り除かれ、門礎も失われている。幸い、門に向かって右石垣（高一三尺）と東ノ取付き多門の櫓台が残っており、規模も実測値と合う。また土橋の正面にあった前門跡（冠木門）の左わき石垣は幅三間×奥行一一～一四間ほどで、上に櫓を建てないものの、古写真に奥部の北ノ取付き多聞櫓がかいま見える（入母屋の妻面先に片流れ下屋を付属しているのが認められる）。

49　吉田隼之丞屋敷前西角御櫓

三ノ曲輪の南西隅に位置し、櫓台は内周りの石垣が残っていて初重平面の規模が明確に分かる。その実測値も六間×四間の大きさと合い、石垣高は堀側一八尺、北方石垣との段差一尺六寸、内側敷地よりの高さは九尺五寸である。

50　長橋御門之南角御櫓

三ノ曲輪の北西部、作事所の石垣隅にある。現在、その跡をとどめるものの、崩壊箇所があり規模寸尺を測ることはできなかった。天保七年（一八三六）彦根城下惣絵図に示されている平面を参照すると初重が四間四方、北側と東側に二間四方の出櫓を付けた形態であったらしい。

なお、宇津木屋敷西角櫓・吉田屋敷前西角櫓・長橋門之南角櫓とも二重櫓と思われるが、外観構成までは分からない。

51　長橋御門櫓（櫓門）

三ノ曲輪の北先端にあるが、櫓台や石垣の崩落が甚だしいう

〔古写真〕船町口旧観

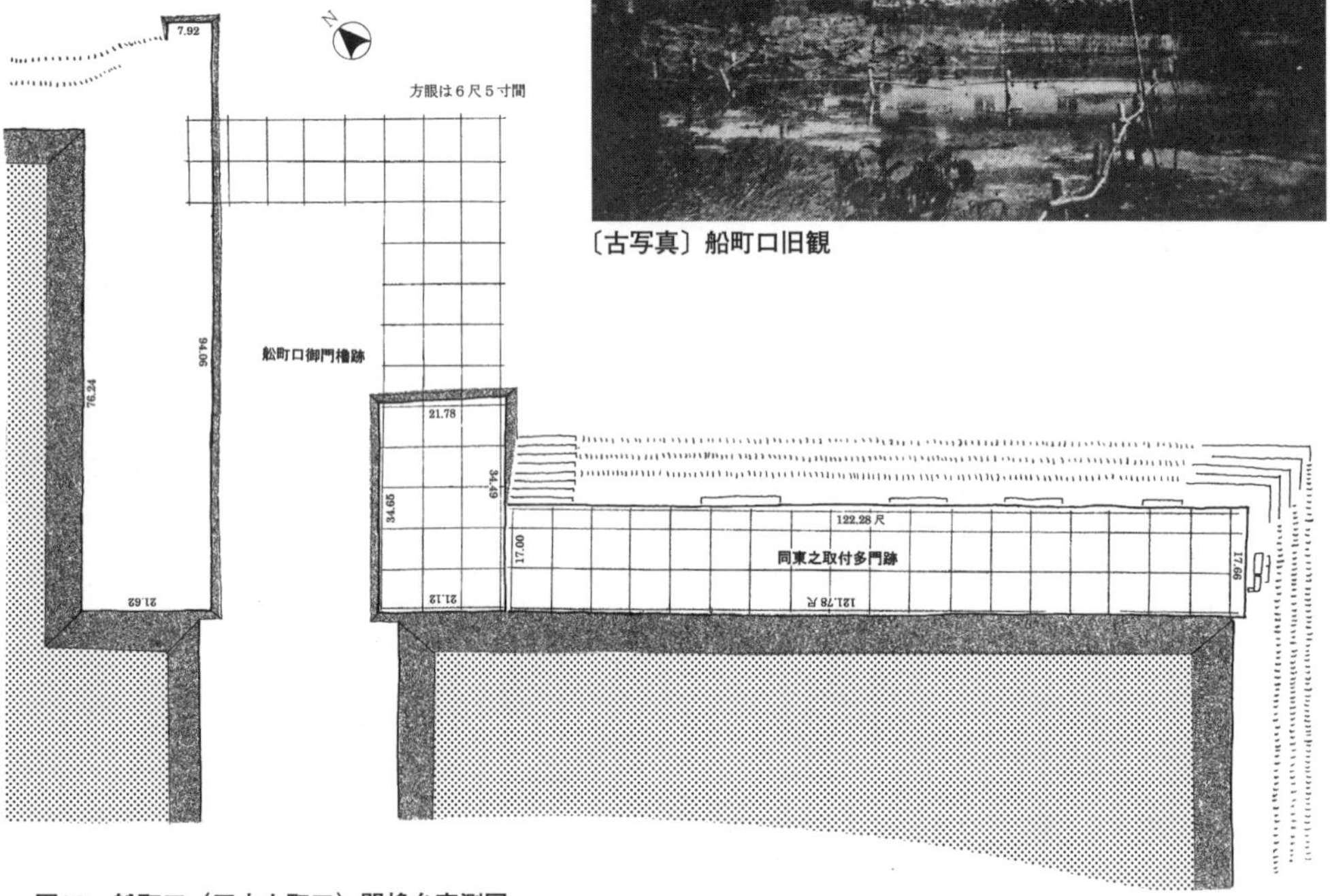

図32　船町口（四十九町口）門櫓台実測図

え草むらが生い茂っているため、測量困難で旧状を知ることはできなかった。

　その他、彦根町口櫓門・伝馬町口櫓門・本町口櫓門もあるが、いずれも惣囲い（外郭）にあって現在では市街化されており、遺跡をとどめていない。

三　彦根城諸櫓の建築構成

　以上で諸櫓・門について城跡を踏査、実測による規模寸尺の確認や現状を報告してみた。遺憾ながら、すべて建築構成が判明できるわけでなく、大半は初重の平面規模が分かるくらいで、それも現状の実測図を羅列するにとどまざるをえなかった。加えて諸櫓の建立年代および修理や改築など変遷状況・沿革について知られる例もきわめて少ない。そのため専門的な見地で彦根城の建築的特色が把握できるとはいえないものの、今のところ明らかなこと、全般的なこと、要点などをまとめて考究してみよう。

　縄張としては湖水に面した一つの山周囲を固めて築かれた典型的な平山城であり、山上の主要部（一ノ曲輪）・山すそ回りの二ノ曲輪・その周辺に重臣屋敷を配した三ノ曲輪・

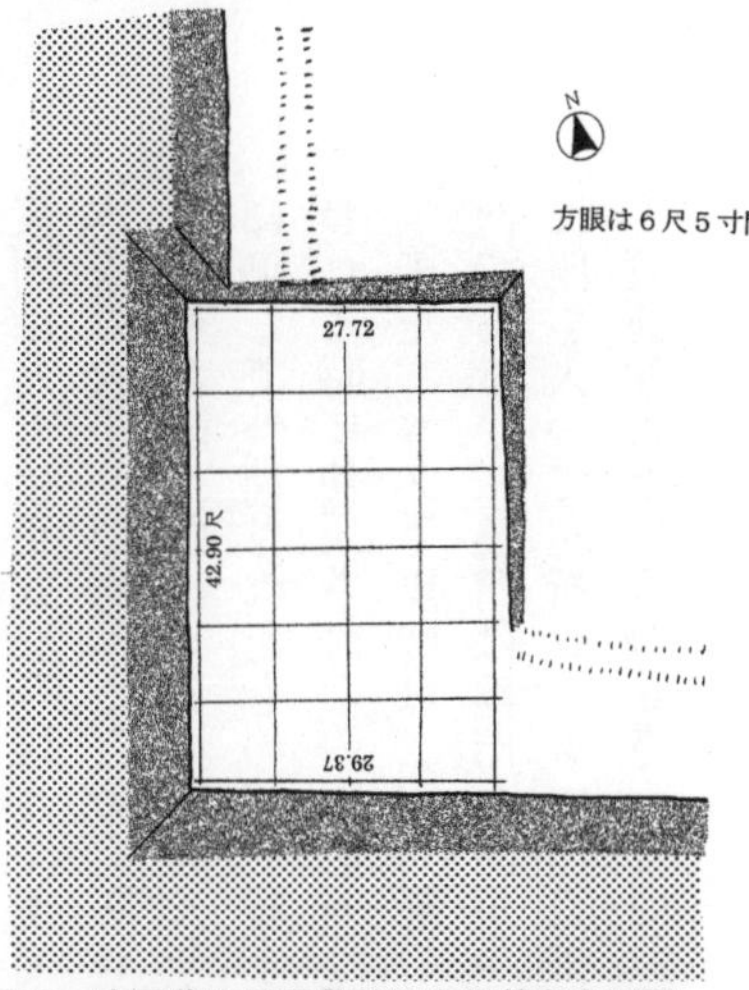

図33　吉田隼之丞屋敷前西角御櫓台実測図

図34　長橋門跡（現状）、右端が隅櫓跡

さらに外回りの惣囲い（総構）で構成されたことが分かる（註：文献によっては一ノ曲輪と二ノ曲輪をまとめて第一郭、三ノ曲輪を第二郭、惣囲いを第三郭、さらに城下が広がって外郭・総構とするものがある。時期により一・二・三ノ曲輪・惣囲いから江戸期を通じて第一・第二・第三郭・外郭と名称移行したものと思われる）。

改めて申すまでもないが、それが当初から成立していたのではなく時期経過にしたがって一ノ曲輪から二、三ノ曲輪、惣囲いと順次できたと考えられる。すなわち築城当時は山上の主要部（本丸・西之丸・鐘之丸まわり）で、地形を考慮して石垣を積み、堀切で区画したと思われる。『井伊年譜』に「惣構ノ堀・土手・櫓并御成御殿其外ノ屋作ハ大方直孝公御家督已後出来、直継公御代ニハ一重構斗也」とあり、まず一ノ曲輪が要部とみなされたのである。一ノ曲輪の石積みが野面に近い初期的手法を示すこと（とくに太鼓門桝形に巨石岩盤の露頭が注意される）、建物も他から移築されたものが多く伝えられていること、から肯首される。ただし西之丸三重櫓は嘉永六年（一八五三）に土台まで含む大規模な修理でほとんど新材に取り替えられたり、天秤櫓も同七年（一八五四）西半が石垣を積み替えるとともに建物を改造しており、現在の姿がそのまま当初からのものと見るわけにはゆかないのであろう。

築城の間、大阪冬ノ陣・夏ノ陣で中断したかもしれないが、山すそ回りの二ノ曲輪が構築され、『藩士新古家並記』によれば大手口西側に鈴木主馬屋敷と川手主水屋敷、山崎郭に木俣土佐屋敷が置かれたという。しかし慶長十九年（一六一四）井伊直継が上野国安中城へ移封された時、その家老鈴木主馬も従って去られ、川手主水は大阪ノ陣で討死、そのため大手口西側の屋敷は御用米蔵となった。元和八年（一六二二）に「御城廻、石垣高塀諸門過半出来……」と三ノ曲輪ができたらしく重臣屋敷の配置替えを行ない、山崎郭の木俣屋敷は佐和口の北側へ移転された。藩主の居館も当初は本丸天守そばの台所付属の御廣間に住んでいたところ、後に二ノ曲輪の北東部に表御殿を造営して移徙したと思われる。さらに寛永年間にかけて外堀・惣囲い（総構）普請も行われて、城下町の拡張や整備もなされたのであろう。二・三ノ曲輪まわりの石垣は、いわゆる打込ハギの整った技法を示しており、発展のあとがうかがえる。

このように時期段階の発展により、二ノ曲輪・三ノ曲輪・惣囲い、それぞれの形式に違いが認められる。虎口の構え方や建物の配備・建築構成もまた同様な傾向が見られる。

山上の主要部（一ノ曲輪）は、ほぼ南北に長い自然地形を数段に区分し、本丸を中心に構築した、いわゆる「連郭式縄張」

であり、櫓は一重・二重・三重と様々あって個別的である。虎口は太鼓丸と鐘之丸、ならびに西之丸と出曲輪の間の堀切に面するところでは廊下橋を架け、登り口の要所には折れ曲がって門を入るようにしている。太鼓門・西之丸西門・出曲輪の門などは折れの奥部に櫓門を構えるものの、前門がなく、完全な桝形を形成していないのは注意すべきである（これは大和高取城にも見られる）。もっとも天秤櫓の堀切下を通路として、御殿へ下ル門と大手下口門（坂口門）の両側を挟む関所とする如きは桝形の一種で、最も戦略的な構えである。

二ノ曲輪は城山周りを堀でめぐらし、虎口は大手門・表門は桝形に防備し、裏門・水ノ手黒門・山崎門は正面の櫓門へ直入する構えであった。とくに大手門は左折れの桝形で冠木門の右わき石垣上に一重櫓、表門の方は右折れの桝形で冠木門の左わき石垣上に一重櫓を設けており、反対な構えとなっている。しかも、その関係は三ノ曲輪の京橋口門および佐和口門と同様であることに気づくのである。ここで京橋口と大手門、佐和口と表門はともに正式な登城ルートであるが、前者が築城当初から本来の大手筋であったと考えられる。表門の方は大阪夏ノ陣で豊臣家が滅んだ後、元和年間（一六一五〜二四）表御殿の造営に際して整備されたもので、藩主の入城・年中行事・式典が行われる時に使用されたのであろう。

また、水ノ手黒門は二重三階の櫓門、山崎門は一重二階の櫓門であるが、裏門は櫓門の向かって右側に二重櫓を伴い、さらに門を入って左折れにも中門（御殿奥向きの門をなす）の櫓門で遮断するという厳重さがなされている。

二ノ曲輪の櫓は、大手門・表門の冠木門わきに一重櫓、大手門多聞・裏門に接続する二重櫓があり、山崎曲輪三重櫓は西之丸三重櫓と同様に隅部の北側と東側両方に多聞櫓が取付く形式をとっている。これらに対して山崎曲輪の北東之櫓が単独して建つ二重櫓で唯一のものである。

三ノ曲輪では北西部が湖水に面するのを除き、周囲を大きく取り巻き、石垣は直線的で、隅部または横矢折れの要所に必ず櫓を建てていた（ほとんど二重櫓で四間×六間の規模とする）。それに虎口は佐和口門・京橋口門・船町口門・長橋門の四ヶ所で、同様な桝形構えながら、それぞれ一つずつ異なる部分がある。すなわち、佐和口門は右折れの桝形・二重二階の櫓門で、左右に長大な多聞櫓が接続して両端に二重櫓を建てていた。門に向かって左側が現存し、右側は復元されて往時の威容を伝えている（ただし櫓門は復元されていない）。京橋口門も同様に二重三階の櫓門と多聞櫓をいかめしく構えるが左折れの桝形で、橋の左側は二重櫓を建てずに多聞櫓の端で切れている。船町口門は二重二階門・右折れの桝形であるが、右側に多聞櫓、門の後方に短い多聞櫓を付けるだけで、二重櫓はない。桝形構えとしては不完全ながら、佐和口門・京橋口門に比べて格式的なランク落ちを意識的に計画しているようである。長橋門は搦手にあたるため、桝形をとらず櫓門へ直入する構えとされる。

このように彦根城の諸櫓と門は、山上の主要部（一ノ曲輪）・二ノ曲輪・三ノ曲輪・惣囲い、それぞれにおいて防備的な特色が見られる。しかし建築としては白漆喰塗りの壁・入母屋造、飾り破風がなく単一な外観とされている。本稿では城跡を実測し規模寸尺を合わせて確認してみたものの、初重の大きさが知られるだけであり、さらに具体的な建築構成となれば資料的制約もあって明確でない要素が多いことを、あらかじめ断っておかねばならない。しかし、天守をはじめとする遺構、石垣、堀など旧状をよく保っており、城跡全体として特別史跡に指定されている。たとえ多くの建物が失われていても現状では歴史的景観が良く、十分価値あるものと云えるのである。

謝辞

調査にあたって、海津栄太郎氏のご教示により、彦根市立図書館所蔵の貴重な史料を閲覧することができた。論考を草するにあたり、同図書館の史料掲載に便宜をはかっていただいた。また、現地踏査には彦根城管理事務所をはじめ、城郭談話会の角田誠氏、縄張図を提供いただいた髙田徹氏、編集担当の中井均氏など、多くの方々の協力を受けた。末筆ながら感謝申しあげます。

参考文献

・「近江彦根城天守建築考」　土屋純一、城戸久　建築学会論文集第九号　一九三八年四月
・「彦根城跡」　黒坂昌夫　文化財保護委員会『史蹟名勝天然記念物調査報告』第一集　一九五七年三月
・『重要文化財彦根城天秤櫓・太鼓門及続櫓修理工事報告書』　滋賀県教育委員会　一九五七年三月
・『国宝彦根城とその附近』　宮田思洋　一九五四年
・『国宝彦根城天守・附櫓及多聞櫓修理工事報告書』　滋賀県教育委員会　一九六〇年六月
・『国宝彦根城天守』　彦根市役所　一九六〇年五月
・「彦根城の築城と城下町の形成」　西川幸治　『彦根市史』上冊　一九六〇年
・『彦根城とその周辺』　日本城郭協会　一九六二年八月
・『重要文化財彦根城西の丸三重櫓及び続櫓・二の丸佐和口多聞櫓修理工事報告書』　滋賀県教育委員会　一九六二年十二月
・『彦根城』　城戸久　中央公論美術出版　一九六六年十一月
・『彦根山由来記』　中村不能斎・中村英勝　一九六九年三月
・「彦根—天保七年彦根城下絵図」　西川幸治　『近畿の市街古図』　一九七八年九月
・「彦根城天守」平井聖、渡辺勝彦　日本建築史基礎資料集成14・城郭Ⅰ　一九七八年七月
・「彦根城天秤櫓・馬屋」　渡辺勝彦　日本建築史基礎資料集成15・城郭Ⅱ　一九八二年七月
・『特別史跡彦根城跡表御殿発掘調査・復元工事報告書』　彦根城博物館　一九八八年三月
・歴史群像シリーズ⑥『彦根城』　学習研究社　一九九五年六月
・「彦根城天守の意匠と由来」　渡辺勝彦　（『城』⑤・近畿、華と競う王者の城）　毎日新聞社　一九九六年九月
・「彦根城」　藤岡通夫　（日本城郭全集・第六巻近畿編）　日本城郭協会　一九六〇年五月
・『復元大系・日本の城』五・近畿　ぎょうせい出版　一九九二年五月
・『新修彦根市史』第六巻・史料編　近世一　彦根市史編集委員会　二〇〇二年四月
（その他、多数あり）

〈追記〉　彦根城旧形絵図について

脱稿した後、膳所城関係の資料を整理していたら以前に滋賀県立図書館で閲覧調査したものの中に「彦根城旧形絵図」があったのを失念していたことに気づいた。これは明治維新後に城郭の存続廃止・使用変更や可否を問うために作成されたもので、時期は新しいものの興味ある内容を含んでいるので、追加する必要性を感じた次第である。

絵図〔目録Ｓ51―19〕は和紙の大きさ一五二㎝×一一五㎝、一間（六尺五寸＝約一九七㎝）を一分（約三㎜）に近い縮尺として作成されている〔ほぼ六五〇分ノ一〕。城山まわりを入れて北側湖水から佐和口・京橋口・船町口にいたる堀で囲まれた部分、すなわち三ノ曲輪（現在の第二郭）までの範囲で縄張を描き彩色してある。図の隅部に（暗緑）林土居敷、（黄）道、（薄青）水、（灰色）石垣、（無地）屋敷地、（薄赤に二朱線）橋、と凡例が示される。地形も正確で、各曲輪の敷地坪数・山の寸法および土居の長さ間数、周囲の屋敷に所有者・敷地坪数などを記入してあり、規模のほどが分かる。とくに主要をなす城山まわりの堀に沿って朱色の太線で囲む境域が注意され、大手門に付箋してある二紙片によると

第一條（朱書）　城郭二ノ丸迠不残ト記載之儀此朱線内之事ニテ本丸ト二ノ丸トノ境ヲ差シテ二ノ丸迠ト記載有之儀ニ仕御座候

第二條（朱書）　金亀町堀中トノ儀ハ朱線内ノ堀ヲ差タル事ニテ道際石垣ヨリトノ儀朱線外ノ石垣ヲ差シテ登録シタル儀ニ御座候　但北ハ黒門口橋限西ハ山崎口橋限リ之堀中ト記載之儀モ朱線内ノ堀地ノ北西ヲ差シテ申ス儀ニ御座候

と記されていて、本丸（西之丸・鐘之丸を含む主要郭）と周囲の二ノ丸（武家屋敷）との区分は堀・石垣によることを明示してある。図中の朱線にしたがえば主要部の内堀まわり（ただし黒門橋から山崎橋までは湖水に面する石垣線）を限りとし、城山部分の範囲を保存することを意味している。他にも付箋があるが後述する。

それに櫓・多聞・門・蔵などの配置も明確に知られ、建物配置は『彦根山由来記』の「彦根城図」や文化十一年（一八一四）「御城内御絵図」と同様であるものの、本丸御廣間・台所が無くなっているのが目につく。滋賀県立図書館所蔵「彦根城旧形絵図」では建物に朱書で順番を記入してあり、払い下げを示すために付されたようである。その順番は次の通りである。

天守の多聞櫓〈壱番〉　御宝蔵〈二・三番〉　月見櫓〈四番〉
二十間櫓〈五番〉　御局文庫〈六～拾番〉　太鼓門〈十一番〉
御矢櫓〈十二番〉　西之丸北輪の東隅櫓〈十三番〉
井戸郭塩櫓〈十四番〉　西之丸文庫群〈十五～三十四番〉
西之丸三重櫓〈三十五・三十六番〉　西之丸西門櫓〈三十七番〉
将棋櫓〈扇子櫓、三十八番〉　出曲輪の門櫓〈三十九番〉
西之丸北輪の中櫓〈四十番〉　西之丸南輪の中櫓〈四十一番〉
天秤櫓〈四十二～四十四番〉　鐘之丸西輪多門〈四十五～五十三番〉
鐘之丸南角櫓〈五十四番〉　鐘之丸南輪多門〈五十五～六十一番〉
鐘之丸東角櫓〈六十貳番〉　鐘之丸北輪多門〈六十三番〉
大手下口門〈坂口門、六十四番〉　御殿へ下ル門〈六十五番〉

表門脇櫓〈四分一櫓、六十七番〉　大手門〈六十九〉
大手多門櫓〈七十番〉　御用米口鉄砲櫓〈七十一〉
山崎口門〈七十二番〉　山崎郭三階櫓〈七十三番〉
下山崎北東之櫓〈七十四番〉　水之手黒門〈七十五〉
佐和口二重櫓〈御細工櫓、七十九番〉　佐和口多門櫓〈八十〜九十一番〉
木俣屋敷角櫓〈九十二番〉　元大工小屋角櫓〈九十三番〉
築山之内東角櫓〈九十四番〉　築山之内北西角櫓〈九十五番〉
下屋敷北輪西櫓〈九十六番〉　長橋門〈九十七番〉
長橋門之南角櫓〈九十八番〉　吉田屋敷角櫓〈九十九番〉
船町口多門櫓〈百〜百三番〉　宇津木屋敷角櫓〈百四番〉
中野屋敷櫓〈百五番〉　庵原屋敷櫓〈百六番〉
京橋口多門櫓〈百七〜百十貳番〉　長野屋敷櫓〈百十三〉
西山屋敷角櫓〈百十四番〉　大塚屋敷前櫓〈百十五番〉
脇家屋敷角櫓〈百十六番〉

これらのうち、六十六・六十八・七十六〜七十八番が抜け落ちているものの、位置の順序からみて、それぞれ表門櫓・大手橋詰冠木門之上櫓・裏門脇二階櫓・裏門櫓・中門櫓にあたると考えられる。注意してみれば大手橋詰冠木門之上櫓は「旧形絵図」では建物平面が示されておらず不審な点が残り〔取り壊されたとしても古写真ではまだ存在している〕、あとの表門櫓・裏門脇二階櫓・裏門櫓・中門櫓は表御殿の諸施設に属するものである。この部分は先の順番とは別種として殿舎の略配置それぞれに番号が付されている（朱書でない）。しかも名称を記入していないが、彦根城博物館所蔵「表御殿御奥方御絵図」と対比す

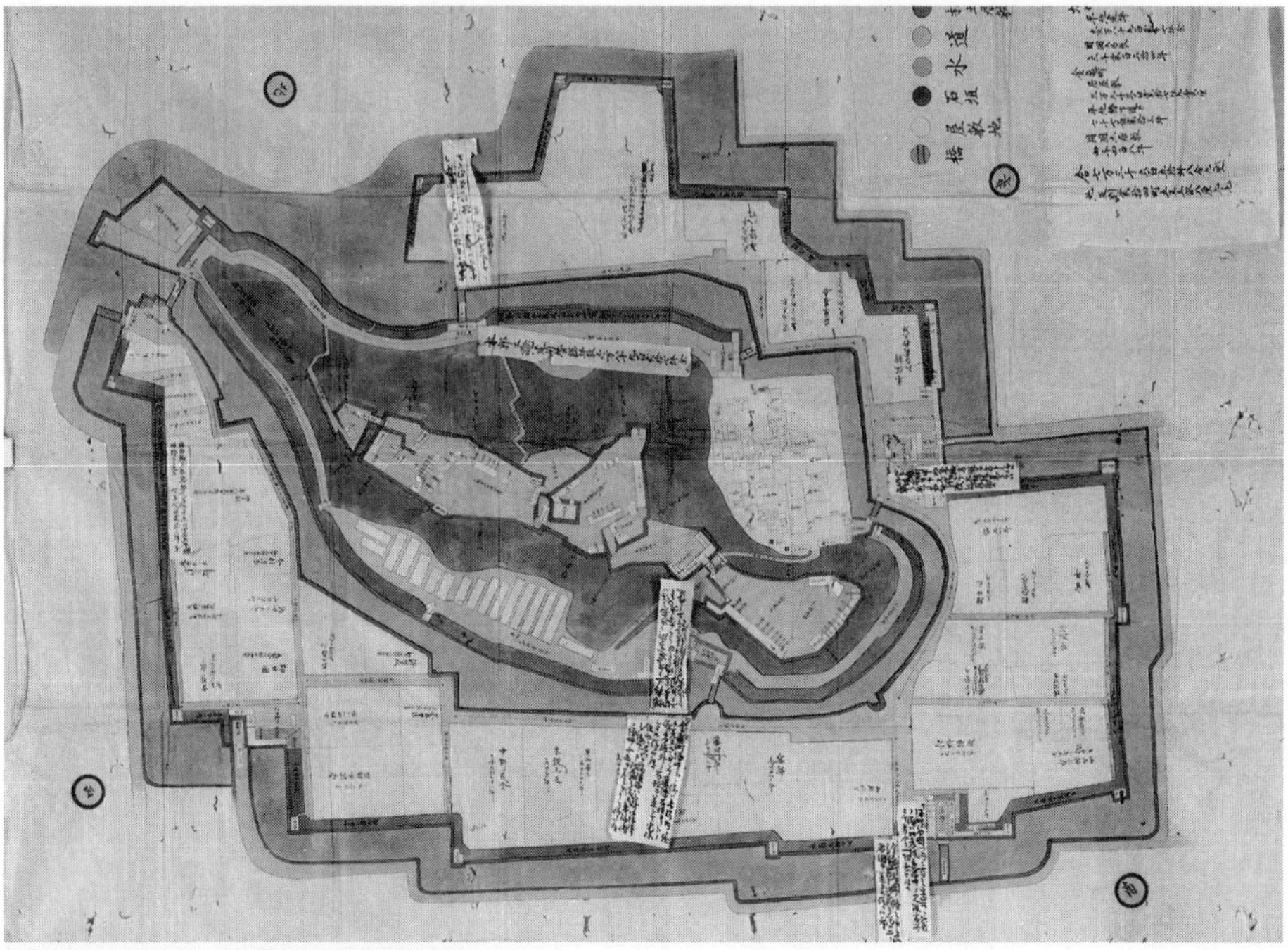

「彦根城旧形絵図」（滋賀県立図書館所蔵）

れば、どの建物か推察できる。各殿舎の番号関係は次のようになっている（壹号と壱号は重複のまま）。

〈壹号〉式台・御寄附　〈壱号〉御廣間　〈貳号〉御書院
〈三号〉御鞠場　〈四号〉張出御座之間　〈五号〉表御座之間
〈六号〉御寝之間・納戸　〈七号〉風呂屋？　〈八号〉御客座敷
〈九号〉長局　〈十号〉長局　〈十壱号〉大料理之間・笹之間
〈十貳号〉御台所　〈十三号〉納戸方など　〈拾四号〉遠侍
〈十五号〉腰掛

ただ、能舞台に相当するものは認められない。他にも冠木門・仕切門・橋などに番号の付箋があり、また佐和口門内の厩馬方・御馳走所には〈四十九～五十五号〉と付けられている。

さて付箋は八紙片あって、先に大手門のところの付箋は第一條と第二條の記入内容を説明しておいた。かつ他の六紙片について、佐和口の付箋は

第四條（朱書）　金亀町中旧簀械方厩馬方トノ儀ハ此場所ヲ申ス儀ニテ大坂鎮臺ニテハ當分兵営地ト改称罷在候

と記し、軍事施設にあてるとする。また京橋口のところは二紙片を重ねて付し

第五條（朱書）　同町外囲御内ニ有之番所ト記載ノ儀ハ旧彦根□□中ノ見張番所ニテ只今一切無御座候
第六條（朱書）　金亀町外囲ノ櫓丶并多門櫓高塀共ト記載之儀ハ二ノ丸外惣囲ヲ差タル儀ニ御座候

と記され、旧施設を指しながら扱い様に言及している。ここでは第三條の付箋が見当たらないが、はがれて無くなったのかもしれない。

残る付箋三紙片は條項でなく坪数を記すのみで、筆致が違うので後に付加したものと思われる。黒門のところは二紙片を付して

本郭平地建前地共総坪数壱万八千九百貳拾七坪余
書面ノ石垣黒門ヨリ東南□送り北寄ハ□□テ標杭ハ屈曲ル毎打建をキ候（朱印）

とある。もう一紙片は長橋口から舩町口までに沿うラインのところで

内曲輪屋敷総坪壱万九千五百七拾五坪　同櫓下道共七千七百貳拾三坪余

と付箋する。そして隅部の色彩凡例の下に張紙があり、

城内
平地建坪　壱万八千九百貳十七坪余
周囲土居敷　三千貳百六拾四坪
金亀町
居屋敷　三万九千三百貳拾七坪九分貳厘
平地櫓下道共　七千七百貳拾三坪
周囲土居敷　四千四百八坪
合七万三千六百五拾坪八分九厘
此反別貳拾四町五反五畝八厘九毛

と面積をまとめて記している。

これによって本絵図の描かれた内容や記入事項から明治維新後に存続廃止や使用変更を問う目的で測量し作成されたことが分かる。周知のように廃藩置県により彦根城は破却される運命になっていたが、明治十一年明治天皇の北陸巡幸に随行した参

議大隈重信が名城の保存を進言、その価値が認められた。すでに取り壊しが進行していたものの、天守など主要な建物の解体は免れたのである。その観点から滋賀県立図書館所蔵「彦根城旧形絵図」は当時の事情を伝える資料の一つになると思われる。なお、表題に朱書で「地ハノ三百四十六号　一種」（地図・ハの三四六号という図書分類に解される）、ラベル「棚第一〇三〇號」が貼ってあり、別に帳簿類も添え付けられていたはずである。これは明治期の行政文書として保管され、県立図書館に引き継がれた経緯を物語っており、興味深いものがあろう。

『御作事方肝煎勤向帳』の 城内建物配置図	「御城内御絵図」 文化11年（1818）	城跡実測値 太数字は遺構の規模寸尺	摘　　要
10間半×6間半	御天守	**70.0尺×41.35尺**	現存（国宝）
15間×6間	御廣間		
3間四方	御台所		
22間×2間	御局文庫		
	二階着見御櫓	43.73尺×31.52尺	
二十間櫓下御鉄炮方	貳拾間御櫓		
5間半×2間半 5間半×2間半	御多門櫓 御門櫓	**36.00尺×16.25尺** **39.25尺×16.50尺**	＊5間半＋5間か 現存（重要文化財）
7間半×3間	御多門御矢櫓	約49尺×20.79尺	
5間×2間	御櫓		麻木御櫓
5間×3間	御櫓御鉄炮玉薬方	34.7尺×22.4尺	中之御櫓
5間×4間 7間×3間 13間×3間	三階御櫓 御多門櫓 御多門櫓	**32.5尺×26.0尺** **49.23尺×19.5尺** **86.2尺×19.5尺**	現存（重要文化財）
5間×3間	御櫓御鉄炮玉薬方		
7間×3間 5間×2間	御多門櫓御鉄炮玉薬方 御門櫓	50.0尺×21.12尺	
7間×2間半	扇子御櫓御普請方	55.12尺×21.95尺	
4間×2間	御門櫓御番所		
	御櫓御納戸方		
3間×3間＋6間×3間 14間×3間 〔　〕＋6間×3間	二階御櫓御納戸方 天秤御櫓御弓方 二階御櫓御納戸方	**39.18尺×19.6尺** **132.92尺×19.6尺** **39.42尺×19.6尺**	3＋6 ＊14　あわせて32間 3＋6 現存（重要文化財）
10間×3間	御多門櫓	65.68尺×10.56尺	
24間×3間	御多門櫓	77.89尺＋67.98尺 幅14.19尺	
4間×3間	二階櫓御馳走御道具方	33.17尺×25.41尺	御守殿南御櫓
6間×4間	二階櫓御馳走御道具方	54.13尺×32.01尺	鐘之丸御納戸櫓
＊12間＋18間 13間×3間	二階御多門櫓 同御櫓	203.3尺×21.25尺	＊3間の誤りか
10間×2間半	御多門櫓	60.23尺×18.15尺	
7間×6間	御守殿		
「御門」	二階御門		
	御門櫓		
	二階表御門櫓		
	御櫓御納戸方	34.98尺×21.29尺	四分一櫓

《彦根城の櫓・門　規模比較表》

		『彦根山由来記』の 彦根城図 享保17年（1732）以前か	「彦根城内建物其他」 寛延元年（1748）か	『彦根山由来記』所載 「御城中御矢倉大きさ並びに瓦塀間数御殿御建物大きさ覚書」
1	天守 取付多門	10間半×６間半 12間×２間	10間半×６間半 14間×２間	10間半×６間半 14間×２間
イ	同所御廣間	15間×６間	15間×６間	15間×６間
ロ	御台所		３間四方	３間四方に６間
ハ	御文庫	22間×２間	22間×２間	21間×２間
2	月見櫓	６間×５間	６間×５間	梁３間
3	二十間櫓	20間×３間	20間×３間	20間×３間
4	太鼓櫓 同所入口多門櫓	５間×２間 ５間半×３間半	５間半×２間半 内東付おろし縁５尺	＊10間半 ×３間
5	同所前櫓	７間半×３間	７間半×３間	
6	西之丸南輪東ヨリ一之櫓	３間×２間	５間×２間	５間×２間
7	同所二之櫓	５間×３間	５間×３間	５間×３間
8	西之丸三重櫓 東多門 北多門	５間×４間 ７間×３間 13間×３間	５間×４間 ７間×３間 13間×３間	
9	同北輪櫓	５間×２間	５間×２間	５間×２間
10	西門櫓	12間×３間	12間×３間	12間×３間
11	将棋櫓	７間×２間半	７間×２間半	７間×２間半
12	同所御門櫓	４間×２間	４間×２間	４間×２間
13	井戸郭塩櫓	２間×２間	３間×２間	３間×２間
14	東櫓 天秤櫓・多門櫓 西櫓	３間×３間＋６間×３間 14間×３間 ３間×３間＋６間×３間	＊32間×３間	
15	鐘之丸北輪多門	10間×３間半	10間×３間	10間×３間
16	同所南輪多門	24間×３間	24間×３間	24間×３間
17	同所東角櫓	４間×３間半	４間×３間半	４間×３間半
18	同所南角櫓	６間×４間	６間×４間	６間×４間
19	同所西輪多門	18間×３間 13間×３間	31間×３間	31間×３間
	鳥毛櫓	10間×２間半		
へ	同所御廣門	11間×７間半	11間×７間半	11間×５間
ト	御守殿	６間半×６間	７間×６間半	７間×６間半
20-1	御殿へ下ル門櫓	５間半×２間	５間半×２間	
20-2	大手下口櫓	５間半×２間	５間半×２間	
21	御殿表門櫓	「表門矢倉」	７間×３間	
22	同所東角櫓	５間×３間	５間×３間	５間×３間

	裏御門櫓		
	御多門櫓御作事方	27.72尺×24.26尺	
	御中門櫓御茶道具方		
	御黒御門櫓		
	二階御櫓御小納戸方	41.58尺×30.58尺	
	三階御櫓御作事方 御多門櫓	41.42尺×24.21尺 83.83尺×23.93尺	＊三階櫓と多門の規模替え間違いか
	山崎御門櫓御鉄炮方		
6間×4間	二階御櫓	39.6尺×29.7尺	
〔　　　〕 12間×3間	二階大手御門櫓 御多門櫓御鉄砲方	 83.5尺×17.8尺	
5間×3間	御櫓	35.15尺×23.27尺	
		延170.71尺×16.25尺	現存（重要文化財）
		39.0尺×26.0尺	現存（重要文化財）
		44.88尺×35.31尺	
		40.59尺×31.52尺	
		49.17尺×35.81尺	
		＊347.20尺×18.15尺	＊石垣線延長さ
		64.85尺×18.65尺	
		42.24尺×28.71尺	
		41.25尺×26.73尺 17.16尺×15.22尺	
		121.78尺×17.66尺	
		42.90尺×29.73尺	

23　裏門櫓	9間×2間半	9間×2間半	9間×2間半
24　同所続東角櫓	4間×4間	4間四方	4間×4間
25　同所中門櫓	11間×2間半	11間×2間半	
26　水之手黒門	10間半×3間	10間半×3間	10間×3間
27　下山崎北東之櫓	6間×4間	6間×4間	
28　同所西角三階櫓 取付之多門	6間×3間 10間×3間	6間×3間 10間×3間	＊10間×3間 ＊6間×4間
29　同所御門櫓	8間×2間半	8間×2間半	8間×2間半
30　御用米口御鉄砲櫓	6間×4間	6間×4間	6間×4間
31　同所御門櫓 続之多門	9間×3間 12間×3間	21間×2間半	21間×3間
32　同所橋詰冠木之上櫓	5間×3間	5間×3間	5間×3間
33　下屋敷北輪西櫓		6間×4間	6間×4間
34　同所築山之内北西角櫓		6間×4間	6間×4間
35　同所東角櫓		6間×4間	6間×4間
36　元大工小屋角櫓		6間×4間	6間×4間
37　木俣土佐殿屋敷東角櫓 同所佐和口門迄多門		6間×4間 50間×2間半	6間×4間 50間×2間半
38　佐和口門櫓 同所東折廻し多門		12間×3間 28間×2間半	12間×3間 28間×2間半
39　佐和口二重櫓		6間×4間	6間×4間
40　脇家屋敷角櫓 41　犬塚家屋敷前櫓		6間半×5間 6間×4間	 6間×4間
42　西山家屋敷前櫓		6間半×6間	
43　長野家屋敷櫓 同所ヨリ京橋門迄折廻し多門		6間×4間 44間半×2間半	6間×4間 44間半×2間半
44　京橋門櫓櫓 同所西之取付多門		15間×3間 10間×2間半	15間×3間 10間×2間半
45　庵原家屋敷櫓		6間×4間	6間×4間
46　中野家屋敷櫓 東出し		6間×4間 2間半×2間	6間×4間 2間半×2間
47　宇津木屋敷西角櫓		6間×4間	6間×4間
48　船町口門櫓 同東取付多門 同北取付多門		12間×3間 18間×2間半 5間×2間	13間×3間 18間×2間半 5間×2間
49　吉田屋敷前西角櫓		6間×4間	6間×4間
50　長橋門之南角櫓 同北東へ出し		4間四方 2間四方ずつ	5間×4間 2間ずつ
51　長橋門櫓		13間×3間	13間×3間
52　彦根町口門櫓		5間×3間	
53　伝馬町口門櫓		4間×2間半	
54　本町口門櫓		4間2尺×2間	

〔末尾資料A〕

㊞六地蔵及鷹狩宿覚
『彦根城内建物其他控』　判（舟崎昇誠）

御櫓大サ覚
1 一御天守　六間梁ニ拾間半
一同所東之取付多門　弐間ニ拾四間
イ 一同所御廣間　六間ニ拾五間
ロ 一同御台所ぬり屋土之間三間四方
ハ 一同所南輪御文庫弐間ニ折廻し
弐拾弐間
ニ 一同所北輪御文庫弐間ニ八間半
2 一同所東角同月見御櫓五間ニ六間
3 一同所東輪多門三間ニ弐拾間
4 一同所御太鼓櫓弐間半ニ五間半
一同所入口多門櫓弐間半ニ五間半
内東付おろし縁五尺
5 一同所御前櫓三間ニ七間半
6 一西之丸南輪東ゟ一御櫓弐間ニ五間
7 一同所二之御櫓三間ニ五間
8 一同所ゟ西角三階御櫓四間ニ五間
一同北之取付多門御櫓三間ニ七間
9 一同北輪御櫓弐間ニ五間
ホ 一同所御文庫北輪東ゟ一弐間ニ三間
一同所東ゟ二弐間半ニ拾五間
一同所東ゟ三弐間ニ三間

「御城中御矢倉大きさ並びに瓦塀間数御殿
御建物大きさ覚書」
（『彦根山由来記』より引用）

1 一御天守　六間に十間半
同所へ付く御多聞　二間に十四間
イ 一同所の御広間　六間に十五間
ロ 同所へ付く御台所　三間四方に六間
ハ 同所の御文庫　二間に二十一間
3 同所の二十間御櫓梁　三間
2 同所の月見御櫓梁　三間
4 同所の御門櫓　三間に十間半
ニ 同御蔵　二間に八間　廻り柵
一御本丸御台所廻り板塀　七十三間　但し取りたたみ、只今これなし
一御本丸瓦塀　百八十二間
内十七間は御天守より西の丸御門まで
三十一間は御天守より月見櫓まで
十二間は月見御櫓より二十間櫓まで
十七間は二十間御櫓より同多聞まで
十間は多聞より西の方御櫓まで
二十六間は同所西の丸口御門まで
二十四間は廊下橋より二十間御櫓まで
四十五間は廊下橋より鐘つき堂まで
一西の丸南輪瓦塀　六十七間
同所の内御櫓二つ
6 内一つは二間に五間

一同所東ゟ四三間ニ拾間弐ヶ所
一同所東ゟ五弐間半ニ拾五間
一同所西御文庫弐間ニ三間三ヶ所
10 一同所西御門櫓三間ニ拾弐間
一同所将棊櫓へ出ル廊下橋弐間半ニ
五間半
⌉11 一将棊御櫓弐間半ニ七間
12 一同所御門櫓弐間ニ四間
13 一井戸廓御塩櫓弐間ニ三間
14 一鐘之丸御廊下橋之内御門櫓同
南取付多門東西両角御櫓共
三間ニ三十弐間
一同御門取付御廊下橋弐間半ニ八間
15 一鐘之丸北輪多門三間ニ拾間
16 一同所南輪多門三間ニ弐拾四間
17 一同所東角御櫓三間半ニ四間
18 一同所南角御櫓四間ニ六間
19 一同所西輪多門三間ニ三十壱間
ヘ 一同所御廣間七間半ニ拾壱間
但崩し江戸へ上遣候
ト 一同所御守殿六間半ニ七間
チ 一同所風呂屋三間ニ六間
⌉20 一同所ゟ御殿へ下ル御門櫓大手
下口御門櫓弐ヶ所共弐間ニ五間半
21 一御殿表御門櫓三間ニ七間
22 一同所東角御櫓三間ニ五間
23 一同所裏御門御櫓弐間半ニ九間
24 一同所続東角御櫓四間四方

---

7 一つは三間に五間
一同所北輪瓦塀　八十八間
9 同所の内　二間に五間の御櫓二つ
10 一西の丸御門櫓　三間に十二間
8 一同所三階御櫓　四間に五間
同所北の取り付け多聞　三間に十三間
同所東の取り付け多聞　三間に七間
ホ 一同所御文庫　九つ
内五つは二間に三間ずつ
二つは三間に十間ずつ
二つは二間半に十五間ずつ
一西の丸廊下橋　二間半に五間半
同所橋の外瓦塀三十六間但し柵塀とも
12 同所御門櫓　二間に四間
11 同所将棋櫓　二間半に七間
一御用米より西の丸までの登り塀　二十九間
一井戸曲輪瓦塀　三十八間
13 同所塩御櫓　二間に三間　杉の木原
一鐘の丸廊下橋　二間に八間
一同所北輪瓦塀　五十五間
15 同所の内に三間に十間の多聞櫓あり
一同所南輪瓦塀　三十一間
一同所南輪　御櫓二つ
17 内東一つは三間半に四間
18 西一つは四間に六間
16 同所多聞　三間に二十四間
19 同所西の方多聞　三間に三十一間　雪隠あり
ヘ 一鐘の丸大広間　五間に十一間
但し、享保十七壬子年たたみ、江戸へつかわされ、江戸御屋敷
御広間になる

25 一同所中御門櫓弐間半ニ拾壱間
26 一水之手黒御門櫓三間ニ拾間半
27 一下山崎北東之御櫓四間ニ六間
28 一同所西角三階御櫓三間ニ六間
同取付之多門三間ニ拾間
29 一同所御門櫓弐間半ニ八間
30 一御用米口御鉄砲櫓四間ニ六間
31 一同所御門櫓同続之多門共弐間(ママ)ニ
半ニ弐拾壱間
」
32 一同所橋詰冠木御門之上御櫓三
間ニ五間
33 一御下屋敷北輪西御櫓四間ニ六間
34 一同所御築山之内北西角御櫓四間ニ六間
35 一同所東角御櫓四間ニ六間
36 一元大工小屋角御櫓四間ニ六間
37 一木俣土佐殿屋敷東角御櫓四
間ニ六間
一同所御櫓ゟ佐和口御門櫓迄
多門弐間半ニ五十間
38 一佐和口御門櫓三間ニ拾弐間
一同所御門ゟ御馳走所東折廻シ
多門弐間半ニ弐拾八間
39 一御馳走屋敷南輪角櫓
四間ニ六間
」40 一脇五右門殿屋布角御櫓
五間ニ六間半
41 一犬塚求之介屋敷前御櫓四間ニ六間
42 一西山内蔵允屋敷前御籠屋くら

ト 一同所御守殿　六間半に七間
29 一山崎御門櫓　二間半に八間
28 同所三階御櫓　三間に十間
同所多聞御櫓　四間に六間
一同所御門より水手黒門まで瓦塀　二百十四間
26 一水手黒御門御櫓　三間に十間
同所御門より裡御門まで瓦塀　百十六間
23 一御裡御門櫓　二間半に九間
24 同所御櫓　四間に四間
同所より御用米御鉄砲櫓まで瓦塀　百九十一間　冠木御門まで
22 一腰曲輪御櫓　三間に五間　四分一櫓
同所御竹蔵一ヶ所　十六間　二ヶ所　二間に十二間
右は取りたたみ、今はこれなし
32 一御鉄砲櫓　三間に五間
30 一御用米口御鉄砲櫓　四間に六間
同所多聞櫓　三間半に二十一間
一同所御鉄砲櫓より山崎御門まで瓦塀　三百十間　また御蔵東坂塀
十五間
一同所冠門より御鳥毛御櫓登り塀　十五間半
51 一長橋口御門櫓　三間に十三間
同所山崎入口小橋より御門櫓まで柵瓦塀　十七間
50 一同所外長橋南の御櫓　四間に五間
同所北東へ多聞　二間ずつ出る
一山崎御竹蔵　三軒
二間に十六間
二間に十二間半
二間に十二間
一長橋御門より四十九町口御門まで瓦塀　二百十間
49 吉田隼人丞前御櫓　四間に六間
48 一四十九町口御門櫓　三間に十三間

六間ニ六間半
43 一長野伝蔵屋布御櫓四間ニ六間
一同所御櫓ゟ京橋御門櫓迄多
門折廻シ弐間半ニ四十四間半
44 一京橋御門櫓三間ニ拾五間
一同所西之取付多門弐間半ニ拾間
45 一庵原助右門殿屋敷御櫓四間ニ六間
46 一中野六□殿屋布御櫓四間ニ六間
同東出シ弐間ニ弐間半
47 一宇津木兵庫殿屋布西角御
やくら四間ニ六間
48 一船町口御門櫓三間ニ拾弐間
同東之取付多門弐間半拾八間
「
同北之取付多門弐間ニ五間
49 一吉田隼之丞屋敷前西角御櫓
四間ニ六間
50 一長橋御門之南角御櫓四間
四方同北東へ弐間四方ツヽ
出し弐ノ所但御作事所之内
51 一長橋御門櫓三間ニ拾三間
52 一彦根町口御門櫓三間ニ五間
53 一伝馬町口御門櫓弐間半ニ四間
54 一本町口御門櫓弐間ニ四間弐尺
橋之覚
一西之丸廊下橋弐間半ニ五間半
一鐘之丸廊下橋弐間半ニ八間
一表御門前橋弐間半ニ拾壱間
一裏御門前橋弐間ニ拾弐間

同所西多聞　二間に五間
同東の多聞　二間半に十八間
一同所東の多聞より宇津木治部右衛門前御櫓まで瓦塀　三十三間
47 同御櫓　四間に六間
一同所御櫓より中野助大夫預り御櫓まで　瓦塀八十一間
46 同所御櫓　四間に六間　東の出し　二間に二間半
一中野助大夫預り御櫓より庵原主税介預り御櫓まで瓦塀　百三十間
45 同所御櫓　四間に六間
一庵原主税介預り御櫓より京橋口御門まで瓦塀　四十八間
44 一京橋御門櫓　三間に十五間
同所西の多聞　二間半に十間
同所東の多聞　二間半に四十四間半
43 同所東の御櫓　四間に六間
〈この間瓦塀書き落しか〉
一西山内蔵允前角御櫓より犬塚求之介前の御櫓まで瓦塀　九十一間
41 同所御櫓　四間に六間
一犬塚求之助前御櫓より脇内記屋敷角御櫓まで瓦塀　五十四間
一脇内記屋敷角御櫓より御馳走屋まで瓦塀　六十八間
39 一御馳走屋の御櫓　四間に六間
同櫓より木俣清左衛門前御門まで多聞櫓　二間半に二十八間
同所御建物御馬屋腰掛とも　三間梁に三十八間の内　十七匹立
御馬屋
御成御馬屋　五間に十間
御馳走屋　四間半に十一間
御馬屋の台所　二間半に十間　但し、たたみ、今はこれなし
五匹のとつなぎ　五尺五寸に五間、但し七尺間
味噌蔵　三間に七間
同所より御台所への廊下　八尺に二間
38 一木俣清左衛門前御門櫓　三間に十二間
同所御門より同角御櫓まで多聞　二間半に五十間

一黒御門前橋弐間ニ拾三間半
一大手御門前橋三間ニ拾七間
一内長橋　弐間ニ拾五間四尺
一外長橋　三間ニ十八間五尺
一五三寸橋　弐間ニ四間弐尺
一京橋　四間ニ十八間
一松原口橋　三間ニ十三間弐尺
一善理川橋　三間ニ弐拾四間
一三カ佐橋　弐間半ニ拾七間
一天満橋　弐間半ニ拾七間
一長曽根橋　弐間ニ壱丈四尺
一同小橋　壱間ニ弐間
一松原天神前橋　五尺三寸ニ三間
三尺三寸
一同所小橋　弐間ニ壱間四尺
（以下、項目のみ）
御中間長屋
御用米御蔵
御作事所之内
水之手御材木蔵
同所御蔵
御馬屋
北大洞御塩焔土蔵
御高札場所并橋共
京升寸法
高塀之覚（塀の長さと櫓名がある）
六地蔵覚
御鷹野御宿覚

---

37 同所角御櫓　四間に五間
一同人屋敷東角御櫓より元大工小屋東角御櫓まで瓦塀　九十八間
36 同櫓　四間に六間
一元大工小屋東角御櫓より御築山北東角櫓まで瓦塀　□十□間
35 同櫓　四間に六間
一御築山北東角御櫓より同所西北角御櫓まで瓦塀　四十三間
34 同御櫓　四間に六間
一御築山北西角御櫓より御下屋敷北西角御櫓まで瓦塀　八十五間
33 同御櫓　四間に六間
一御下屋敷北西角御櫓より同所船止め御番所まで瓦塀　五十六間
一御下屋敷前船止め御番所　大きさ二間に四間半
瓦塀の柱　五尺に一本ずつ
総じて｛さまは、一丈に一つずつこれあり
ひかえ柱は、一丈に一本ずつ
一御殿表御門前橋　巾三間、長さ十一間一尺
一裡御門橋　巾二間半、長さ十間五尺
一黒御門橋　巾二間、長さ十三間
一山崎小橋　巾二間、長さ十三間
一御用米口橋　巾三間、長さ十五間五尺五寸
一長橋　巾三間、長さ十八間
一松原御蔵道石橋　巾一丈一尺、長さ 古は板橋なり
一西中島北五三寸橋　巾一丈一尺、長さ四間五尺
一松原口橋　巾三間、長さ十三間二尺三寸
一京橋　巾四間、長さ十七間四尺
一善利川橋　巾三間、長さ二十三間

〔末尾資料B〕

『御作事方肝煎勤向帳』

（前略）

文政十二巳八月廿日
一京橋渡り初棟梁小森清右衛門
　御奉行海老江門平様肝煎小野伝六
　　大嶋一作様　　川崎久内
文政十二巳九月十八日晴天
御成
江戸御上屋敷坪数
一壱万七千弐百八拾壱坪半
　御添屋敷弐千七百三拾四坪五分
同御中屋敷坪数
一壱万四千百七拾五坪弐分六厘
同八丁堀御屋敷坪数
一七千弐百七拾七坪余六坪（ママ）七分六厘
同千田谷御屋敷坪数
一拾八万弐千三百四拾弐坪
　　　弐分五厘
一壱ヶ所　御天守
一六拾七ヶ所御櫓数
　内弐拾六ヶ所御本丸
　　西ノ御丸
　　鐘ノ御丸
　拾三ヶ所　二ノ曲輪
　弐拾五ヶ所　三ノ曲輪
　三ヶ所　惣囲御門櫓
一拾ヶ所　御文庫
　御高塀間数
一六百八拾八間　御本丸
　西ノ御丸鐘ノ御丸とも
一千三百七拾八間　二ノ曲輪
一百三拾間　登り塀四ヶ所
一千五百三拾六間　三ノ曲輪
一弐百拾八間　沢口高宮口
　　本町口共
〆三千九百五拾間
　此丈千九百七拾五丈
本間ニ直し三千三拾八間三尺
丁ニ直し五拾丁半八間三尺
道法ニ直し壱里拾四丁半
　　八間三尺
一木俣土佐様東角御櫓
　四間五間
一同続多門御櫓之内北ゟ
　　木俣土佐様
　　御馳走道具方
　　御細工方
一佐和口御門櫓御細工方
　三間ニ拾弐間
一同所東側折廻し多門御櫓
　弐間半ニ弐拾八間
　　弐仕切御細工方
〔以下、
　京橋口門の略図
　四十九町口門の略図
　城内建物配置図
　佐和口門の略図あり〕
図3、図4に掲載

《付論》

宗安寺表門（赤門）の建築構成

はじめに

彦根市本町二丁目にある宗安寺は、初代藩主井伊直政の正室東梅院が両親の菩提をとむらうために開いた寺院である。もと安国寺と称し、群馬県箕輪から高崎城下にあったが、慶長五年（一六〇〇）関ヶ原の戦いの勲功で直政が近江佐和山城を拝領するとともに、その山麓に移り、西軍毛利方であった安国寺恵瓊の名を避けて「宗安寺」と改めた。さらに慶長八年（一六〇三）彦根築城に際して城下の京橋門前通りの現在地に移転した。

元和二年（一六一六）徳川家康が没後は、彦根藩における家康公尊碑奉安所として浄土宗の宗安寺が選ばれ、元禄年間には僧侶三五・塔頭四庵・末寺八ヶ寺を擁する中本山格の威厳を有するまでになった。元禄十四年（一七〇一）の彦根大火で表門を除いて全焼、翌年に内藤氏の長浜城付属御殿を拝領して本堂を再建、書院・庫裏・鐘楼などを建てて境内の諸施設を整えた。また朝鮮通信使一行が彦根に寄るときは宗安寺が上官の中心宿泊所にあてられるほど、重きをなした。

現在でも、かつての寺観を保っており、とくに表門は元禄の大火にも焼けずに当初から残り、もと佐和山城の大手門を移築したものと伝えられる。そうとすれば貴重な遺構となると思われるので建築構成を調査してみた。

一　建築構成

表門は大通り（キャッスルロード）に面して本堂の前方、境内正面〔方位が振れていて東南部を向けている〕の中央に立っている。その寺格を示すかのように朱塗りされており、別名「赤門」とも呼ばれていた。なお、表門の向かって左方に一間棟門・桟瓦葺の「黒門」があり、朝鮮通信使宿泊の際に勝手口として使用されたといわれ、対比をなすものであった。近年、街路拡張整備工事が行われた時、旧位置より約五・五m後退して移動、修復もしくは改められた部分があるかもしれないが、いちおう表門を実測してみた〔註：移動前の写真と現状を比較すると、解体せずにそのまま引き移したらしく、建築構成はあまり変わっていない。また旧礎石が保存のため門前に残されている〕。

一間一戸薬医門、切妻造・本瓦葺、内開きの建物で、両側に塀を付ける。間口真々一五尺一寸、奥行七尺二寸五分、桁高一五尺九寸七分、棟高は約一九尺五寸で、立ちが高く寺院らしく風格あるものである。また、軒平瓦および大棟下端の面戸には滴水瓦が使われており、朝鮮通信使を迎えることを意識しているように思われる。

本柱は円柱（径一尺五寸）、控柱は面取角柱（太さ一尺二寸

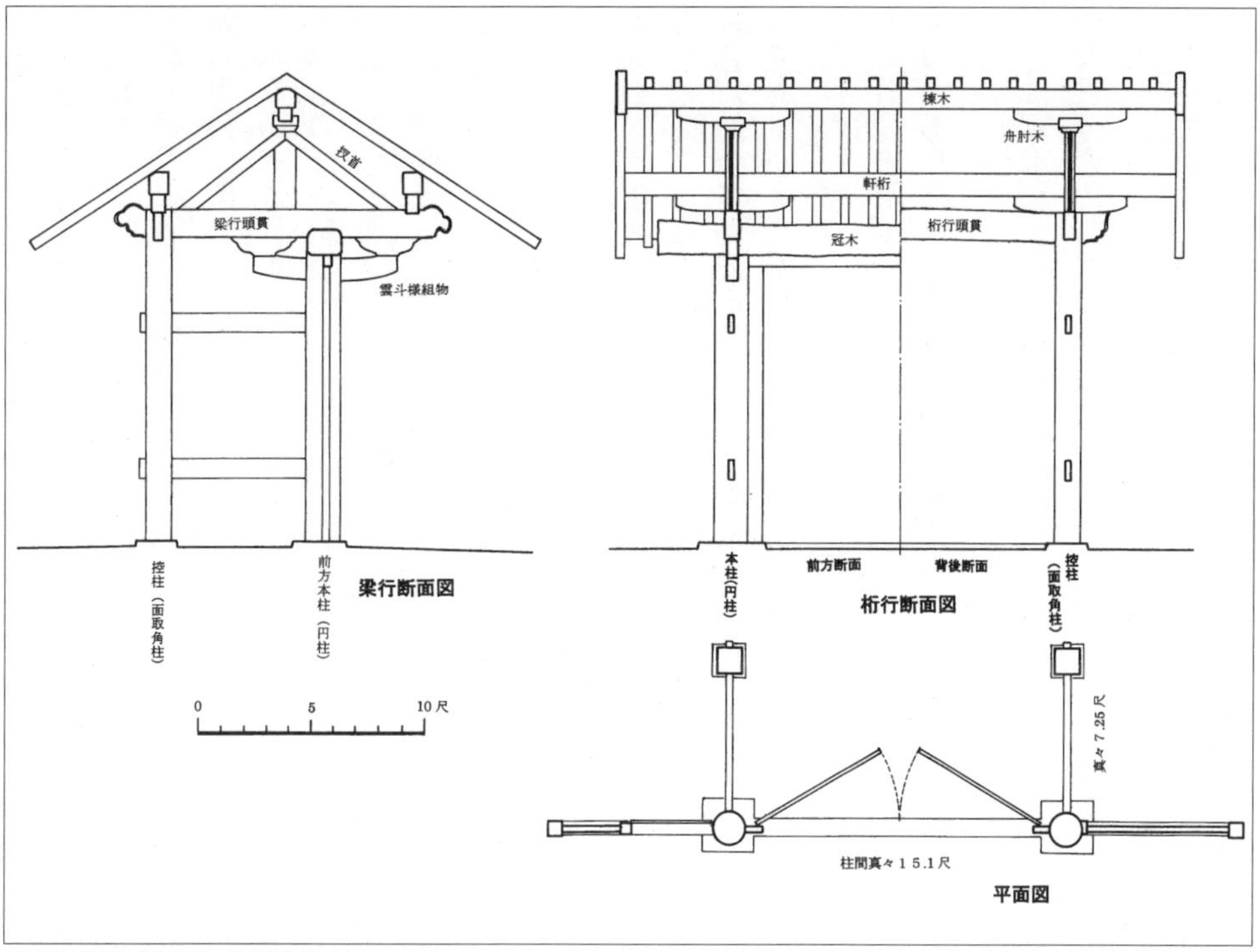

宗安寺表門（赤門）実測図

《参考・膳所神社表門見上げ》

宗安寺表門見上げ（移動後）

宗安寺表門旧礎石

宗安寺表門（移動前）

五分）を立て、本柱の上筋には男梁（梁行頭貫）と女梁（肘木）をはさんで冠木を渡す。方立・楣を装置して扉を吊るが、蹴放は入れない。控柱の上筋には頭貫を渡し、本柱と控柱の間には飛貫と腰貫を通して軸部を固める。薬医門形式なので梁間に架かる男梁（頭貫）は本柱より前方に伸びる腕木とし、先端に舟肘木をのせて軒桁を、控柱の頭貫上も同様に舟肘木で軒桁を渡す。そのため屋根の梁間は中心がやや前方に寄り、男梁の中心に束を立てて妻組豕扠首とし、大斗・舟肘木で棟木を受ける。軒は一軒半繁垂木で、化粧屋根裏に見せ、破風拝みに蕪懸魚を飾る。

頭貫両端を木鼻に出し、破風尻に繰形を施すものの、全体として装飾的な要素が少ない。注意されるのは女梁（肘木）と斗の形状で、肘木は上下とも緩やかな曲線をつけ、斗は通常の方斗でなく雲形とされる点である。雲斗は法隆寺系建築に見られ、輪郭に沿って渦文を刻んだもので飛鳥時代の古い様式しかないのであるが、宗安寺表門の斗栱は渦文を彫らず雲形状に型取っただけの簡略なものである。上下に緩やかな曲線をつけた肘木もこれに合わせたらしく、これを「雲斗様組物」と仮称すべきものであろうが、他に類例がなく特異な意匠といわねばならない。

他に冠木および控柱筋の頭貫は一部荒削りのままがあり、素朴な部分がみられる。一間門らしく、計画値として桁行（間口）一五尺に対し、梁行（奥行）はその半分ほどで、扉の開閉幅にあわせており、冠木までの高さもそれに近い寸法をとっている。また、垂木は柱間が一二支、両側四支（しめて二〇支）で、一五尺÷一二＝一尺二寸五分の配付け、両妻の出も一・二五尺×四枝＝五尺となり、完数値をとるように設計されていることがわかる。

二　伝承に関する疑

以上のような建築構成であるが、宗安寺表門（赤門）が佐和山城の大手門を移築したものかどうかは、それを裏付ける資料はない。街路拡張工事のために新調されたところがあるが、柱・頭貫・冠木・斗栱などは旧部材がそのまま再用されており、木鼻・舟肘木・破風・懸魚の様式は慶長期にあててもよいように思われる。しかし、それがそのまま佐和山城からの移築を証するものとはかぎらない。薬医門ではあるが、次の諸点で城門として重厚な構えでないところが見受けられる。

① 本柱（親柱）が円柱であること
② 冠木が断面横平に寝かせられていること
③ 斗栱・肘木は寺院の様式を示すこと（とくに雲斗様組物とみるべきもの）
④ 筋鉄金物がなく装備されていないこと
⑤ 他に知られる薬医門形式の城門と比較して様相が異なること

これらのうち、①は城門であれば本柱は本来なら見付幅の太い角柱（いわゆる鏡柱）であるべきだし、②についても冠木を断面縦長に立てる方がより威厳を増し頑強さを示すことができるはずである。③④は様式・意匠的な見方になるが、城門というよりは、むしろ寺院の門としての要素が濃いものである。

また⑤について、彦根城に冠木門形式の城門は残っていないが、幸い同県下（近江国）で関ヶ原後、徳川家康の命によって築かれた膳所城がある。明治維新後に城門数棟が各所へ移されて現存しており、その一つ膳所神社表門（重要文化財）があるのは参考になるであろう。

膳所神社表門は旧膳所城の本丸入口門で、二間一戸・向かって左脇戸付、薬医門、切妻造・本瓦葺の重厚な建物である。その規模は大扉の間口一一・〇九尺、左脇間五・三九尺、あわせて桁行一六・四八尺、奥行（梁行）六・五〇尺で、控柱の桁行はやや開いて一八・一〇尺となる（筆者実測）。本柱は幅太いごひら角柱（鏡柱）、控柱も角柱で、冠木は本柱の上に直接にのせて断面縦長に立てて架ける。ここでは棧梁を五本（桁行を四ツ割）渡して、前方を腕木として出し前後に軒桁を通して架け、疎垂木で屋根を組む。

宗安寺表門と比較して①②が異なり、膳所神社表門では③の斗栱や男梁・女梁などは使われていない。むしろ木割太い冠木と野物状敷桁の上に棧梁を数本架けており、宗安寺表門とは構成が違う。④にしても筋鉄・鉄鋲・入八双金具を付けており、城門として厳めしくされている。このような薬医門形式の城門は他にも共通する〔同じ膳所城の遺構に膳所神社北門・近津尾神社の門、坂本城から移されたという聖衆来迎寺山門、高松城北之丸水手門や松山城二ノ門、高取城二ノ門など〕。そうすると宗安寺表門は城門としてみなすことはできず、寺院の門そのものの構成をとっている。したがって佐和山城の門を移築したものとはいえないことになる。

もっとも宗安寺が佐和山城の城下にあった時、城門でなく寺院の表門として建てられ、わずか数年のうちに現在の彦根城下に移したと考えられぬこともない。それにしても整備工事において移築を示す痕跡・墨書でもあれば判明できたかもしれないが、その機会を逸したことは惜しまれる。本稿は実測調査しただけで、他に関連する資料を探索する余裕もなく十分でないところがあるかもしれない。できれば広く関係識者のご意見や批判なり仰ぎたく思うのである。

参考文献

・『彦根の近世社寺建築』　彦根市教育委員会　一九八三年三月
・『重要文化財膳所神社表門修理工事報告書』　滋賀県教育委員会　一九八三年三月
・『近畿城門』　近藤薫　一九八五年七月

彦根城の再検討
―築城経緯・移設建築物・鐘ノ丸の縄張等について―

海津　栄太郎

一　序にかえて

本稿の主たる典拠三点のうち『木俣土佐紀年自記』の肉筆本写は、昭和五十年に知人から恵与されたものである。その出所は木俣姓であるが、どの系統に属する方かは判らなかった。

既往、それについては東京帝國大學刊『大日本史料』第十二編に頼っていたので改めて照合すると、収録文は原本の漢文体を仮名混り文に換え、文中の「上様」を「家康公」、「兩上様」は「家康公・秀忠公」と連記したほか、木俣土佐がいう「我」を実名の「守勝」にしていたのである。

それは書換文字を紙片に書いて肉筆本へ貼り付け、のち捲り取った紙の糊で元の字が見えなくなっていたが、貼紙からはみ出していた筆あとで判読できた。また返り点と送り仮名、傍線や傍点もあるから、これは原本を模写して、書換用の下書きにしたものと推定できた。それにしても、原本を書き換えて収録したとは、思いもよらぬことに驚いた。

木俣家は楠木正成の三男正儀の孫守清を祖とし、南朝に仕えて姓を小俣に改め後木俣にかえ、北畠氏の麾下に入って伊勢へ移り、守勝の父守時が天文九年（一五四〇）徳川家に属した。守勝は弘治元年（一五五五）岡崎に生まれて、永禄六年（一五六三）九歳で家康の小姓になり、天正十一年（一五八三）命令によって井伊直政に属した（彦根市立図書館蔵『木俣家譜』）。

直政歿して相続した直繼《なおつぐ》（後直勝と改名）は若年病身、家臣間の軋轢を統馭する能力なしとして、家康は井伊家を他へ移し跡へ六男忠輝を入れようとした（『藩翰譜』）。しかし木俣土佐は直政が生前秘していた庶子直孝の傑物たることを明らかにした結果、家康の許容を得て井伊家の存置が保たれたのである。

なお、この問題を次掲『井伊年譜』に記していないが「木俣自記」では慶長十一年の条に

　家中二ニ分レ騒動已マズ　雙方共ニ伏見ニ行キ訴

と記し『藩翰譜』や『當代記』にも記載している

実はその頃、木俣土佐は「我病身ノ爲」に「國政諸務」を他の家老に「引渡」して慶長十五年七月歿した。享年五十六。

次の典拠『井伊年譜』は、通常全十巻十冊で遠江国引佐郡《いなさぐん》の井伊谷《いいのや》において、寛弘七庚戌年《かのえいぬ》（一〇一〇）の元旦に始祖共保が井戸から化現《けげん》したという伝説をもって始まる。

生誕以後七二〇年、干支が六〇回目になる享保十五年（一七三〇）の二月朔日、七代目の藩主直惟《なをのぶ》の名により、井戸の畔に建てた碑文を第十巻の最終記事にして終わる。

その第一巻が直政の父直親まで、第二第三巻が直政、第四巻の大部分と第八巻までが直孝の事績であるから、編纂の目的は「直政」を中興の祖とし「直孝」を守成の英主として顕彰するにあったと考えられる。

よって前掲の「木俣自記」で触れた直継は第二代目藩主の座から外されたので「年譜」は事跡の多くを削除した。

編輯者は「藩臣功刀君章《くのぎきみあき》子含」で、成立の時期は最終記事の享保十五年または享保年間とするのが通説である。

それとは別に、全十三巻で編輯者を「本藩諸士編次」とし、起筆は「年譜」にほゞ同じ、最終記事を宝暦四年（一七五四）にする『井伊家年譜附考』の写本が現れた。

古書即売会で見たとき、右十巻十冊の「年譜」を複数の藩士が更訂し、享保十五年以降も書き続けたものか、と思った。

しかし筆致と格調がかなり異なるので探索して行くと全十一巻の「年譜」写本が京都大学図書館蔵にあり、最後の十一巻目が表紙を『井伊年譜』とし、中身の標題が『井伊年譜附考』で編者は「本藩諸士編次」、起筆は碑文日付の翌日享保十五年二月二日で、記事は先掲の「年譜附考」よりも早い寛延二年（一七四九）に終わった写本を底本にしているものと推定できた。

よって「年譜」は功刀君章が「年譜附考」の碑文日付までを改編したものと判った。とするならば「年譜古態本」の存在も考えられるが、それには未だ出会えていない。

なお「年譜」は二種あり、本稿では初めのを「年譜当初本」、再び改編したのを「年譜増補本」と仮称する。

では「年譜附考」を「年譜」へ改編した理由は何であったのか。藩主直惟が享保十二年普請奉行に佐和山城跡調査を命じたこと、詳細は不明ながら『淡海落穂集』の編輯もこの頃と推定されるほか、膳所本多家による『近江輿地志略』の編纂などが見られるので、一種の風潮であったのか、とも思わせられる。

しかし元禄年間、第四代藩主直興のとき

将軍ノ寵臣某井伊氏ノ封地彦根領ヲ羨望スル者アリ、将軍、直興ヲ召シテ増禄轉封ノ内意ヲ諷示ス

と『彦根城調査書』（彦根市立図書館蔵）に記している。将軍と寵臣は徳川綱吉と柳澤吉保である。

直興は築城伝承を記した『御覚書』を提出し、家康と直政・直孝との強い絆による彦根城守護の任務を述べて拒否した。

そして「年譜」の編輯は次の藩主直惟が命じたとする見解があり、然りとするならば徳川と井伊の関係をさらに中外へ示すために始祖生誕七二〇年紀念に託つけての着想であったと考えられよう。であれば「奉命云々」とする一文がなければならないが「序」や「跋」もない不思議な編纂物である。

明治維新以降、彦根城に関する刊本は、知見の範囲内では旧藩士中村不能齋の『彦根山由來記』を嚆矢とする。

しかし軌跡を辿ると、彦根市立図書館に『井伊家譜正誤』で述べた築城経緯の一部がある。それは太政官正院《しょういん》から明治五年に「各藩諸家系譜事跡」調査のため『藩翰譜』の「過誤遺漏」を補正せよ、との布達があり、井伊家の委嘱によって不能齊が執筆した回答書の草案に始まる。すなわち新井白石のいう

九年ノ春仰ニ依テ彦根ノ城築カレテ移ル

を「慶長八年」に着工して「鐘ノ丸」完成し「翌九年春移り」であると糺した。

次に『於安物語《おあんものがたり》』にいう「彦根」は『史學協會雜誌』に

石田が時未だ彦根の有るべき理なし、書中に彦根と有るは佐和山なるべし（要約）

というのに対し翌十九年同誌二九號に反論、同二十四年東陽堂『風俗畫報』に活津彦根命鎮座が彦根の地名発祥の基とし引き続き彦根城まで記述して標題を『彦根山由來略』とした。

その改訂を重ねて『彦根山由來記』にしたのである。経緯について右「由來略」に「少しく意に落ち居ぬ所」があり「訂正増補」を始めたが、明治二十九年の琵琶湖大水害で原稿が所在不明になり、のち偶然発見し校訂にかゝるも「胃病に悩まされ胸膈痞硬《きょうかくひこう》して堪え難く、紙を板に挟み仰臥執筆する」余力なく「博雅の君子之を正さば幸」と後人に託したのが明治三十五年五月で、さらに「西ノ丸三重櫓」の見解を追加したのが翌年五月、三年後の明治三十九年死去、享年七十三。

のちに嫡男（実は甥）で明治三十四年東京帝國大學文科大學學科卒、同四十一年史料編纂官に任ぜられた勝麻呂氏が校訂、不能齋歿後の同四十三年、東宮（後の大正天皇）彦根行啓記念に刊行（非売品）したのである。たゞし勝麻呂氏は「慶長九年着工説」を採っているが、父の八年説には言及していない。

余談ながら、不能齋は中村内記勝知と称し藩士として現役中、皆米札奉行を命ぜられたが、会計事務を嫌って職を辞し、藩命を奉じない罪によって「隠居」の処分を受けた。

そのまゝ維新で廃藩になるも、本人は死に至るまでの三十九年間、謹慎の身と称して一歩も外出せず、二度の大水害には床の上に棚を設けさせて座臥し、戸外へ避難しなかったという。

彼は一家言あり、前掲のように『大日本史料』が採る「慶長九年着工説」に屈伏せず、また始祖共保の「井中化現伝説」について、藩士功刀君章が儒者澤村琴所の説を「年譜」に引用し

古之人神異ある事往々史傳ニ見えたり不可怪《あやしむべからず》

としたのを、これは「寛永系図」編纂のとき、岡本半介宣就と清凉寺開山の愚明正察が捏造した妄説として『井伊家譜正誤』のなかで痛烈に批判した。

なお儒学を好まず、国史国学の書を閲読すると共に、井伊家伝存史料により文部省編『日本教育史資料』に必要な『彦根藩學制志』を執筆、さらに明治政府が没収湮滅を望んだ大老直弼就任中の史料を秘かに調査整理するなど、著書と筆写本を積むと身長の三倍にもなるとされ、彼自身の葬儀に会葬を乞う知友の氏名を書き遺してあったという話も伝えられている。

二　築城計画の経緯

徳川家康が井伊家を佐和山城へ配置した理由

関ヶ原戦後の論功行賞で井伊直政は、徳川家康から六万石の加増により近江国内で十五万石、上野国内の三万石を合わせて十八万石の領邑と、敵将石田三成の佐和山城を与えられた。

前封地の上野国群馬郡高崎から、新封地の城へ移ってきたのは慶長六年（一六〇一）の正月である。


佐和山々塊は坂田と犬上の郡界にあり、湖東を南北に分ける境として、佐々木の六角と京極が鬩ぎあう争奪の場になった。

湖北の京極を押し退けて戦国大名にのし上がり、六角と対抗していた浅井との両勢力を織田信長が制覇し、安土城を築くと佐和山城は岐阜との間を繋ぐ城になり、のち豊臣秀吉はこゝを近江統治の一翼として石田三成を置いた。


家康は佐和山城を、大坂の豊臣勢力討滅包囲網として、その一環をなす戦略上の要地と考え、井伊直政を配置した。

直政は四歳のとき、今川の圧迫で井伊家が没落、生母の再嫁にしたがって姓を松下に変えていた十五歳の彼を家康が、放鷹の路辺で経緯を聞き、井伊徳川両家の間における関係によって遠州井伊谷の旧領を復し、配下の木俣土佐を補佐役にした。

以後、戦場における直政の活躍と思慮をみて徳川勢力の維持と拡大に多くの期待をかけていたと考えられる。

彦根築城を決定するまでの経緯

佐和山城へ入った直政は、その年の秋
　江州礒山ニ新城ヲ築ント欲ス
と「木俣自記」に記しているが、理由を具体的に示していないので、次掲のように推測してみた。

(1)佐和山城が、中山道（旧東山道）を抑える要衝ではあったとしても直政は、関ヶ原戦に引きつゞき、こゝを攻撃した経験により、大兵力に対して山城の利点を発揮できる縄張の可能な山容地形に非ず、と判断したのではないか。
(2)湖上機動を考えると、石田時代の「百間橋」に軍事的機能が期待できるとは思えない。橋は大船の航行不能な内湖の弱点を補う程度にすぎなかったのではないか。
(3)統治者が変わったとき、旧領主に対する領民の思慕を断ち切るにも、佐和山城の使用を不可と考えたのであろう。

次いで、礒山を築城の適地と考えたのは
(1)山麓近くへ琵琶湖と内湖の汀線が迫るので、攻囲軍の行動を制約しやすいという、局地戦における戦術上の優位性をを高く評価したのではなかったか。
(2)京都・大坂への急遽派兵に、大津まで舟艇を使用するには礒山周辺の地形が有利と判断したのであろう。
(3)礒山も古城跡であるが、旧城主礒野丹波守は湖北を本貫に

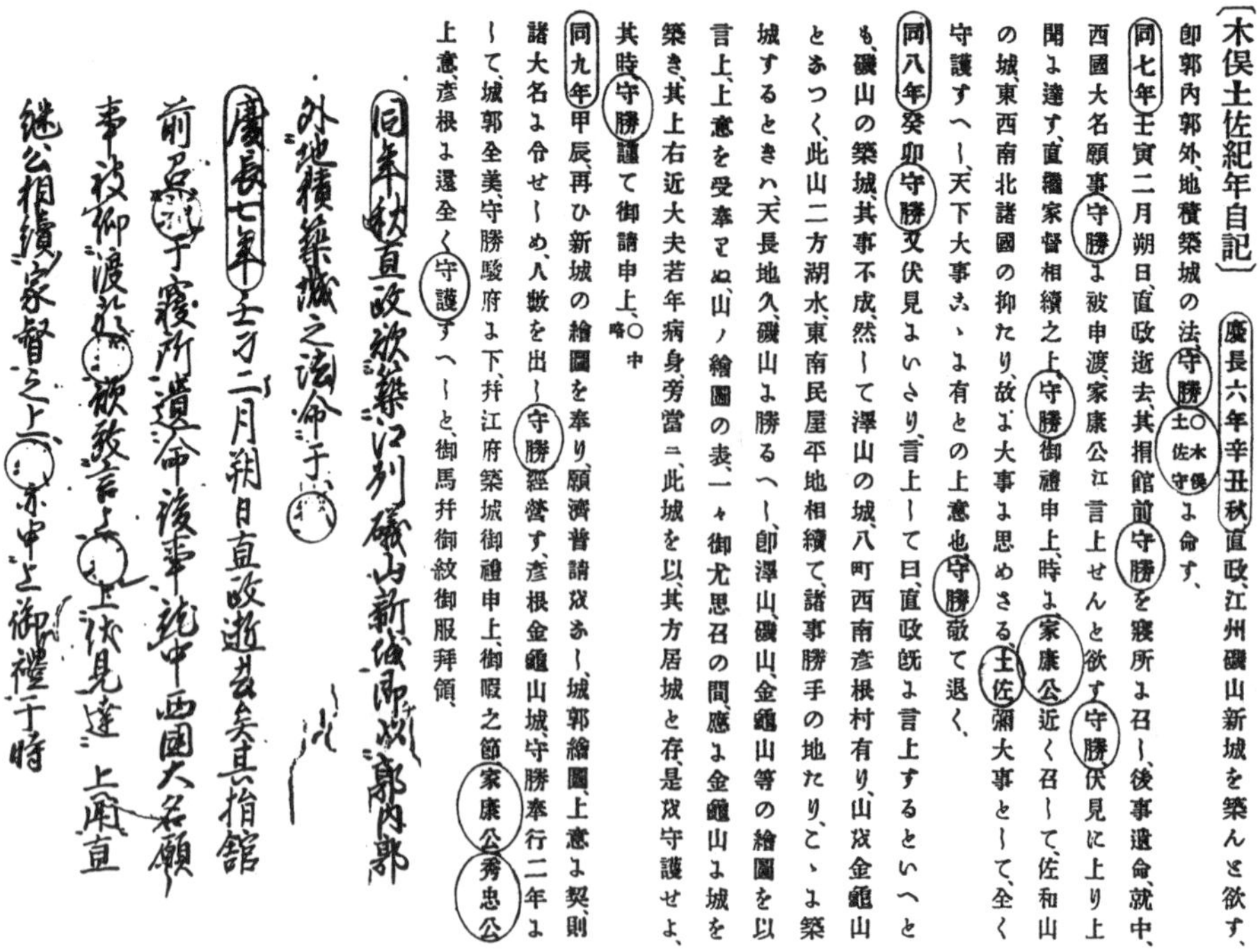
〔木俣土佐紀年自記〕慶長六年辛丑秋直政、江州磯山新城を築んと欲す、即郭内郭外、地積築城の法、守勝〇木俣土佐守に命す、

同七年壬寅二月朔日直政逝去、其揖館前守勝を寝所に召し、後事遺命、就中、西國大名願事守勝に被申渡、家康公江言上せんと欲す守勝伏見に上り上聞に達す、直繼家督相續之上、守勝御禮申上、時に家康公近く召して、佐和山の城、東西南北諸國の抑たり、故に大事に思めさる、土佐彌大事として、全く守護すへしと、天下大事ニゝに有との上意也、守勝敬て退く、

同八年癸卯守勝又伏見にいたり、言上して曰、直政既に言上するといへとも、磯山の築城、其事不成、然して澤山の城、八町西南彦根村有り、山及金龜山とあつく、此山二方湖水、東南民屋平地相續て、諸事勝手の地たり、こゝに築城するときハ、天長地久、磯山に勝るへし、即澤山、磯山、金龜山等の繪圖を以言上、上意を受奉てぬ、山ノ繪圖の表、一々御尤思召の間、應に金龜山に城を築き、其上右近大夫若年病身、旁當ニ、此城を以、其方居城と存、是及守護せよ、其時守勝謹て御請申上、〇中略

同九年甲辰、再ひ新城の繪圖を奉り、願濟普請及ふし、城郭繪圖、上意に契、則諸大名に令せしめ、人數を出し守勝經營す、彦根金龜山城、守勝奉行二年にして、城郭全美、守勝駿府に下、并江府築城御禮申上、御暇之節家康公秀忠公上意、彦根に還全く守護すへしと、御馬并御紋御服拜領、

木俣土佐紀年自記

し、それも浅井時代であったから、井伊家が入部した頃は残滓を気にかける程でもなかったと考えられる。

直政による礒山への築城計画について木俣土佐は「自記」に

郭内郭外ヲ以テ地積築城之法、我ニ命ズ

としており、この時点では異見を示していないように思えるが、簡潔にすぎる記載の行間へ推測を挟んでみたい。

直政は礒山築城の着手に至らず、関ヶ原で受けた銃創が鉛毒による悪化から翌七年二月朔日死去、享年四十二。嗣子直繼は時に十三歳。死去直前の直政から「後事の遺命」を受けていた木俣土佐が家康のもとへ報告に出向くと

佐和山ノ城、東西南北諸國ノ抑タリ、故ニ大事ニ思シメサル、土佐彌々大事トシテ守護スヘシ

との「上意」を受けた。この「佐和山ノ城」は佐和山城のみを指すのではなく、周辺一帯を指すと考えるべきであろう。

理由は、彦根で築城工事を進めているときでも、直孝の書翰その他『家忠日記』や『當代記』に見る家康の行動に、彦根と佐和山を混同した例が少なくはないからである。

ところで家康が豊臣討伐の動員をかけると、礒山は背後から襲撃される怖れがあった。理由は家康の第二子で幼くして秀吉の養子にされた越前宰相秀康が、徳川と豊臣との戦になれば、秀頼方に荷担すると言明していたからである。つまり井伊家は大坂へ出兵すると、後ろから狙い撃ちされる位置にあった。

対策として家康は慶長十一年（一六〇六）に内藤家を長濱城

一様近江国佐和山城為東西南北諸国之押故大
事ニ思召佐所謂大事ヲ令可守護天下大事
在于茲之　上意也我致退矣
慶長八年癸卯私又至伏見言上曰直政既雖言
上礒山ノ築城不成其事然澤山城八町西有彦ノ
根村有山名金亀山此山二方湖水東南民屋
平地相續而為諸事勝手之地築城于此天長
地久勝于礒山乎即澤山礒山金亀山等繪圖
言上奉受　上意既段達于　上聞土佐ニ言
上之趣山繪圖被下之　御尤思召之間應築城
于金亀山也且上右近大夫若年　病身ノ旁當
以此城存其方居城而守護之甚勝
中上又言上（中略）
慶長九年甲辰再奉新城繪圖願為普請城
郭繪圖契　上意即令諸大名令出人夫
經営彦根金亀山城奉行之三年成城郭全ク
終矣
西上様　上意還彦根全可守護旨拝領御馬并
御紋御服ヲ

へ入れて大修築を施させ、対越前の備えを固めて井伊家の背後を掩護し、北からする襲撃の怖れをなくしたのである。

翌十二年秀康死去、また元和元年（一六一五）の大坂夏ノ陣で懸案の豊臣勢を滅ぼしたので、北陸に対する備えが必要なくなった家康は、内藤家を西国に対する高槻へ移し、長濱を廃城にした。このあたりに見る家康の配慮が明らかといえよう。

前後するが直政歿一年後の慶長八年二月十二日、家康へ征夷大将軍宣下があり、豊臣残存勢力を置いたまゝ幕府を開くことになる。これによって家康は、政戦略上の対応を一段と堅固にしなければならなくなったことはいう迄もない。

関ヶ原戦の雪辱を企図すると共に、打倒徳川を謀る西国外様の雄藩が、旧交のある豊臣残存勢力をも引き入れて動き出すと、直政の計画では対応できない状況に至るかも知れない。

西国勢が数梯団を組織して東進すると、東海道から分岐して中山道を経由する梯団のあることは当然で、それを阻止するのが井伊家の任務になった。

こゝで振り返れば、礒山計画は豊臣に脅威を与えるにあり、逆襲への対策は念のための手段にすぎなかったのである。

よって木俣土佐は礒山への移築を不可とした。礒山では幕藩聯合軍の兵力移動には駐留と兵站の用地に欠けるし、本格的な攻撃を受けては展開と殲滅の戦闘行動に支障を来す怖れありとして将軍宣下直後（『徳川實記』では二月中）伏見へ赴き家康へ

　直政既ニ礒山ノ築城ヲ言上スルト雖モ其事成ラズ

【参考】　諸文書にみる築城の経緯（『徳川實紀』には「木俣自記」を採用した旨の註記はあるが、筆致を異にし、慶長九年の条「直勝が父兵部少輔直政の遺意」も自記通りではない）

(1)『寛永諸家系圖傳』台命にのたまはく、佐和山の城地よろしからざるのあひだこれを彦根山にうつすべし

(2)『藩翰譜』仰によりて、彦根の城を築きて移る

(3)『寛政重修諸家譜』佐和山の城地よろしからざるにより、同國彦根山にあらたに、城を築くべきむね台命をかうぶり尾張、（中略）の諸将おほせをうけたまはりて、その經營を助く。

(4)『井伊年譜』家康公　直政公に御内談ニテ　佐和山ヲ磯山へ移シ　西國中國ノ人質ヲ佐和山ニテ御請取セ可被成御底意有リ（中略）直政公卒去被遊候ニ付　直継公御代　家康公御縄張御差図ニテ今ノ彦根山ニ城ヲ被移候

直継公　彦根山ニ城御取立ニ付　木俣土佐守勝駿府へ下向段々御願申上候處　御許容有之　公儀ヨリ御役人衆仰付

(5)『徳川實紀』このほど井伊右近大夫直勝が家司木俣土佐守勝拝謁して舊主直政磯山に城築かんと請置しかど磯山はしかるべしとも思はれず。澤山城より西南彦根村の金龜山は湖水を帯て其要害磯山に勝るべしと聞え上しに御氣色にかなひ。さらばその金龜山に城築くべしと命ぜられし上。今の直勝は多病なれば。汝主にかはりて其城を守るべしと命ぜらる（慶長八年二月の条）

井伊右近大夫直勝が近江國佐和山城を彦根にうつさる。これ直勝が父兵部少輔直政の遺意をもて。その臣木股土佐守勝聞えあげしによりてなり（慶長九年の条）

情勢変化により直ちに計画を見直して

澤山ノ城カラ八町西南ニ彦根村ガアリ　山ノ名ヲ金亀山ト名ツク　此山ハ二方湖水　東南民屋平地相續テ諸事勝手之地タリ此ニ築城スレハ　天長地久　礒山ニ勝ル

と述べ、琵琶湖と松原内湖を以て「後堅固」の要害とし、防禦正面が平地であるから、城下を含めて戦闘に主力投入が可能な恰好の地形とし、三山の図を添え意見を具申したところ家康は

一々御尤思召之間　應《マサ》ニ金亀山ニ築城

の許可を下したのである。そしてさらに

右近大夫若年病身　旁當ニ此ノ城ヲ以テ其方居城ト存シテ之ヲ守護セヨ

と命じた。この部分を「実紀」は「汝主にかはりて其城を守るべし」と書き換えているが、いずれにしても木俣土佐に対する信任の厚さを示している。次いで翌慶長九年

新城ノ繪圖ヲ奉リ、願テ普請ヲナス城郭繪圖上意ニ契

彦根築城の詳細な縄張を決定して普請にとりかゝった。

以上、彦根築城に至る経緯に関し「木俣自記」を採用したのは上段に見るとおり『徳川實紀』のみ、他の編纂物は全て家康の仰せによるとし、現在も文献の多くはそれを引用している。

余談であるが、家康には築城許可申請に候補地三ヵ所をあげさせたとされている。しかし、直政は初めから佐和山城を使用する意志がなく、磯山築城は一旦許可された後に取り消したのであるから、当初から三択だったわけではない。

また礒山築城計画を止めた理由に「礒山に明王出候」という

伝説ができたのは、直政の具申を家康が認めた計画の変更ゆえ、それを糊塗するため、神仏に仮託したものと考えられよう。

三　築城工事の経緯

彦根築城の普請と作事は、慶長年間の藩主直継時代における第一期工事と、元和年間の藩主直孝時代の第二期工事との二回に分かれる。そのうち、第一期工事の着工時期は『井伊年譜』と『彦根山由來記』が「慶長八年」とし『木俣土佐紀年自記』および『當代記』その他は「慶長九年」とするものが多い。

慶長年間第一期工事の着工時期と工事範囲

第一期工事の範囲を第一郭内のみとするのは「年譜」が

直継公御代ニハ一重構斗《バカ》リ也

とした底本『井伊家年譜附考』の記載を正さず、そのまゝ継承したことによる。そのため慶長十九年「大坂冬ノ陣」に直孝が

士卒千三百五十六人

を率いて

十月十六日巳之刻京橋口ゟ押出

としているが「年譜」にいう「一重構」であれば「第二郭」の虎口「京橋口」が存在した筈はないのである。

これは「年譜」の改編にさいし『淡海落穂集』収録伝承または同種の話に、直孝時代の第二期築城工事を始めるまでは

掻上の類にて大概の御囲ひなとハ土手斗にて有此時高石垣になり、御矢倉なとも所々出来

とあるのを無視したもので、これを意訳すると

第二郭以下は、土塁囲みであったのを、直孝時代の工事で石垣に改めて櫓を置き、第三郭でも虎口など一部を石垣にして所々に櫓なども建てた

という旨であったことを付記しておきたい。

なお、右掲の「年譜」による誤りは、昭和三十年代の各遺存建築物の「修理工事報告書」にも累を及ぼしたのである。

慶長八年（一六〇三）には「木俣自記」によって推測すると、彦根山での築城を家康から許可されたとき、まだ詳細な縄張図ができていなかった。

しかし彦根山を主郭にし、周りの平地も併せて惣構の平山城として築くに善利川の流路をそのゝでは、第二郭以下の普請を始められない。そのため彦根史談会の『彦根旧記集成』に収録する『当御城下近辺絵図附札写全』にいう

彦根御開き前に世利川《せりがわ》付替

工事が必要であった。よって「実紀」慶長八年「是年」の条に

松平又八郎忠利。古田兵部少輔重勝。遠藤左馬助慶隆は近江國彦根の城新築の事を奉《うけたま》はり。

と彦根の文書史料に馴染みのない諸大名に助役下命を発令しており、また『寛政重修諸家譜』の系図にそれを掲記している。

その普請は右掲「旧記集成」により「鍬入れ」前に施工した善利川の流路付替（現在の芹川《せりがわ》）工事を示していると思われ、これが「慶長八年着工説」の根拠になるであろう。

たゞし松平、古田、遠藤の三名を記した文書史料が井伊家に

本図の原本では右に永禄年間の状況を示した古図が続く。

『彦根御山絵図』（彦根市立図書館蔵）
図の右端に「此図は慶長五年直政公當所御拜領之時御役人留書也」とある。「慶長五年御拜領」は１年早く、彦根山は築城前、佐和山城を破却後の姿、即ち実存しない時点の描写に問題は感じられるが、概要を知る参考にはなろう。なお、佐和山を「古城山」と表記していないので、原図を忠実に模写したと考えられる。

あるとはされていない。では「年譜」と「由來記」が「慶長八年着工」にした典拠は何か、両書共にそれを記していない。

その翌九年、善利川流路付替工事が完了し、詳細な縄張図も完成して家康からの命令により「石垣普請」を「被仰付」れた公儀普請奉行

　山城宮内少輔忠久　佐久間河内守政實　犬塚平右衛門忠次

の三名が派遣され、助役の諸大名が提供する役夫を指揮して、第一郭の石垣築成工事を開始した。

これが「慶長九年着工説」の根拠になったと推測できる。

ところが幕府派遣普請奉行は通説にいう三名ではなかった。それは国立公文書館内閣文庫蔵『譜牒餘録』に、家康から普請奉行宛の書状を慶長九年の条に七月十五日付で

　彦根山普請之儀、入精之由尤候、然間、差上小澤瀬兵衛
　炎天之節、苦勞之通、何へも懇に可申渡候也

とし、細野右近大夫藤嘉につゞいて佐久間、山代《やましろ》、犬塚、そのあとに山本新五左衛門重成を加えて五名を列記している。

また筆者が『寛政重修諸家譜』を無作為に捲っていたところ、偶然「妻木雅樂助頼忠」の項に

　佐和山城普請の奉行をつとむ

の記載が目について六名になったのである。それが家康書状にないのは、右の日付以降に増派されたと考えるより他はない。

たゞ細野、山本と妻木の三名については普請奉行とするのみで、担当部署とか範囲を記載していないが、これまた家康書状の名宛配列によって細野、山本も石垣担当で妻木も同様だった

のかも知れない。六名も要したのは、石積現場のほか採取現場にも必要だったからと考えられる。

彦根築城について慰労と督励に関する書状としては、右家康書状のほか井伊家に秀忠書状があり「年譜」と「由來記」に

彦根山普請之様子聞届度候而差上小澤瀬兵衛候　炎天之時分　苦労共ニ候　弥可精入候段肝要候也

七月十五日　御直判（秀忠）

井伊右近大夫（直繼）殿

としており、家康の書状と共に、使者小澤瀬兵衛に託したことが「寛政系図」所収の小澤家系図に

慶長九年井伊直勝が所領近江國彦根山に城を築きしとき、七月十五日御使を奉《うけたま》はりて、かの地に赴く。

とあり、それぞれ符合する。

次に、井伊家の家臣で、築城の関連で役職を任命された者は普請奉行として

富上喜大夫　伴加右衛門　加藤金左衛門

の三名を「年譜」に記載しているが担当分野は記していない。しかし、第一郭の石垣普請は、幕府から派遣された普請奉行の管轄であるから、右井伊家々中の三名は第二郭ならびに第三郭の堀と土塁の造成工事を管掌したと考えられる。

建築は天下普請でないから作事奉行に任命された次掲

宇津木新九郎　横内彌左衛門

の二名が石垣と土塁工事の進捗を追って、必要な個所から建築工事を進め行ったのであろう。そして工匠濱野喜兵衛が棟梁に任ぜられたのは「年譜」にいう

御矢櫓（天守）ハ城草創ノ時分　外輪ヨリ高サ見合ノ為ニ最初ニ建候ニ付　外ノ櫓ヨリ小振也

と天守の移築にあたったのである。

なお、慶長八年に下命された三大名の氏名を「実紀」慶長九年の条にも記載しているが、これは善利川流路変更後、第一郭の石垣普請へ廻されたことを示しているのかも知れない。

一方、助役諸大名は「年譜附考」と「年譜当初本」に記載がなく「年譜増補本」に十二名、これが通説になっている。

しかし「実紀」によると十五名で三名多い。この三名は既掲の「松平忠利、遠藤慶隆、古田重勝」で、本稿では善利川付替工事の役夫を提供したものと推定した。

ところが「実紀」では「年譜増補本」にある「松平清匡」を除外して「分部光信」を加えた。松平清匡を省いた理由は凡そ想像できるが本項には関連が少ないので記述を省略する。分部光信は「寛政系図」に普請参加の記載があるので問題はない。

実は「寛政系図」の條例に

宮廟の經營城廓の修補等をうけたまはりし類ひは、すべてこれをしるせり。

としているが「年譜増補本」の十二名および「実紀」十五名のうち右掲三名と分部光信を除く十一名は「寛政系図」ならびに『徳川諸家系譜』さらには『斷家譜』にも助役に参加したとは記していない。

右の條例にいう「城廓の修補」が幕府直轄の城に限るならば、記載がなくて当然である。しかし慶長八年下命の三名と同九年に記された分部光信を合わせた四名は「寛政譜」にも記載しているので、條例は徹底していないことになる。

反面、系図に記載がないからといって、助役としての参加を否定できない一例をあげておこう。それは「年譜増補本」に

御普請中　七ヶ國ノ牧伯《ぼくはく》一両度宛　彦根へ御見廻　其證據
則本多忠勝朝臣ノ書状有リ　節用一覧ニ記ス

とあり、十二名中の本多忠勝から慶長十年に井伊家々臣宇津木勝三郎宛の書状、翌十一年三浦十左衛門宛の書状があり、中村不能斎が「由來記」に引用している例で明らかといえる。

なお助役大名について、もと木俣家末裔直系の所蔵であった古文書に「御普請ニ御出被成候衆」の史料があり、先に『湖国と文化』42号（滋賀県文化体育振興事業団）へ廿八大名九旗本と発表されたが、誤記があるので他文書との照合を控えていた。

それが彦根城博物館平成七年の『彦根城の修築とその歴史』と『新修彦根市史』六巻に掲載された。市史は享保二十年（一七三五）木俣家六代目当主守貞が編纂したと解説している。

本稿に使用してきた「木俣自記」は

諸大名ニ令シテ人歩ヲ出

とするのみで、諸大名の氏名を記していないが、木俣家編纂の文書は三十六人の氏名をあげている。

たゞしその内「年譜」に一致するのは松平忠吉、石川康通、富田信高、一柳直盛の四名で「実紀」にしても、下野守忠吉、石川康通、遠藤慶隆、古田重勝、分部光信、一柳直盛、金森長近、松平忠利の八名である。

なお本多忠勝は系図に記載がないとはいえ右掲の書状で証明可能であるが、その名が三十六人中にないことの疑問が残る。

また、その中に助役でない普請奉行の「妻木頼忠」を入れ、ほか普請奉行を入れていない点にも疑問を感じさせられる。

第一期工事の内、城としての基本的な石垣による天下普請と、第二第三郭の自前による土塁囲みの部分は二年で終わるが、他自前による付帯作事はなおつゞく。

それを「由來記」に

城郭未だ全からず（中略）十九年冬、大坂役起るや、家康命じて庶弟直孝（中略）をして、兄直繼に代り彦根人衆を引率して軍に従はしむ

とあり、自前の付帯工事は一旦中断する。

しかし、その前に家臣団を二分する程の軋轢を生じており、家康の命令で、直繼に代わって采配をとっていた木俣土佐守勝は天下普請を終えたころ病に冒され、慶長十一年に諸務を他の家老に引渡し、同十五年死去した。よってのち築城の付帯工事にどれ程の影響を及ぼしたか、それを伝える史料はない。

元和年間第二期工事の着工時期と工事範囲

元和年間の直孝による第二期工事について「年譜」は、着工時期だけでなく工事内容も詳記していない。

たゞ慶長八年の条で、築城経緯を記載するにさいし、そこへ

元和の第二期工事による「表御殿」と「鐘ノ丸御守殿」その他を入れるなどで混乱させていることについて改編者功刀君章は

　御城内ノ数條　草創ノ時ノ事ノミニ非候へトモ類同キ事トモ後勘ノ為ニ爰ニ記之

と断り書きをするのみで、事実を確かめようとしていない。

　着工時期と工事期間について「由來記」は

　家康命じて（中略）元和元年二月遂に直孝をして亡父直政の後たらしめ彦根十五萬石の主とし（中略）明年更に役を起し、八年に至りて城郭及び士民の邸宅略〻成る

とした。しかし『新修彦根市史』は第六巻で

　元和元年（一六一五）七月二四日、井伊直孝、彦根城普請にあたって定めを申し渡す

とし「御普請ニ付而万定之事」の「七ヵ条」を普請奉行

　早川弥《ママ》左衛門、同忠左衛門、佐成三郎左衛門、植田長右衛門、竹中勘兵衛

宛に出したとしており『彦根城の修築とその歴史』も、この日を第二期工事開始の日にしている。

　普請の内、第二郭の石垣について、彦根市立図書館蔵「年譜増補本」は慶長八年欄外に頭註で

　元和八戌年御城辺ノ石垣過半成
　奉行人　奥山六左衛門、大鳥居玄蕃
　普請奉行　植田長右衛門、佐成三郎左衛門、谷口八郎兵衛
　作事奉行　塩野左近右衛門、竹中清大夫、門屋猪右衛門
　御入用　二百八十九貫四百三十一匁八分
　渡シ方金奉行　藤田平右衛門　高橋長十郎
　同年　松原口御門外橋成ル

とした。こゝに早川彌惣左衛門の名がないことは、縄張に関係のない付帯工事であったことを思わせる。

　余談ではあるが、この頭註を知見範囲のうちでは、国立国会図書館本、京都大学図書館本、東大史料編纂所本Bは慶長八年の本文へ組み込んでいることを申し添えておく。

　一方、中村不能斎は「由來記」において、右にいう費用

　二百八十九貫四百三十一匁八分

を明治三十五年五月初旬、慶長小判金一兩の價格二十圓零三十錢に換算してその額を「金八萬七千九百五十六圓零六錢三厘三毫」とし、元和年間の物価の安さと貨幣の高さに驚いている。

　このとき、藩主直孝は自ら普請を指揮したのである。それについて「落穂集」に

　直孝公は乱國乃将なる故に　人を殺す事物の数とも不思召めつたに人をきらせられ　殊に御城御普請の節なとは時々御普請御見廻り被遊しがさ迄の事もなきに数多きられし故人々恐入出精し数年かゝるへき御普請間もなく出来

とあり、予定より早く竣工したと記しているが、八年も要したのである。それで「彦根築城には多くの大名の手伝いを受けておりながら、二十年もの歳月をかけた」と誤った文献もある。

　しかし豊臣勢を討つ城が、大坂ノ陣から八年後の完成では話

にならぬ。戦闘可能な彦根城は木俣土佐がいう二年で完成していた。その後は急がない付帯工事だったことを再記しておく。

四　移築伝承をもつ建造物の検討

天守

①　移設伝承についての検討

現存する天守について「年譜附考」は

彦根山御城之天守ハ　権現様ヨリ御拝領ニテ　大津之城ノ天守也　恰好等ハ棟梁濱野喜兵衛仕建シ也　此天守ハ目出度物語有之由（筆者蔵本）

としている。しかし、それを改編した「年譜」は

天守ハ京極家ノ大津城ノ殿守也　此殿守ハ遂ニ落不申《おちもうさず》目出度殿主ノ由　家康公上意ニ依テ被移候由　棟梁濱野喜兵衛恰好仕直候テ建候由（彦根市立図書館蔵本）

とあり、記載内容で問題になるのは「年譜」が「遂ニ落不申」と書き加えている点にある。

それについて、かつて諸文献の大部分は「年譜」のいう侭を引用し「遂ニ落不申」をほとんど指摘しなかった。「修理工事報告書」もそのまゝ掲載して、とくに異見を表明していない。たゞ『彦根市史』上冊（昭和三十五年）のみ関ヶ原戦前日に

大津城が落城していること（中略）から疑問が残る

とした一例にとゞまる。たゞし追及していない。

大津城主京極高次は、慶長五年九月十三日から始まった西軍の総攻撃で「石火矢」の弾が「本丸三重の高櫓」に命中して柱が折れ女中二人死亡、気絶した妹「松ノ丸殿」の哀願と、戦意を失った側近の具申で十四日降伏を申入れて十五日朝開城し、剃髪して高野山へ登った（『大津籠城合戰記』）。

辞書にしたがえば「落城」と「開城」には違いがある。降伏して「開城」したので厳密には「落城」でない、という理屈は通るかも知れない。しかし、高次がとった尓後の行動で「目出たい」と思っていた筈はない。敗戦に違いないからである。

当時の言語感覚は「開城」と「落城」を同義語とみていたのではないか。よって『舜舊記』は「大津落城」と明記した。

しかるに「年譜」は「遂ニ落不申」と加筆した。これを筆者は、功刀君章が「井中化現《けげん》」を「不可怪《あやしむべからず》」とした例があるので主家の歴史を美化するための改竄と思い込んでいた。

ところが、彦根城博物館による『彦根藩井伊家文書の世界』に元禄十年（一六九七）八月二十八日、井伊家から幕府へ提出した『御覺書』の一部を撮影し掲載してある写真の文字が

御天守ハ同國大津京極家の天守のよし申伝候　此天守は終に落不申目出度天守の由　依上意被移之候由

と判読でき「遂ニ落不申」は功刀君章が加筆したのではなく、「年譜附考」成立後「年譜」に改編するよりも前に、井伊家の文書に書き加えていたことが判明したのである。

それは「年譜」成立の項で述べた柳澤吉保による野望を挫く

ため、可能な限りの威信を示す必要の加筆と想像できた。
　では「目出度」とは何か。もし九月十三日、攻囲軍の総攻撃で大津城が「落城」または「開城」し、毛利元康統率の兵一万五千が翌十四日に東進し十五日朝、関ヶ原で西軍の戦闘陣列に在れば、午前中伯仲の戦況がどうなっていたか。正に間一髪である。そのため、家康は高次に降伏開城の責を問わず、上方へ赴く途中、大津城に滞在し、高次の貢献を認めて直政を通じ
　　今度之御忠節内府別而祝着
と伝えさせた。
　また、多くの者から祝賀を受けている処へ三成捕縛の報告が入るなど「年譜附考」の編者は「目出度」としたのであろう。のち「遂ニ不落申」にしたのは行過ぎというよりほかはない。

②天守修理工事報告書が示す疑問についての解明

『国宝彦根城天守・附櫓及び多聞櫓修理工事報告書』（昭和三十五年滋賀県教育委員会）は
　西軍の大砲による攻撃は大津城に対し致命的な打撃を与えたのに、彦根城へ移設できたのか、との疑問を呈した。

　京都聯隊區将校團による『郷土戰史』第二巻にいう「大津城の攻防」には「二の丸に對し射撃を開始」したところ偶然「一彈が天守第二層に命中」したとし、そこが「松ノ丸殿」の避難場所であったとしている。

　合戦記にいう情景と、前身建物を四層五階にする図上復元図とは異なるが、当時の「砲弾」が建物にどれ程の損害を与えるのか、を知れば足るので、砲弾の命中した建物が天守であっても、なかっても差支えはない。

　西軍から発する砲の発射音を「天地ヲ崩シテ鳴渡リ」としているが炸裂の轟音を書いていない。当時の砲弾は鉄製の丸玉で炸裂しないから櫓の壁に穴をあけ、そこへ火矢を射込み焼討ちするための補助手段としても使ったようである。

　もし、炸裂弾であれば「柱が折れ女中二人の死亡と松ノ丸殿が気絶」する位では済まないし、建築部材の番付に基づいて、移設前の姿を図上に復元できるはずがない。それが出来たのであるから、さほどの被害はなかったと推測できよう。

　また報告書は、膳所築城では大津城の遺構を必要とした筈なのに、彦根城へ廻せる余裕があったのか、との疑問も呈した。

　それについては、西軍の大津城攻撃前に、城からの射程内にある城下の家屋が邀撃の障害物になるとして全て取り壊した。よって入封した戸田家主従の多くは、大津城内の使える建物で仮住まいしなければならなかったであろう。しかし、城主戸田一西《かずあき》が矢倉から「顛墜して頓死」したのが慶長八年であれば、その頃は膳所城の作事も終わっていた筈、よって翌九年に天守の用材を彦根へ運び出すことは可能であったと考えられる。

　しかし報告書は、他城からの移設を認めても、それを大津城とする絶対的な根拠がないからか「部材の輸送は舟で琵琶湖を曳行」できるので「大津城天守移建説は、にわかに捨て難い」とするにとゞめたのであろう。

③物的証拠の再検討　Ⅰ銘入瓦

大津城からの移設といえる物証に擬せられるものが無い、と断定しなければならないわけではなかった。実は昭和十一年夏の調査で、箆書銘を入れた瓦が発見された旨を、城戸久教授が同十三年日本建築學會論文集掲載の『近江彦根城天守建築考』で要旨を次のとおり記述している。

　著者等が調査に際し南側二層中央入母屋々根西南隅に於て年號の記載なきは遺憾であるが「深草作人菊田喜兵衛」の銘を有する筒瓦を見出すことを得た。他の瓦銘と比較し、その書體より少なくも築城當初に遡り得ると思はる。瓦に關しては、井伊年譜に「天守鴟尾（中略）瓦は不殘小谷土也」とあるが、現存鯱は無銘にて立証することは出來ない（中略）大津対深草の地理的關係より按ずれば本天守の爲に新に燒成したものと見るよりは寧ろ大津城天守に使用せられたものと認むべきが至當の樣に考へられ、少くも本筒瓦は本天守の大津城移轉と傳ふる處の物質的資料となり得るものと信ずる。

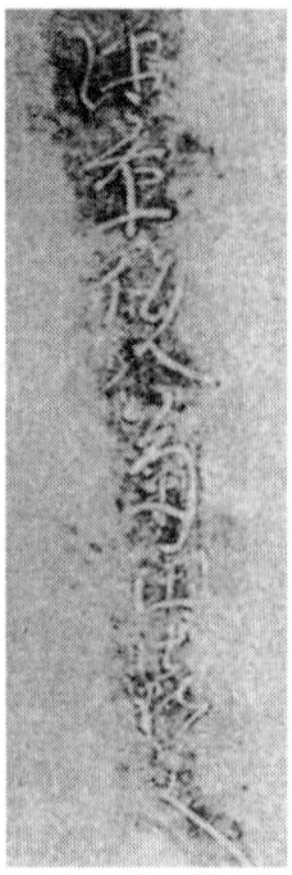

として、大津城天守移築の物証とした。

一方、前掲の『彦根城調査書』も、それについて

　中ニハ竹丸瓦ノ銘ニ深草作人菊田喜兵衛ト記セルアリ大津城ヨリ移サレシモノナラン

としている。たゞし、調査書作成日の記載がないので正確には判らないが城の所在地を「彦根市金亀町」としており、彦根の市制施行は昭和十二年二月十一日ゆえ、それ以後として間違いない。たゞし、銘入り瓦の発見時期を書いていない。城戸教授による発見は昭和十一年の夏、論文発表が同十三年、調査書とは微妙な差はあるが、第一発見者を探すのが目的ではない。

たゞ、後の新聞報道によると、解体修理にさいして銘入瓦は確認されなかったとしている。そのためであろうか「修理工事報告書」は移設検討の対象にせず、全く言及していない。

④物的証拠の再検討　Ⅱ金箔押鯱瓦

昭和の天守解体修理で外観を変えたのは、それまで普通の瓦による鯱を金箔押にしたことである。理由は

　金の鯱の断片が発見され、それによって推定復元した

と「修理工事報告書」は記載している。「金の鯱の断片」とは

＊太鼓門の解体修理で石垣から出土した鯱の顎と耳（昭和三十二年六月十四日付『朝日新聞』）の二点

＊天守台石垣裏込から出土した尾（昭和三十四年五月三日『朝日新聞』）解体修理事務所長清水栄四郎氏手記）の一点

合わせて三点で、報告書はこの出土経緯を書いていない。よって破片三点が、なぜ太鼓門と天守台石垣へ分かれて埋もれていたのか、その解明が必要になる。

天守から検出した墨書で、宝永元年（一七〇四）には土台も取り替える大修理だった旨判明したと報告書に記載している。そのとき割れた金鯱の破片が天守台石垣の裏込めへ紛れこんだと一応は考えられよう。

しかし太鼓門の修理は文政九年（一八二六）に、石垣も積み替える工事であったという。としても、天守台石垣の裏込から出た鯱と同じ個体の断片が一二〇年以上も後、太鼓門の修理でその石垣へ紛れこむとは考えられない。

事例の少ない金ノ鯱が割れたのであれば、その時なぜ金箔押で復原しなかったのか。それにしても彦根市立図書館蔵「年譜増補本」に慶長年間の第一期築城工事にさいし

鵄尾ハ瓦小頭中村与左エ門濱中加兵衛小谷ノ土ニテ造之

とするのみで金箔押の記載がなく、既往判っている範囲の文書史料は固より伝承集書にもない。遺物の出土により当然として金箔押で復元するには、埋没前の状況解明が必要であろう。

徳川政権以前、秀吉以外の城で金ノ鯱は岡山と廣島とされている。寡聞にして由緒は知見の内にないが、大津の鯱も金箔押ではなかったか。理由は城主京極高次の妹「松ノ丸殿」が秀吉の側室であったことからの推測である。

彦根城へ移設して現存する天守は、原形をとゞめないほどに改変しているので、金箔押の鯱を彦根へ運びはしたが、豊臣色払拭のために使わず、廃棄したのではないかと考えられる。

顎と耳が慶長九年からの普請で栗石に混じって太鼓門の石垣へ、尻尾は天守台石垣へ紛れこんだと考えられるし、他の断片が近くの石垣に埋もれているかも知れないが

出土破片による鯱の規模が宝永年間の作成と考えられる鯱より大きい（昭和三十二年六月十四日付『朝日新聞』）。

と解体修理事務所が見解を示しておりながら、なぜ四層五階であったという大津城天守の鯱に相応しいとしなかったのか。

前身建物の鯱が金箔押であったとするならば、これこそ移設の有力な物証と考えられるであろう

⑤天守竣工時期　墨書と年譜の関係

彦根城天守の竣工時期について「修理工事報告書」は、二重北の隅木から「慶長拾壱年午五月廿二日」、ならびに三重東南の隅木から「慶長拾壱年六月二日喜兵衛花押」の墨書を検出したことによって

慶長十一年の五月下旬に二階が組み上り、約十日後の六月初旬に三階が組み上ったことが判る。このあとの工事期間を考慮に入れると、同年の一杯位に天守の工事は完了したものであろう（要旨）。

と墨書の検出から推測したうえ

工匠の名前の「喜兵衛」は恐らく年譜の言う浜野喜兵衛であろうし、年譜の記事と墨書とがよく一致するので、年譜が確実な資料によってあまれたもの

と「年譜」の信憑性を高く評価した。

しかし知見の範囲内で「年譜」本文に天守完成時期を記した写本は存在せず、わずかに四組が慶長十一年の条で頭註か付箋に

彦根天守成就

と小さい字で書き入れているに過ぎないのである。

では最初に頭註を書き入れた「年譜」写本の所有者は、どのようにして「慶長十一年天守成就」を知ったのであろうか。実は天守の部材から検出された墨書は、右掲だけではなく

　寶永元年甲申七月廿七日　慶長拾壱年より九十九年に□□
　慶長拾壱年より　寶永元年迄九拾九年ニ□□

などがあった。宝永元年の修理で「慶長拾壱年」の墨書を発見した工匠は、人ならば「白寿」にあたると感動して記念のために「九拾九年云々」を書きつけたのではなかったか。

　のち数十年をへて、一部に語りつがれていたその秘話を伝え聞いた「年譜」写本所持者の一人が「慶長十一年の条」へ頭註を施し、のちそれを底本にした別人も同じく頭註を写し、さらに後人も繰り返していったと考えられよう。

　よって「年譜」の編纂者は天守完成時期を知らなかったはずだから、本文の史料的価値とは何の関係もないのである。

⑥多聞櫓の附設

　天守附櫓へ接続する多聞櫓について『国宝彦根城天守、附櫓及多聞櫓修理工事略記』（昭和三十五年滋賀県教育委員会）は

　部材の寸法や工作法に天守とは若干の差があるのは建立時期のズレで「修理工事報告書」の誤認を正し
　慶長十一年よりは少し遅れた元和年間（の工事で）附櫓に
　附加されたもののように考えられる

としている。右にいう「部材中の寸法の差」とは平面図にみる

　天守と附櫓の主要柱間　六尺五寸三分
　多聞櫓の主要柱間　　　六尺二分

を指したものであろう。

　多聞櫓が天守及び附櫓の完成よりも後の附設という根拠は他にある。それは多聞櫓から附櫓へ上がる階段上の扉の左右に附櫓から多聞櫓の内部を撃てるようにした隠狭間である。

　一見、こゝまで攻め込まれても猶、抵抗する凄絶な敢闘精神の現れといえようが、この狭間は本来、附櫓へ迫る敵への正面邀撃と、次掲の玄関附設前の天守入口を侵す敵にかける横矢で、それを多聞櫓附設後も存置したものと考えられるからである。

　多聞櫓附設の理由は、天守北面の防禦機能強化のためと考えられよう。それは、窓よりも下に狭間を設け、射撃姿勢の高さまでを分厚い大壁にし、二重木舞の中を敵からの銃弾が貫通しないよう礫を入れて射手の安全に配慮しているからである。

　そして郭外へ向けた狭間六個のうち、附櫓近くの二個と真壁の部分に開く窓格子の隙間から、裏坂の冠木門以内を射程範囲にているので、天守の防禦機能強化は一応諒解できる。

ところが入口から四個目迄は、射界に敵兵の存在する場所がない。狭間と窓からは繁茂する樹木の梢と虚空が見えるのみ、敵兵が登る山肌は俯射下限の下で死角になり、敵からの銃弾も多聞櫓の土壁を貫いて、射手に危害を加える角度ではない。

　また、天守本体北がわの狭間は、多聞櫓附設前の附櫓入口へ迫る敵に対する横矢であった。始めから多聞櫓があれば狭間は必要でない。では、なぜ無駄な櫓を附設したのか、それは

御本丸御廣間并鐘ノ丸御守殿ハタ、ミ置候様ニトノ思召ニ候へ共善利川ノ堤安清辺ヨリ見候ヘハ城中建物多重リ様子宜候ニ付其侭御建置ノ由

と「年譜」にあるのを参考にすれば堰武の世で、景観と領民への威圧を考えるようになったからであろう。

⑦天守玄関の附設

天守玄関について『彦根市史』は

昇降玄関は、後に前面に付属屋が設けられとしているが時期を示していない。よって、こゝでも多聞櫓と同じく隠狭間の配置状況から検討してみよう。

玄関が天守創築時の設置ならば、その上になる天守北面三個の隠狭間は屋根によって死角になるので付ける筈はない。また、附櫓東面の隠狭間は、天守入口へ迫る敵兵への横矢も想定していたのであろうが、玄関は侵入を企図する敵が矢弾に曝されないよう保護してやるという皮肉な結果になった。

以上により、創築時における天守入口は、今の玄関を入って左折した所、石垣を切り開いた部分にある鉄扉の位置と考えるべきであろう。

よって玄関建物の設置は、豊臣討滅により軍事的緊張が緩和されたとみられる元和年間の施工と考えざるを得なくなる。とすれば彦根城が、一般諸大名の城とは性格が異なるとする主張が空論になる。それで附櫓から多聞櫓の中を撃つ隠狭間が敢闘精神の現れ、と強弁せざるを得なくなるのではなかろうか。

なお文化十一年「城内絵図」にみる玄関三面を囲む柵について「修理工事報告書」は解体修理まで遺存していた玄関正面の太い竪格子をその一部としている。しかし、その描写は「本丸宝蔵」その他にも図示している柵と同様、さして厳重な構造物とは思えないので、報告書の見解には承服できない。

また「修理工事報告書」に

年譜によると玄関（土蔵）は一時金蔵に使用された

とあり、上記「市史」刊行前年の六月三十日付『京都新聞』連載「城」83号に「井伊家記録」文化十三年八月

天守下土蔵より御金盗取されたること知れ候

とある旨を引用し、同月二十六日「番人二人の仕業と相判り入牢申付候」とするが「市史」では「年譜」からとして

文化年間になると（中略）藩の金庫として使用された

とし、京都新聞とほゞ同文（入牢は外す）で記載している。

一方、西川幸治教授の『日本都市史研究』にも同様の記載を見るが文化十三年を載せる「年譜」写本は知見の内にない。

通常の「年譜」写本では承応元年（一六五二）に

御金藏エ盗人入ル　當番ノ士（五人氏名省略）御改易也早速吟味ノ処　柳町鍛冶ニ弁之介君御部屋ノ御門下番五左衛門鋳道具拵遣ニ由テ白状　磔罪ニナル（要約）。

とある。京都新聞、市史、都市史研究もこれに触れていない。

いわゆる「御金蔵破り」は名古屋城と江戸城にも起こったが、彦根城では二度もやられた。何れも怪盗ではない。

西川教授による指摘、すなわち藩制規律の弛緩は文化十三年

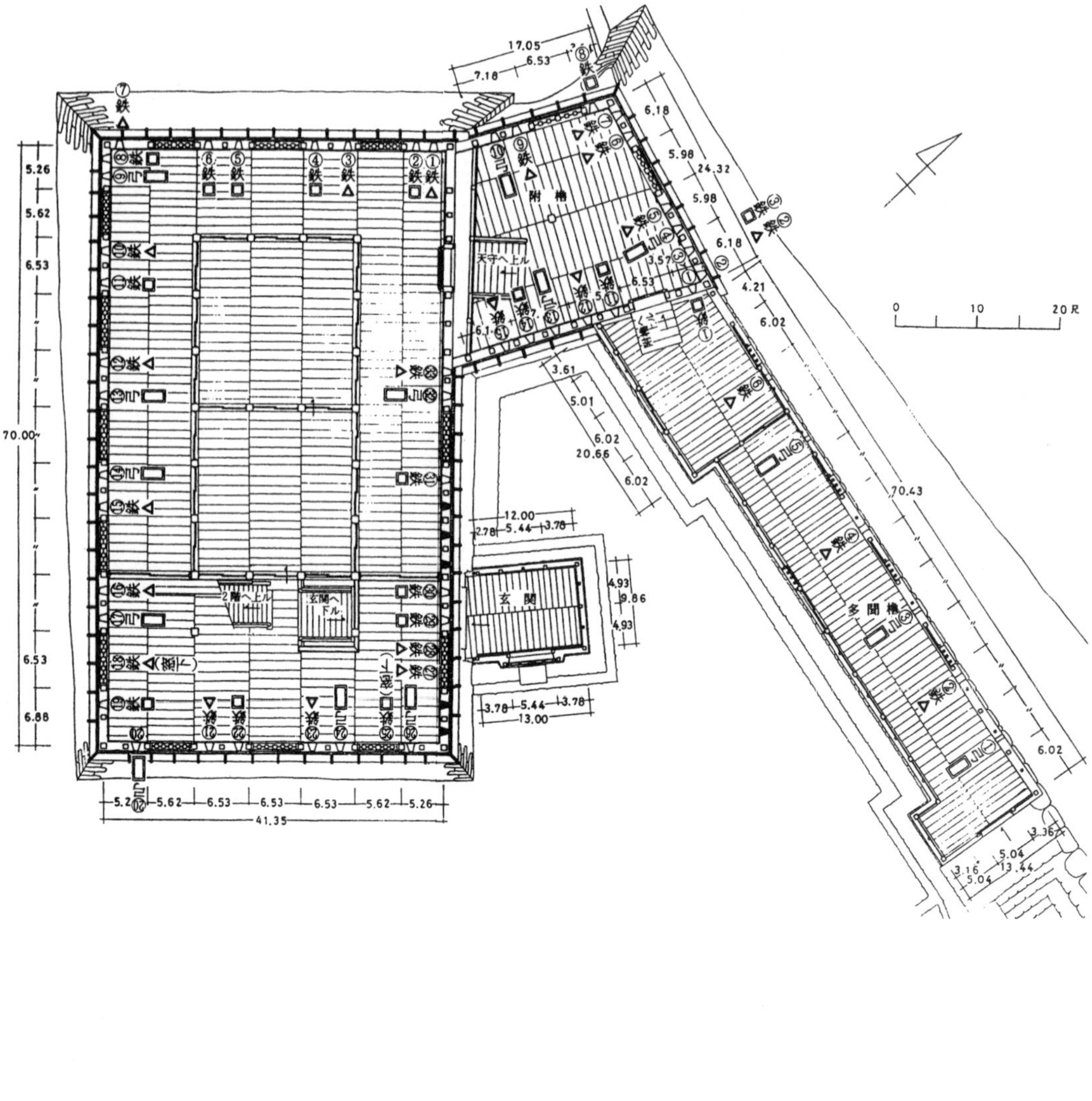

本図は「修理工事報告書」の天守1階・附櫓・多聞櫓平面図に狭間の配置状況を書き込んで示した。1階の玄関に近い所の黒く塗りつぶした4個の狭間は原図にないが、昭和11年城戸久教授の実測図に表示してあるので、ここではそれに従った。なお、この5個以外にも異なる表示があり、さらに修理後の現状にも図に符合しない狭間がある。

の藩士による犯行を対象にした。遡って承応元年の事件のあと七年目にあたる万治二年（一六五九）に身分制秩序にもとづく地域的分離として、庶民の第二郭出入禁止を定めたが、これも規律弛緩ゆえに生じた番士の職務怠慢の結果によるといわなければならない。立藩五〇年、早くもだれていたのであろうか。

天秤櫓

この櫓について「年譜」その他の文書もだいたい

鐘ノ丸廊下橋多門櫓

とし「天秤櫓」の呼称を使用していないし『彦根城圖』（由來記附録）も「多門矢倉、二階櫓」としているが文化十一年（一八一四）の『御城内御繪圖』では「天秤御櫓」になる。ところが嘉永七年（一八五四）の「棟札」は只の「御櫓」にもどる。たゞし本稿の本文では「天秤櫓」の呼称を使用する。

移設建築物について「年譜附考」は

惣〆當御城ノ石垣ノ石并櫓御門共大津之古城ヨリ参リシ由

とし、また

鐘之丸廊下橋多門櫓ハ長濱ノ大手ノ門也ト云ハ誤也　長濱ハ内藤紀伊守居城ニテ直孝公御代ニ拝領也門柱ハ楠也ト云

と少々紛らわしい書き方をしている。しかし編輯者の真意は内藤家による「長濱城」の遺構を慶長年間に移築した、というのは誤りで、それは元和年間の直孝時代に移したものという心算であったと考えられる。誤認の原因は「年譜附考」を始め「年譜」も、慶長年間の条へ元和年間の事項を区分せずに混合して羅列したからであろう。

それは『重要文化財彦根城天秤櫓・太鼓門及続櫓修理工事報告書』（昭和三十二年滋賀県教育委員会）にも現れている。

現建物の規模に合致しない仕口痕跡を有する土台

があるので他城からの「移設」を認めたが「年譜」にいう

直勝（直繼）公御代には一重構

について、作事も全て完了したものと誤認して「天秤櫓」を

慶長造営にかかるもの

とし、前身建物を

瓦の上り藤紋は内藤家の定紋であるから、長浜城大手門を移建したものとしてよいであろう。

とした。これを纏めて言い換えると「天秤櫓」は

慶長八～九年（一六〇三～四）頃の彦根築城第一期工事に元和元年（一六一五）廃城の長濱城大手門を移築した

と到底承服できない判断を示したのである。

彦根築城の第一期工事にさいして、大津城から移設できたか否かについては、先掲「天守」の項で可能との結論を出した。また第一期工事のとき、長濱城から彦根城へ何らの施設資材も使用しなかった理由については、家康の構想による北陸勢の南下を阻止するための対策として温存したからと推定した。

この二点に基づいて「年譜附考」のいうところを推測すると

① 第一期工事で廊下橋を渡った所には大津城の遺材を移し

② 第二期工事に長濱城の遺材で両翼に「二階櫓」増設した

結果「上皿天秤」を連想させる形になったと思われる。

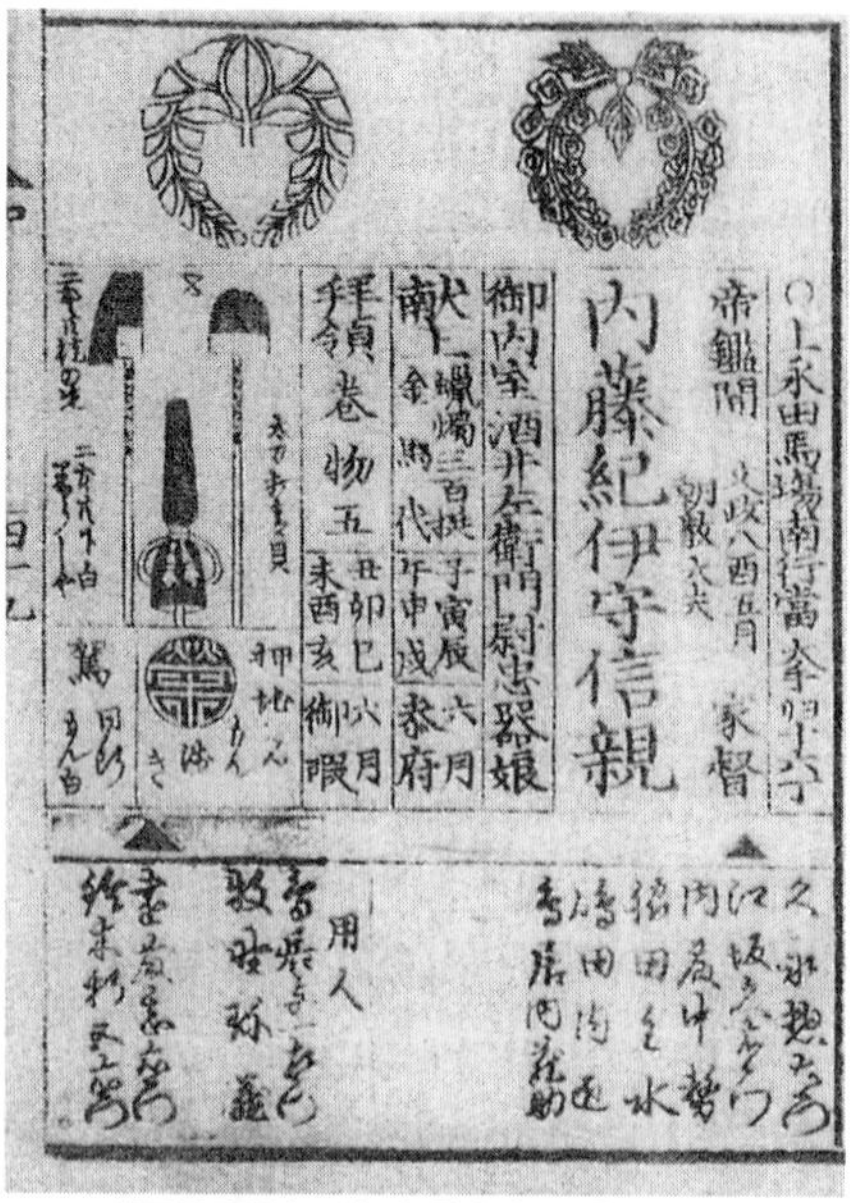

『天保武鑑』所収内藤家定紋「下り藤」

現在使用の「上リ藤」紋瓦

「御守殿」の「葵」の略紋瓦

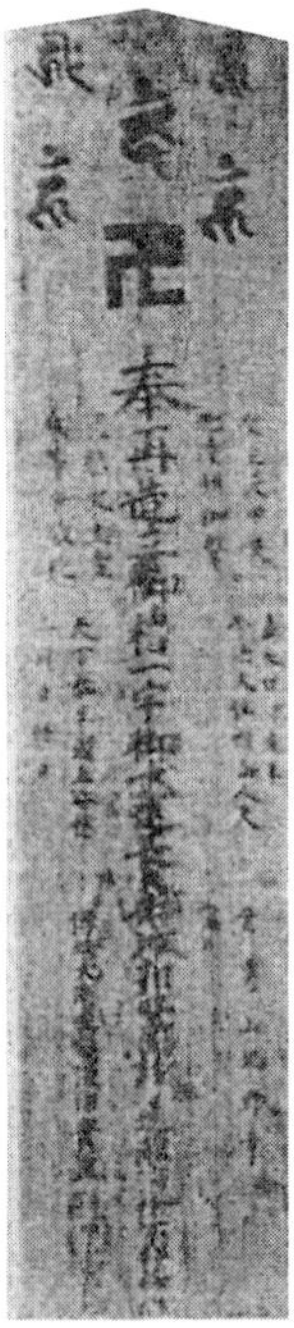

天秤櫓棟札

なお①の通路部分については、柵と門による簡単な構にしていたかも知れず、その何れにせよ当初「天秤櫓」の呼称ができなかった理由はか丶る状況によると考えられよう。

長濱城の元になる小谷は落城のさい焼けなかった（『史跡小谷城跡環境整備事業報告書』）ので、小谷城→長濱城→彦根城とも考えられようが、建築様式から見て無理があろう。

なお「由來記」は

　羽柴秀吉の創築にして内藤豊前守信成の舊城長濱の城門

としているが、それは秀吉創築の侭ではなく内藤家が加工していたかも知れない。なお報告書に内藤家の定紋を「上リ藤」とあるが『武鑑』には「下り藤」で、昔の文字繋ぎ遊戯にも

　牡丹に唐獅子竹に虎、虎をふまえる和藤内、内藤様はさがり藤

とあり「由來記」はさらに

　下リ藤（中略）内藤家の紋ありしを編者確かに記憶す

と大手櫓の例を記載している。「修理工事報告書」にいう

　隅棟鬼板に明治二十五年の箆書発見

の現物と、現在の「上リ藤」紋瓦は、右明治二十五年の修理で瓦師が間違えて作ったのを使用したと考えるより他はない。

また、この「天秤櫓」には井伊家でも内藤家のものでもない紋瓦を使っている。それは報告書にいう隅棟鬼板の

　天明四年たつ壬正月吉日　久田左兵衛作　板内徳右衛門
　八幡本町庄　瓦師

の箆書があるとし、特に「葵」の略紋とは書いていないが写真

の通りである。報告書は天明四年の修理とするのみで、紋章についての註釈はない。「由來記」には「鐘ノ丸」に

葵章の建造物あり（陸軍省所轄中、明治の初めに大津の營所に移築して今は無し）此は元和六年、東福門院后西上の時、初め東山道との事にて、御泊城の爲めに新築

したが「東海道通御」に変更のため使わなかったとしている。

一方「年譜附考」とそれを改編した「年譜」の「当初本・増補本」とも御守殿の由緒を記しているが「葵紋」の由来は記載していない。

この瓦は天明四年（一七八四）の御守殿修理にさいして余分に作り、のち一枚を「天秤櫓」へ転用したとも考えられよう。

余談ながら、大津歩兵第九聯隊へ移設した「御守殿」は將校集會所として使用、先の大戦に空襲は免れたが、駐留軍の失火で焼失した（『京都新聞』昭和三十四年七月四日「城」87号）。

彦根城へ移設後の「天秤櫓」は、昭和修理にともなう調査によって既往の修理が判明し、ことに嘉永年間には

中央より西は、折曲りの妻の一部に古式をのこすのみ

で全面的改造だったことが明らかにされている。また報告書に

棟札があつたとの説もあるが、棟札を収めた箱のみ

で棟札はなかったとしている。しかし城戸久教授著「天守建築考」には昭和十一年に存在していたことを示す写真があって

再造立御櫓一宇御武運長久御城郭堅固（以下省略）

と読める。ことに「再造立」の三文字があり、城戸教授は

棟札によつて嘉永七年根本的に修理再築せられたるもの

としている。前掲『彦根城調査書』に古材は再用に堪えず

樟材ヲ用ヒタリト傳フルモ嘉永ノ末年漸ク腐朽破損ヲ加ヘタルニヨリ大修築ヲ行ヒ（中略）以後ノ用材ハ欅材トナル

としている。判別の資料になるであろう物証は殆ど存在しなくなった。よって移設という歴史はあっても、既往の修理工事で実態は消滅してしまった、とみなければなるまい。

太鼓門及び続櫓

本丸表の虎口「太鼓門」について、中村不能齋は『彦根山由來略』の中で『中右記』ほか古文献にもとづき

堀河天皇寛治三年十二月二十二日白河太上天皇王公卿相を引率して近江國犬上西郡彦根山西寺に參入し給ふ

とするのみであるが「由來記」には

往時の寺門を舊に依りて存するもの（中略）白河天皇通御の舊を存す（舊時は報時鼓を此に置く故に太鼓櫓と曰ふ）、此門柱には釘穴數多あり廻國順禮の札懸の釘穴なりといふ

と記している。記事は「門」のみであるが、呼称を「太鼓櫓」とし、しかも「続櫓」にはふれていない。

右に対し、城戸久教授は「天守建築考」の附論において

井伊年譜にはこの説の記載なく、又現状を見るに上層の化粧長押を附し柱型を現はす點等に古式を留め、門柱及冠木の材特に古く門柱裏面冠木上部に於て切欠あり古材を使用せるものと認めらるゝのであるが、これを平安期に於ける寺門と認むること一見して不可能であり、構造手法に於て

城郭建築に於ける櫓門たること明瞭である（中略）。依つて他城よりの古材を使用せるものと認めらる、のである。特に上層部三間を開口とし勾欄を附したる點特異の如く考ふれど、これ舊時は太鼓櫓の名稱も有する如く櫓上に太鼓を置き時報を爲したる處に依り必然的な手法と言へる。

とし、構造手法からみて「由來記」のいう寺院建築を否定し、いずれかの城郭遺構を移設したものと判断した。

太鼓門及続櫓について昭和三十二年滋賀県教育委員会『重要文化財彦根城天秤櫓・太鼓門及続櫓修理工事報告書』は

一、門の巾が、現状より二尺四寸大きくなる。
二、門の高さが、現状より二尺三寸五分高くなる。
三、潜戸が建物に向って右側（現状は左）に取りつく。
四、控柱への大貫、左が門柱、右が脇柱より取りつく（現状は左右とも脇柱より）。
五、冠木上の床梁の位置（二階の柱間）が、門柱、脇柱、線上に整理される（現状は下との関連がない）。

となるので寺の遺構ではないとして、他城からの移設で、それを慶長年間の第一期工事による移設とし、続櫓についても

鬼瓦に「上り藤」の紋（中略）を長浜城主内藤家の定紋

として、こゝでも「天秤櫓」と同じ誤認を繰り返している。

また外側の壁は床から五尺五寸、すなわち人間の身長程まで矢弾に備え、壁厚を二寸厚くして軍事的要素を考えているにも拘わらず、この門と続櫓は「狭間」の痕跡をとゞめないとして

防禦を目的とする建物ではなかったのかも知れない

との見解を示した。

続櫓の南側を登り右折する坂道は、死角の内になるから狭間をつけても効果がない。しかし敵が鐘突所に迫るまでは、正面の本丸石垣塁線、右折すると岩盤褶曲を石垣に代えた塁線との二面による十字砲火が有効に働き「鐘ノ丸」で触れる処置なども考えられる。櫓建物そのものを含め、前後左右におよぶ縄張によって判断するべきであるから、重要な本丸虎口に「防禦を目的にしない建物」とする見解には承服できない。

西ノ丸三重櫓

この櫓について『重要文化財彦根城西の丸三重櫓修理工事報告書』（昭和三十七年滋賀県教育委員会）は

小谷城から移築したと伝えるが、天正元年（一五七三）に落城し、彦根築城まで三〇年余り、乱世の廃城にその建物のみが存続したとは考え難い

と妥当な見解を示した。たゞし「小谷城から移築」とする言い伝えは古来の伝承や覚書類にもみられない。伝説は明治の中期以降に出来たらしく、次掲の①〜④以前に遡るものはない。

①『彦根山由來略』（中村不能齋、明治二十四年）
②『小谷城跡繪圖』（小谷城址保勝會藏明治三十年頃）
③『大日本地名辭書』（吉田東伍、明治三十三年）
④『彦根山由來記』（中村不能齋、明治四十三年）

のち『彦根城頭より俯瞰すれば』（勝井辰純大正十四年）は

三重の隅櫓は、築城當時に新築

とし『彦根市民讀本』（彦根市教育會、昭和十五年）にも

　西の丸には三層櫓がある。當時の新築
とあるが、現存の三重櫓は建築技法により築城時の新築でない
と確認されたので、右掲①〜④の諸説を探ってみよう。

まず①の「由來略」は三重櫓について
　某所の天守樓を移轉せしなり（本國某城の天守樓を移轉せ
　しと何書にてか見し事あれど即今思ひ得がたし）
とし、近江国内のどの城の天守を移したのか、その城と書物名
が思い出せない、として「小谷城から」とは記していない。

次②の「小谷城跡繪圖」作成経緯は『滋賀縣史蹟調査報告』
第七冊（滋賀縣學務部兵事課、昭和十七年）に記載しているが、
掲載の絵図縮小写真は白黒B５判で文字の判読はできない。
　偶々、戦国大名淺井氏と小谷城を顕彰する催しに展示された
とき黒字で「本丸」、その右上に朱字で
　或書に曰　彦根城三層楼浅井ノ小谷城閣ナリ
と典拠を「或書」とするのみで断定しているのが読めた。その
左端の下に裏書のような墨痕が透けて見えるので、許可を得て
裏打ちを電灯に翳すと
　明治三十年五月二十八日参謀本部へ貸し
それが返されたという短い文言の一部が判読できた。
　のち、滋賀県中世城郭分布調査委員会監修による色刷複製の
絵図が発行された。その書込に「明治四年三月戸籍宗門改帳」
の文字があり、これによって図の書写は、明治四年から同三十
年の間と推定できた。さらに村田修三教授の調査で、近世軍学
の描法であるとともに
　□印　浅井郡竹生村森孝太郎所藏之圖ニ所載
　　　　丁酉（明治三十年）五月十三日
の書込が明らかにされ、よって書写は江戸時代へも遡れず
　参謀本部へ貸し出すにあたって詳しい考証を加え□印の書
　加えなどの追記を行なったとみてよい
とされた。（『近江の城』平成三年三十八号）
　書込は黒字と朱字で、黒字では「小谷山浅井城山」、「小谷山
古城」とあるが「朱字」の内、とくに「小谷城閣」の城閣とは、
『梁書』にいう狼牙修國「都邑城閣」で城の物見（『大辭典』）
とされている。しかし日本の近世城郭に使用例が見あたらない。
よって模写の絵図へ書き込むにさいして「天守」に「城閣」の
字をあてたのではなろうか。
　明治三十年は同三十四年発行『日本戦史・姉川役』編輯中と
思われるので、参謀本部から地元へ要求したのかも知れないが
この絵図を採用していないし、本文中の記事にも見えない。

③の『大日本地名辭書』（明治三十三年）は
　西城三層楼は淺井長政が小谷の城閣なり
と典拠なしで断定しているが、これも「城閣」の用語によって
右掲の絵図と「由來略」を合わせ典拠にした可能性が高い。

④の中村不能齋は明治三十五年五月脱稿の「由來記」本文で
　西城三層樓は、新に之を造立す
と新築説に変えたが、本文末尾に明治三十六年五月

或人の説に、浅井郡小谷山の天守楼を移築したるなりといふ、是によりて編者亦黙考するに幼年の時見し所の説も亦爾り、然れども或人も、其何書に出たりやは知らず

と断定をさけた。つまり「何書」と「或書」は広く認知された文書史料とはいえず「西ノ丸三重櫓」を小谷城の遺構とするのは明治以降にできた新伝説といわなければならない。

なお、一階に架設してある階段二本の内一本は昭和二十四年の博覧会で仮設したのを、そのまゝ存置したものである。

五　鐘ノ丸の縄張

鐘ノ丸の縄張について「年譜」は

鐘ノ丸縄張城中第一ノ出來ノ由　縦ヒ京橋口ヨリ人数如何程押詰候テモ　二重三重ノ拂アリ　天下無双ノ要害ト早川毎度自慢ノ由

と記載している。また『淡海落穂集』に、武田の遺臣早川彌惣左衛門が彦根城の縄張を家康から命ぜられた、とする項に

甲州浪人數多家康公へ罷出候處に御直參ニも被遊　又七拾人餘直政公へ御与力として御附被遊　彌惣左衛門も其中也

とある他は「由來記」の記述とほゞ同じで、要約すると

早川彌惣左衛門は武田信玄の従士早川豊後守の子にして、豊後は馬場美濃守信房の門人、美濃は山本勘助の門人なり城取の法は山本勘助流を相傳す、故に家康、甲州城取の法其方ならではとて、縄張を彌惣左衛門に命ず

としている。早川は、山本勘助が甲州流軍学者から、築城法の元祖のように思われていた（『日本城郭辞典』鳥羽正雄教授著）ことからも高い評価をうけていたのであろう。

鐘ノ丸を「二重三重ノ拂」としたのは、山上の塁線と帯曲輪による二重火線に京橋口を併せての構成を指すのであろうが、それのみで「天下無双」とは思えず、秘策は口伝にあって幕藩体制の崩壊と共に消えてしまったのかも知れない。

右は単なる想像にすぎないし、これらについて既往なされてきた解説にも納得できるものが見あたらない。たとえば『城と要塞』（城戸久教授著、昭和十八年朝日新聞社）から、必要な部分の行文を整理して要約すると

縄張の巧妙な例は近江彦根城鐘の丸より本丸に至る部分がある。この城は本丸に達するには鐘の丸を経なければならないが、廊下橋下の通路を束すれば佐和口（表門口の誤り）に達し、西すれば大手口に通ずるのであるから、今假りに兩口より攻撃すれば、橋の下で攻撃軍同志が、出合頭に衝突して混乱を招くやうになつてゐる。

とある。しかし攻撃軍側の同士討ちに期待をかけるとは、戦史の上でも笑いぐさになる無能な指揮者が統率する軍隊の来攻を待つようで、論外の発想といわなければならない。

同士討ちを防止するには「旗印」や甲冑につける「合印《あいじるし》」があり、夜戦では「合詞《あいことば》」も定めた。現代は知らず、近代の対抗演習における戦闘教練でも、仮設敵の識別に一方は帽子に白帯を巻き、夜間演習では「合詞」を決めていた。次に

若し攻撃が佐和口（表門口の誤り）か大手口、何れかの

一方のみより行はれ（ると）鐘の丸の入口を見逃して他の口に出てしまふと言ふ笑へない喜劇を演じることになる。

このような仕組は實に巧妙と言ふ外はない。

については、大手坂を登れば鐘ノ丸への登り口を見落とす筈はない。また廊下橋下の堀切へ上がって反対側の坂道を下り、そのまゝ虎口から城外へ出て行く迂闊者はおるまい。続いて

鐘の丸と本丸を連絡するものは廊下橋で、この橋が落とされゝば、最早容易に本丸に達し得ない。その要害の嚴重巧妙なこと以つて首肯せしむるものがある。

と「廊下橋」を落として、本丸への侵入をはゞむとした考えである。他では『史跡名勝天然記念物調査報告書』（第一集、文化財保護委員会、昭和三十二年、黒板昌夫教授執筆文）も

鐘の丸陥れば廊下橋を落して本丸に入ることを阻む。

とし、これらが影響したのか平成十五年一月四日NHKTVも

橋脚に火をかけて橋を落とすことができたといわれている

と紹介していた。かゝる手段を採らなければならない事態は、黒板教授のいう「鐘の丸陥れば」であろうが、早川彌惣左衛門は容易く「鐘ノ丸を落とさせない」と自慢したのである。

が万一ということもあろう。とすれば堀切は当然敵の制圧下にある。その中へ城方の兵が入って行き、橋脚の破壊や、火を放つ作業が可能かどうか、できる筈はなかろう。

橋を落としたいのはむしろ敵側で、城兵を閉じこめて持久戦にもちこめば、寄手の人的損害は最小限にすみ、城方に矢弾や糧秣の枯渇を強いて窮地へ追いこめるからである。秀吉による三木と鳥取の城攻め、信長は佐和山城の裾周りに「鹿垣結《ししがきゆ》はせ通路をとめ」て礒野員昌を降伏させた戦訓が物語る。

橋を挟む戦闘で、古くは『日本書紀』下っては『平家物語』その他にも「橋を落とし」たという記載はない。

まず「壬申ノ乱」（六七二）では大友皇子（弘文）方が

橋の中を切り斷ち、長板を置き、渡る者有らば板を引きて堕さむとす（要約）

つまり、橋の一部を切断して板を置き、敵が渡れば板を引いて落とした。また『平家物語』では治承四年（一一八〇）の戦で

宇治橋三間引きはづし

とし、さらに『郷土戦史』（第二巻所収「瀬田川戦史」）に

壽永二年（一一八三）木曾義仲方が橋板二三間引く
承久三年（一二二一）後鳥羽上皇方が橋板を撤去
建武三年（一三三六）千種忠顯方が橋板を撤去

とあり、橋板を一部撤去して敵が渡れないようにした。それは出撃を必要とする機会のあることを期し、橋を復原可能の状態にしておく必要からであった。たゞし右掲は何れも撤去した側が負けた。因由は強力な援軍が得られなかったからである。

天正三年（一五七五）の長篠合戦を描く屏風絵も、長篠城の堀に架けた橋を落としていない。それで援軍の織田方が

数百梃の鉄炮をはなち、責衆を追払ひ、長篠の城へ入り、城中の者と一手になり敵陣の小屋々々焼上げ（要約）

と『信長公記』にある。橋を落としていなかったから城を守る

奥平の兵と合流して共に武田方の兵を追っ払ったのである。

井伊家は徳川將軍家の藩屛として、彦根城を預かっていた。独自で恣意的な開戦はありえない。

よって橋を落として自らを封じ込める愚策は採らず、幕藩の聯合軍が接近すれば呼応できる態勢を維持するため、既往幾多の戦史を教訓にして城を維持し、付託に応えるのが当然と考えていたに相違ない。

では堀切に架けた廊下橋の下で、表坂と大手坂を合流させる手法に、早川彌惣左衛門は如何なる効果を期待したのか。

結論からいえば合流ではなく、分岐である。すなわち第二郭へ侵入した敵に対し、山上の本丸で指揮を執る司令部管轄下の予備隊を投入するには、兵を「大手口」と「表門口」へ分けるため迅速な出撃を要する参謀の意図を、早川が「馬出」の拡大応用として「堀切」の縄張に表したものと考えられる。

両虎口とも甲州流の「桝形」で固めて大手橋へは順ノ横矢を注ぎ、表門橋へ向かう堀端道への横矢は逆ながら狭い堀幅を利して銃と弓を混用する手段、時間あたりの発射数を増す、近現代式にいえば「弾幕」を以て敵兵の渡橋を阻止する法である。

そこへ下りて、両桝形から出撃する新手の城兵は、大手口と表門口との間で、状況によっては左翼の敵兵に「黒門口」から、右翼の敵には「山崎口」から出る城兵と共に挟撃する。これが「鐘ノ丸」を落とさせずに敵を本丸へ寄せつけない第一段階の作戦、つまり「大手口・山崎口」が「南ノ大手・西ノ搦手」で、一方の「表門口・黒門口」は「東ノ大手・北ノ搦手」である。

しかし、戦況は千変万化する、堀切まで侵入される第二段階では「天秤櫓」に「狭間」と「石落」のない備が問題になる。たゞし内部では壁にその痕跡があり、木舞《こまい》にも跡を残しているが、それでは堀切が死角内になるので、こゝでは窓格子の隙間こそ有効に機能するであろう。

それは二寸五分（約七・五糎）角の窓格子を、四寸（約十二糎）間隔で菱形に嵌めた隙間、その幅は当時の平均的軍用銃の一つとされた六匁玉火縄銃（銃口径約十六粍）を据えるに適度の広さで、左右の射界は約一一〇度余、対壁面三五度ばかり外へ向けて俯角約四〇度下を狙うと、雨落しの下につゞく石垣は傾斜が平均約七〇度で、その裾は死角にならず、広い範囲に対する射撃を可能にしている。つまり、弾除けの陰を求めて石垣の裾へ寄る敵兵は、左右斜め上方からの十字砲火を浴びせられ、廊下橋の下にひそむ敵兵とて安全ではないのである。

次いで「石落」は現存建築物に付けていないし、明治九年の古写真にみる今はない櫓や塀にも装置していなかった。さらに「天秤櫓」は、右に触れたとおり窓格子による効率がよいので、その必要を考えなかったのであろう。

それでも「石落」が要ると判断すれば『後三年合戦絵詞』を参考にすればよい。すなわち、断崖の上に設けた「見張台」で下層の壁に開けた小窓から綱を出し、その先端に岩石をくゝりつけて「臨時の石落」にした方法の活用である。

その櫓下近くへ敵が迫れば、綱を切り石を落として圧殺するか、転がる石で撥ね飛ばす、絵には切って落とした場面も描写している。

しかし、それでは一度落とすと再度の使用ができないので、格子の隙間から出した綱は切らずに、長さを利用して弛ませる方法にすれば、反復しての使用が可能と考えられる。

彦根城の現存建物で、これが欲しいとすれば、天秤櫓のほかでは太鼓門続櫓および天守附櫓の裏坂に面する部分である。

第三段階は堀切から「鐘ノ丸」への緩い上り坂の上における防禦である。左折すると門があり、文化十一年「城内絵図」は門扉の奥を窪みにして雁木で上がる構にしている。

扉の後ろに土砂を積んで突き破れなくし、門前に蝟集する敵へ「天秤櫓」から銃弾を浴びせかけて殲滅する。よって坂口に高麗門を設ける「桝形」にしなかったのであろう。

早川が「鐘ノ丸」を落とさせないと自慢した終点になる。

では、一つの疑問「鐘ノ丸」へ侵入を阻む手段として、なぜ塁線に「棹出」石垣を採用しなかったのか。それは林子平が

　此石垣ハ乗難キもの也ト云リ。朝鮮國の城々にこの石垣多シト聞リ

と『海國兵談』に効果を記述している石垣である。

次に「鐘ノ丸」が早川の期待に反して落ちたとき「捨郭《すてぐるわ》」とするには邪魔な北側になぜ塀を設けたのか。『守城考』に「鐘ノ丸」の北に「狹間筒」を「備ニ不及候」としたのは味方の兵が「天秤櫓」を撃つ筈はないからである。ことによると北側の塀は早川が想定しない作事だったのではなかろうか。

彦根城には「倭城」と同じく登石垣を伴った竪堀が五本あり、うち一本が「大手桝形」へ、さらに一本が「表門桝形」に接続して「鐘ノ丸」を囲む。しかし、朝鮮へ出兵しなかった直政の下にあって、早川がどのような経路で情報を得たのか、そして逆に「棹出」がないのか、解明を待つこと切なるものがある。

【附　論】「出曲輪」について。

東の「鐘ノ丸」と対をなす西の「出曲輪」は「長坂」をへて左折し中へ入っても、他の曲輪へは通じないので「逆心郭」に類似する構造を呈している。その故にか中村不能斎は『彦根山由來略』に

　人質廓と稱す、籠城の時人質を入るゝの所とす、俗に觀音臺と稱す（中略）即ち長尾山なり

とし「由來記」にもその主旨を変えていない。

別にこゝを「馬出」とする見解がある。しかし右の構造では機能を認められないが、それをほゞ肯定させそうなのが二点の城絵図である。一つは『彦根山由來記』附録『彦根城圖』で、それには享保十七年（一七三四）江戸の藩邸へ移設した「御廣間」があるから、それ以前の古絵図を明治初年に工兵第四方面第二圜區による実測図に置き直したと推定できるし、もう一つは文化十一年改「城内絵図」で、それらは

　西ノ丸から「廊下橋」を渡って、門構がない「出曲輪」へ

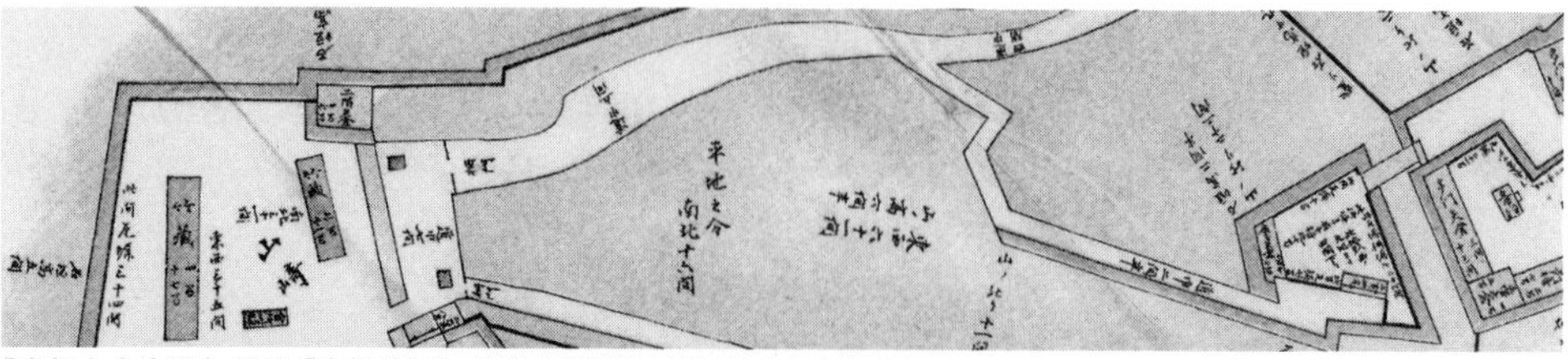

『彦根山由來記』附録『彦根城圖』（原図は享保17年以前成立と推定）

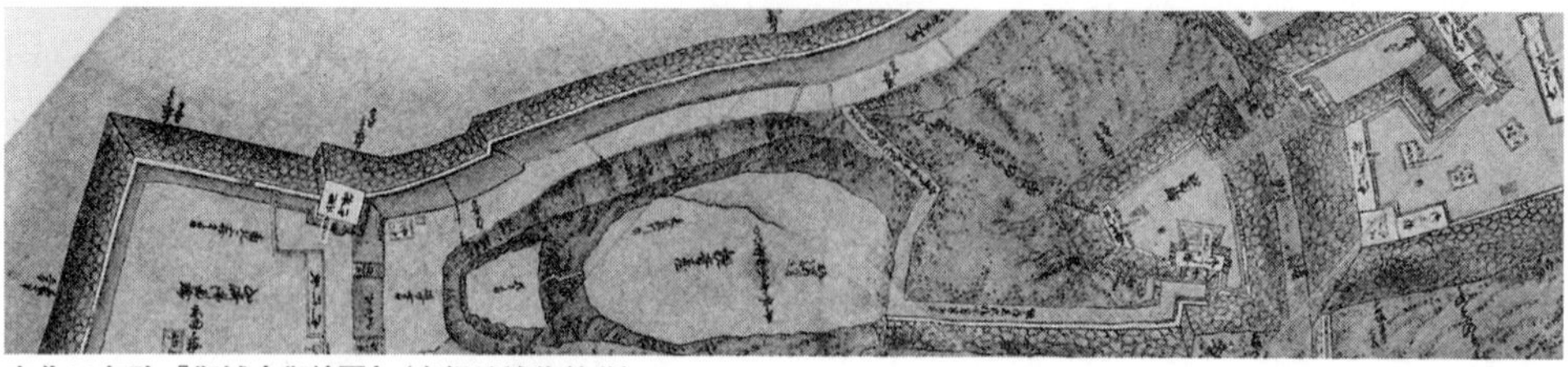

文化11年改『御城内御繪圖』（彦根城博物館蔵）

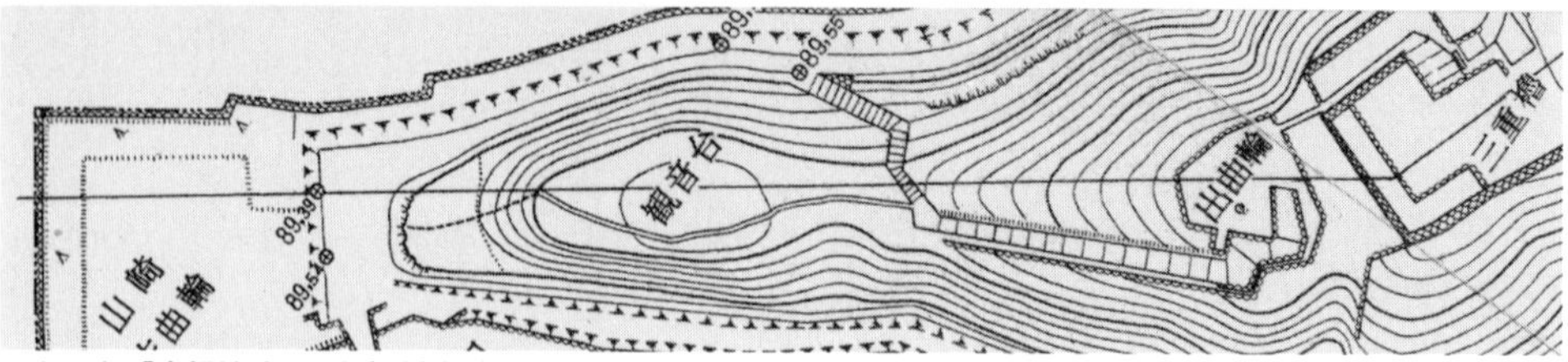

昭和29年『彦根城跡平面図』（彦根市役所作成）

入り、左折し雁木を下りて窪みにある門から長坂道へ出る描写によって、これならば完全とはいえないまでも「馬出」の変形と見られよう。つまり「出曲輪」の現状にみる形状は伝存する絵図とは変わっていたのである。

では、いつ現状の形態になったのか。実は、文政二年（一八一九）六月十二日の大地震で、城内主郭五ヵ所の石垣に被害を生じ、その修復についての許可を示す同年八月十六日付の老中奉書（『新修彦根市史』第六巻）があり、五ヵ所の一つにできるのではないか。それは「出曲輪」が長坂道に沿う南側の石垣面に、積みかえて門跡を閉塞した痕跡が見られるからである。

つまり中村不能齋は、震災の被害修復後の現状により「人質郭」にしたとし、また「馬出」とみるのは、文政二年より前の旧態による判断であろうが、何れも震災復旧に触れずして表明すると、疑問を懐かせる点に注意を必要とする。

ところで「年譜」に

山崎ヨリ将碁櫓マテノ内廣キ臺有リ人質郭ノ由

とあり（将碁櫓を絵図では扇子櫓と表記）、その台地が現存している。文化十一年城内絵図の「長坂」から少し離れ三方を切岸で囲む一方口の広い台地を「観音臺」としているが「由來記」附録絵図には「平地之分南北十六間」と表記するのみで平坦な形状を描写していない（城内絵図では東西十六間）。

たゞし、中村不能齋が高い位置の「出曲輪」を「観音臺」としたのは築城前の古絵図によって、長尾山の位置が台地よりも高い「出曲輪」の前身をそれ、と判断したのではなかったか。

別に縄張上の問題として、西ノ堀切は通路を兼ねず、両端を竪堀に直結させている。その一方は腰曲輪で米出仕切門をへて内堀塁線の「出桝形」に接続するが、他の一端は腰曲輪の切岸で切断されたまゝ内堀の塁線へは達しない。竪堀五本のうち、この一本のみが他に比べて中途半端な構造に終わっている理由については、まだ解明の緒にもついておらず、中村不能齊の詞に倣って「博雅の君子之を正さば幸」としておきたい。

おわりに

幕府の政策により譜代大名の転封が多かったにも拘わらず、井伊家は他へ移されなかった。が、先に触れたとおり家康は、二代目直繼を変えようとしたし、寵臣が将軍綱吉の威光を笠に着て彦根藩領を手に入れようとした。

直繼については木俣土佐の具申によって直孝を起用し、寵臣の野望は直興が将軍に対して、彦根築城は家康がとくに井伊家に対して与えた任務による旨を強調して転封案を撤回させた。

一方、彦根城は戦わなかった平和な城とされている。それは自領内で戦わず、他領内での戦だったからである。

理由は、大老直弼の横死にさいし、彦根が水戸に対して報復の挙に出ることを怖れた幕府が、家名断絶にする法度を枉げて井伊家の主従を慰撫したことに始まる。

それから二年後に起こった文久二年（一八六二）の政変で、新しい幕閣は、直弼を幕政紊乱の張本人として、藩領三〇万石のうち一〇万石減封という、掌をかえす処置をした。

ときに彦根藩では、反直弼派の重臣岡本半介宣迪が十三歳の幼主直憲を教唆し、家老木俣清左衛門と庵原助右衛門を退けて長野主膳と宇津木六之丞を斬首の刑に処した。

慶応三年（一八六七）、将軍慶喜が大政を奉還すると、彦根藩は徳川家を守る名分が無くなったとし、系図上では秘していた南北朝時代に南朝を奉じた事蹟にもとづき、尊皇の血筋である故をもって、翌四年の「戊辰ノ役」に錦旗を押し立てゝ中山道を東進する西南諸藩軍に対し、彦根城からは一矢一弾も放たなかった。そのため城下と領内は焦土化をまぬがれ、無辜の民を戦争の惨禍に巻き込まない「平和な城」であるとされた。

しかし、かつての仮想敵国側に一二七〇名の藩兵を提供して奥羽越列藩同盟軍と戦い、戦死二七名と負傷三三名を出した。よって新政府軍内の有力部隊として「叡感不斜大儀ニ被思召」との沙汰書を授けられた。

これに対し江戸の庶民から「尾張と彦根は畜生武士」と非難され、向背の動向を懸念していた薩長藩閥側からも「彦根与しやすし」とみられ、維新のあと長く軽侮されつゞけてきた。

前後するが、岡本半介は梁川星巌に師事し、大老直弼の政策に反対、文久の政変以来彦根藩士のうち、派内の武士を西南諸藩士と接触させていた。であるならば一段高い観点から無駄な戦争を止めさせるように、なぜ努力しなかったのか。

家康が木俣土佐の築城計画を許可し、早川彌惣左衛門を起用して縄張させた優秀な彦根城は、戦わずして「戈」を「止」めさせた「武」の象徴、と高く評価されたであろうに。

後記

本稿に欠かせない史料の『木俣土佐紀年自記』複写本を恵与された知人、各所に点在する『井伊年譜』写本類の内容照合等にご協力いたゞいた彦根市立図書館、滋賀県立図書館、石川正知氏、森山英一氏、脇田宏氏、山下正男氏、城内に置き忘れた『彦根山由來記』を救っていたゞいた清瀬徳氏、数々のご教示を賜った方々に深甚な謝意を表して稿を終わる。

彦根城修補許可の老中奉書について

白峰　旬

一　緒言

江戸時代における彦根城修補許可の老中奉書について、管見の限りでは二一通の老中奉書（享保期〜嘉永期）を確認している。そのうち、二〇通の老中奉書については彦根藩の藩政史料に関係するものであり、『新修彦根市史』六巻（註1）に収録されている。残りの一通（老中奉書の写）は年次不明（明暦年間ヵ）のもので、内閣文庫蔵の「御奉書并諸侯方書状写」という史料に収載されたものである。

また、彦根城修補願許可の老中奉書に対応する彦根城修補願絵図は、管見の限りでは、天保六年と推定できるものが一枚（註2）と彦根城修補願絵図（文政二年七月付）における一つ書きの部分の記載の写（註3）が確認できる。

本来であれば、史料紹介として、彦根城修補許可の老中奉書の史料本文について本稿で列挙すべきであるが、前述のように、管見で確認できた二一通のうち二〇通が、すでに『新修彦根市史』六巻に収載されているので、その史料紹介は本稿では割愛し、各老中奉書で許可された箇所に関する記載部分を列記するにとどめたい。

なお、年次不明（明暦年間ヵ）の彦根城修補許可の老中奉書一通を除く、二〇通の老中奉書において出てくる曲輪名は、「本丸」、「二之郭」、「三之郭」のみであり、他の曲輪名は見られない。これらの曲輪名が具体的にどの場所を指すのか、という点については、前出の天保六年と推定できる彦根城修補願絵図（註4）をもとに考えると、同絵図に記されている「城本丸」、「二之郭」、「三之郭」という位置関係に対応すると考えられる。即ち、内堀より内側のいわゆる内郭の部分（山崎曲輪・西の丸・本丸・鐘の丸）をひとまとめにして「本丸」と総称しており（ただし、同絵図では、内郭の部分の曲輪の描写は一切省略されて空白となっており、「城本丸」という文字のみが記載されている）、その外側の中堀に囲まれた侍屋敷がある部分を「二之郭」、さらにその外側の外堀に囲まれた侍屋敷・町家がある部分を「三之郭」と呼称している点は注意すべきである。つまり、彦根藩では老中奉書が確認できる享保期以降、幕府への申請の際には、上述のように彦根城の曲輪名称を、「本丸」、「二之郭」、「三之郭」として統一的に使用していたと考えられる。ただし、年次不明（明暦年間ヵ）の彦根城修補許可の老中奉書における「本丸」と「三丸」がこうした原則にあてはまるかどうかについては、管見では対応する修補願絵図が確認できないので未詳である。

その他、幕府による許可関係で注意される点としては、宝暦二年四月五日付老中奉書などのように石垣が崩壊していなくても、孕んだだけでも修補を許可したケースがある点は興味深い。

二　彦根城修補許可の老中奉書

享保八年二月二十八日付老中奉書（写）

（『新修彦根市史』六巻、九四九～九五〇頁）

本丸之内山岸土留石一ヶ所、本丸より巳午の間二之郭腰石垣一ヶ所、同所（本丸）より未の方二之郭土居留石垣一ヶ所、同所（本丸）より申の方二之郭土居留石垣一ヶ所→崩れた（または、孕んだ）ため、その修補を許可

享保十年九月二十五日付老中奉書（写）

（『新修彦根市史』六巻、九五〇頁）

三之郭油懸口門の両脇の土居留石垣→表・裏が孕んだため、その修復を許可

元文二年四月二十六日付老中奉書

（『新修彦根市史』六巻、九五一頁）（註5）

二之郭本丸より巳午の方石垣一ヶ所→下がったため、ならし（天端の意味か？）を繕うことを許可

三之郭本丸より辰巳の間の石垣一ヶ所→孕んだため、築き直すことを許可

元文四年五月十九日付老中奉書

（『新修彦根市史』六巻、九五二頁）

二之郭本丸より午未の間土居留石垣一ヶ所、三之郭本丸より辰巳の間石垣一ヶ所→孕んだ（または、崩れた）ため、その修復を許可

元文五年七月二十六日付老中奉書

（『新修彦根市史』六巻、九五二～九五三頁）

三之郭本丸より辰巳の間石垣一ヶ所、同所巳の方石垣二ヶ所、同所巳午の間橋台石垣一ヶ所→崩れた（または、孕んだ）ため、その築き直しを許可

寛保元年十月十三日付老中奉書（写）

（『新修彦根市史』六巻、九五三頁）

二之郭本丸より巳午の間（註6）、門櫓・両多門櫓と角櫓がすべて焼失した→この櫓と多門の台石垣が破損したため、その築き直しを許可

寛保三年六月十八日付老中奉書
（『新修彦根市史』六巻、九五三～九五四頁）
二之郭本丸より戌の方石垣三ヶ所→崩れた（または、孕んだ）ため、その築き直しを許可

延享元年三月十八日付老中奉書（写）
（『新修彦根市史』六巻、九五四～九五五頁）
本丸巳午の間石垣折廻一ヶ所、同所辰の方橋台石垣折廻一ヶ所→孕んだため、その修補を許可

宝暦二年四月五日付老中奉書（写）
（『新修彦根市史』六巻、九五八頁）
本丸より寅卯の間二之郭（石垣）一ヶ所→孕んだため、その修補を許可

宝暦七年九月二十一日付老中奉書（写）
（『新修彦根市史』六巻、九五九頁）
本丸より辰巳の間二之郭石垣一ヶ所、同三之郭石垣二ヶ所、本丸より卯辰の間三之郭石垣二ヶ所→下がった（または、孕んだ）ため、その修復を許可

明和三年八月二十七日付老中奉書
（『新修彦根市史』六巻、九五九～九六〇頁）
本丸より亥の方石垣一ヶ所、同郭子の方へ隔たった石垣一ヶ所、同午未の間三之郭石垣一ヶ所、同申酉の間三之郭石垣二ヶ所→崩れた（または、孕んだ）ため、その修復を許可

明和五年正月十一日付老中奉書（写）
（『新修彦根市史』六巻、九六〇頁）
二之郭本丸より卯辰の間（註7）、門櫓・多聞櫓と南角櫓がすべて焼失した→この櫓と多聞の台石垣が破損したため、その築き直しを許可

明和九年十一月十八日付老中奉書
（『新修彦根市史』六巻、九六一頁）
二之郭本丸より酉戌の間石垣一ヶ所→下がったため、その修復を許可

寛政四年四月朔日付老中奉書（写）
（『新修彦根市史』六巻、九六二頁）
寅より卯の間本丸の内、土留石一ヶ所、本丸卯の方二之郭石垣一ヶ所、同所辰の方二之郭石垣一ヶ所→孕んだ（または、下がった）ため、築き直して修復することを許可

享和三年十一月三日付老中奉書（写）
（『新修彦根市史』六巻、九六三頁）
本丸より辰巳の間石垣一ヶ所、二之郭本丸より酉戌の間石垣一ヶ所、三之郭本丸より辰の方門脇石垣一ヶ所→破損した（または、下がった）ため、その修復を許可

文政二年八月十六日付老中奉書（写）

（『新修彦根市史』六巻、九六六頁）

本丸亥子の間石垣一ヶ所、同亥の方石垣一ヶ所、城（註8）より戊亥の間、本丸の内、土留石一ヶ所、同卯辰の間、本丸の内、土留石一ヶ所、同未申の間、本丸の内、土留石一ヶ所↓崩れた（または、孕んだ）ため、その修復を許可

天保六年三月十一日付老中奉書（写）

（『新修彦根市史』六巻、九六七～九六八頁）

本丸より戊亥の間石垣一ヶ所（註9）↓崩れたため、その修復を許可

嘉永四年六月朔日付老中奉書

（『新修彦根市史』六巻、九六八～九六九頁）（註10）

本丸巳午の間石垣一ヶ所、城（註11）より辰巳の間本丸の内、土留石二ヶ所、同亥の方本丸の内、土留石一ヶ所↓孕んだため、その修復を許可

嘉永七年二月十三日付老中奉書

（『新修彦根市史』六巻、九六九頁）（註12）

卯辰の間、本丸の内、土留石垣一ヶ所↓孕んだため、その修復を許可

嘉永七年閏七月二十五日付老中奉書

（『新修彦根市史』六巻、九七〇頁）（註13）

地震のため、本丸より午の方石垣一ヶ所↓崩れた（または、孕んだ）ため、その修復を許可

年月日未詳（明暦年間カ）老中奉書

（内閣文庫蔵「御奉書并諸侯方書状写」）（註14）

三丸の東方石垣三ヶ所、本丸の水蔵石垣一ヶ所↓破損したため、その築き直しを許可

註

1 『新修彦根市史』六巻〈史料編近世一〉（彦根市、二〇〇二年）。

2 前掲『新修彦根市史』六巻（口絵カラー写真）。この修補願絵図は「年号月附」と記されているのみで具体的な年月の記載はないが、図録『彦根城の修築とその歴史』（彦根城博物館編集、彦根市教育委員会発行、一九九五年、一一頁）では、この修補願絵図を天保六年に比定している。この修補願絵図の記載と天保六年三月十一日付老中奉書（彦根城修補許可）の記載は内容的に合致することから、この推定は妥当であると考えられる。

3 前掲『新修彦根市史』六巻（九六五頁）。この彦根城修補願絵図（文政二年七月付）における一つ書きの部分の記載では、六ヶ所の石垣修復が申請されているが、文政二年八月十六日付老中奉書（彦根城修補許可）で許可された石垣修復箇所は五ヶ所である。なお、その理由については、管見の限りでは不詳である。

4 前掲註2に同じ。

5 前掲・図録『彦根城の修築とその歴史』（一一頁）にも、この老中奉書の写真及び解説が収載されている。

6　京橋口を指す。
7　佐和口を指す。
8　この場合の「城」が具体的に何を指すのか、については、この老中奉書に対応する修補願絵図（申請の際に幕府へ提出した彦根城絵図）を管見の限りでは、見いだしていないので不詳であるが、前掲の天保六年に比定できる彦根城修補願絵図では、「城本丸」という記載があるので、城＝本丸という解釈も視野に入れて考えるべきかも知れない。
9　前掲の天保六年に比定できる彦根城修補願絵図（つまり、この老中奉書に対応した修補願絵図）を見ると、この時の修補箇所は、本丸ではなく二之郭に該当している。よって、〝本丸から見て戌亥の方向にあたる二之郭の石垣一ヶ所〟という意味であることがわかる。
10　『大日本維新史料』〈編纂之部・井伊家史料二〉（東京大学出版会、一九六一年、一六六号文書）も同じ。
11　前掲註8に同じ。
12　前掲『大日本維新史料』〈編纂之部・井伊家史料二〉（一四二号文書）も同じ。
13　前掲『大日本維新史料』〈編纂之部・井伊家史料二〉（二一〇号文書）も同じ。また、「彦根城博物館だより」二九号（一九九五年）にも、この老中奉書の写真及び解説が収載されている。
14　笠谷和比古『近世武家文書の研究』（法政大学出版局、一九九八年、74頁）では、この史料（「御奉書并諸侯方書状写」）所収の文書について、「明暦期の前後一〇年ぐらいの間のものと推定される」としている。

文化十一甲戌年六月改正　御城内御繪圖
―『彦根山由來記』附録『彦根城圖』との比較―

海津栄太郎

彦根城の城絵図として、見やすく判りやすいものとしては、かつて『彦根山由來記』の附録にしていた『彦根城圖』が我々の目にふれて使用できる唯一のものと思っていた。

ところが、さらに詳しい文化十一甲戌年（一八一四）六月に改正された城絵図『御城内御繪圖』が現れたのである。

それは『朝日新聞』の昭和三十二年八月二十五日付で滋賀版に「彦根城見取図発見」として小さく撮った絵図の写真を掲載して発表された。

たゞし年数をへて古い新聞紙が変色しはじめた頃、このまゝでは紙そのものも壊れてしまうと思ってコピーしたが、未発達の複写器では、整色性がないので、手元には全面が黒く汚れた一枚が現存しているにすぎない。よって、こゝでは記事のみを書き写しておくことにする。

◆…彦根市下片原町無職川瀬たかさん(五二)宅から昔の彦根城の見取図が発見され、二十三日市役所へ届けられた。縦一・八m、横二・七mの和紙に、昔をしのぶ城郭が細かく記入され、ところどころ虫に食われていた。

◆…この見取図には、今から約百五十年前に当る「文化十一年」の記号が記されてあり、御普請奉行大久保藤助、柏原与兵衛、さらに絵図役として五人の名が書かれており、その年に一部を改修したことが想像される。

◆…見取図のほか城内建物の細部を書いた平面図など四枚、改修工事にちなんだ巻物一巻があった。市では専門家に鑑定してもらい貴重品なら市で大切に保管したいといっている。

右掲の記事にいう、市では専門家の鑑定により貴重品と判断したのであろう、彦根市立図書館においては、貴重な古典籍として大切に保管されている。

さて、記事にある「文化十一年の記号」とは「年号」の誤記であるが、それよりも気になるのは

御普請奉行大久保藤助、柏原与兵衛、さらに絵図役として五人の名が書かれており、その年に一部を改修したことが

御城内御繪圖

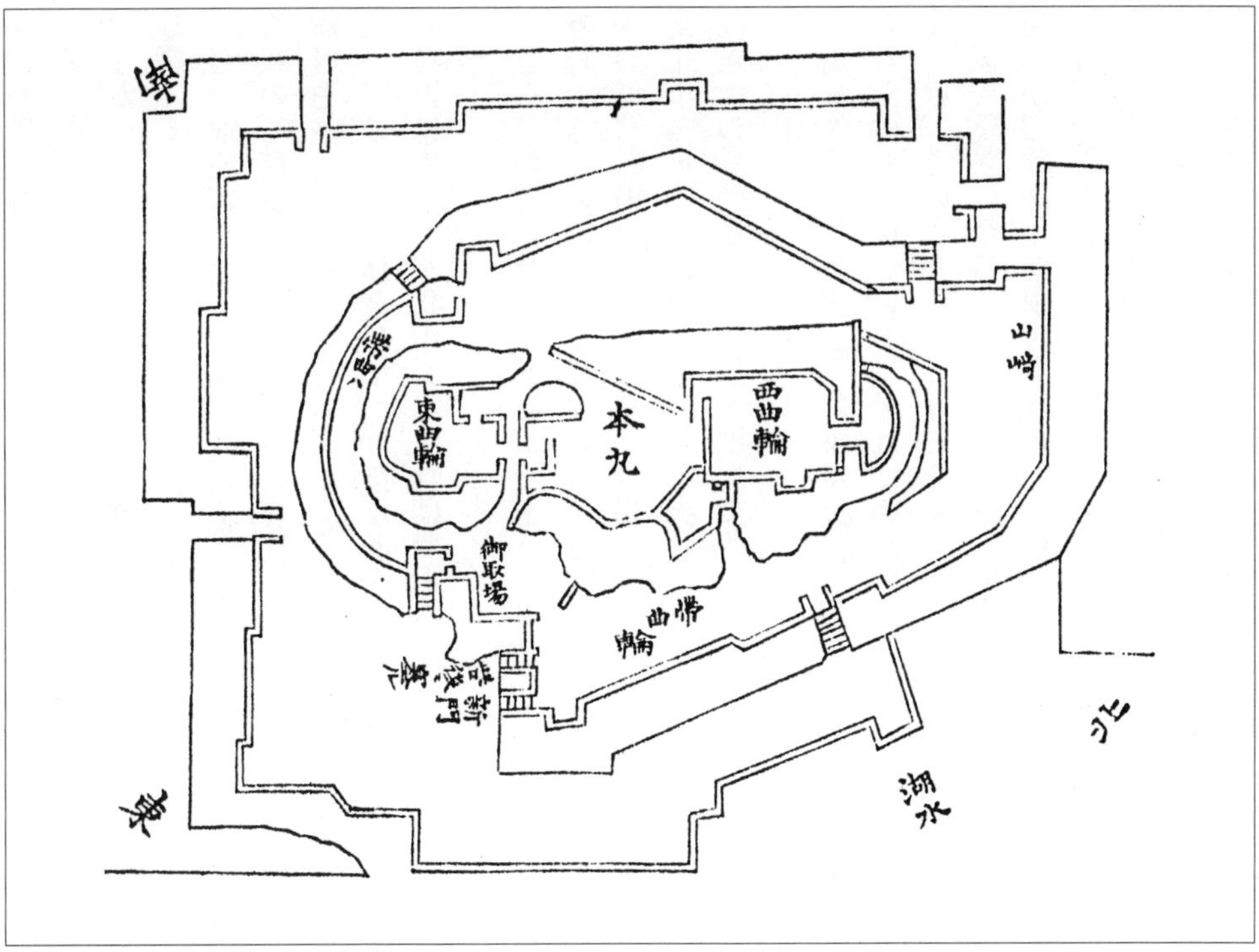

［主圖合結記』彦根城『大日本史料』所収

想像される

としている他にも

城内建物の細部を書いた平面図など四枚、改修工事にちなんだ巻物一巻があった

としているが、彦根市立図書館の目録にはその記載が見あたらない。

よって他で、これに関連がありそうなものを探ると、彦根城博物館平成七年刊の『彦根城の修築とその歴史』に

寛政四年（一七九二）三月十八日、本丸と二の郭の石垣修復願書を提出し、四月朔日許可された旨の老中奉書が出され文化二年（一八〇五）九月十五日に修復完成届書を提出した（要旨）

とあるが、その工事は絵図を改めた年より九年も前に終了していた（こゝにいう本丸は第一郭を指す）。

普請の箇所は「城内絵図」でいえば東北東の「裏門口」附近になる。

また『大日本史料』所収の『主圖合結記』をはじめ、他同種の彦根城図によると、そこには橋を二本架けて一方を「新門」とし、並列する別の一本を「此口後ニ塞ル」としている。

しかし、これを右の記事にいう「改修」とするには時代が異なるだけではなく、現場に橋を二本架けられる広さはないし、その石垣に普請の痕跡も残していない。

もう一つの問題点は「裏門口」の背後が開放同然で「桝形」の体をなしていない状態にあること、よってこゝの「虎口」は

築城当時から築いてあったのではなく、藩主直興時代の造営による「槻御殿」と「玄宮園」への近道として新たに設けたのではなかったか。たゞし、これを文化十一年の絵図に関連しての普請にすることはできない。

たゞ別問題ながら、加賀前田家尊經閣文庫蔵『諸國居城圖』所収の「彦根城下」に裏門虎口を描写していないことは、その設置を築城時ではなかったとするに一つの参考になるだろう。たゞ、この絵全体として、杜撰な面少なしとしないので、筆者の自説に都合よく我田引水すればであるが。

さらに脱線すれば「登石垣」をともなう「竪堀」との関連も無視できないので、影響するところ少なくない、となる。したがって、右掲の記事にいう「改修工事にちなんだ巻物一巻」と文化十一年「改正前の絵図」を探し出さないかぎりでは「絵図改正」の意図と図の性格が把握できないのである。

前後するが、新聞記事は維新以後、なぜ川瀬たか氏宅に伝存されたのか、についてはは触れていない。同氏も絵図が目につくまでは、その存在すらご存じなかったのかも知れない。

後、現在に至るまで経緯について調査されたかどうかは判らないが、絵図が彦根市立図書館に保管された後の昭和三十五年十月、彦根商工会議所（もと駅前通り）において、彦根史談会主催の井伊大老開国百年祭協賛として「彦根城今昔展」が開催され、出品目録に川瀬たか氏寄贈の「御城内御絵図」と記載があるのみで、既往の経緯について説明はなかった。

よって及ばずながら追及を試みた。まず、川瀬たか氏住所の旧町名「下片原町」は「京橋口」から西の「四十九町」まで、中堀の南側に武家屋敷十三戸が所在し、明治元年（一八六八）の「屋並帳」によると、六〇〇石以下一二〇石まで、知行取の士分が居住していた。しかし、そこに「川瀬姓」の武家が居住した記載はない。

他『侍中由緒帳』の索引や「足軽屋並帳」に「川瀬姓」三家を見るが「城内絵図」に結びつく緒は見出せていない。

一方、地元の知人に教示を乞うと、聞き取りの結果、川瀬家は大工職で、絵図発見当時は「下片原町」の旧武家屋敷のうち二〇〇石取り佐成家の跡あたりを住居にされていたようで川瀬たか氏は当時五十二歳とあり、生存ならば今百歳になるが同家は現在「下片原町」に居住せず、消息も不明という。

よって、大工職の川瀬家宅にこの絵図が伝存してきた理由は

(1) 第一郭内の櫓またはその他の建物、または塀などのうち修理を施すための必要で「城内絵図」を預かっていたが、間もなく明治維新で廃藩、絵図は川瀬宅に残った。たゞし「城内絵図」の建物に桁行や梁間などの書込がないので、作業の参考にできたのか、疑問が残る。

(2) 廃城令によって建物取り壊し、あるいは陸軍施設その他への移設にさいし、取壊しや移設の参考として預かったが、工事終了後そのまゝ川瀬氏宅に残った。

と推定するより他はない。

彦根市立図書館では「城内絵図」を重要な古典籍ゆえに特別の扱いで格納しており簡単に閲覧できるものではない。

資料目録に二六五×一八〇㎝とあるとおり、閲覧室の机上に広げられる代物でもない。図の現状は巻物でないから、素人が壁際に吊って撮影することもできない。

昭和六十一年十二月、小学館発行の『名城絵図集成』にＢ４判カラー刷りで掲載されたので、それをコピーで拡大し虫眼鏡を頼りにある程度までは判読できたが、大部分の小文字と付箋の字はほとんど判読不能であった。

このほど城郭談話会の本誌編纂にさいして、彦根市立図書館に申請して館長許可を受け、角田誠氏が35ミリ判フィルム九九枚に撮影、鋭い焦点によって多くの小文字が判読できたので、毛筆による筆書体の文字を明朝活字体にし、Ｂ２判にした図面に貼付できたのである。

さり乍ら、本文では墨書の下地になる胡粉と共に剥げた文字とか重なる折り目に隠れた文字、ことに付箋は反故を利用しているからか、捩じれたもの、捲れて再度貼りつける反対の面に糊づけして裏返しに貼りつけたものとか、剥落の明らかなものなどで判読に完璧を期することは出来なかった。

しかし此の「城内絵図」について重要な事項は彦根城博物館学芸員谷口徹氏による平成十三年十二月十日『西田弘先生米寿記念論集・近江の考古と歴史』に研究成果を発表されているので、内容の要旨と、とくに判読を助けられたもの多々あることに感謝の意を表したい。

その図を仕上げて日なお浅く、内容について云々できる状況にないが、小学館の刊本に見る状態と、只今現在の絵図現状に一部違いがある点に触れておいて、それに引き続き他資料との照合比較に移りたい。

小学館刊本によると、天守のほゞ南の「太鼓門続櫓」に相対する「御多門御矢櫓」の西面に付箋を一枚貼付している、文字は読めない。それが「城内絵図」の現状には剥落したのか存在しない。

その他の付箋については折り目に隠れているもの、捩じれて全く判読できないものもあって、枚数も確認できない。

また「太鼓門」について、小学館刊本では胡粉の剥落と共に毛筆文字も読めなくなっているが、現状はそこに「御番所」の書込貼付がなされている。

先の剥落および折り目に隠れたものなどは兎も角「太鼓門」に見る貼付は、何らかの史料にもとづき、いつ頃なされたものか、それについては彦根城博物館が平成三年に撮影されたときは現状になっていたので、それ以前の経緯は明らかでない、ということである。

以下、こゝでは主として「由來記附録絵図」と対象によっては「由來記」附録の『御城中御矢櫓大サ』幷瓦塀間數御殿御建物大サ覚書』（略称「城中建物覚書」）との比較も並列して行く。

なお比較する文中では、略称「由來記附録絵図」を「前者」とし「城内絵図」も「後者」と言い換える。

前者については別稿のとおり「城中建物覚書」に

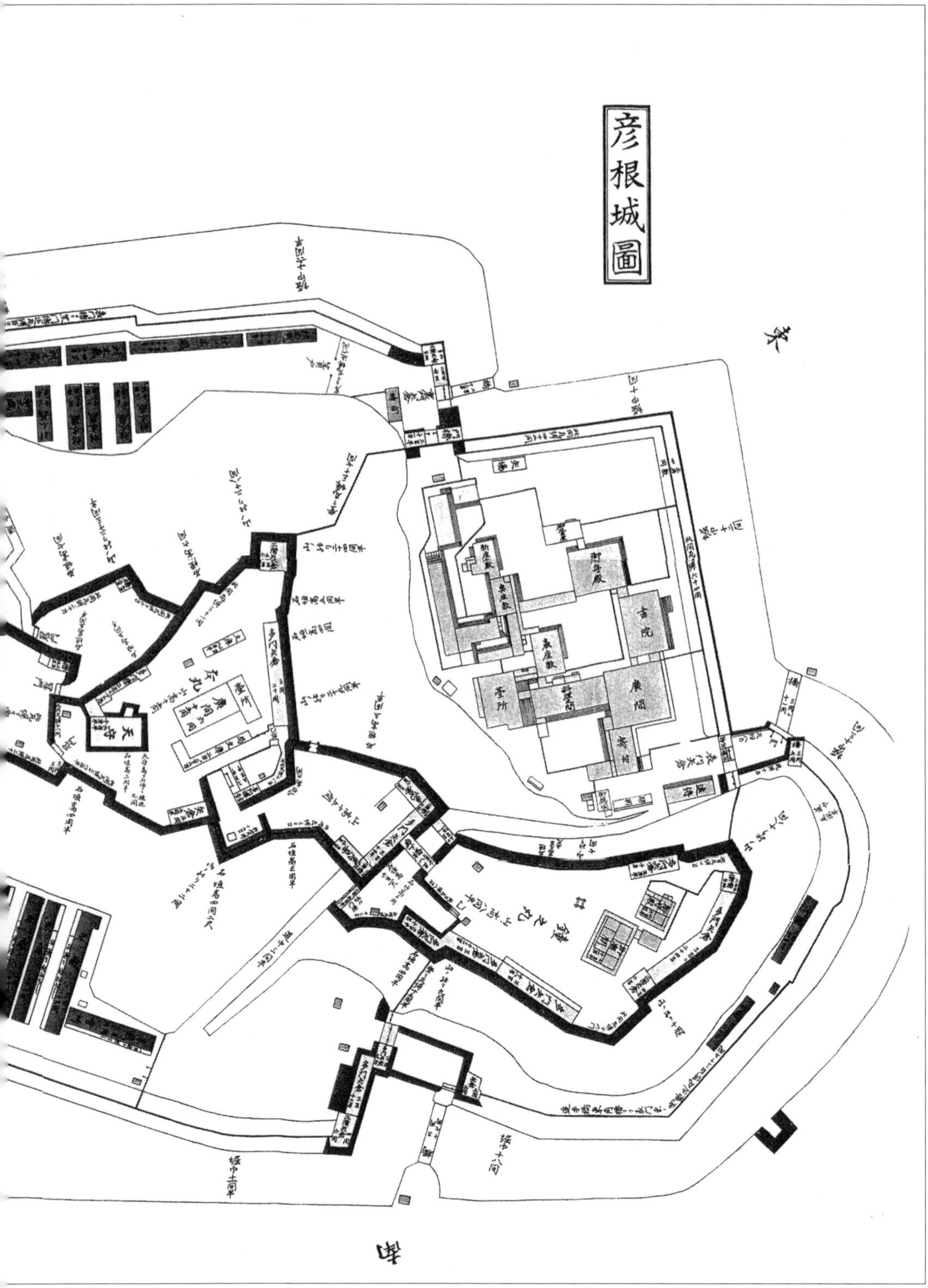
彦根城圖
東
南
天守
書院
廣間
臺所

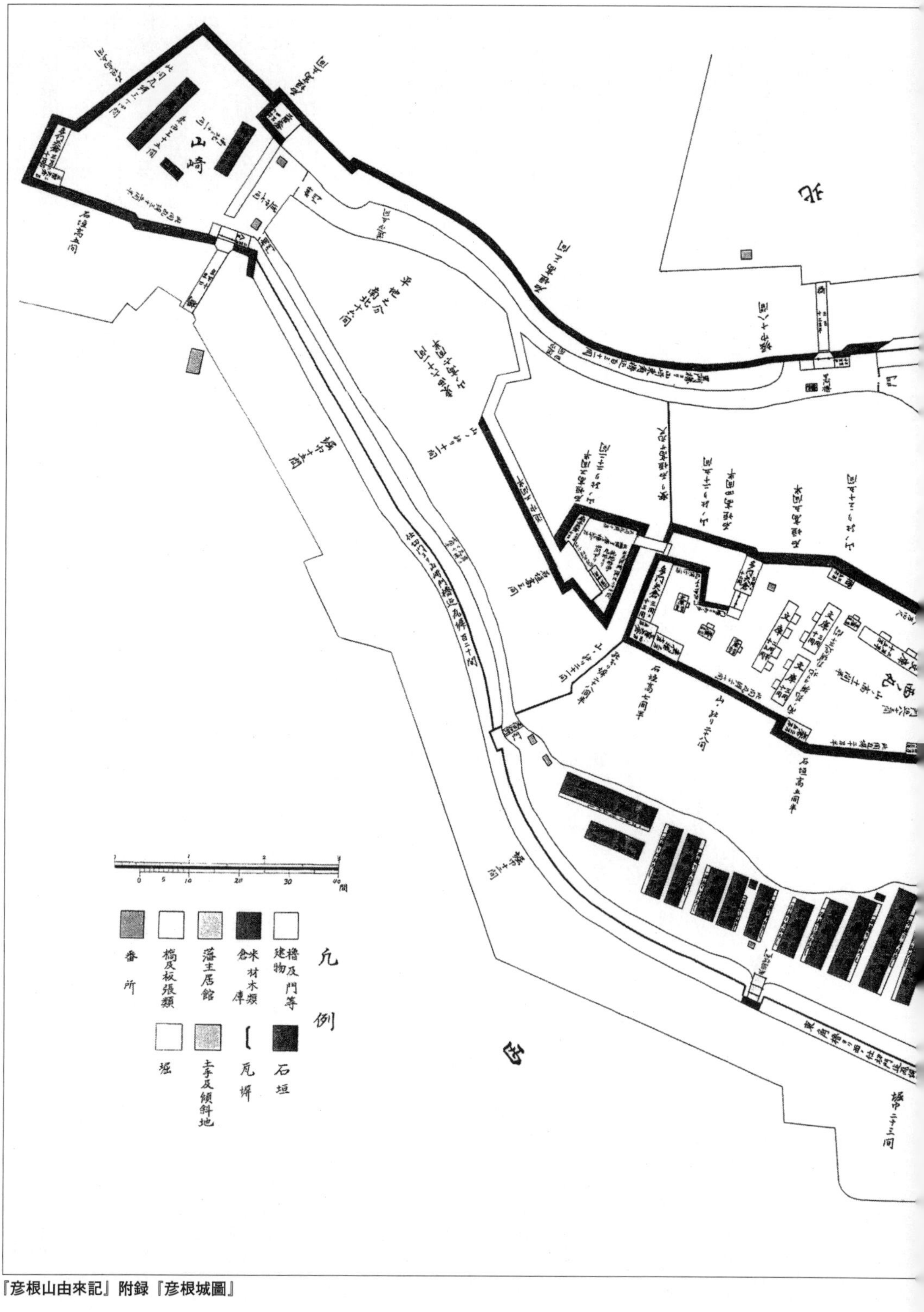

『彦根山由來記』附録『彦根城圖』

鐘之丸御廣間、享保十七壬子年夕、ミ江戸へ被遣、江戸御
　屋敷御廣間ニ成ル

とあり、その「御廣間」を前者に存在させているので享保十七年（一七三二）以前成立の古絵図（現在存否不明）に基づいて模写したものと考えられる。

これと「城内絵図」に共通するのは、何れも地形表示の精度が高いことで、後者は文化十一年（一八一四）ゆえ当然といえようが、前者が使用した地図は明治十一年（一八七八）十月、工兵第四方面第二團區による実測図（滋賀県庁蔵か）であったのかも知れない。たゞし、これは筆者の推定にすぎない。

反面、両者において最も異なる点は、後者が「切岸」を表示するため、高い部分を幅広く低い部分は狭く表したこと、これは「石垣」の描写も同様の方法を採っているので、平面図上の表示としては問題もあろうが、状況把握に適切な方法を採ったからであろう。

そして前者は原本の成立が古いとはいえ、それを落とす図が新しいので、垂直に見れば「切岸」は表示できない、すなわち作図方法を忠実に守ったから、といわなければなるまい。

①前者と「城中建物覚書」は「建築物」の梁間と桁行、瓦塀の間数を表記しているが、後者にはそれがない。

②前者は内堀を描写し、その堀幅と虎口五ヵ所に架けた木橋の巾と長さを表記するが、後者は内堀について第一郭の護岸になる石垣まで描写し高さも表示しているが、第二郭側の護岸を表記せず、各虎口前の橋も半ばで暈している。

③前者は既述のとおり、山の裾周りに施した人工断崖ともいえる「切岸」を描写していないが、後者は書き入れ、高さの異なる部分に必ずといってよいほど高さを入れている。

また前者は内堀土塁下の腰石垣の高さを表記していないが、後者はすべて表示している。

この①～③における両図の相違は、後者が普請奉行の指示による故にか、普請方の管轄範囲を明確に示し、作事面にさほどの配慮は見えないが、③には、そうではない面も感じられる。

④前者は門扉の表裏が判りにくい。例えば大手および表門の桝形と、帯曲輪との境に設けた門扉は、接続する登石垣に沿う竪堀が帯曲輪側にあるので、それが外側になることは門扉を残さない今でも判断できるが、絵図には竪堀を表示していないので、門扉の内外すなわち表裏が判りにくい。

しかし、後者は帯曲輪側に門扉の表を描き、桝形は内、帯曲輪が外であることを明確に表示しているから、これは作事の取扱いも忽せにしたわけではなく、あわせて縄張の重視に配慮したともいえようか。

なお前者と現状は大手桝形から帯曲輪へは雁木（岸岐）で上り下りするが、後者は土造りの坂道にしている。

⑤前者は曲輪名を「本丸」、「西ノ丸」、「山崎」、「鐘ノ丸」の四ヵ所にしているが、後者は他に「出曲輪」、「井戸曲輪」、「太鼓御丸」が加わり、前者の「山崎」が後者では「山崎

御丸」になり、別に「觀音臺」が加わる。
⑥「やぐら」の表記で前者は「矢倉」、後者は「櫓」で表す。たゞし前者は一部「櫓」も混用しているが、使い分けには書き込む場所の広狭によったようである。
⑦「たもん」の表記は前者が「多門矢倉」で書込位置が狭いと「多門櫓」にし、後者は「御多門」か「多門」である。

なお「城中建物覚書」は「多聞」か「多聞櫓」または「御多聞櫓」で「多門」を用いずに全て「多聞」に統一している。

⑧彦根城の櫓には特別の固有名称が少ない。前者と後者および「城中建物覚書」によって列記しておこう（括弧内は櫓など所在の曲輪名を示し、敬称の「御」は特定以外省略）。
前者には「扇子矢倉」、後者では「扇子櫓」（出曲輪）。
「城中建物覚書」には右の櫓を「將棊櫓」と表記。
前者に記載なく、後者には「塩櫓」（井戸曲輪）。
「城中建物覚書」には右の櫓を「塩櫓」と表記。
前者に記載なく、後者には「着見櫓」（本丸）。
「城中建物覚書」には右の櫓を「月見櫓」と表記。
前者に記載なく、後者には「貳拾間櫓」（本丸）。
「城中建物覚書」には右の櫓を「廿間櫓」と表記
前者に記載なく、後者には「天秤櫓」（太鼓丸）。
「城中建物覚書」は大手櫓を「御用米口鋏炮櫓」、鐘ノ丸の櫓を「鳥毛櫓」と表記。
なお、右記「御用米口」は、大手口の一時的呼称か。

⑨第一郭で櫓以外の建物として「米藏」十七棟、後者も同じ十七棟で数に変わりはない。
「竹藏」は前者山崎に二棟、鐘ノ丸帯曲輪に二棟あるも、後者では山崎の一棟になった。竹材は戦時の防弾用竹束として重要であるが、城内から無くした理由は不明。

また前者の黒門口と裏門口との間「材木藏」十棟は全部取り払って「馬場」を設置。江戸とは事情の異なる彦根も屢〻大火が発生したにもかゝわらず「材木藏」を撤去した理由も不明。
⑩西ノ丸堀切の橋を「城中建物覚書」に「西ノ丸廊下橋」とするが、前者後者ともに名称の書入がない。
⑪表御殿について前者は各部屋の名称を書き入れているが、後者は「表御殿」との表示もしていない。

問題は前者の「御守殿」でそれは三位以上の大名家へ嫁いだ將軍家の息女が住居にする所の敬称であった。彦根城の鐘ノ丸に存在した「御守殿」は、別稿のとおり將軍秀忠の息女入内に縁りのある建物ゆえ、この呼称で差し支えない。

しかし、表御殿に「御守殿」を必要とした根拠はない。理由は江戸時代の井伊家が従四位に止まり、將軍の息女を室として受け入れた事実がないからである。

尤も「年譜」写本の内、彦根市立図書館本の一部と、西尾市立図書館岩瀬文庫本には「御主殿」としており、これを正とすれば敢えて問題視しなくてもよいが、まだ確認できていない。

明治維新以降の彦根城関連略年表

海津　栄太郎

明治2年（一八六九）　2月5日　藩主井伊直憲版籍奉還上表。

明治3年（一八七〇）　3月6日　城郭の壊破個所を修復せずに放置することを太政官へ願い出て許可される。

明治3年（一八七〇）大手門内大砲鋳造場で鉄炮を鋳潰す。

明治4年（一八七一）　7月14日　廃藩置県。

明治4年（一八七一）　7月15日　表御殿を彦根縣庁にあてる。

明治4年（一八七一）　11月22日　彦根縣を解消し長濱縣に改む。

明治4年（一八七一）　8月18日　彦根城は兵部省管轄になる。

明治4年（一八七一）若州小濱城の大阪鎮臺第二分営焼失に付、仮に江州彦根城を営所にし、歩兵第十八大隊を移駐。

明治4年（一八七一）城下第三郭切通口の門と石垣撤去。

明治5年（一八七二）　2月27日　長濱縣を犬上縣と改称。

明治5年（一八七二）　9月28日　長濱縣を解消し滋賀縣に合併。

明治5年（一八七二）兵部省廃止により、彦根城を陸軍省管轄下におき、工兵第四方面第二圓區の管地にする。

明治5年（一八七二）城下第三郭中藪口の門と柵及石垣売却。

明治6年（一八七三）　5月　歩兵第十八大隊伏見へ転営。

明治9年（一八七六）　5月　城内の建物にて博覧会開催。

明治9年（一八七六）　5月　天守および虎口等の遺構を撮影。

明治11年（一八七八）　9月　城郭内建物を破却と決定して公売に付し、天守は八百円にて落札。

明治11年（一八七八）　10月15日　明治天皇の巡幸にさいし參議大隈重信、滋賀縣令籠手田安定の尽力により、特旨を以て彦根城の遺存建築物撤壊を中止して保存と決定。

明治11年（一八七八）　10月　工兵第四方面第二圓區が彦根城・大洞陸軍埋葬地・同火薬庫地の実測調査を行なう
明治13年（一八八〇）　6月30日　彦根城保存の修繕費として金千六百貳拾四圓三拾壹錢下賜を決定。

明治19年（一八八六）　12月　天守三階東面下見板修理、「明治十九年十二月」（墨書）を検出。

明治22年（一八八九）天守附櫓西面降棟鬼瓦修理、「明治廿貳年犬上郡松原村　瓦屋重三郎」（箆書）を検出。

明治23年（一八九〇）　12月16日　井伊直憲伯爵が彦根城払下げに関して政府への斡旋を中井弘県知事に依頼。

明治24年（一八九一）7月27日　井伊直憲伯爵より滋賀県知事へ彦根城拝借願を提出。

明治24年（一八九一）10月5日　宮内大臣より総理大臣へ彦根城を皇宮地付属地に編入することを通知。

明治24年（一八九一）12月22日　井伊家の拝借願に対し宮内省より無料貸与の許可あり。

明治26年（一八九三）5月22日　井伊直憲伯爵から滋賀縣知事へ彦根城払下願を提出。

明治27年（一八九四）5月18日　宮内大臣より彦根城の地所建物一切を井伊家に下賜決定の連絡あり。

明治27年（一八九四）11月　城内にて日清戰争戰利品を展示。

明治28年（一八九五）4月　城内にて彦根物産の展覧会開催。

明治38年（一九〇五）10月　城内にて日露戰争戰利品を展示。

明治40年（一九〇七）天守一階下見板修理、「明治四拾年九月廿六日岐阜県大垣南新町大工安田善四郎」（墨書）検出。

明治42年（一九〇九）10月　城内で彦根教育資料展覧会開催。

明治43年（一九一〇）10月5日　旧藩士故中村不能齋著『彦根山由來記』（中村勝麻呂校訂）刊行。

明治43年（一九一〇）10月　陸軍工兵特別演習見学に東宮（後大正天皇）行啓、宿泊用として井伊直忠伯爵が西ノ丸に「迎春館」を建設。

明治45年（一九一二）4月22日～28日、陸軍參謀演習見学にさいし東宮が右「迎春館」に再泊。

大正6年（一九一七）陸軍特別大演習で彦根城第二郭跡の滋賀縣立彦根中學校内に大本營を設置。

大正7年（一九一八）4月14日　表御殿跡において井伊直政・直孝・直中従三位贈位（前年11月17日）奉告祭開催。

大正7年（一九一八）9月14日　表御殿跡を公衆運動場に利用。

大正7年（一九一八）12月25日　城内に請願巡査派出所を設置。

昭和5～6年頃　彦根城施設の国宝指定を井伊直忠伯爵が拒絶。

昭和7年（一九三二）10月　天秤櫓にて全国土産品展覧会開催。

昭和11年（一九三六）8月　名古屋高等工業學校の城戸久教授以下生徒が天守他現存建築物の実測調査を実施。

昭和13年（一九三八）12月24日　城山監視人事務所設置。

昭和15年（一九四〇）6月20日　天秤櫓修理施工。

昭和17年（一九四二）6月15日　松山藤太郎彦根市長から井伊直忠伯爵に彦根城を市に寄付されたき旨を申入れ。

昭和19年（一九四四）2月13日　井伊家から彦根城を市へ寄付。

昭和19年（一九四四）5月　市は城山主管をおく。

昭和22年（一九四七）3月　天守に五百W照明燈を三個設置。

昭和24年（一九四九）4月10～30日　彦根観光博覧会開催。

昭和26年（一九五一）6月9日　彦根城跡を国の史跡に指定。

昭和26年（一九五一）9月22日　天守・附櫓及び多聞櫓、天秤櫓、太鼓門及び続櫓、西の丸三重櫓及び続櫓、二の丸佐和口多聞櫓を国の重要文化財に指定。

昭和27年（一九五二）3月29日　天守・附櫓及多聞櫓国宝指定。

昭和29年（一九五四）4月1日　城山観覧料條令公布、天守閣観覧料條令廃止。

昭和30年（一九五五）1月1日～昭和32年（一九五七）3月31日天秤櫓、太鼓門及び続櫓修理施工。

昭和31年（一九五六）7月19日　史跡彦根城跡を特別史跡指定。

昭和32年（一九五七）2月1日～昭和35年（一九六〇）6月30日　天守、附櫓及び多聞櫓解体修理施工。

昭和35年（一九六〇）4月1日～昭和37年12月28日　西の丸三重櫓及び続櫓、二の丸佐和口多聞櫓修理施工。

昭和38年（一九六三）7月1日　彦根城馬屋重要文化財指定。

昭和40年（一九六五）7月～43年（一九六八）9月　天秤櫓部分屋根改修施工。

昭和40年（一九六五）廊下橋架替工事施工。

昭和41年（一九六六）4月～43年（一九六八）9月　馬屋の根本的解体修理施工。

昭和44年（一九六九）表門橋架替施工。

昭和48年（一九七三）第二郭跡の大津地方裁判所彦根支部所在家老屋敷の長屋門と高麗門及塀を市の文化財に指定。

昭和58年（一九八三）表御殿跡発掘調査実施。

昭和60年（一九八五）2月～昭和63年（一九八八）10月　大手山道石垣全体修復工事（四年分割通算三二一日間）施工。

昭和62年（一九八七）表御殿復元と彦根城博物館完成。

平成4年（一九九二）7月～8年3月　右掲裁判所敷地に所在する家老屋敷の長屋門等の解体修理工事施工。

平成5年（一九九三）7月～平成8年（一九九六）12月　天守・附櫓及び多聞櫓、西ノ丸三重櫓、瓦と壁修理施工。

平成5年（一九九三）右家老屋敷長屋門敷地を発掘調査。

平成14年（二〇〇二）3月～平成16年（二〇〇四）2月　表門橋架替施工。


【補記】右掲項目の一部について補記。

①明治2年　若州小濱城におく大阪鎮台分営を「第一分営」とする文献もあるが、本稿は『新修彦根市史』第八巻所収『太政類典』記載の「第二分營」を採る。なお、歩兵第十八大隊が彦根に駐屯した事実を示す史料はないが、その間の死亡者氏名と陸軍墓地の所在及び伏見への転営を報ずる『琵琶湖新聞』の記事が証明するという（『彦根市史』（下冊、昭和39年）。

②明治5年　工兵第四方面第二圜區がこの年に彦根城を兵舎にしたのではなく、たゞ管地にしたのみで、建築遺構取り壊しのさい一時駐留したと、右『彦根市史』は推定している。

③明治9年5月撮影とされる彦根城の古写真のうち、主たる画面が掲載されたのは、明治43年刊『彦根山由來記』に始まるが、それには所蔵者名を記載していない。

なお、その内「由來記」口絵写真の冒頭にある次掲の「天守東面」を撮影した写真は明治45年刊『歴史地理・近江號』（三省堂刊）に、中村勝麻呂氏執筆文「彦根史話」の参考か、または後掲の渡邊世祐氏が旧藩士田中左門氏から贈られたのか明らかでないが、その何れかと思われる他は知見の内にない。

右「天守東面」を除く他の彦根城古写真を掲載している刊本にみる出典について、昭和32年刊の『史跡名勝天然記念物調査報告第一集』（文化財保護委員会）が木俣守一氏所蔵とする他は、彦根市立図書館蔵としているが、その経緯を明示して引用転載した刊本はない。

彦根城天守（明治9年5月撮影）

廃藩後、彦根城建築物の取壊しを開始した時期は、明治11年を通説としている。果たして然らば、明治9年5月には「天守東面」と写真機の間に「本丸廣間」が存在していたことは明らかゆえ、この角度から撮影できなかったはずである。写真の左下端に見える建物は逆L字型平面の「局文庫」であるからこれはその取り壊し直前ということになろう。

その故にか、別稿で触れる昭和35年10月の井伊大老開国百年祭協賛として彦根史談会主催の「彦根城今昔展」の目録は『御城内御繪圖』と共に出展した「彦根城各口写真」として天守を除き、虎口の景観写真としたのかも知れない。すなわち、出品目録は、それと指摘せずして「由來記」にいう「明治9年5月」の撮影を否定したことになる。

しかし、こと簡単にはおさまらない。別稿の鐘ノ丸で触れたように中村不能齋が「由來記」追記の項に「御守殿」を陸軍省所轄中「明治の初めに大津の營所に移築」とした。それは歩兵第九聯隊の将校集会所にするためで、元園城寺北院阯に兵舎が完成したのは、明治9年12月（『滋賀縣史第三巻、昭和3年）につき、鐘ノ丸御守殿はそれ迄に移築したと考えられるし、本丸の廣間もそれらの施設用材として移送した、と推測できる。

とすれば、古写真の撮影時期を明治9年5月として博覧会の開催とあわせるならば決して不自然ではないといえよう。

それは兎も角、木俣家所蔵写真中の「佐和口」は「由來記」所収の写真と比較して距離と角度が少し違っており、写真機の左右水平が保持できなかったのか、左上がりに傾斜している。しかも此の二枚と「由來記」には無い「長橋口」の写真原板が図書館所蔵の中に存在するから、文化財保護委の調査報告書掲載の木俣守一氏所蔵写真は、いま図書館所蔵の古写真原版を何時の時代にか印画したものと判断できる。

現在彦根市立図書館所蔵の原板は、「田中左門氏寄贈、明治九年撮影『彦根旧城写真種板』十八枚」を入れた箱の蓋裏に「大正八年二月十八日調製」とあるが、いま現存しない天守東面と他若干の種板がこの中に含まれていたのか否かは判らない。

田中左門（三郎左衛門）氏は旧彦根藩士二五〇石、善利組十四丁目足軽組頭、住居は石ヶ崎町（図書館蔵藩士系図等による）。また渡邊世祐氏の佐和山城跡踏査を案内して提供した古写真は「由來記」所収のものに同じと思われる。

たゞし昭和18年、彦根市立図書館長編纂の『彦根城』写真集にすら「天守東面」の写真は収録されていないのである。

④明治11年　彦根城の遺構保存について『彦根市史』（下冊、昭和39年）に次掲の挿話を掲載している。

福田寺（現長浜市）二十二世住職攝専は青年期に井伊直弼の心友で、彼の夫人である二條齋敬の娘が明治天皇の従妹に当ることから、天皇の北陸巡幸にさいし、寺が小休止の場所にあてられた。このとき夫人から、かねて旧彦根藩士から、彦根城の保存について愁訴を受けていたので、裏面工作をはかっていたところ運良く天皇巡幸にさいして、保存の勅命を受けることができた。裏面工作をしたのは、旧藩領番場村の某で、その親戚に事実を裏書きする文書があるという（昭和39年当時の福田寺住職大谷昭乘氏談）。

⑤明治43年10月　当時の井伊家当主直忠は幼少時、学習院で明宮嘉仁《はるのみやよしひと》親王（後の大正天皇）と学友で、幾つかの逸話が伝説的に残っていた。「迎春館」建設は明治末期の金額で二十万円、多くの工匠を集めて工期二十六日間の突貫工事で仕上げた、と伝えられている。筆者は、風通しで開放されていたとき偶然であったが屋内へ入る機会を得た。実は、右の工事期間では壁土を乾燥させられないので、本来は壁造りの個所を板張りにして壁紙を貼っていると聞いた。

のち、大正6年の大演習では「非常立退所」にしたが、必要とする事態は起こらなかった。

聞き伝えでは、大正天皇東宮時代以外の使用は久邇宮邦彦王一家が大正13年5月5日に小憩されたのみにとゞまる。

なお、この建物は戦後、井伊直忠伯爵の遺志により山科醍醐寺へ移譲され、同氏が修験道に帰依していた縁故をもって大和洞川に醍醐派の道場として移築し、現存しているという（宮田思洋著『彦根城とその附近』）。

⑥大正6年11月13日（14〜16）17日　彦根を中心にして滋賀県下における陸軍特別大演習が擧行され、大正天皇臨幸

北軍　司令官　秋山好古大將　第3・9師團

南軍　司令官　大谷喜久蔵大將　第4・16師團

他に歩兵第四十一・四十二旅團を臨時編成し附屬電話隊と飛行中隊を加え

兵数　四万千五百十六人　馬匹　四千五百十六頭

大本營を第二郭武家屋敷跡の滋賀県立彦根中学校に設置（現東高校に遺構保存）、大饗宴場を彦根商工学校に当て、城山西ノ丸の「迎春館」を非常立退所にした。

⑦大正7年4月　井伊直政・直孝・直中に対する従三位贈位の報告祭は陸軍特別大演習挙行にさいしての特旨によるものであったが、直弼は違勅の逆賊として対象から外された。

⑧昭和5〜6年　国宝指定の関連。新聞名、年月日共に不詳

「井伊三十五萬石のお城――現在城郭一帶舊藩主たる井伊伯家の所有に屬してゐるが、國寶價値は十分との折紙付なので今春早々町當局から國寶申請が行はれるはず。」

という新聞切抜がある。これは別稿の『井伊年譜』の成立事情で触れた『彦根城調査書』（彦根市立図書館蔵）が昭和4年施

行の「國寶保存法」の「彦根城國寶指定ニ関スル請願」に必要な書類であったとみえるが、実は城の所在地を「彦根市金亀町」にしているので、市制の施行は昭和12年2月11日につき、記事の「町当局」では結びつかない。

一方、これも年不詳ながら（東日1・10）の

「滋賀縣彦根城は天下の名城で同城趾一帯を史蹟地に天守閣を國寶に指定せんと文部省では井伊直忠伯に承認を求めたが、拒絶の回答があつた。」

という新聞切抜の写があり、それは請願でなく官庁からの求めで右とは逆である。その時期を昭和5～6年頃と推定した根拠は、同じ切抜掲載欄に（大毎1・20）で「大阪城…目下建築中の天守閣」という記事から判断した。たゞ指定を拒絶した理由は明らかにされていない。

結局、城趾の特別史跡指定と、天守の国宝指定、他建築物の重要文化財指定は、市が寄付を受けたのち戦後、法隆寺の火災に起因する「文化財保護法」制定で実現したのである。

⑨昭和48年　裁判所に現存し、市の文化財に指定された長屋門は家老西郷家（三千五百石）の遺構とされてきた。しかし、この長屋門は西隣りの家老庵原家（五千石）から移設したものともいわれながら確証がないので未解決のまゝ、彦根藩の家老三千五百石の格式による建築物といわれたのである。ところが、平成7年からの解体修理工事にさいし、寛保2年（一七四二）庵原家で建てた門であることを示す墨書を検出、裁判所の記録で移築は明治16年と判明した。

主要参考文献

・『彦根山由來記』　旧彦根藩士中村不能齋　一九一一年
・『滋賀縣史』第四巻　滋賀縣　一九二八年
・『彦根市民讀本』彦根市教育會　一九四〇年
・『近江彦根城天守建築考』　土屋純一・城戸久　建築學會論文集第9號　一九三八年
・『彦根の史蹟と景勝』彦根市立圖書館　一九四一年
・『彦根城』彦根市立圖書館　一九四三年
・『重要文化財彦根城天秤櫓・太鼓門及続櫓修理工事報告書』滋賀県教育委員　一九五七年
・『国宝彦根城天守・附櫓及び多聞櫓修理工事報告書』滋賀県教育委員会　一九六〇年
・『国宝彦根城天守・附櫓及多聞櫓修理工事略記』滋賀県教育委員会　一九六〇年
・『彦根市史』一九六〇～六四年
・『新修彦根市史』（現在編纂刊行中）
・『彦根百年譜稿』　彦根市史編纂事務所主幹西田集平　一九六一年
・『重要文化財彦根城西の丸三重櫓及び続櫓・二の丸佐和口多聞櫓修理工事報告書』滋賀県教育委員会　一九六二年
・『重要文化財彦根城馬屋他一棟修理工事報告書』滋賀県教育委員会　一九六八年
・『彦根山由來記』　中村不能齋曾孫中村英勝訳（現代語訳）
・『明治維新・廃城一覧』　森山英一　一九八一年
・『旧西郷屋敷長屋門修理工事報告書』大阪高等裁判所　一九九七年
・『特別史跡「彦根城跡」大手山道石垣保存修理工事報告書』彦根市教育委員会　一九八九年

撮影者

扉、図版（１～３、９、10、13、14、19、22～24、28、38、39、42、44、46～48）：中井　均

口絵彦根城天守・附櫓、彦根城登り石垣、図版（４～８、11、12、15～18、20、21、25～27、29～37、40、41、43、45）：堀口健弐

図版 1

1．佐和山城大手門跡

2．佐和山城大手土塁

3. 佐和山城本丸石垣

4. 佐和山城本丸石垣

5. 佐和山城太鼓丸付近石垣

6. 佐和山城千貫井戸

7. 佐和山城西の丸堀切

8. 佐和山城西の丸竪堀

9. 佐和山城太鼓丸土塁

10. 佐和山城法華丸土塁

11．彦根城天守

12．彦根城天守附櫓・多聞櫓

13. 彦根城天守玄関

14. 彦根城天守玄関内部

15. 彦根城天守台石垣

16. 彦根城天守台石垣

図版9

17. 彦根城西の丸三重櫓（城外）

18. 彦根城西の丸三重櫓（城内）

19. 彦根城天秤櫓

20. 彦根城太鼓門

21．彦根城馬屋（外観）

22．彦根城馬屋（内部）

23. 彦根城佐和口多聞櫓

24. 彦根城佐和口多聞櫓（城内）

25. 彦根城天秤櫓石垣（東側）

26. 彦根城天秤櫓石垣（西側）

27．彦根城本丸石垣

28．彦根城鐘の丸石垣

29. 彦根城登り石垣（鐘の丸から表御殿部分）

30. 彦根城登り石垣（本丸着見台から表御殿部分）

31．彦根城登り石垣（西の丸から米蔵部分、上方より）

32．彦根城登り石垣（西の丸から米蔵部分、下方より）

33. 彦根城登り石垣（鐘の丸から大手門部分、上方より）

34. 彦根城登り石垣（鐘の丸から大手門部分、下方より）

35．彦根城天秤櫓堀切

36．彦根城西の丸堀切

37. 彦根城西の丸枡形

38. 彦根城大手枡形

39. 彦根城山崎丸石垣

40. 彦根城山崎口

41．彦根城内堀の鉢巻石垣と腰巻石垣

42．彦根城米蔵土塁

43．彦根城中堀石垣

44．彦根城中堀雁木

45．彦根城佐和口

46．彦根城京橋口

47. 彦根城船町口

48. 彦根城黒門口

あとがき

執筆者一同

城郭談話会として刊行してきたものとしては、七冊目の冊子となりました。今回のあとがきでは執筆者に一言ずつ佐和山城、彦根城に対する想いを語ってもらいたいと思います。

彦根城をはじめて訪ねたのは中学三年生の正月でした。積雪の彦根城で凍死寸前のところを黒門の管理人さんに助けてもらいました。誰ひとりいない天守は感動的でした。佐和山城跡へは大学一年のときに海津栄太郎さんに連れて行ってもらいました。それ以来の宿題であった縄張り図に今回は挑戦。海津さんに見てもらえなかったのが残念です。

（中井　均）

調べれば調べる程、謎の増える佐和山城

（村井毅史）

幼い頃より左に彦根城跡、右に佐和山城跡を見ながら育ってきた。でも実際、佐和山が城跡だと知ったのは大きくなってからである。それほど地元でも馴染みの薄い城跡を自分達で踏査し、史跡として広めていけたことを喜び、またそれを続けたい。

（佐和山城跡研究会・有吉　圭）

三成屋敷のあったモチノキ谷に今も実家があります。裏山である佐和山は一番の遊び場でした。子どもの頃、母が寝物語に聞かせてくれた佐和山城の七不思議や女郎ヶ谷のすすり泣きの話などは、今も私の中の原風景の佐和山です。そして、今は亡き母と三成へのオマージュが私にとっての佐和山なのかもしれません。

（佐和山城跡研究会・田附清子）

初めて登った山城が佐和山城でした。藪漕ぎをし、切岸を這いつくばりながら本丸へ到達した時の衝撃的な体験が忘れられません。そして、私にとって記念すべきこの最初の山城に、余りにも謎が多かった事が、想像力をかき立たせて夢中にさせてしまったのでしょう。何度登っても新しい発見と感動を与えてくれています。

（佐和山城跡研究会・古田孝弘）

彦根城を初めて訪れたのは小学校四年生の時でした。母親に頼んで東海道線を乗り継ぎやってきました。彦根駅から歩いて「いろは松」を通り、開国記念館に入り、当時運動場だった御殿跡で入城料を払い、井伊美術館に入ってから天守に入りました。天守から下り、売店で彦根城や佐和山城の冊子を買いました。それから三十年以上経ちましたが、今彦根城を訪ねると昔

のままのところもあれば変わってしまったところもあり、いろいろな意味で感慨深いものがあります。（髙田　徹）

佐和山・彦根両城とも、初夏から初秋にかけての暑い盛りに、汗だくになりながらの実測作業であった。両城は歴史的に有名にもかかわらず、石垣や採石技術については、あまり目が向けられておらず、その分非常にやり甲斐のある共同研究であった。（堀口健弐）

大阪は晴れていたのに、彦根駅を降りると大雪。そしてまだ雪は降り続いている。それでも彦根城を目指してズボズボと歩いて行く。ようやく天守にたどり着くが、観光客もいない天守の寒かったこと、濡れた足の冷たかったこと。結婚前、家内とデートした三十数年前のことである。（角田　誠）

小学生の頃、彦根城の絵を描いて作品展で入選。その後、縁あって彦根にある大学に進学し、毎日のように佐和山城や彦根城を眺めていました。学び舎の窓から城を眺めつつ、勉強して城郭史におけるその重要さを理解した筈ですが、「眺める時間＞勉強する時間」だったのか…今後も研鑽に努めたいと思います（早川　圭）

彦根城は主要建物と城跡がよく残り、知っているつもりでも、調べれば調べるほど判明できないところが多く、まだ研究課題が残されているような気がします。とくにご教示いただいた海津栄太郎さんに成果をうかがうこともかなわなくなったのが残念です。（松岡利郎）

彦根城というと、徳川幕府による大坂城包囲網の築城政策の一環ということがよく言われますが、はたして大坂城包囲網の諸城というのは、本当に大坂城を包囲していたのか、いったいだれがいつ頃から大坂城包囲網などということを述べ始めたのか、再検討の必要を感じています。そうした切り口からいつか論文が書ければいいな、と考えております（白峰　旬）

さて、今回の『近江佐和山城・彦根城』はこれまで刊行してまいりました城郭談話会の七男坊として誕生したわけでありますが、それまでの兄弟が比較的安産であったのに対して難産で誕生しました。思い返せば平成十六年に次は佐和山城、彦根城でやろうということで刊行が具体化しました。その編集については、地元でもあることから中井が担当させていただくこととなりました。その進行は従来と同様で、何度かの合同調査や合宿調査を実施いたしました。平成十五年十二月の合宿では米原の近江屋さんに泊り込み、さて翌日は早朝より彦根城へと思っていたのですが、朝起きると一夜にして積もった雪のため急遽中止となってしまいました。さすがは湖北、なめていました。しかし、その後原稿も遅れることなく集まり、今回も安産で刊行できるスタートがきれました。さらに印刷、出版については滋賀県の郷土史出版を手がけておられるサンライズ出版が引き受けてくださることとなりました。まさに順風満帆と思っていた矢先に、編集を引き受けた中井の勤務地が平成の大合併の渦中に巻き込まれてしまい、その編集は遅々として進まなくなってしまいました。城郭談話会で出版を決定して以来三年を経て、今回ようやく出版することができました。執筆者には早くより原稿を賜っておきながら大変ご迷惑をおかけしましたが、辛抱強くお待ちいただけただけではなく、様々な面でご支援をいただきました。ほんとうにありがとうございました。

最後にどうしてもここで記しておかなければならないことがあります。それは編集途中の平成十八年七月十二日に執筆者のひとり、海津栄太郎さんがお亡くなりになるという、思ってもみないアクシデントに見舞われたことです。ご存知のように海津さんは関西の城郭研究の先達的存在で、氏の研究に薫陶を受けたものは少なくありません。さて、海津さんは彦根でお生まれになり、とりわけ佐和山城と彦根城への想いは強かったようです。今回の『近江佐和山城・彦根城』刊行にあたっても十人と一団体より十三本の論考を執筆していただけました。編集が進まぬときは何度もお電話を賜り、その刊行を楽しみにされておられましたが、ついにご生前にお届けすることができませんでした。編集者として悔やんでも悔やみきれません。ご墓前に献本する結果となってしまいましたが、天国でゆっくり読んでいただきたいと思います。なお、海津さんの最終校正は中井、角田さん、サンライズ出版でおこないました。

さて、『近江佐和山城・彦根城』はいかがだったでしょうか。編集子は彦根城の縄張りが大好きです。これまで彦根城といえば国宝天守という建物だけが語られてきました。ところが城跡を巡ると堀切り、馬出し状の小曲輪、垂直に切り込まれた彦根山の切岸、そして登り石垣などが良好に残されていることがわかります。縄張り研究の視点からは垂涎の的ではないでしょうか。一方、佐和山城跡も佐和山を巡ると、石垣や曲輪、土塁、堀切りなどが全山にわたって残存しており、決して幻の城ではないことがよくわかります。両城のこうした縄張りを中心とした報告に、これまでにない佐和山城跡、彦根城跡の姿を知っていただけたのではないかと思います。本書をきっかけとして両城跡のさらなる研究が進めば望外の喜びです。

最後になりましたが、彦根市教育委員会、彦根城博物館、彦根市立図書館、滋賀県立図書館、国文学研究資料館、伊予史談会には資料の閲覧をはじめ写真提供など多大なご協力を賜りました。ここにお礼を申し上げます。また印刷、出版をお引き受けいただきました、サンライズ出版には大変な廉価で御引き受けていただき、さらに編集が大幅に遅れてしまい多大のご迷惑をおかけしました。専務の岩根治美さんなしに本書はできなかったものと感謝申し上げます。

二〇〇七年七月

城郭談話会〈国内城郭の研究〉

但馬竹田城	1991年 8 月
播磨利神城	1993年 8 月
淡路洲本城	1995年12月
因幡若桜鬼ヶ城	2000年 3 月
大和高取城	2001年11月
大和筒井城調査報告書	2004年 3 月

城郭談話会倭城班〈倭城の研究〉

創刊号　特集：巨済島の倭城	1997年 7 月
第 2 号　特集：小西行長の順天城	1998年 8 月
第 3 号　特集：九大シンポの成果	1999年 7 月
第 4 号　報告：南海倭城・釜山倭城	2000年 7 月

近江佐和山城・彦根城

2007年（平成19年）7 月30日 印刷
2007年（平成19年）8 月 4 日 発行

編　集　城郭談話会

編集代表　中井　均

発　行　城郭談話会
〒520－2279　滋賀県大津市黒津3丁目12－3
中井　均 方

発　売　サンライズ出版株式会社
〒522－0004　滋賀県彦根市鳥居本町655－1
電話 0749－22－0627　FAX 0749－23－7720

　ISBN-978-4-88325-282-4 C0021